明治大の英語

［第9版］

早稲田予備校講師　小貝勝俊 編著

はじめに――本書の活用法

本書は，通常の赤本とは異なり，明治大学の英語全体の傾向，あるいは各学部の傾向の違いを明確にすることによって，明治大学を併願しようと思っている受験生に役立つよう編まれたものである。

ただし，著者の主眼は他の点にもある。それは，読者が本書を読み進めることによって，英文を論理的に読む力を養い，さらに，普通に考えているだけでは見えてこない真理を見出す能力を身につけるということである。大げさなようであるが，本書の**語句・構文**あるいは**解説**の一部を読んでみてほしい。著者の言おうとしていることがわかるのではないだろうか。

さてここで，もう少し具体的に「本書の活用法」について述べてみよう。

①「傾向分析」をしっかり読むことで，自分が受験する学部でどんな問題が出るのか，その対策として何をしなくてはいけないかを知る。また，他の学部と比較することによって，一つの学部（自分が受験する学部）の傾向分析だけでは見えてこない部分を認識することも重要である。

②各章の冒頭にある「この章の進め方」を読んで，勉強をどう進めていけばよいのかを確認してほしい。問題や**解説**を漫然と読んでいくだけでは駄目だということがわかるであろう。まずは必ず問題に取り組み，しかも「目標解答時間」の中で答えを出す。これは，頭を鍛えるためには絶対に必要なプロセスである。ぜひ実行してほしい！

③自分の力で答えを出したら，**語句・構文**や**解説**を読む。答えを出すにはどのような知識が必要で，どのように考えればよいかということを念頭において読んでいってほしい。特に，著者が言う「論理的思考力」を大切にしてくれるとありがたい。そして，「あっ，そうか！」という感覚が大切である。それは新たな発想が生まれた瞬間である。この瞬間を大事にしてほしい！

④最後に，「あっ，そうか！」と思ったことを自分のものにしなくてはいけない。そのためには復習が重要となる。もう一度問題を解くことによって，自分が覚えた知識や論理的発想が頭の引き出しから出てくるかどうかを確認してほしい！　一度覚えた知識や発想も，かなりしっかり復習しなければ自分のものにはならない。何度も反復するという決意で頑張ってもらいたいものである。

本書をぼろぼろになるまで使っていただき，読者が真の英語力を身につけられることを期待してやまない。栄光を勝ちとるまで頑張ってもらいたいと思う。

編著者記す

CONTENTS

第1章　文法・語彙

第2章　長文読解

第3章　会話文

掲載内容についてのお断り

- 本書は，2015～2023年度の英語の入試問題のうち，現在の入試傾向に照らして有用と思われるものを，できるだけ多く取り上げる方針で編集されています。
- **目標解答時間**は，自習・自己採点のための目安として，本書で独自に設定したものです。
- 試験科目および試験日程については，最新の入試要項などで必ず確認するようにしてください。

（編集部注）本書に掲載されている入試問題の解答・解説は，出題校が公表したものではありません。

索引 CHECK 入試でよくねらわれる表現・語法をもう一度チェック！

索引 NOTE 重要な文法を押さえよう

索引 **POINT!** 差がつくポイント！ とくに英文解釈で役立つ

明治大の英語　傾向分析

ポイント

明治大学を受験する皆さんは，まず以下の点を意識してほしい！　他の学部と比較することによって，自分が受験する学部の相対的な傾向も見えてくると思う。ぜひしっかり頭に入れておいていただきたい。

なお，2025 年度入試について，2024 年 3 月時点で大きな変更は公表されておらず，対策としてはやはり過去問演習が鍵となる。

(1)　各学部の試験時間は，60～80 分と多少の幅がある。自分が受験する学部の試験時間に合わせて，問題を解く際の時間配分を考えなければならない。

(2)　大問数も学部によって，1～5 題とかなり幅がある。読解問題の大問数や，文法・語彙問題，会話文問題の有無もこれからの勉強のやり方に大きな影響を与えることになるだろう。

(3)　読解問題では，与えられる問題文の長さ（語数）と小問形式（空所補充，同意表現，内容真偽など），さらに問題文のテーマの傾向などを確認しよう。

(4)　文法・語彙問題が出題される場合は，どんな形式・内容の問題が出題されているかを確認しよう。

(5)　解答形式が選択式か記述式かを確認しよう。特に記述式の場合は，答えを出すために複合的な能力が必要となる。記述式の出題例を押さえておこう！

(6)　最後に，全体の難易度についても見ておこう！

試験問題を示すマーク

マーク	学部	マーク	学部
法	法学部	政経	政治経済学部
商	商学部	経営	経営学部
文	文学部	国際	国際日本学部
情報	情報コミュニケーション学部	理工	理工学部
総数	総合数理学部	農	農学部
全学	全学部統一入試		

資料①出題内容別の大問数の内訳（2015～2023年度）

試験問題	試験時間	年度	文法・語彙	長文読解	会話文	計	
法	70分*	23	0	2	0	2	長文読解
		22	0	2	0	2	
		21	0	2	0	2	
		20	0	2	0	2	
		19	0	2	0	2	
		18	0	2	0	2	
		17	0	3	0	3	
		16	0	3	0	3	
		15	0	2	0	2	
		計	0	20	0	—	
政経	60分	23	0	2	1	3	会話文
		22	0	2	1	3	
		21	0	2	1	3	
		20	0	2	1	3	
		19	0	2	1	3	
		18	0	2	1	3	
		17	0	2	1	3	
		16	0	2	1	3	
		15	0	2	1	3	
		計	0	18	9	—	
商	80分	23	1	2	1	4	文法・語彙
		22	1	3	0	4	
		21	1	3	0	4	
		20	1	2	1	4	
		19	1	2	1	4	
		18	1	2	1	4	
		17	1	2	1	4	
		16	1	2	1	4	
		15	1	2	0	3	
		計	9	20	6	—	
経営	70分	23	1	2	1	4	
		22	1	2	1	4	
		21	1	2	1	4	
		20	1	2	1	4	
		19	1	2	1	4	
		18	1	2	1	4	
		17	1	2	1	4	
		16	1	2	1	4	
		15	1	2	1	4	
		計	9	18	9	—	

試験問題	試験時間	年度	文法・語彙	長文読解	会話文	計	
文	60分	23	2	2	1**	5	
		22	2	2	1	5	
		21	2	2	0	4	
		20	2	2	1	5	
		19	2	3	0	5	
		18	2	3	0	5	
		17	2	2	1	5	
		16	2	2	1	5	
		15	2	3	0	5	
		計	18	21	5	—	
国際	80分	23	1	2	2	5	
		22	1	2	2	5	
		21	1	2	2	5	
		20	1	2	2	5	
		19	1	2	2	5	
		18	1	2	2	5	
		17	1	2	2	5	
		16	1	2	2	5	
		15	1	2	2	5	
		計	9	18	18	—	
情報	60分	23	0	2	1	3	
		22	0	2	1	3	
		21	0	2	1	3	
		20	0	2	1	3	
		19	0	2	1	3	
		18	0	2	1	3	
		17	0	2	1	3	
		16	0	2	1	3	
		15	0	2	1	3	
		計	0	18	9	—	
理工	60分	23	0	1	0	1	
		22	0	1	0	1	
		21	0	1	0	1	
		20	0	1	0	1	
		19	0	1	0	1	
		18	0	1	0	1	
		17	0	1	0	1	
		16	0	1	0	1	
		15	0	1	0	1	
		計	0	9	0	—	

＊2015・2016年度は，試験時間が90分であった。
＊＊2023年度は英作文問題の出題であった。

試験問題	試験時間	年度	文法・語彙	長文読解	会話文	計
総数	70分	23	0	3	1	4
		22	0	3	1	4
		21	0	3	1	4
		20	1	2	1	4
		19	1	2	1	4
		18	1	2	1	4
		17	1	2	1	4
		16	1	2	1	4
		15	1	2	1	4
		計	6	21	9	—
農	60分	23	1	1	1	3
		22	1	1	1	3
		21	1	1	1	3
		20	1	1	1	3
		19	1	1	1	3
		18	1	1	1	3
		17	1	1	1	3
		16	1	1	1	3
		15	1	1	1	3
		計	9	9	9	—

試験問題	試験時間	年度	文法・語彙	長文読解	会話文	計
全学	60分	23	0	2	0	2
		22	1	2	1	4
		21	0	2	1	3
		20	0	2	0	2
		19	0	2	1	3
		18	0	2	0	2
		17	0	2	0	2
		16	0	2	1	3
		15	0	3	0	3
		計	1	19	4	—

資料②2023年度出題内容一覧

試験問題	大問番号	項目	内容
法	Ⅰ	長文読解	選択：同意表現，内容説明，内容真偽
	Ⅱ	長文読解	選択：同意表現，内容説明 記述：内容説明
政経	Ⅰ	長文読解	選択：同意表現，空所補充，語句整序，内容説明，内容真偽，主題
	Ⅱ	長文読解	選択：空所補充，同意表現，内容真偽 記述：空所補充（語形変化を含む），内容説明
	Ⅲ	会話文	選択：空所補充
商	Ⅰ	文法・語彙	選択：空所補充
	Ⅱ	会話文	選択：空所補充
	Ⅲ	長文読解	選択：空所補充，同意表現，内容説明，内容真偽 記述：空所補充（語形変化を含む）
	Ⅳ	長文読解	選択：空所補充，内容説明，同意表現，段落の主題，内容真偽 記述：空所補充（語形変化を含む）
経営	Ⅰ	長文読解	選択：空所補充，主題，内容説明，内容真偽 記述：空所補充
	Ⅱ	長文読解	選択：内容説明，空所補充，主題，内容真偽
	Ⅲ	文法・語彙	選択：空所補充
	Ⅳ	会話文	選択：空所補充
文	Ⅰ	文法・語彙	記述：空所補充
	Ⅱ	文法・語彙	記述：語形変化・派生語による空所補充
	Ⅲ	長文読解	選択：同意表現，空所補充，内容真偽，内容説明，主題
	Ⅳ	長文読解	選択：同意表現，空所補充，内容説明，語句整序，主題
	Ⅴ	英作文	選択：空所補充
国際	Ⅰ	長文読解	選択：空所補充，同意表現，欠文挿入箇所，内容説明，内容真偽 記述：空所補充
	Ⅱ	長文読解	選択：同意表現，空所補充，欠文挿入箇所，内容真偽
	Ⅲ	文法・語彙	選択：空所補充
	Ⅳ	会話文	選択：空所補充
	Ⅴ	会話文	選択：空所補充
情報	Ⅰ	長文読解	選択：空所補充，内容説明，主題 記述：空所補充（語形変化）
	Ⅱ	長文読解	選択：内容説明
	Ⅲ	会話文	選択：欠文挿入箇所
理工	Ⅰ	長文読解	選択：内容説明，空所補充，語句意，語句整序，内容真偽 記述：語形変化，同意表現，英文和訳，和文英訳
総数	Ⅰ	長文読解	選択：内容説明，内容真偽，同意表現，語句整序，空所補充 記述：空所補充
	Ⅱ	長文読解	選択：空所補充，同意表現，内容説明
	Ⅲ	長文読解	選択：空所補充
	Ⅳ	会話文	選択：内容説明，同意表現，空所補充
農	Ⅰ	長文読解	選択：発音，アクセント，同一用法，語句整序，同意表現，内容説明，空所補充，内容真偽 記述：同意表現，語形変化
	Ⅱ	会話文	選択：内容説明，同意表現 記述：内容説明
	Ⅲ	文法・語彙	選択：共通語による空所補充
全学	Ⅰ	長文読解	選択：内容説明，同意表現，内容真偽
	Ⅱ	長文読解	選択：同意表現，内容説明，内容真偽

各学部の傾向

ここで，資料を踏まえて各学部の特徴を指摘しておこう！

●試験時間の違いに注意！

英語の試験時間が 90 分の大学もあるなか，明治大学では 政経 文 情報 理工 農 全学 が試験時間 60 分となっている。農 は試験時間に対して適当な問題量だと思われるが，政経 文 全学 の問題を 60 分で終わらせるのはかなりきつい。また，70 分の 法 は妥当な時間設定であろうが，80 分の 国際，70 分の 総数 は試験時間は少し長いが，時間内に終わらせるのは大変だ。以上の学部を受験する人は，時間との勝負も重要であると肝に銘じておこう！

●学部によって大問構成が異なる！

明治大学は，読解問題の比重が大きい。2023 年度を見てみると，法 理工 全学 は大問がすべて読解問題となっている。また，総数 は大問 4 題のうち 3 題，政経 情報 は大問 3 題のうち 2 題が読解問題である。以上の学部を受験する人は，当然，読解中心の勉強を考えていかなければならない。

一方，文 では毎年文法・語彙問題が 2 題出題されており，文法・語彙問題の比重が大きい学部と言える。

また，政経 経営 国際 情報 総数 農 では，毎年会話文問題が出題されている。会話独特の表現が狙われているかどうかも含めて，対策を考えていこう！

●読解のテーマにも要注意！

ここでは問題文でとりあげられるテーマの傾向について少し指摘しよう。

法 政経 経営 では社会学系統のテーマが多いが，その中身は法律や国際政治，経済学のような硬いものではなく，もっと身近な問題をとりあげたものが多い。商 は科学，歴史，哲学，文化，言語など，テーマが多岐にわたっている。文 では言語，歴史，文化など，いかにも文学部らしいテーマがよく出題されている。情報 では情報通信の話や異文化間のコミュニケーションに関する話など，学部らしいテーマがよく見受けられる。理工 では物語文の出題が多く，それ以外ではやはり自然科学系の内容のものが多い。農 では農学部らしく農業や生態学のテーマがよく出されるが，2019 年度には SDGs（持続可能な開発目標）をテーマとした会話文が出題されている。国際 では国際的な内容または日本の諸問題が大きなテーマとなっている。総数 では図表を用いた読解問題がよく出題されている。

基本的には学部に関連したテーマが出題されやすいので，狙われそうなテーマには強くなるよう努力しよう！

●文法・語彙問題の出題傾向を押さえる！

2023年度，文法・語彙問題が出題されたのは 商 経営 文 国際 農 であった。ただ，文法・語彙問題とひとくちに言っても，その内容によってさまざまに違った知識が必要になる。この点については後で具体的に述べる。

●ほとんどの学部で記述式の問題がある！

2023年度に関しては，全学 を除く学部で記述式の問題が出題された（→資料②参照）。しかし同じ記述式でも，問題の内容はさまざまである。ここ数年を見ると，読解問題では，法 政経 理工 農 で内容説明，法 理工 で英文和訳，理工 で和文英訳，政経 商 経営 国際 情報 理工 総数 農 で空所補充問題などが出題されている。また文法・語彙問題では，文 で語形変化・派生語による空所補充などが出題されている。

●学部による難易度は？

難易度に関しては，人によって意見は異なるかもしれないが，法 政経 商 経営 がやや大変であろう。一方，国際 情報 全学 はやや易しいと思われる。他の学部はその中間といったところか。難易度を意識することは，これからの勉強にとって重要な視点である。設問を解く際にも意外と間接的な手がかりになることもあるのだ。

資料③長文読解問題の出題テーマ（2023年度）

試験問題	大問番号	内容
法	Ⅰ	独立宣言と奴隷解放
	Ⅱ	人間社会とアリの社会の類似点と相違点
政経	Ⅰ	家事の分割ではなく，家事の分担が幸福な関係をもたらす
	Ⅱ	環境活動家の抗議活動の正当性
商	Ⅲ	アガサ=クリスティの失踪
	Ⅳ	正直であることの利点
経営	Ⅰ	一般教養教育において古典を学ぶ意義
	Ⅱ	英国が有するソフトパワーの可能性
文	Ⅲ	言論の自由は本当に自由か
	Ⅳ	軽視されている人間の嗅覚の重要性
国際	Ⅰ	TikTok を通じた新しい音楽のあり方
	Ⅱ	多くの選択肢から決断をすることについて
情報	Ⅰ	人によって健康食品はいろいろ
	Ⅱ	地震予測とは
理工	Ⅰ	水族館の清掃員とタコの秘密
総数	Ⅰ	アメリカにおける筆記体指導の減衰と必要性
	Ⅱ	エビングハウスの記憶と忘却に関する実験と功績
	Ⅲ	アメリカにおける夏時間の恒常化決定
農	Ⅰ	ヴィクトリア朝英国人になる方法
全学	Ⅰ	養子縁組を行ったある家族の話
	Ⅱ	白人女性の涙がもたらす人種差別

出題パターンの分析

文法・語彙問題

《出題傾向》

文法・語彙問題は，すべての学部で出題されるわけではない。まずは，志望学部で文法・語彙問題が出題されているかどうかを確認しよう。さらに，志望学部で出題されているのなら，どのような形式，どの程度のレベルの問題が出題されているのかを把握するようにしよう。

●出題が続いているのは商・経営・文・国際日本・農学部！

資料①にあるように，商 経営 文 国際 農では毎年，文法・語彙問題が出題されている。以上の学部を受験予定の人は，文法・語彙問題の対策を考えよう。一方，総数では実施の始まった2013年度から連続して出題されてきたが，2021年度以降は出題されていない。

●文学部は記述式対策も必要！

解答形式が選択式か記述式かも押さえておこう。2023年度では商 経営 国際 農が選択式，文が記述式で文法・語彙問題を出題している。記述式のほうが問題のレベルが高い可能性がある。文を受験する人は記述式対策を怠りなきように！

《小問形式》

ここでは明治大学で特によく見られる文法・語彙問題の小問形式について，具体例を示しながら説明し，対策としてこれから何をするべきか指摘しておく。

●短文の完成／空所補充

例題　以下の空欄に入る最も適切なものを①～④の中から１つ選び，その番号を解答欄にマークしなさい。　(2021年度国際)

It is difficult to find a solution for this problem. There is nothing we can do (　　　) wait.

①　but　　②　else　　③　more　　④　only

正解は①。訳は「この問題の解決策を見つけるのは難しい。私たちには待つ以外できることは何もない」となる。nothingが先行詞で直後に関係代名詞のthatが省略されていると考える。ただ，空所の前後を眺めても空所の品詞自体が何なのかわかりにくいであろう。前置詞のbutは「～を除いて，～以外」の意味があるのは知っていても，後ろに動詞の原形を従えることが可能であることはあまり知られていない。waitが動詞の原形に見えるので前置詞の発想が出てこないのだ。このbutは前にall

やevery, noなどの語を伴う代名詞などが必要となる。ここでは，nothingのnoだ。このような付加的な知識が明治大学レベルのやや難しい問題を解くには必要となる。

●共通語による空所補充

例題 英文の空所に共通して入る最も適した語句を，下記の中から一つ選び，その記号をマークしなさい。 (2022年度 農)

My question was immediately answered in the (　　).

Is it true that (　　) ions in the air affect the growth of plants?

A. dry　B. individual　C. negative　D. permanent

正解はC。訳は上の文が「私の質問はすぐに否定の答えを受けた」，下の文が「空気中のマイナスイオンが植物の成長に影響を与えるのは確かですか」となる。上の文はnegativeが名詞で「否定の言葉」の意味。in the negativeで「否定の，否定して」の意味の熟語とも言える。「否定的に答えられた」とはノーと言われたということだ。下の文はnegative ionsがいわゆる「マイナスイオン」の意味。negativeは「(電荷が) 負の」の意味。知らなくても仕方ないが，negativeを「マイナスの」と訳すことがあるので，negative ionsは「マイナスイオン」のことではないかと推測できるといい。

農 で出されている形式だが，この形式の問題には，何と言っても多義語を徹底的に覚えることが有効！　特に，複数の品詞として使われる単語が狙われることが多いと覚えておこう。

●語形変化・派生語による空所補充

例題 以下の英文を完成させるために，かっこの中の語を適当な活用形（例 pay→paid）又は派生語（例 music→musical）に変えて解答欄に一語を書きなさい。変える必要のない場合には，かっこの中の語をそのまま記入しなさい。 (2016年度 文)

After the riot, over 100 people were taken to the hospital, many of (who) had been innocent bystanders.

正解はwhom。訳は「暴動のあとで，100人以上の人が病院に運ばれたが，その多くは罪のない傍観者たちであった」となる。「不定代名詞＋of whom〔which〕」の形になっていたら，原則，先行詞は「不定代名詞」ではなくその前の名詞となることを押さえよう。問題文を分析すると，manyが不定代名詞なので，これは先行詞ではなくover 100 peopleが先行詞となる。the hospitalが先行詞でないことに注意せよ。many of over 100 people had been innocent bystandersが元の英文と考えるといい。この問題形式は 文 でよく出題される。文法的，特に品詞の観点から解くことが重要で，英語の基本である品詞を考えさせるという意味ではよい問題だと言える。

資料④文法・語彙問題の小問形式（2019～2023年度）

小問形式	商					経営					文					国際					総数					農					合計
	23	22	21	20	19	23	22	21	20	19	23	22	21	20	19	23	22	21	20	19	23	22	21	20	19	23	22	21	20	19	
短文の完成／空所補充	1	1	1	1	1	1	1	1	1	1	1	1	1	1	1	1	1	1	1	1				1	1						22
共通語による空所補充																										1	1	1	1	1	5
語形変化・派生語による空所補充											1	1	1	1	1																5

数字はそれぞれの小問形式を含む大問数を示す（小問数ではない）。
網かけ部分は文法・語彙問題の出題がなかったことを示す。

長文読解問題

《出題傾向》

読解問題が出題されない学部はない。しかし，他の問題と比べたときの読解問題の比重は，学部によって結構違っている。まずこの点を押さえよう。また，問題文の語数も考慮する必要がある。というのは，時間内に終わらせるためにはどの程度の速さで読まなくてはならないか，ということを考えなければいけないからである。さらに，英文の難易度を押さえよう。小問形式については後で触れる。

●まずは読解問題の比重をチェック！

読解問題の比重に関しては，資料①や②を見てほしい。2023年度でいうと，法 理工 全学は読解問題のみの出題である。また，会話文問題が1題に対して読解問題3題の 総数，会話文問題が1題に対して読解問題2題の 政経 情報も，読解問題の比重が大きい学部と言えよう。一方，商 経営 文 国際は全4，5題中読解問題が2題，農は読解問題1題に対して文法・語彙問題1題と会話文問題1題が出ており，読解問題の比重が比較的小さいということになる。

●語数が違えば読み方も違ってくる！

問題文の語数については資料⑤を参考にしてほしい。2023年度，問題文の合計語数が最も多かったのは 商（試験時間80分）の2,140語。次いで，全学（試験時間60分）の2,130語，国際（試験時間80分）の2,110語，法（試験時間70分）の1,820語であった。反対に語数が少ないのは 農（試験時間60分），理工（試験時間60分）で，それぞれ950語，1,050語であった。また，試験時間が同じ60分の 農が950語であるのに対して，全学は2,130語である。志望学部によって，長文の読み方もかなり違ってくるだろう。

●難易度の差に注意！

例年は 法が難しいが，農は他の学部より易しいようだ。参考にしてほしい。

資料⑤長文読解問題の語数（2021～2023年度）

試験問題	試験時間	年度	出題数	大問番号	語数	合計語数
法	70分	23	2	Ⅰ	1,100	1,820
				Ⅱ	720	
		22	2	Ⅰ	1,200	2,320
				Ⅱ	1,120	
		21	2	Ⅰ	890	1,970
				Ⅱ	1,080	
政経	60分	23	2	Ⅰ	730	1,660
				Ⅱ	930	
		22	2	Ⅰ	890	1,610
				Ⅱ	720	
		21	2	Ⅰ	570	1,420
				Ⅱ	850	
商	80分	23	2	Ⅲ	930	2,140
				Ⅳ	1,210	
		22	3	Ⅱ	310	2,310
				Ⅲ	960	
				Ⅳ	1,040	
		21	3	Ⅱ	320	2,440
				Ⅲ	1,060	
				Ⅳ	1,060	
経営	70分	23	2	Ⅰ	810	1,520
				Ⅱ	710	
		22	2	Ⅰ	830	1,560
				Ⅱ	730	
		21	2	Ⅰ	1,050	1,990
				Ⅱ	940	
文	60分	23	2	Ⅲ	890	1,750
				Ⅳ	860	
		22	2	Ⅲ	1,120	2,200
				Ⅳ	1,080	
		21	2	Ⅲ	910	1,700
				Ⅳ	790	

試験問題	試験時間	年度	出題数	大問番号	語数	合計語数
国際	80分	23	2	Ⅰ	1,280	2,110
				Ⅱ	830	
		22	2	Ⅰ	1,180	2,000
				Ⅱ	820	
		21	2	Ⅰ	1,140	2,050
				Ⅱ	910	
情報	60分	23	2	Ⅰ	800	1,620
				Ⅱ	820	
		22	2	Ⅰ	1,030	1,950
				Ⅱ	920	
		21	2	Ⅰ	560	1,420
				Ⅱ	860	
理工	60分	23	1	Ⅰ	1,050	1,050
		22	1	Ⅰ	1,540	1,540
		21	1	Ⅰ	1,720	1,720
総数	70分	23	3	Ⅰ	670	1,550
				Ⅱ	500	
				Ⅲ	380	
		22	3	Ⅰ	740	1,780
				Ⅱ	690	
				Ⅲ	350	
		21	3	Ⅰ	820	2,240
				Ⅱ	1,120	
				Ⅲ	300	
農	60分	23	1	Ⅰ	950	950
		22	1	Ⅰ	790	790
		21	1	Ⅰ	670	670
全学	60分	23	2	Ⅰ	1,290	2,130
				Ⅱ	840	
		22	2	Ⅲ	750	1,560
				Ⅳ	810	
		21	2	Ⅰ	710	1,390
				Ⅱ	680	

10語未満は四捨五入している。

《小問形式》

ここで，読解問題において重要な小問形式について考えてみよう！ まず押さえるべきことは，各学部でどのような小問形式が出題されているかである。出題されるものによって，勉強方法が若干変わるであろう。また，小問の量や，選択式か記述式かについてもしっかり頭に入れておこう。

●空所補充

空所補充問題には文法の観点から考えるタイプのものと，選択肢の品詞などが同じで，純粋に意味から考えるタイプのものがあり，また両方の併用型もある。文法の観点には，空所に入る語の品詞，自動詞・他動詞，準動詞・進行形・完了形などの活用形の区別，可算名詞・不可算名詞の違い，空所の前後の品詞や構造把握といったものがある。これらの文法的な観点を考慮せず，語や文の意味からしか問題を考えない人が多いが，まずは文法的な基準があるかどうかをしっかり見極めよう！ 例を示そう。

Only when freed of the chains of tradition (あ) marriage truly become an expression of romantic love and personal identity ～ (2019年度 文)

上の文の空所に and, but, can, of, that からもっとも適切なものを入れさせる問題である。when ～ tradition が省略はあるが副詞節。Only が文頭にあるので空所の後ろに倒置が起きると考えるのがポイントだ。can を入れることで,「結婚は伝統の鎖から解放されて初めて真に恋愛や個人のアイデンティティを表すものとなりうるのだ」という意味になる。only が時を示す表現を修飾する場合は「～して初めて」の意味があるのも重要な知識だ。

●内容真偽

内容真偽問題は，まず，選択肢が英語のものと日本語のものに分かれる。当然，英語の選択肢のほうがやっかいに見える。次に,「本文の内容に一致する（一致しない）もの」を選択肢からいくつか選ばせるタイプのものと,「本文の内容に合うものには T，合わないものには F」をそれぞれの選択肢ごとに選ばせるタイプのものがある。後者のほうがはるかに難しいのは言うまでもない。ただ，明治大学の場合，T／F で答えさせるタイプのものは，比較的まれな形式となっている。

●同意表現

明治大学では同意表現の出題が非常に多い。他の大学と比べても，かなりその比重が大きいと言えるだろう。明治大学における同意表現の問題は，2種類に分かれると思われる。一つは純粋に知識から解くもので，下線部の語（句）の意味を知っていなければならないもの。例えば，2019年度 全学 に precisely が下線になっていて A. dangerously B. easily C. exactly D. luckily が選択肢になっている。これは純粋に知識問題と言えるだろう。もう一つは，入試レベルを超えた語（句）に下線が引かれていて，前後の文法関係や意味関係から類推して解いていくものである。

下線部の nails down の意味を問うもの（2017 年度 法 ）がその一例だ。明治大学の場合は，意外と後者の比重が大きい。類推の仕方は本書の解説部分を参考にしてほしい。解き方をぜひ自分のものにして，実際に活用できるようにしよう！

●内容説明

内容説明問題とは，例えば，「下線部 5 （This が下線となっている）の内容として，文脈上もっとも適切なものを次の中から 1 つ選び，解答欄の該当する番号をマークしなさい」（2020 年度 理工），「my original orientation が文中で意味するものは」（2015 年度 国際）のように，文中の語（句）が指す内容を問う問題であったり，「What is the author's intention in raising the example of Betsy Cohen's son, Sam?」（2021 年度 法 ），「What was the secret of the author's success in the business?」（2018 年度 情報）のように，本文の内容について具体的に問う問題である。選択式と記述式があるが，前後，特に前の文脈をしっかり理解できることが重要である。どのように前後を論理的に読むかは本書で学ぶことにしよう！

●英文和訳

理工 で英文和訳問題の出題が続いている。和訳する部分は 1， 2 行程度で，私立の入試問題としては平均的な長さであろう。また，明治大学の場合は熟語の知識に $+\alpha$ として省略や代名詞の特定などがポイントとなることが多い。

●主題

主題を考えさせる問題は，2023 年度は 政経 商 経営 文 情報 で出題された。過去 5 年で見ると，いろいろな学部で出題されているが，毎年必ず出す学部は少ない。問われているのが「題名」や 'title'（「タイトル」）となっていても，主題と同じことである。主題は結論とは違うので，第 1 段落の第 1 文や最終段落のように部分的なところを見ているだけでは解答できない。本文全体を見るのである。主題は，「この文は最初から最後まで，～について書かれています」と言っているのだと考えてほしい。

●その他，特殊な問題形式

理工 では和文英訳問題が出題されている。これは読解問題のなかの英作文問題とも言えるわけで，理工 でよく出される形式である。英作文対策も忘れずに！　語句整序は他の大学でも頻出だが，明治大学でも 2023 年度は 政経 文 理工 総数 農 で出題された。語形変化・派生語の問題は 政経 商 情報 でよく出題されている。読解問題のなかの純粋な文法問題と言える。

●小問の量と解答形式

試験時間を考慮すると，小問の量が多いのは 法 経営 国際 で，これらの学部は時間との勝負になるだろう。また 全学 では選択式のみの出題が続いているが，その他の学部では過去のデータから見て，記述式の問題が含まれると考えてよいだろう。英語にしろ日本語にしろ，記述式の問題に解答するときにはスペルや漢字の問題が生じてくる。記述式の問題は一般的に配点も高いので，対策はしっかりしておきたい！

資料⑥長文読解問題の小問形式（2019〜2023年度）

小問形式	法					政経					商					経営					文				
	23	22	21	20	19	23	22	21	20	19	23	22	21	20	19	23	22	21	20	19	23	22	21	20	19
内容説明	2	2	2	2	2	2	1	1	2	1	2	2	2	2	2	1	2	2	2	2	2	2	2	2	2
空所補充		1		1	1	2	2	2	2	2	1	2	2	2	2	2	2	2	2	2	2	1	2	2	3
内容真偽	1			2		2	2	2	2	2	2	2	2	2	2	2	1	1	2	2	1	2	2	1	3
同意表現	2	2	2	2	2	2	2	2	1	2	2	2	2	2	1			1			2	2	2	2	2
語句整序				1		1	1	1	1	1									1		1		2		
主題				1		1	1		1	1	1					2		1	1	1	2	1	1	2	1
語形変化・派生語						1	1	1	1	1	2	2	2	2	2										
欠文補充									1																
英文和訳			1																						
語句意																				1					
同一用法																									
発音・アクセント																									
和文英訳																									
要約・要約文の完成		1	1																						
書き換え			1		1																				
図表の読み取り																									
反意表現														1											
指示語					1																				

数字はそれぞれの小問形式を含む大問数を示す（小問数ではない）。

国際					情報					理工					総数					農					全学					合計
23	22	21	20	19	23	22	21	20	19	23	22	21	20	19	23	22	21	20	19	23	22	21	20	19	23	22	21	20	19	
1					2	2	2	2	2	1	1	1	1	1	2	2	2	2	2	1	1	1	1	1	2	2	1	2	1	85
2	2	2	2	2	1	1	1	1	1	1	1	1	1	1	3	3	3	2	2	1	1	1	1	1			2	2	1	85
2	2	2	2	2						1	1	1	1	1	1	2	1	2	2	1	1	1	1	1	2	1	2	2	2	77
2	2	2	2	2						1	1	1	1	1	2	1		1	2	1	1	1	1	1	2	1	2	2	2	74
										1	1	1	1	1	1	1	1	1	1	1	1	1	1	1			1	1	2	29
					1	1		1								1		1	1								1	1		26
					1	1	1	1	1	1										1		1								23
2	2	2	2	2												1	1	1	1										1	16
										1	1	1	1	1																6
										1	1	1	1	1																6
												1								1		1	1	1						5
																				1	1	1	1	1						5
										1	1	1	1	1																5
						1																								3
																														2
																		1	1											2
																														1
																														1

会話文問題

《出題傾向》

会話文問題に関してまず考えるべきことは，志望学部で会話文問題そのものが出題されているかどうかである。会話独特の表現が狙われているかどうかも含めて，どのような形式の問題が出題されているかしっかり頭に入れておこう！

●政経・経営・国際日本・情報コミュニケーション・総合数理・農学部で出題が続く！

会話文の出題は，2023年度に限って言えば政経 商 経営 国際 情報 総数 農で見られた。明治大学全体が会話文問題を重視する傾向にあると言えるだろう。

●会話文の出題内容を見抜く！

政経では会話文問題の形をした文法問題がよく出題される。時制や準動詞（不定詞，動名詞，分詞）が狙われることが多い。経営 情報の小問形式は，欠文補充でほぼ固定されている。本文および選択肢に会話独特の表現がほとんど見られず，前後関係から解いていくものである。会話文問題の形をした読解問題と思ってよいであろう。

国際では会話文問題2題の出題が続いている。1題は基本的な会話表現や熟語の知識を必要とするもので，もう1題は読解問題のように前後の内容から考えて解くタイプの問題である。総数は1題が毎年出題されている。内容は会話文問題の形をした読解問題と言っていいだろう。全学は出題された場合でも，特にこれといった傾向はないようだ。

《小問形式》

●空所補充

例題 以下の空欄に入る最も適切なものを①～④の中から1つ選び，その番号を解答欄にマークしなさい。（2021年度国際）

Hana: Long time (　　)! How have you been?

Pedro: Well, I've stayed mostly at home, watching movies and YouTube videos.

① after talking　② meeting you　③ no see　④ to watch

正解は③。訳は「ハナ：お久しぶり！　どうしていたの？」「ペドロ：うーん，映画やユーチューブを見ながらたいてい家にいたよ」。Long time no see! で「お久しぶり！」の意味の会話独特の表現がポイントになっている。文法的，あるいは品詞としては理解不能な表現だが，会話ではよく使われる表現だ。このような会話独特な表現は知らないと解けないので，標準レベルの会話表現は覚えておかないといけないだろう。

資料⑦会話文問題の小問形式（2019～2023年度）

小問形式	政経					商					経営					文					国際					情報					総数					農					全学					合計
	23	22	21	20	19	23	22	21	20	19	23	22	21	20	19	23	22	21	20	19	23	22	21	20	19	23	22	21	20	19	23	22	21	20	19	23	22	21	20	19	23	22	21	20	19	
空所補充	1	1	1	1	1	1			1	1		1				1*	1		1		2	2	2	2	2						1	1	1	1	1							1	1		1	30
同意表現																															1	1	1		1	1	1	1	1	1					1	10
内容説明																															1	1	1	1	1	1	1	1	1	1						10
欠文補充											1		1	1	1											1	1	1	1	1																9
内容真偽																																							1							1

数字はそれぞれの小問形式を含む大問数を示す（小問数ではない）。
網かけ部分は会話文問題の出題がなかったことを示す。
＊2023年度文学部は英作文問題の出題であった。

第1章
文法・語彙

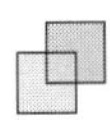

この章の進め方

文法・語彙問題は，年度によって出題の有無はあるものの，多くの学部で出題されたことがある。過去 10 年間で，法・政治経済・情報コミュニケーション・理工学部では文法・語彙問題は出題されなかった。

第 2 章長文読解の**語句・構文**や**解説**で何度も触れているように，文法・語彙の力は，単に文法・語彙問題を解く場合だけでなく，英文を理解したり，読解問題を解いたりする上でも必要なものである。したがって，「文法・語彙問題は配点が低いから」あるいは「志望学部で出題されないから」という理由で重視しないというのではなく，「文法・語彙の力をいかに読解に活かせるか」が重要になると思ってこの章に取り組もう。以下の点に注意して進めていってほしい。

① **「目標解答時間」**を参考に，自分の力で解いてみよう。
② 明治大学で出される文法・語彙問題の量とレベルを知ろう。
③ 文法・語彙といっても，実際は熟語を含む語彙問題が非常に多い。このことをしっかり押さえよう。
④ **解説**を読んで自分の間違ったところから自分の弱点を知り，これから何をやるべきかを考えていこう。

1 2015年度 文学部〔II〕

目標解答時間 3分

ポイント

文学部特有の語形変化問題。特にかっこの直前から判断してどのような形にするか決めること。すべて無理のない良問揃いである。

以下の英文を完成させるために，かっこの中の語を適当な活用形(例 pay→paid)または派生語(例 music→musical)に変えて解答欄に記入しなさい。変える必要のない場合には，かっこの中の語をそのまま記入しなさい。いずれの場合も，解答欄に記入する語は1語のみとする。

1. It's time you (go) to bed.
2. I have never gone (ski) in the mountains.
3. Picasso's greatness is beyond (dispute).
4. My cousin got (marry) to a famous movie star last year.
5. When he had finished his long, difficult assignment, he was unable to do anything other than (fall) asleep.
6. Every kind of work needs care and (patient).
7. While I was waiting for a friend in Shibuya, I heard my name (call) in the crowd.

解説

1.「君はもう寝る時間だ」

正解は went。It's (about, high) time S′ V′ (過去形).「(そろそろ，すぐにでも) ～する時間だ，～する頃だ」がポイントなので，go の過去形の went にする。

2.「私は山にスキーに行ったことが一度もない」

正解は skiing。go *doing* で「～しに行く」の意味となる。この表現で使える動詞は趣味や娯楽などを表すものが多い。go swimming〔fishing, shopping〕「泳ぎに〔魚釣りに，買い物に〕行く」のような動詞である。また，go shopping at〔in〕the department store「デパートに買い物に行く」の例でわかるように go *doing* の後ろは to ではなく *doing* と意味上つながる前置詞を使うことになる。「デパートで買い物をする」のときの前置詞を考えるということだ。この例では to ではなく at〔in〕を使うことになる。ちなみに，「山で夏を過ごす」を英語にすると，spend the summer in the mountains とするのが普通だ。in the mountains と複数形にする感覚は私たちにはわかりにくいが，「山間で，山中で」のニュアンスで，山と山の間というイメージとなり複数形にするのが普通のようだ。

3.「ピカソの偉大さは議論の余地がない」

正解は dispute。beyond dispute で「議論の余地なく，明白に」の意味で，dispute は動詞以外にも名詞でも使える。beyond doubt「疑いなく」や The movie was boring beyond description.「その映画は言葉で言い表せないほどつまらなかった」の beyond description「言葉で言い表せないほど」も覚えておこう。

4.「私のいとこは昨年有名な映画スターと結婚した」

正解は married。marry には他動詞で Would you marry me ?「私と結婚してくれませんか」のような使い方もあるが，get married to ～ でも「～と結婚する」の意味になる。be married to ～とすると原則「～と結婚している」と状態を表すことになる。get married with ～ としないように注意しよう。

NOTE 自動詞と間違えやすい他動詞

reach「～に着く」(=arrive at, get to)　×reach to
discuss「～について話し合う」(=talk about)　×discuss about
marry「～と結婚する」(=get married to)　×marry with
attend「～に出席する」(=be present at)　×attend to
approach「～に近づく」(=go〔come〕near)　×approach to
enter「～に入る」(=go〔come〕into)　×enter into
answer「～に答える」(=reply to)　×answer to
resemble「～に似ている」(=take after)　×resemble to
survive「～より長生きする」(=live longer than)　×survive than
address「～に話しかける」(=speak to)　×address to

mention「〜について言及する」(=refer to) ×mention about
obey「〜に従う」 ×obey to
accompany「〜と一緒に行く」 ×accompany with
join「〜に加わる」 ×join to
oppose「〜に反対する」(=object to) ×oppose to
☆自動詞に見えるが前置詞は必要とせず，他動詞として使われる重要動詞。

5.「彼は長く困難な任務を終えたとき，眠り込む以外に何もすることができなかった」

正解は falling。*A* other than *B*「*B* 以外の *A*」の other than は，これで前置詞と考えるのが普通なので，falling と動名詞にするのを正解とするのがいいだろう。ただ，There's nothing we can do other than hope he will get well.「私たちは彼がよくなるのを期待する以外何もできない」のように，than の後ろに動詞の原形や to 不定詞が使われることもあることはある。do と hope he will get well を other than でつないでいるということだろう。other than ではないが，know better than to *do*「〜するほどばかではない」の重要熟語は than の後ろが to 不定詞だ。

6.「どんな種類の仕事も配慮や忍耐を必要とする」

正解は patience。needs の目的語に care と patience が and で並列されている。patient は「忍耐力のある，我慢強い」の意味の形容詞か，「患者」の意味の名詞だ。

7.「渋谷で友達を待っていたとき，私は群衆の中で自分の名前が呼ばれるのが聞こえた」

正解は called。知覚動詞の hear は，① hear O *do*「O が〜するのが聞こえる」，② hear O *doing*「O が〜しているのが聞こえる」，③ hear O *done*「O が〜されるのが聞こえる」の3つのパターンが可能だ。①と②は O と *do*，*doing* が能動関係。③は O と *done* が受動関係だ。問題文は「私の名前が呼ばれる」の受動関係なので called となる。ちなみに，①は *do* の行為の全体，②は *do* の行為の一部が聞こえた感じだ。

解答

1. went 2. skiing 3. dispute 4. married 5. falling
6. patience 7. called

2　2016年度　農学部〔Ⅲ〕

目標解答時間　3分

ポイント

共通語による複数文の完成問題。熟語の知識，品詞による意味の違い，多義語の知識などが狙われている。どれも良問なので，ここで実力を試してみよう。

次の(1)～(6)の各組の英文の空所に共通して入れるのに最も適した語句を，それぞれ下記の中から一つ選び，その記号をマークしなさい。

（解答番号は空所の番号と同じ。）

(1)
- The details of what happened have not been revealed from the investigations so (25).
- As (25) as I know, his wife has nothing to do with that matter.

A．far　B．long　C．much　D．well

(2)
- We don't think that it was an (26) mistake.
- She didn't (26) a word when she was spoken to.

A．even　B．indeed　C．open　D．utter

(3)
- Waving to each other, they set off (27) the opposite direction.
- If you like, I can take you there (27) my car.

A．by　B．in　C．to　D．with

(4)
- If you ask me, I prefer (28) colors to flashy ones.
- It was (28) to see that he didn't like the plan.

A．busy　B．desert　C．plain　D．vivid

(5)
- The five-year-old girl was about to cry when she was (29) alone.
- There are some things in the world which are better (29) unsaid.

A．home　B．left　C．put　D．standing

(6) { Jim was asked to sign a (30) to play for a new team.
Do you have any books which (30) with environmental problems?

A．conduct　　B．deal　　C．debate　　D．report

解 説

(1)「起きたことの詳細は今までのところ調査から明らかになっていない」
「私の知る限り，彼の妻はその件とまったく関係はない」
正解はA。1つ目の so far は原則現在完了形で使われ，「今までのところ」という意味の重要熟語。ここも have not been revealed と現在完了形で使われている。
2つ目の as〔so〕far as I know は「私の知る限り」という意味の入試に頻出の熟語だ。ちなみに，have nothing to do with ～ は「～とはまったく関係ない」という意味の入試に最頻出の熟語。

(2)「私たちはそれが完全な間違いだったとは思っていない」
「彼女は話しかけられたとき一言も発することをしなかった」
正解はD。

> **CHECK** utter の意味
> 形「(限定) まったくの，完全な」
> ◇ an utter stranger「まったく知らない人，赤の他人」
> 動 他「～ (言葉など) を発する，～ (考えなど) を述べる」
> ◇ utter a groan「うめき声を発する」

1つ目は形容詞で「まったくの，完全な」の意味で，2つ目は他動詞で「～を発する」の意味で使われている。ちなみに，a word は基本的に否定文の場合は「一言も～ない」の意味になる。強い否定となるのだ。

(3)「お互いに手を振り，彼らは逆方向に出発した」
「よろしければ，私の車であなたをそこへお連れすることができます」
正解はB。「～の方向に」を英語で言うと in the direction of ～ となる。direction につく前置詞は to ではなく in なのである。一方，「車で」を英語で言うと by car となるが，たとえば「私の車で」と言う場合は in my car となる。car の前に何もつかなければ by で，the や my のような冠詞や所有格などがつけば by ではなく in となる。**NOTE**〈輸送手段を表す by とその変形〉を参照のこと。set off は「出発する」の意味の重要熟語。覚えておこう。

(4)「言わせてもらえば，私は派手な色よりあっさりした色が好きだ」
「彼がその計画を気に入っていないのは一見して明らかであった」
正解はC。1つ目の plain は形容詞で「飾り気のない，あっさりした」くらいの意味。2つ目の plain も形容詞だが，「はっきりした，明白な」の意味だ。be plain to see で「一見して明らかだ」と覚えてもいい。prefer *A* to *B*「*B* より *A* が好きだ」は基本表現。if you ask me「言わせてもらえば」は相手と意見が違うときなどの前置きとして使う表現。相手は派手な色が好きなのだろう。

(5)「その5歳の女の子は一人にされてまさに泣かんばかりであった」
「この世の中には言わないでおいたほうがよいこともある」
正解はB。どちらも leave O C「O を C のままにしておく」の形から成り立っているが，1つ目は leave ～ alone「～を一人にしておく，放っておく」を受動態にして be left alone となった形。2つ目は leave ～ unsaid で「～を言わないでおく，秘密にしておく」を受動態にして be left unsaid とした形だ。be about to *do* は「まさに～しようとしている，すぐにでも～するところだ」の意味。better はわかりにくい使い方だが，たとえば had better *do*「～したほうがよい」は had が取れて better *do* だけで使うこともある。ここも「言わないでおいたほうがよい」くらいの訳にするとピッタリだ。

(6)「ジムは新しいチームのためにプレーする契約に署名するよう求められた」
「環境問題を扱っている本を持っていますか？」
正解はB。

CHECK 多義語の deal
動 他「～（トランプのカード）を配る，～を分け与える」
◇ deal the cards「カードを配る」
動 自 ①（deal with ～）「～を扱う，～に対処する」（deal in ～）「～を商う」
◇ deal with a problem「ある問題に対処する」
②「カードを配る」
名 ①「（特にビジネス上の）取引，契約」
◇ do a deal with the management on overtime
「経営側と残業について契約をする」
②（a great〔good〕deal of ～）「たくさんの～」 ☆～は不可算名詞。
③（a great〔good〕deal）「（名詞的に）たくさん，（副詞的に）大いに」
◇ talk a great deal「大いに話をする」

1つ目の deal は名詞で「取引，契約」の意味。sign a deal で「契約に署名する」となる。2つ目は deal with ～ で「～を扱う，～に対処する」の意味の重要熟語だ。

解答
(1)―A (2)―D (3)―B (4)―C (5)―B (6)―B

3　2016年度　国際日本学部〔Ⅲ〕

目標解答時間　7分

ポイント

明治大学の文法問題としてはかなり難しいものも入っている。6問程度正解することを目標にしてみよう。

以下の空欄に入る最も適切なものを①～④の中から1つ選び，その番号を解答欄にマークしなさい。

(1) One of Japan's most ancient cultural treasures (　　　) shown at an exhibition in Washington D.C.

① are currently being
② has currently been
③ is currently being
④ will currently be

(2) That your husband is being irresponsible with his finances doesn't justify (　　　) him like a criminal.

① you treat
② you treating of
③ your treating
④ your treatment

(3) I assumed them to be poor because they said they didn't have any cash with them, but later on, that assumption (　　　) to be a complete mistake: they were millionaires with thousands of head of cattle on their ranch.

① turned in
② turned on
③ turned out
④ turned up

(4) In (　　) the *Terms and Conditions* of the contract, your account will be cancelled on April 1, 2016, unless notified otherwise.

① accord with

② accordance with

③ according to

④ accordingly

(5) Journalists are required to write their articles in a plain, easily understandable style (　　) being informative, but that is not very easy when it comes to complicated fields like diplomacy.

① when

② which

③ while

④ with

(6) The Spanish football team I support has been winning (　　) for over eight weeks now, without losing a single match, which has kept them at the top of the league.

① consequently

② consistently

③ conspicuously

④ controversially

(7) I don't think you are (　　) a position to bargain with me, because you are the one who made the mistakes.

① for

② in

③ on

④ with

(8) The restaurant Michael Jackson used to (　　　) in Beverly Hills has closed down due to financial difficulties.

① frequency

② frequent

③ frequented

④ frequently

(9) Not everybody is poor in developing countries. Some people I know from West African countries are extremely (　　　).

① better

② better paid

③ well earned

④ well off

(10) Depending on the nature of the incident, you will need to decide (　　　) contact headquarters or the police.

① whether

② whether if

③ whether or not

④ whether to

解 説

(1)「日本の最も古い文化的財産の一つはワシントン D. C. の展覧会で現在展示中だ」

正解は③。 currently「現在」は at the present time の意味なので，原則現在（進行）形で使われる。したがって，②や④は不可になる。①は are が不適切。One が主語なので動詞は単数扱いとなるからだ。

> **CHECK** 「今日，最近」を表す表現
>
> ① nowadays，these days「今日（こんにち），このごろ」や currently「現在」は原則現在（進行）形で使われ，通例現在完了形は不可。
>
> ◇ Nowadays a lot of people go abroad.
> 「近ごろは多くの人が海外へ行く」
>
> ② today は「今日（きょう）」の意味では現在，過去，未来のどの時制でも使うことができるが，「今日（こんにち）」の意味では現在形が基本。
>
> ◇ I couldn't go shopping yesterday so I'll have to go today.
> 「昨日買い物に行けなかったので今日行かなければならない」
>
> ◇ Cell phones today are so sophisticated.
> 「今日の携帯電話は非常に複雑である」
>
> ③ now は「今」の意味では現在（進行）形で，「すぐに」の意味では will などと一緒に，「これまで」の意味では現在完了形で使われるのが基本。
>
> ◇ Where are you living now?「今はどこに住んでいるの？」
>
> ◇ He will turn up now.「彼はすぐに現れるだろう」
>
> ④ recently「最近」は過去形，現在［過去］完了形で使われ，通例現在形は不可。lately「最近」は通例現在完了形で使われるのが基本。
>
> ◇ I haven't seen her recently.
> 「私は最近彼女に会っていない」

(2)「あなたの夫が金銭に関して無責任であるからと言って，あなたが彼を犯罪者のように扱うのを正当化はしない」

正解は③。 他動詞の justify の目的語であるということと，him という目的語を取っているのがポイント。justify *doing*「～することを正当化する」と justify は目的語に動名詞を取れるとわかっていれば正解はもっと出しやすい。全体の構造も含めて図解してみる。

That your husband is being irresponsible with his finances (S) doesn't justify (V) your treating him like a criminal (O).

treating は動名詞で，動名詞の意味上の主語は所有格か目的格なので your となる。また，treating という動名詞が him という目的語を取っていることになる。That は名詞節を導く接続詞で「～ということ」の意味。That ～ finances が justify に対する主語になっている。is being irresponsible は be 動詞を進行形にしている。

状態動詞を進行形にすると一時的状態を表すので，普段は無責任な人ではないが，一時的に何かが原因で無責任な状態になっているのだ。with は「～に関して」の意味。finances は複数形で「財政状況，家計，収入」の意味。

(3)「私は彼らがまったく手持ちの金を持っていないと言っていたので貧しいのだと思ったが，あとでその考えは完全な間違いだと判明した。つまり，彼らは大牧場に数千頭もの牛を持っている百万長者なのであった」

正解は③。

NOTE 重要多義熟語の turn out（～）

①「(turn out (to be) C) Cだとわかる，判明する」

◇ To my surprise, he turned out to be one of the terrorists.
「驚いたことに，彼はテロリストの一味だとわかった」

②「(well，badly などの副詞を伴って) ～という結果になる」

◇ Everything will turn out well.「万事うまくいくだろう」

③「～（明かりなど）を消す」

◇ turn out the light「明かりを消す」

④「～を（大量に）生産する，～を（多数）産み出す」

◇ The factory turns out 1,000 cars a day.
「その工場は日に１千台の車を生産する」

☆①・②は自動詞，③・④は他動詞用法。

ここは空所の後ろに to be があるので，①の意味で使われている。assume は assume O to be C「OをCだと考える」の使い方があるが，この assume という動詞は「しっかりした根拠なしに」のニュアンスがある。したがって，あとで否定されるかもしれないと思って読み進めるといいだろう。ここも but 以下で否定されている。with them の with は「携帯」を表し，I have no money with me. は「私には手持ちの金がない」の意味となり，家や銀行などにある金は範囲外ということになる。また，head は「(家畜の) 頭数，群れ」の意味で「５頭の牛」と言うときに five head of cattle などと言う。head は単数形のままだ。

(4)「契約諸条件に従い，貴殿の口座は特に通知のない限り，2016 年 4 月 1 日に解約されます」

正解は②。

CHECK in accordance with ～の意味

in accordance with ～「～に従い，応じて」(＝according to ～)

◇ In accordance with your instructions, I fired most employees.
「あなたの指示に従い，私はほとんどの従業員を首にした」

the *Terms and Conditions* はどちらの語も「条件」の意味があり，全体で「諸条件」くらいの訳となる。①の in accord with ～ は「(意見などが) ～と一致して」の意味なのでいまいち文脈に合わない。また，③の according to ～ は「～に従って，応じて」の意味があるが，空所の前に In があるので不可。④の accordingly は「それに従って，それに応じて」の意味があるが副詞なので，In も必要ないし，後ろに the *Terms and Conditions* のような目的語は取れない。ちなみに，unless notified otherwise は unless otherwise notified とも言え，重要表現だ。

CHECK unless otherwise＋過去分詞
unless otherwise＋過去分詞「違ったふうに〜されない限り」
◇ Roads are operated by local municipalities unless otherwise indicated.
「特記のない限り道路は市町村管理である」
㊟ unless＋過去分詞＋otherwise の形もある。

直訳すると「違ったふうに通知されない限り」となる。何も通知がなければ契約解除ということだ。

(5)「ジャーナリストは，平易で容易に理解できる文体の一方で有益な情報を与えるような形で記事を書くことを要求されるが，外交のような複雑な分野に関しては，それはあまり簡単なことではない」
正解は③。while *doing* は「〜する間」の意味で使われることが多いが，「対比」（「一方で〜」）で使われることもある。ここは in a plain, easily understandable style と being informative が対比されていると考えるといいだろう。

(6)「私が応援しているスペインのサッカーチームは今，一試合も負けずに 8 週以上の間，勝ち続けているが，それゆえそのチームはリーグの首位を維持している」
①「その結果」　②「絶えず」
③「目立って」　④「論争を巻き起こして」
正解は②。空所は副詞が入る位置で has been winning を修飾しているので，consistently「絶えず，一貫して」が最適であろう。a single 〜 は否定文で使われると「一つも〜ない」の意味になる。また，which は非限定用法で使われ前文の内容を先行詞とすることができるので，The Spanish 〜 a single match が先行詞だ。

(7)「あなたは私と交渉する立場にないと思います。あなたは間違いを犯した人だからです」
正解は②。be in a position to *do* で「（能力や権力があるので）〜する立場にある，〜することができる」の意味。重要な熟語だ。

(8)「マイケル=ジャクソンがビバリーヒルズでよく通っていたレストランは財政難により閉店した」
①「頻度」　②「〜に頻繁に通う」
③「頻繁に通われた」　④「頻繁に」
正解は②。The restaurant が先行詞で Michael Jackson 〜 Beverly Hills が関係代名詞節となっている。used to *do* は「かつては〜した，〜したものだ」の意味の過去の習慣を表す表現。空所には他動詞が入ると判断することが重要だ。fre-

quent は形容詞で「頻繁な」の意味があるが，「～（場所など）に頻繁に行く」の意味もあり，これしか文法的に入らない。

(9)「発展途上国ではすべての人が貧しいわけではない。西アフリカ出身で私の知っている人の中には非常に金持ちの人もいる」

①「よりよい」　②「給料のよい」

③「うまく稼がれた」　④「金持ちの」

正解は④。

> **CHECK** 重要熟語の be well off
> be well off「暮らし向きがよい」（⇔ be badly off「暮らし向きが悪い」）
> ◇ Bangladesh is not very well off economically.
> 「バングラデシュは経済的にあまり裕福ではない」
> ㊫ be better off ①「より暮らし向きがよい」，②「よりよい，より幸せな」
> （⇔ be worse off ①「より暮らし向きが悪い」，②「よりよくない，より不幸せな」）
> ㊫ be better off の①は richer，②は better または happier で書き換えられる。

②「給料のよい」を正解にしてもよさそうだが，あくまで poor の反意語だと考えないといけない。well off は簡単に言えば rich の意味なのでピッタリだ。

(10)「その事故の性質によって，本部に連絡するべきか警察に連絡するべきかを決める必要がある」

正解は④。 contact は他動詞で「～に連絡を取る」の意味。したがって，節を取る①や③ではダメだ。whether to *do* で「～するべきかどうか」の使い方があるので，これが正解。文頭の depending on ～ は重要な熟語だ。

> **CHECK** 熟語として覚えるべき depending on ～
> depending on ～「～によって，応じて，比例して」
> ◇ The charges vary depending on weight.
> 「料金は重さによって異なります」
> ㊫ depend on ～「～による，～次第だ」の分詞構文が熟語となったもの。

解答

(1)―③　(2)―③　(3)―③　(4)―②　(5)―③　(6)―②　(7)―②　(8)―②　(9)―④
(10)―④

4

2016年度　経営学部〔Ⅲ〕

目標解答時間　8分

ポイント

簡単な問題もあるが，結構骨の折れる問題も多い。熟語の深い真の意味を学ぶにはなかなかの良問がそろっているが，一つの訳しか覚えていない受験生には難問に見える問題も多そうだ。

以下の空欄に入れるべき最も適切なものは次のどれか。

(A) He wishes he ________ better-looking.

① is
② looks
③ becomes
④ were

(B) I went to London ________ his car.

① by
② in
③ on
④ with

(C) I don't want to buy it; ________ one thing, the price is too high.

① on
② in
③ for
④ to

(D) She earns her living ________ selling *The Big Issue*.

① by
② for
③ in
④ with

(E) Jim would have forgotten the appointment if his wife ________ him.

① hadn't reminded

② didn't remember

③ hadn't recalled

④ was not reminiscent of

(F) I hope the jury will be fair and that ________.

① honesty will be given

② honor will be retired

③ justice will be done

④ virtue will be forgiven

(G) ________ in terms of area, the village has quite a large population.

① Small as it is

② As it is small

③ It is as small

④ As if small

(H) I really admire Keiko. She acted with great courage and remained optimistic ________.

① in the face of such adversity

② despite her great success in the advertising industry

③ in the celebration of her happy wedding anniversary

④ in spite of her friends' generosity

(I) Andrew: I've got to ________. Bye.

Barbara: Leaving so soon?

① put off

② take off

③ come off

④ fall off

(J) Cecilia: Anna told me you didn't want me to be your partner in the dance competition.

David: Nothing could be ＿＿＿＿ from the truth.

① far

② further

③ near

④ nearer

(K) John: What did you think of the performance?

Matt: Not quite ＿＿＿＿ I thought it would be.

① good that

② as good as

③ better than

④ worse than

(L) He has a large collection of film DVDs, but seldom, ＿＿＿＿, goes to the cinema.

① if any

② if anything

③ if ever

④ if only

(M) ＿＿＿＿ five seconds of Susan's singing, the audience began to cheer and applaud.

① Within

② Without

③ Beside

④ Outside

(N) ________ baby birds imprint on their mothers, adult birds imprint on their chicks: during the critical period of nesting, parents will adopt chicks of a foreign species introduced into their nest, even though they would kill and eat a strange chick at other times.

① Just when
② Just about
③ Just because
④ Just as

(O) Mr. Johnson: That was a good performance, Amy. I think you're ready to play on stage next week.

Amy: Thanks, Mr. Johnson. I just hope I won't mess it up.

Mr. Johnson: What do you mean?

Amy: Well, whenever I am on stage, my hands get all sweaty and my stomach feels sick. My heart starts racing and I feel like I can't breathe. I feel I ________________

Mr. Johnson: Don't worry! Stage fright is quite natural.

① could do well if only I didn't get so nervous.
② could do well because I didn't get nervous at all.
③ couldn't do well if I didn't get much nervous.
④ couldn't do well because I seldom got nervous.

解説

(A)「彼は自分の見た目がもっとよければなあと思っている」

正解は④。 I wish S′ V′（仮定法過去）. で「～であればなあと思う」となる。I wish S′ V′（仮定法過去完了）.「～であったならなあと思う」なら過去のことを言う。ここはIでなくHeになっているだけで仮定法であることには変わりはない。①～③は仮定法になっていないのでwereが正解だが，仮定法では三人称・単数であってもwasではなくwereにするのが正式だ。

(B)「私は彼の車でロンドンに行った」

正解は②。 問題文はhisがあるのでbyではなくinを使うことになる。

NOTE　輸送手段を表すbyとその変形

① onまたはinの場合

◇by train〔plane, bus〕「電車〔飛行機，バス〕で」

◇on〔in〕the train〔plane, bus〕「(その) 電車〔飛行機，バス〕で」

㊜ byの後ろは冠詞も人称代名詞所有格もなく単数名詞だが，比較的大きな輸送手段である「電車〔飛行機，バス〕」に冠詞や人称代名詞所有格などをつければonやinになる。ただ，onのほうがよく使われる。

② inの場合

◇by car〔taxi〕「車〔タクシー〕で」

◇in his car「彼の車で」 in the taxi「(その) タクシーで」

㊜ 考え方は①と同じだが，車やタクシーは比較的小さいのでonではなくinになる。入り込むイメージだ。

③ onの場合

◇by bicycle〔motorcycle〕「自転車〔オートバイ〕で」

◇on his bicycle〔motorcycle〕「彼の自転車〔オートバイ〕で」

㊜ ①や②と考え方は同じだが，自転車やオートバイは小さすぎて人間は中に入れないので乗っかる感じでonを使う。

(C)「私はそれを買いたくない。一つには値段が高すぎるのだ」

正解は③。 for one thing「一つには」は理由を列挙する際に使う表現だ。「それを買いたくない」の理由が「値段が高すぎる」ということ。

CHECK　「一つには」の意味

for one thing（理由を列挙して）「一つには」

◇I can't go ― for one thing, I've no money ; and for another I'm too busy.
「私は伺えません。一つにはお金がありませんし，さらには忙しすぎるのです」

㊜ thingを省略してfor oneとすることもある。2つ目の理由はfor another「さらには」を使う。

(D)「彼女は『ビッグイシュー』を売ることで生計を立てている」

正解は①。 earn〔get, make, gain〕a〔*one's*〕living「生計を立てる」は後ろにby *doing*「～することによって」やas「～として」が続くことがある。ここもそうだ。

例 It's hard to earn a decent living as an actor.「俳優としてちゃんと生計を立てるのは難しい」

(E)「ジムは妻が思い出させてくれなかったなら予約を忘れていたであろう」

正解は①。would have forgotten が仮定法過去完了形なので，if 節のほうも had *done* としないといけない。①の remind は「～（人など）に思い出させる，気づかせる」の意味。remind *A* of *B*「*A*（人など）に *B* を思い出させる，気づかせる」で覚えるのが普通だ。②と④は仮定法過去形なので，時制がおかしい。ちなみに，④の be reminiscent of ～ は「～を思い出させる」の意味。③は仮定法過去完了形であることは問題なく，recall には「～を思い出す」以外に「～（過去に経験したこと）を思い出させる」の意味もある。ただ，「～（人など）に思い出させる」ではなく「～（過去に経験したこと）を思い出させる」の意味であることがポイント。「に」と「を」の違いだ。問題文は him と「人」が目的語なので不正解となる。

(F)「私は陪審員が公平で正当に扱われることを期待する」

正解は③。do justice to ～「～を正当に扱う，～を公平に評価する」の熟語の to 以下がなく，受動態になっている形だ。(that) the jury will be fair と that justice will be done を and でつなぐのも意味上ピッタリだ。

例 The review did not do justice to his talent.「その批評は彼の才能を公平に評価していなかった」

(G)「その村は面積の観点からすると狭いが，かなり多くの人口を抱えている」

正解は①。as には譲歩「～だけれども」の意味があるが，その場合は倒置させないといけない。「形容詞［副詞］+ as S′ V′」で「～だけれども」の意味になる。Small as it is が正解。Though it is small で書き換えられる。②はよさそうだが不可。譲歩の意味では「形容詞［副詞］+ as S′ V′」の語順でないといけないからだ。ちなみに，文頭に副詞句や副詞節がある場合，先に代名詞があり，後ろにそれを受ける名詞があることが結構ある。Small ～ area は副詞節で文頭にある。したがって it が先にあって，後ろの the village を受けている。POINT!〈文頭の副詞句や副詞節中の人称代名詞〉を参考にしてほしい。in terms of ～ は「～の観点から，～の点では」の意味の重要熟語。「多い人口」は a large population，「少ない人口」は a small population となる。重要な形容詞と名詞のつながりだ。

(H)「私は本当にケイコを評価している。彼女は非常に勇気があるふるまいをし，そのような逆境にもかかわらず楽観的でいられたのだ」

①「そのような逆境にもかかわらず」

②「広告業界における彼女の大きな成功にもかかわらず」

③「彼女の幸せな結婚記念日を祝福して」

④「彼女の友人の寛容さにもかかわらず」

正解は①。remained optimistic「楽観的なままでいた」の remain は逆接的な文脈でよく使われる。例文を挙げてみよう。I feel sorry for him, but the fact remains that he lied to me.「私は彼のことを気の毒に思うが，彼が私にうそをついたという事実は残っている」や Many scientists remain unconvinced by the fresh evidence.「多くの科学者はその新たな証拠があっても相変わらず納得していない」のような例だ。ここも「そのような逆境にもかかわらず楽観的なままでいた」の逆接関係がピッタリだ。

CHECK in the face of ～ の真の意味
in the face of ～「～に直面して，～にもかかわらず」
◇The campaign continued in the face of strong opposition.
「その運動は強い反対にもかかわらず続いた」
㊜ in the face of ～「～に直面して」は原則～にマイナスの表現が入り，「～にもかかわらず，～をものともせずに」のニュアンス。単に～に面しているわけではない。

問題文も～の部分は adversity というマイナス単語で，「逆境をものともせずに，逆境にもかかわらず」のニュアンスで使われている。同様に②と④で「～にもかかわらず」の意味の despite や in spite of を使っていると言えるだろう。

(I)アンドリュー：「行かなくちゃ。じゃあね」
バーバラ　　：「そんなに早く行くの？」
①「～を延期する」　②「立ち去る」
③「はずれる」　④「離れ落ちる」
正解は②。これは半分勘でいくしかないであろう。take off には「(急いで) 立ち去る」くらいの意味がある。have got to *do* は「～しなければならない」の意味の重要表現だ。

(J)セシリア　：「ダンス競技であなたが私にパートナーになってほしくないと思っているとアンナが言っていたわ」
デイビッド：「まったくのでたらめだよ」
正解は②。Nothing could be further from the truth. は「真実よりもっと遠いものはありえないだろう」の直訳から，「まったくのでたらめだ，まったくそんなことはないよ」くらいの意味になる。逆の意味に取ってしまう可能性があるので，注意するといい。比較級と否定が組み合わさってできる重要表現を簡単にまとめておく。

POINT! 仮定法で使われる「否定語＋比較級」
◇The weather couldn't have been better.「天気は最高だった」
◇I couldn't agree more.「大賛成だ」
◇You couldn't ask for a nicer person.
「あなたはもっとすばらしい人を求めることはできないであろう→あの人ほどすばらしい人はいないだろう」
㊜ たとえば 2 つ目の例は「私はもっと賛成することはできないであろう」が直訳で，

もっと賛成することができないということは賛成の上限ということだ。「大賛成だ」の意味になるのは理解できると思う。
◇ I have never been happier.「私は今が一番幸せだ」
㊜ この文は後ろに than I am now くらいの英語が省略されていて，「今私が幸せである以上に幸せだったことは一度もない」の意味になる。仮定法がなくても「否定語（特に never）＋比較級」で意味上最上級で使うことが可能だ。

(K)ジョン：「演技はどうだと思った？」
マット：「思ったほどよくなかったよ」
正解は②。not as ～ as …「…ほど～ない」の形があるが，not quite as ～ as … は部分否定の not quite ～「まったく～なわけではない」に as ～ as … が加わり「…とまったく同じほど～なわけではない」が直訳となる。ただ，not as ～ as … と同じ訳をしても差し支えないだろう。③や④が不正解である理由は結構難しい。not＋比較級＋than の形はめったに使わないのだが，それは not better than ～ は not as good as ～「～ほどよくない」で表すのが普通だからだと思われる。もうひとつは，quite が比較級を修飾しにくいという事情もあるようだ。辞書の『Genius』は quite の説明で「比較級の修飾はまれ」と書いている。

(L)「彼は映画の DVD を多数収集しているが，行くとしてもめったに映画館には行かない」
①「もしあれば，あるとしても」　②「どちらかと言えば」
③「あるとしても」　④「～しさえすれば」

CHECK **if any と if ever の違い**
☆ if any
①「もしあれば」
◇ Correct errors, if any.
「もしあれば誤りを正しなさい」
②（数，量の意味で使われ）「たとえあるとしても」
◇ There is little doubt, if any.
「たとえあるとしても疑いはほとんどない」
㊜ ②は「few〔little〕＋可算名詞［不可算名詞］，＋if any」または「few〔little〕，if any＋可算名詞［不可算名詞］」の形で使い，数，量が少ないことを強調する表現だ。
☆ if ever（頻度の意味で使われ）「たとえあるとしても」
◇ He seldom, if ever, goes to the movies.
「彼はたとえあるとしてもめったに映画を観に行かない」
㊜「seldom〔rarely〕，if ever，＋動詞など」の形で使うのが基本。頻度が少ないことを強調する表現だ。

ここは空欄の前が seldom で後ろが動詞なので if ever を入れることになる。**正解は③**。他の選択肢も説明しておこう。

CHECK if anything の真の意味
if anything（通例否定文に対して強調して）「どちらかと言えば」
◇ The holidays are not making our PTA work easier. If anything, we are busier.
「休日は私たちの PTA の仕事をより楽にはしていない。どちらかと言えば，私たちはもっと忙しい」
㊜ 前文と後文がほぼイコール関係。または後ろで訂正し，正確に述べる表現。

if only は接続詞であるという意味で他の選択肢とは根本的に違うことを押さえておこう。

CHECK if only ～の 2 つの用法
①（単独で用い動詞は仮定法で）「～しさえすればなあ」
◇ If only it would stop raining !「雨がやみさえすればなあ！」
②（主節を伴って）「～しさえすれば」
◇ If only you study hard, you will pass the exam.
「一生懸命勉強しさえすれば，試験に受かるだろう」
㊜ only if ～「～する場合のみ」
◇ I will call you only if I can't come.「行けない場合のみ電話します」

(M)「スーザンが歌い始めて 5 秒もたたないうちに，聴衆は拍手喝采し始めた」
正解は①。①以外の選択肢では意味を成さないであろう。within は「～以内に」の意味だが，ここでは「～もたたないうちに」と訳してもいいことを確認しておこう。

(N)「赤ちゃん鳥が母親の刷り込みを受けるのとちょうど同じように，成鳥はひなの刷り込みを受ける。つまり，親は見知らぬひなを他のときには殺して食べてしまってもおかしくないのに，巣作りの重要な期間には，巣に入ってくる異種のひなを子とするものなのだ」
①「ちょうど～するときに」
②「ほとんど～」
③「単に～だからと言って」
④「ちょうど～するのと同じように」
正解は④。これはなかなか言っている内容が難しいが，正解するのはそれほど難しくはない。正解の just as には 2 つの意味がある。

CHECK just as ～の 2 つの意味
①「ちょうど～するのと同じように」
◇ Children like to feel grown-up just as we adults like to feel young.
「ちょうど大人が若いと感じるのを好むのと同じように，子供は大人だと感じるのを好む」
㊜ just as の前後が同じような単語を使い同じような構造になるのが基本だ。
②「ちょうど～するときに」
◇ He came in just as I was going out of the door.

「ちょうど私がドアの外に出ようとしていたときに彼が入ってきた」
㊀ 従属節が進行形で使われていることが多い。ここも過去進行形になっている。
☆実際は①の意味で使うことが圧倒的に多い。

問題文では imprint on their の部分がそっくり同じ表現であり，この二つが同じ関係だと言っている。

(O)ジョンソン氏：「すばらしい演技だったよ，エイミー。来週の舞台で演じる準備ができていると思うよ」
エイミー　　：「ありがとうございます，ジョンソンさん。自分が台無しにしなければと本当に思っています」
ジョンソン氏：「どういう意味？」
エイミー　　：「ええ，ステージに立つといつも，手は汗でびっしょりになって胃がムカムカするのです。心臓はドキドキし始めて呼吸ができないように感じます。そんなに緊張しさえしなければうまくやれるのに」
ジョンソン氏：「心配するなよ！　あがり症はまったく普通のことだから」

①「そんなに緊張しさえしなければうまくやれるのに」
②「まったく緊張しなかったのでうまくやれた」
③「あまり緊張しなければうまくできないのに」
④「めったに緊張しなかったのでうまくやれなかった」

正解は①。if only は(L)の CHECK で説明したように②の用法で，「～しさえすれば」の意味。ここは could と didn't で仮定法過去になっていることも確認せよ。

解答
(A)—④　(B)—②　(C)—③　(D)—①　(E)—①　(F)—③　(G)—①　(H)—①　(I)—②
(J)—②　(K)—②　(L)—③　(M)—①　(N)—④　(O)—①

5 2017年度 文学部〔I〕

目標解答時間 2分

ポイント

文学部特有の記述式の文法問題。知識としては難しいものが狙われているわけではないのだが，自分であの熟語だと気づくのは結構難しい。おそらく文学部では意外と差がつく問題だと思われる。

次の各組の意味が同じになるように，かっこの中に単語を一つ入れて，解答欄に記入しなさい。

1. There is a good chance of his winning first prize.
   He is very (　　　) to win first prize.

2. I have a stomachache and I don't have any appetite.
   I have a stomachache and I don't (　　　) like eating.

3. I don't care which team wins.
   It makes no (　　　) to me which team wins.

解 説

1.「彼が一等賞を獲得する可能性は十分ある」
　「彼は一等賞を獲得する可能性がとても高い」

正解は likely。まずは chance をしっかり押さえよう。

> **CHECK** 意外と面倒な chance
>
> 名 ①「(to *do*)(～する) 機会，チャンス」
> ◇He was waiting for a chance to introduce himself.
> 「彼は自己紹介する機会を待っていた」
> ②「(of ～, that ～)(～の，～する) 可能性，見込み」
> ◇There is little chance of his being found alive.
> 「彼が生きて見つかる可能性はほとんどない」
> ☆後ろに to (*do*) があれば①，of や that 節があれば②の意味になるのが基本。
> ☆②の of や that の後ろは望むことがくるのが原則。
> ③「偶然」
> ◇Do you know where she is by any chance?
> 「ひょっとして彼女がどこにいるか知っている？」
>
> 動 自「(to *do*) 偶然～する」
> ◇I chanced to see him at the station.「私は駅で偶然彼に会った」
>
> 形「偶然の」
> ◇a chance meeting with a journalist
> 「あるジャーナリストとの偶然の出会い」

上の文は後ろに of があるので実は「機会，チャンス」の意味ではなく「可能性，見込み」の意味。下の文は空所の後ろの to 不定詞が手がかりとなる。be likely to *do* で「おそらく～するだろう」の意味だが，likely の前に very があるので，「～する可能性が高い」くらいのニュアンスとなる。ちなみに，win は競争などに勝って「～(賞など) を得る」の意味がある。

2.「私は胃が痛くまったく食欲がない」
　「私は胃が痛く食べる気がしない」

正解は feel。

> **CHECK** feel like *doing* の 2 つの意味
>
> ①「～したい気がする」(＝feel inclined to *do*)
> ◇I don't much feel like working these days.
> 「最近はあまり働きたいと思わない」
> ☆ *doing* ではなく名詞の場合もある。I feel like a rest.「休みたい気がする」のような例だ。
>
> ②「～するような気分だ」
> ◇I feel like throwing up.「吐きそうな気分だ」
> ☆ *doing* が意志の働かない動詞なら「～するような気分だ」の意味だと考えよう。

ここはeatが意志の働く動詞なので「～したい気がする」の意味となる。

3.「私はどちらのチームが勝つか気にしない」

「どちらのチームが勝つかは私にとって重要でない」

正解はdifference。 make no differenceで「違いを生じない，重要でない，効果がない」くらいのやや幅のある意味の重要熟語だが，it makes no difference to *A* +疑問詞節「*A*（人）にとって～は重要でない」の形でよく使われるので，かたまりで覚えてもいい。ちなみに，itは形式主語で疑問詞節が真主語となる。

解答

1. likely　2. feel　3. difference

2017年度 文学部〔Ⅱ〕

目標解答時間 4分

ポイント

文学部で毎年出題されている設問形式。語形変化を問うているので，品詞理解が重要だ。文の中の位置から品詞を特定しよう。

以下の英文を完成させるために，かっこの中の語を適当な活用形(例 pay→paid)または派生語(例 music→musical)に変えて解答欄に記入しなさい。変える必要のない場合には，かっこの中の語をそのまま記入しなさい。いずれの場合も，解答欄に記入する語は1語のみとする。

1. There is no (need) to keep the nuclear power plants in operation.
2. The majority of the (apply) for entry to this university are eighteen years old.
3. We often take modern conveniences such as electricity and running water for (grant).
4. We have come to the (conclude) that the politician is guilty.
5. It is required by international law to give all necessary assistance to (refuge).
6. We will climb to the summit tomorrow, weather (permit).
7. I called Betty to suggest that she (come) over to have lunch with us on Saturday.

解説

1.「原子力発電所を稼働させておく必要性はない」

正解は need。 空所の位置は形容詞の no の後ろだから名詞になる。there is no need to *do*「～する必要はない」の形でよく使われるので，そのまま覚えてもいいだろう。in operation は①「(機械などが）作動中で，稼働中で」，②「(制度や法律などが）働いていて，効力があって」の意味の熟語。ここは keep ～ in operation で「～を稼働中のままにしておく，～を稼働させておく」の意味。plant は「(電力を作ったり化学物質を加工する）工場」のこと。nuclear power plant は「原子力発電所」だ。

2.「この大学の入学志願者の大多数は 18 歳だ」

正解は applicants。 the の後ろなので名詞にするが，補語の eighteen years old の主語をここでは人にしないといけないので，application「申し込み」ではなく applicant「申込者」を使う。その際，動詞が are になっていることを見抜く。NOTE〈*A* of *B* の単数・複数扱い〉を参照しよう。the majority of + 名詞 *A* の名詞 *A* を複数形にしないと are にはならないので，applicants と複数形にしないといけない。ちなみに，apply for ～「(用紙に書いたりして）～(仕事や許可など）を申し込む」の使い方があるので，その名詞形は application for ～「～の申し込み」，applicant for ～「～の申込者」となる。

3.「私たちは電気や水道水のような現代の便利なものをしばしば当然だと見なす」

正解は granted。 take ～ for granted の熟語がポイントだが，この熟語の真の意味をしっかり押さえておこう。

> **POINT!** take ～ for granted の真の意味
>
> ◇ We should not take peace for granted.
> 「我々は平和を当然のことと思ってはいけない」
>
> ☆ take ～ for granted は，「～を当然だと思い込む」のニュアンスで使われることがほとんどで，「そう思い込むことは間違いで，問題や困難がある」と筆者は主張しているのである。評論文でこの熟語が出てきたら，注意してみよう！

ここも電気や水道水を当然だと思ってはいけないと言っているのだ。事実，こういった便利なものを日常的に使えていない人々は世界中にたくさんいるはずだ。*A* such as *B*「*B* のような *A*」という重要な表現があるが，ここは modern conveniences が *A*，electricity and running water が *B* になる。*B* は *A* の具体例だ。

4.「私たちはその政治家は罪を犯したという結論に達した」

正解は conclusion。 空所の前に the があるので conclude の名詞形が正解となるが，come to the conclusion that S′ V′「～という結論に達する」という重要熟語がポイント。that は同格を表す。

NOTE 同格の that の公式

「the＋内容を表す名詞＋that＋完全な文」となっていたら，この that は同格を表す接続詞の that となる。the ではなく a(n) や無冠詞のときもあるがほとんど the がつく。「内容を表す名詞」とは，fact「事実」，idea「考え」，news「知らせ」，rumor「うわさ」などそれ自体内容を表す名詞を指す。「完全な文」とは，主語や本来あるべき目的語が欠けていない文をいう。

◇ The rumor that they would get married spread at once.
「彼らが結婚するといううわさはすぐに広まった」

5.「あらゆる必要な支援を避難民に与えることが国際法によって要求される」

正解は refugees。前置詞の後ろなので名詞にしないといけないが，refuge は「避難，避難所」などを意味する。give *A B*「*A*（人など）に *B* を与える」は give *B* to *A* にすることができるので，*A* に「人」を表す語がくるのが基本となる。したがって，refugee と「避難民」を表す語を入れるが，refugee は可算名詞なので単数で前に冠詞も何もないのはまずい。refugees と複数形にするのが正しい。

6.「天気が許せば，私たちは明日頂上まで登ります」

正解は permitting。weather permitting で「天気が許せば」の意味の熟語がポイント。

7.「私は土曜日に私たちと昼食を食べに来るよう勧めるためベティに電話した」

正解は come。suggest がポイントだ。

NOTE 2つの suggest that S′ V′

① suggest that S′ (should) *do*「S′ が～することを提案する」

◇ His mother suggested that he go and see the doctor.
「彼のお母さんは彼に医者に診てもらったほうがいいと言った」

② suggest that S′ V′「～だと示唆する，示す，指摘する」

◇ All the evidence suggests that the child stole the money.
「すべての証拠がその子供が金を盗んだことを示している」

㊜ that の後ろに should があるか原形になっていたら①，普通に現在形や過去形などがあったら②の訳をするように！

㊜ 主語が「人」なら①と②の両方の可能性があるが，主語が「もの」なら②となる。

ここは「提案する」の意味と解釈するしかないので，原形の come が正解となる。「解答欄に記入する語は1語のみ」となっているので，should come は不可だ。ちなみに，come over は「家に来る」の意味で使うことができる。よく使われる表現だ。

解答

1. need　2. applicants　3. granted　4. conclusion
5. refugees　6. permitting　7. come

7　2017年度　経営学部〔Ⅲ〕

目標解答時間　8分

ポイント

例によって熟語と後半は会話表現がポイントとなっている。どれもしっかり勉強している受験生なら結構解ける問題と言えそうだ。

以下の空欄に入れるべき最も適切なものは次のどれか。なお，(G)については空欄 ＿a＿ と ＿b＿ に入れるべき最も適切な語の組み合わせを選びその番号をマークせよ。

(A) I am writing this letter ＿＿＿＿ behalf of Mr. Smith.

① for

② at

③ with

④ on

(B) Mr. Takeda will be ＿＿＿＿ you in a minute. Would you like some coffee or tea while you wait?

① on

② with

③ for

④ by

(C) Edinburgh is farther from London ＿＿＿＿ Birmingham.

① so

② as

③ than

④ to

(D) ＿＿＿＿ Cathy and Emily attended the rehearsal.

① Either

② Neither

③ Both

④ None

(E) If you hadn't said you were hungry, I ________ such a big meal.

① cook

② will cook

③ hadn't cooked

④ wouldn't have cooked

(F) Tom went to Rome on holiday eleven years ago, and he's lived there ________.

① ever since

② never ever

③ ever been

④ from ever

(G) My mother was in hospital ___a___ five weeks ___b___ the summer.

① a. for b. during

② a. for b. for

③ a. during b. during

④ a. during b. for

(H) A: Please ________ me a line when you get there.

B: I sure will.

① drop

② pick

③ call

④ speak

(I) A: Can I get you something to drink?

B: No. Please don't ______.

① care

② hesitate

③ bother

④ trouble

(J) A: Would you like some help ______ the menu?

B: Oh, yes, please.

① for

② in

③ on

④ with

(K) A: Hello. Could I speak to Mr. Jones, please?

B: I'm afraid he's not ______ today. Can I take a message?

① on

② off

③ in

④ out

(L) A: Excuse me. Could you tell me how I can get to the ABC Hotel?

B: Just go down the street for three blocks and turn right. It'll be on your left. You can't ______ it.

① skip

② miss

③ fail

④ drop

(M) A: You haven't signed up for the weekend trip. So you aren't interested?

B: ______ I just want to stay home and relax this weekend.

① Yes, not really.

② No, not really.

③ Yes, I haven't.

④ No, I have.

(N) A: What are you doing here, sir?

B: I was ______ by the security guard to wait here, so that is what I am doing.

① said

② told

③ called

④ shown

(O) A: I am coming to New York next week. Could we set up a meeting?

B: Great. Are you available on Wednesday? I am free all day.

A: I'm afraid I can't ______ it then. I've got meetings all day.

① give

② help

③ hold

④ make

解説

(A)「私はスミスさんに代わってこの手紙を書いています」

正解は④。

> **CHECK** on〔in〕behalf of 〜 の2つの意味
> ①「〜を代表して，〜の代わりに」（＝on〔in〕〜's behalf）
> ◇ He wasn't be able to be present, so I signed the letter on his behalf.
> 「彼は出席することができなかったので，私が彼に代わって手紙にサインした」
> ☆主語と〜が同類なら①の意味だ。ここではIとhisが同じ会社の同僚なのかもしれない。
> ②「〜の（利益の）ために」（＝on〔in〕〜's behalf）
> ◇ He works on behalf of the country.
> 「彼は国のために働いている」

この熟語は CHECK の①の意味で使うことのほうが多いことも考慮して，ここも①の意味で解釈するといいだろう。

(B)「タケダさんはすぐに参ります。お待ちの間コーヒーか紅茶をいかがですか？」

正解は②。

> **NOTE** be with you の重要な意味
> ①「あなたが言っていることが理解できます」
> ◇ Sorry I'm not with you ; you're speaking too fast.
> 「すみませんがお話が理解できません；お話が速すぎます」
> ☆否定文で使われることも多い。Are you with me?「私が言っていることがわかりますか？」もよく使われる。
> ②「あなたに賛成です」
> ◇ I'm with you one hundred percent.
> 「あなたに完全に賛成です」
> ③「（あなたのもとに）参ります，戻ってきます」
> ◇ I'll be right with you.「すぐに行きます」
> ☆未来のことを言うのでwillと一緒に使われるのが基本。rightは「すぐに」の意味。

問題文はwillと一緒に使われ，NOTE の③の意味だ。in a minute「すぐに」は重要熟語。

> **CHECK** Would you like 〜?「〜はいかがですか？」
> ◇ Would you like another helping?
> 「（コーヒーなどの）お代わりをいかがですか？」
> ☆ものを勧める表現。Would you care for 〜?も同意表現。Would you like to go to a movie?「映画を観に行きませんか？」のようにWould you like to *do*?「〜しませんか？」の形もある。

(C)「エディンバラはバーミンガムよりロンドンから遠い」

正解は③。farther が far の比較級だと知っていれば than が必要であることは自明のことだ。比較の対象は同類でないといけないが，ここはエディンバラとバーミンガムが都市名なので問題ない。ちなみに，be far from ～「～から遠い」の反意表現は be close to ～「～に近い」となる。

(D)「キャシーとエミリーのどちらもリハーサルに参加した」

正解は③。 either は either *A* or *B*「*A* か *B*」，neither は neither *A* nor *B*「*A* も *B* も～ない」となるので，and と一緒に使われることはない。both *A* and *B*「*A* と *B* の両方とも」が正解となる。none については以下でまとめておく。

NOTE none の 2 つの用法

① 代名 none of ～「～の何も，どれも，誰も…ない」

◇ None of my friends come〔comes〕to see me.
「私の友人は誰も私に会いに来ない」

㊜「none of＋複数名詞」は複数扱いが普通であるが，単数扱いにすることもある。

㊜ anyone of ～ は不可，anything of ～ も使われるのはまれである。

㊜ none はものでも人でも対象に使える。

② 代名 前出の名詞を「no＋名詞」で受けて「ひとつも，誰も～ない」。

◇ She looked for some bread, but there was none left.
「彼女はパンを探したが，全然残っていなかった」

㊜ none は no bread を表す。none の代わりに nothing を使うと，パンに限らず何もなかったことを表す。

(E)「あなたがお腹が空いていると言わなかったなら，私はそんなにたくさんの食事を料理しなかったであろう」

正解は④。 If 節の had said が仮定法過去完了形なので，主節は would have＋過去分詞になっている④が正解となる。

(F)「トムは 11 年前に休暇でローマに行き，それ以来ずっとそこに住んでいる」

正解は①。 since には副詞があり「それ以来，その後」の意味で現在完了形の継続の意味で使われる。また，ever をつけることにより，ever since で「それ以来ずっと」の意味となる。since について確認しておこう。

CHECK 多品詞の since

前「(原則現在完了形で使われ) ～以来」

◇ He has been sick in bed since last Saturday.
「彼はこの前の土曜日から病気で寝ている」

接 ①「(通例文頭で) ～なので」 ㊜ 自明な理由で使われることが多い。

◇ Since we're friends, we will go Dutch.
「俺たちは友達なのだから割り勘で行こう」

②「(原則主節が現在完了［進行］形，従属節が過去形で) ～して以来」

◇ It has been two years since my father died.
「父が死んでから 2 年が経つ」

副「それ以来，その後」

◇ I haven't heard from him since.「その後彼から便りをもらっていない」

(G)「私の母は夏の間５週間入院していた」

正解は①。 for と during の区別を覚えよう。

NOTE　for と during

◇I have lived here for six years.「私は６年間ここに住んでいる」

☆ for「～の間（ずっと）」の後ろは不特定の期間が基本。簡単に言えば「数詞＋期間」が原則だ。

◇I was in hospital for two weeks during〔× for〕the summer.
「私は夏の間に２週間入院していた」

☆ during「～の間（ずっと），～の間に」の後ろは特定の期間が基本。簡単に言えば「the〔his などの所有格，this などの指示形容詞〕＋期間」が原則だ。

☆ over「～の間（ずっと）」は during に近い使い方。ただ，over a period of ten years「10 年間」のように特定の期間でない場合もある。また，through〔throughout〕「～の間中ずっと」も during に近い使い方なので，後ろは「the〔his などの所有格，this などの指示形容詞〕＋期間」が原則。「初めから終わりまで」のニュアンスが強い。

five weeks は不特定の期間，the summer は特定の期間ということだ。ちなみに，in hospital は単に「病院の中に」の意味もあるが，「入院していて」の意味にもなる。ここは５週間なので「入院していて」の意味にしかならないであろう。

(H)A：「そこに着いたらメールをください」
B：「きっとそうします」

正解は①。 drop ～ a line で「～(人）に短い手紙・メールを書く」の意味の重要表現。

(I)A：「何か飲み物を持ってきましょうか？」
B：「いいえ，わざわざ結構です」

正解は③。 bother をまとめておこう。

CHECK　多義語の bother

動 他「～(人など）を悩ませる，～(人など）に面倒をかける」

◇Sorry to bother you, but there's a call for you on line two.
「申し訳ありませんが，２番に電話です」

動 自「(通例疑，否で)(to *do*）わざわざ～する，面倒がらずに～する」

◇I sent him an invitation, but he didn't even bother to reply.
「私は彼に招待状を送ったのだが，彼は面倒がって返事さえしなかった」

名「面倒，厄介なもの〔人〕」

◇I don't mind looking after the students ; they aren't any bother.
「生徒たちの世話をするのは嫌でありません；彼らはまったく厄介でありません」

動 自 は否定文でよく使われ，bother の後ろの to *do* が省略されることも多い。ここは to get me something to drink の省略だ。

NOTE　get の第４文型

①「*A* に *B* を持ってきてやる」

◇ Will you get me a glass of water?「一杯水を持ってきてくれませんか?」
② 「*A* に *B* を手に入れてやる, 買ってやる」
◇ Did you get your father a present?
「お父さんに贈り物を買ってあげましたか?」

ここは you が *A*, something to drink が *B* で, ①の意味だ。Can I *do*? は「〜しましょうか?」の意味。

(J) A:「メニューをご説明いたしましょうか?」
B:「はい, お願いします」
正解は④。 Would you like some help? で「お手伝いいたしましょうか?」の意味だが, Would you like some help with 〜? で「〜をお手伝いいたしましょうか?」の意味となる。with は help *A* with *B*「*A*(人など)の *B*(仕事など)を手伝う」の with だ。たとえば Let me help you with your baggage. は「手荷物を運ぶのを手伝いましょう」となるので, Would you like some help with the menu? は「メニューを理解するのを手伝いましょうか?」くらいが直訳となる。メニューは料理名だらけでどんな料理なのかわからないことがよくあるであろう。

(K) A:「もしもし。ジョーンズさんはいらっしゃいますか?」
B:「あいにく今日は外出しております。ご伝言を承りましょうか?」
正解は③。

CHECK 重要会話表現①
Can〔May, Could〕I speak〔talk〕to 〜?
「(電話をかけた人が)〜と話したいのですが, 〜さんはいらっしゃいますか?」
(=I'd like to speak to 〜. Is 〜 at home? Is 〜 there? Is 〜 in?)
◇ May I speak to Jones?——Speaking.
「ジョーンズさんはいらっしゃいますか?——ジョーンズです」

Could I speak to 〜? は電話で使われる重要会話表現だ。上にも Is 〜 in? とあるように, be in とは「家にいる, 会社にいる」の意味で, Is Jones in? と言えば「ジョーンズさんはご在宅ですか?」のような意味になる。問題文は he's not in なので「家にいない, 会社にいない」の意味になるのだ。ちなみに, I'm afraid (that) S′ V′ は「残念ながら〜だと思います, あいにく〜だと思います」のように, 相手の期待に沿えないときに使う表現。

CHECK 重要会話表現②
May〔Can〕I take a message?「(電話で秘書などが) ご伝言を伺いましょうか?」
May〔Can〕I leave a message?「伝言を託したいのですが」

take だと伝言を受けるほうが使う表現となる。

(L) A:「すみません。ABC ホテルへの行き方を教えていただけますか?」
B:「この通りを 3 ブロック行って右に曲がってください。左手にあります。すぐに見つかりますよ」

正解は②。

CHECK 重要会話表現③
You can't miss it.
「(ある建物などへの道順を教えた際に) それはすぐ見つかりますよ」
(=You'll find it soon.)

missは「～を見逃す」の意味だ。次の会話表現も覚えておこう。

CHECK 重要会話表現④
I'm sorry to trouble〔bother〕you, but could you *do*?
「ご面倒をかけて申し訳ありませんが，～していただけませんか？」
Excuse me, but could you *do*?
「すみませんが，～していただけませんか？」

ここはExcuse me. Could you *do*？となっていてbutがない形だ。

CHECK 重要会話表現⑤
Could you tell me how to get to ～?
「～への行き方を教えていただけますか？」
(=Could you tell me how I can get to ～?)
Could you tell me the way to ～?
「～へ行く道を教えていただけますか？」
☆ teachは学問や教訓などを教えることを言い，道を教えるときには使えないことに注意せよ。
☆ go to ～は出発点を重視した表現で，一方get to ～は終着点を重視した表現。しかも，get to ～はgo to ～より意識的に努力して向かうニュアンスがあるので，この文脈ではget to ～を使うのが正しい。

Justは命令文を和らげる働きがある。また，downは「～に沿って」の意味で，下っているとは限らない。turn rightはturn to the rightとも言い，「右に曲がる」の意味。It'll be on your left〔right〕.「それはあなたの左手〔右手〕にあります」もよく道案内で出てくる表現。一つ例文を挙げておこう。

Go straight ahead, and turn right at the next corner. Then you'll find the station on your left.
「このまままっすぐ行って，次の角を右に曲がってください。そうすれば左手に駅があります」

(M) A：「週末の旅行に登録しなかったんだね。ということは興味がないの？」
B：「うん，あまりね。今週末はちょっと家にいてくつろぎたいんだ」

正解は②。

CHECK 重要会話表現⑥
"Didn't they notice you?" "Yes, they did."
「彼らはあなたに気づかなかったの？」「いいえ，気づいたよ」
☆否定の疑問文に対してはyes, noと「はい」，「いいえ」が逆になることに注意せよ！ また，英語は yes のあとは必ず肯定的内容，no のあとは否定的内容になることも押さえておくように！
☆上の考え方が面倒なら，Did they notice you？「彼らはあなたに気づいたの？」のような肯定の疑問文にして Yes, they did.「はい，気づいたよ」と No, they didn't.「いいえ，気づかなかったよ」で答えるのと同じだと考えるといい。英語は気づいたと肯定的内容なら Yes，気づかなかったと否定的内容なら No なのだ。

選択肢を見ると，①は Yes のあとに否定の not，③も Yes のあとに否定の haven't，④は No のあとに肯定の have となっているのがそもそもまずい。文法的に正しいものがないのだ。No と言っているのだから，興味がないのだ。ちなみに，not really ～ は「(部分否定を表し) あまり～ない」，「実際は～ない」の2つの意味があるが，前者は～が程度を表す語になっている。interested「興味のある」という語は程度を表すことが可能なので，前者の意味だ。「あまり興味がない」ということ。sign up for ～ は「～に登録する」，just want to *do* は「ただ~したい，～だけしたい」の意味。

(N) A：「お客様，ここで何をなさっているのですか？」
B：「警備員にここで待つように言われたので，そうしているのです」
正解は②。
S tell *A* to *do*「Sは *A* に～するよう言う」の形を受動態にすると *A* be told by S to *do*「*A* はSに～するよう言われる」にすることが可能だ。要するに，V *A* to *do* の形が可能な動詞を選ぶことになる。③は call on *A* to *do*「*A* に～するよう要求する」の形はあるが，on がないので正解にはならない。

(O) A：「来週ニューヨークに行く予定です。会議を設定できますか？」
B：「結構です。水曜日は空いていらっしゃいますか？ 私は一日中空いています」
A：「あいにくその日は都合がつきません。一日中会議があるのです」
正解は④。
make it については CHECK〈重要熟語の make it〉を参照しよう。then は on Wednesday のことなので，曜日と一緒に使われる CHECK の③の意味の make it だ。I am coming のところは2つポイントがある。会話の相手のほうへ行くのは come を使う。また，この現在進行形は近い未来の予定を表している。available は人を主語にとって「都合のよい」の意味になる。convenient を使うなら Is it convenient for you on Wednesday？と it を主語にして「人」を主語にすることはない。

解答

(A)―④　(B)―②　(C)―③　(D)―③　(E)―④　(F)―①　(G)―①　(H)―①　(I)―③
(J)―④　(K)―③　(L)―②　(M)―②　(N)―②　(O)―④

8　2018年度　国際日本学部〔Ⅲ〕

目標解答時間　5分

ポイント

語彙，語法，文法と多岐にわたっている。レベルは標準的なので，語彙，語法，文法の基礎をしっかりやっている受験生なら，満点も目指せそうだ。

以下の空欄に入れる最も適切なものを①〜④の中から1つ選び，その番号を解答欄にマークしなさい。

(1)（　　）a magazine editor, Carla worked at the company for twenty years and then founded her own fashion magazine.

① As
② Even
③ From
④ Since

(2) By this time tomorrow, it（　　）raining for three consecutive days.

① is being
② has been
③ will being
④ will have been

(3) Mike is not happy with his new job. He（　　）never have left his previous company, as it was one of the best workplaces you can imagine.

① could
② might
③ should
④ would

(4) Despite our efforts searching for her for more than a week, Barbara was nowhere (　　　).

① being founded

② finding

③ to be found

④ to find

(5) As Abraham Lincoln, a former President of the U.S., once said, (　　　) there is a will, there is a way.

① what

② where

③ which

④ why

(6) New rubber gives off an unpleasant odor, and the smell sometimes (　　　) people feel sick.

① allows

② helps

③ lets

④ makes

(7) My hometown and its surrounding region are known (　　　) hiking, fishing, and mountain biking.

① about

② for

③ on

④ to

(8) When our family went back to the place we (   ), everything was just the same.

① had visited ten years ago

② had visited ten years before

③ have been visiting ten years ago

④ visited ten years before

(9) My boss responded to my questions quickly and eagerly, which was quite (   ).

① encourage

② encouraged

③ encouraging

④ encouragingly

(10) (   ) of the English class, my high school teacher often asked, “What do you remember from the last lesson?”

① At first

② At the beginning

③ First of all

④ In the beginning

解 説

(1)「雑誌の編集者として，カーラは20年間その会社で働き，それから彼女自身のファッション雑誌を創刊した」

正解は①。空所の後ろには a magazine editor と名詞しかないので，前置詞の As が正解。「～として」の意味で，a magazine editor と Carla がイコール関係になっている。

(2)「明日の今ごろまでには，3日連続で雨が降っていることになるだろう」

正解は④。By this time tomorrow が未来の基準点。for「～の間」が完了形の継続の意味で使える前置詞だ。今は2日間雨が降り続けているわけで，2日前から明日の今ごろまでには3日間ずっと雨が降っているという状態が続くと言っている。原則動作動詞を継続の意味で使うためには，完了進行形（have been *doing*）の形にし，しかもここは未来が基準なので未来完了進行形（will have been *doing*）を使うことになる。

(3)「マイクは新しい仕事に満足していない。以前の会社が想像できる一番よい仕事場の一つだったので，辞めるべきではなかったのに」

正解は③。

> **NOTE** should have *done* の2つの意味
> ①「～するべきだったのに（実際はしなかった）」
> ◇ She didn't make reservations, but she should have.
> 「彼女は予約をしなかったが，するべきだったのに」
> ☆後悔や非難を表す。
> ☆「人」が主語が基本。
> ②「～したはずだ，～して（しまって）いるはずだ」
> ◇ The meeting should have finished by now.
> 「今ごろはもう会議も終わっているはずだ」
> ☆問題がなければそうなっていたのが予定であった，のニュアンスがある。実際はそうならなかったというニュアンスもある。
> ☆「もの」が主語が多い。

ここは「人」が主語で，非難などを表す①の用法だ。

(4)「1週間以上の間バーバラを探す私たちの努力にもかかわらず，彼女はどこにも見つけられなかった」

正解は③。nowhere「どこにも～ない」という副詞があるのでわかりにくいが，ここは was to と be to（*do*）となっている。be to（*do*）にはいくつかの意味があるが，否定文の受動態になると可能「～できる」の意味になりやすいと言われる。もう少し言うと，その受動態は be seen〔be heard，be found〕の可能性が非常に高い。したがって，ここは be to（*do*）の可能がポイント。ちなみに，少し難しい規則だが，her と Barbara の話をしておこう。

POINT! 文頭の副詞句や副詞節中の人称代名詞

文頭に副詞句や副詞節がある場合，その中にある人称代名詞は後ろの節（主節）にある語を受けることがある。

◇ She felt ill, but my sister said nothing.
「彼女は気分が悪かったが，私の姉は何も言わなかった」

◇ Although she felt ill, my sister said nothing.
「私の姉は気分が悪かったが，何も言わなかった」

☆上の例文は She≠my sister だが，下の例文は She＝my sister の可能性がある。

◇ Anyway, even if one wanted to, one couldn't put the clock back to an earlier age.
「とにかく，たとえ時計をより昔に戻したいとしてもそうすることはできないであろう」

☆前半の to の後ろに put the clock back to an earlier age が省略されている。省略されている部分が後ろにあるのも上の規則と同じ考え。

問題文も Despite ～ week が副詞句なので，her が先に出ているのだが，あくまで後ろにある Barbara を受けているのだ。

(5)「アメリカ合衆国の大統領であったエイブラハム=リンカーンがかつて言ったように，意志があるところに道がある」

正解は②。意外と where は面倒だ。簡単にまとめよう。

NOTE 節を導く where

①名詞節「どこで～するか，～する場所」

◇ Do you know where she lives ?
「彼女がどこに住んでいるか知っていますか？」

◇ We could see the runners very well from where we stood.
「私たちが立っている場所から走者がとてもよく見えた」

☆第 1 例の where からの名詞節は間接疑問文である。

☆第 2 例は where が関係副詞で the place（先行詞）が省略されているとも考えられるが，where 自体に「～する場所」の意味があると考えたほうがよい。

②形容詞節（関係副詞として先行詞を修飾する）

◇ I remember the house where I was born.
「私は自分が生まれた家を覚えている」

☆ the house が先行詞，where からの節が形容詞節で先行詞を修飾している。

③副詞節「～する所に」

◇ There were a lot of parks where I lived.
「私が住んでいた所にたくさんの公園があった」

☆ when「～する時に」の where 版と考えてよい。

意外と③の例文は難しいと思われる。問題文も③の意味で，where there is a will「意志があるところに」が副詞節となっている。実は有名なことわざで，「精神一到何事か成らざらん」という日本語のことわざがある。ちなみに，As は関係代名詞と解するのがいいだろう。said の目的語が欠けている。「～するように」と訳すことが可能だ。

(6)「新しいラバーは嫌なにおいがして，時々人々を気持ち悪くさせる」

正解は④。使役動詞の make *A do*「*A* に〜させる」は無生物（ここでは the smell）が主語になることが可能。その際には「無理やり」のニュアンスはない。無生物に意思がないからだ。allow *A* to *do*「*A* が〜するのを許可する」は *do* ではなく to *do* となることに注意せよ。help *A*（to）*do*「*A* が〜するのを助ける，*A* が〜するのに役立つ」は to が省略されるので，文法的には可能だが，*do* の内容が悪いことなので不可だ。let *A do*「*A* に〜させてあげる，*A* が〜するのを許可する」は無生物主語で使うことはできないのでこれまた不可となる。

(7)「私の故郷とその周りの地域はハイキング，釣り，そしてマウンテンバイクで知られている」

正解は②。be known の後ろには 4 つの前置詞が可能だ。

NOTE be known の後ろの前置詞

◇ The man is known to everyone in this town.
「その男はこの町のみんなに知られている」

◇ A man is known by the company he keeps.
「人は付き合っている仲間でわかるものだ」

◇ He is known as a great poet.
「彼は偉大な詩人として知られている」

◇ The region is known for its fine wines.
「その地域は素晴らしいワインで知られている」

☆ be known to 〜「〜(人) に知られている」が本来の受動態。能動態の Everyone in this town knows the man. で元に戻せるからだ。be known by 〜「〜(判断基準) でわかる」の by は動作主を表すのではなく，判断基準を表している。S be known as 〜「〜として知られている」の S と〜はイコール，S be known for 〜「〜で知られている」の S と〜はイコールでない（for は理由を表している)。

問題文は My hometown and its surrounding region と hiking, fishing, and mountain biking がイコールにならず，for 以下が主語が有名な理由となっているので for が正解だ。

(8)「私たちの家族が 10 年前に訪れた場所に再び行ってみると，すべてがまったく同じであった」

正解は②。〜 ago と 〜 before の違いを押さえよう。

CHECK 「〜前に」

①〜 ago「(現在を基準にして)〜前に」（過去形で使われる）

◇ I had my key two hours ago, and now I can't find it.
「2 時間前には鍵を持っていたのだけど，今は見当たらない」

㊜ ago を単独で使うことはない。必ず 〜 ago で使う。

②〜 before「(ある過去の時点を基準にして)〜前に」（原則過去完了形で使われる）

◇ She said that she had met him three months before.

「彼女は3カ月前に彼に会ったと言った」
㊜ said した時点から見た3カ月前であって，現在から見た3カ月前ではない。
③ before「(現在，またはある過去の時点を基準にして) 以前に」(現在完了形，過去形，または過去完了形で使われる)
◇ I've never been to the restaurant before.
「以前そのレストランに行ったことはない」

ここは went の時点を基準とした10年前ということで before を使い，しかも過去完了形になっている②の用法だ。

(9)「私の上司は私の質問に迅速にそして熱心に答えてくれたので，非常に励みとなった」

正解は③。encourage は「～(人) を励ます」の意味なので，encouraged は「(人が) 励まされた」，encouraging は「(人を) 励ますような」となる。, which の先行詞は前文の内容も可能なので，ここは My boss responded to my questions quickly and eagerly 全体が先行詞で，encouraging が補語となっている。was encouraging は encourage という他動詞の過去進行形ではないことをしっかり押さえよう。過去進行形なら encouraging の後ろに目的語がないといけないからだ。

(10)「英語の授業の最初に，私の高校の先生は『前回の授業の何を覚えているかな？』と聞くことが多かった」

正解は②。at the beginning of ～ で「～の最初に，初めに」の意味。～は期間でも使えるし，「物語の初めに」のような使い方もある。in the beginning は英英辞書では後ろに of をつけずに in the beginning「最初は」の形で使うと書かれている。逆に at the beginning of ～ のほうは of ～ をつけないといけないと書いている辞書もある。In the beginning, human beings had a primitive way of life, living in caves.「最初は，人間は原始的な生活様式をしていて，洞穴で生活をしていた」のような例が書かれていた。at first と first of all は重要熟語だ。

CHECK at first, first of all, for the first time
at first「最初は」
◇ At first the game was fun, but we soon got bored with it.
「そのゲームは最初はおもしろかったが，すぐに飽きてしまった」
☆ at first 以下と but などの後ろは反対の内容。
first of all「まず第一に」
◇ First of all, I'd like to thank everyone for coming.
「まず，すべての方々にいらしていただき感謝申し上げます」
☆「他の何よりも」のニュアンスなので，最初に言いたいことを述べる表現だ。
for the first time「初めて」
◇ Don't give personal information to a person you meet for the first time.
「初めて会う人に個人情報を教えてはいけない」

3つとも first を使っているが，助詞の部分をしっかり間違えないようにしよう。

解答

(1)—① (2)—④ (3)—③ (4)—③ (5)—② (6)—④ (7)—② (8)—② (9)—③ (10)—②

9 2020年度 総合数理学部〔Ⅲ〕

目標解答時間 8分

ポイント

(1)～(9)は短文の文法・語彙問題だが，(10)のみ複数の英文の空所補充問題と毛色が違う。おもしろい形式だ。

以下の空欄に入る最も適切なものを①～④の中から1つずつ選び，その番号を解答欄にマークしなさい。

(1) I would like to go on a short trip to the countryside. The question is when the notice of the exam results (　　).

① came　② will come
③ would come　④ will have come

(2) According to the city report, the number of bicycles left near the station (　　) for three years.

① decreases　② have been decreasing
③ has decreased　④ is decreased

(3) Even though I had to fix my car, I managed to make (　　) meet.

① rent　② ends　③ hours　④ deadline

(4) Nowadays, (　　) people spread out paper newspapers and hard copy magazines on trains.

① fewer　② less　③ more　④ lesser

(5) For over a month last winter, it rained (　　) day in the southern part of this island.

① almost all　② most　③ almost every　④ all

(6) The opening of the new Italian restaurant was announced in the paper (　　) Friday evening.

① on　② in　③ for　④ at

(7) Is it possible for you to watch this recorded performance by tomorrow and tell me (　　)?

① how you think of it　② what do you think
③ how do you think　④ what you think of it

(8) Since our tent got (　　) down in the gusty wind, we had to give up camping out by the lake.

① damaged　② blown　③ cut　④ flown

(9) When they voted, ten of the board members were for, and three were (　　).

① opposing　② against　③ remained　④ anonymous

(10) Frog skin may be an important source of new medicines. So far, more than 100 potential bacteria-killing substances have been (a) from more than 6,000 frog species. A team in the United Arab Emirates has been trying to make such substances less toxic and thus more suitable for use as human medicines. The researchers hope to make them less dangerous to human cells (b) retaining their bacteria-killing properties. Drug-resistant bacteria are becoming an increasing problem worldwide. At this moment, there are no effective methods to combat them. Currently, researchers are working hard while hoping for a (c).

(a) ① placed　② identified　③ caught　④ searched
(b) ① while　② through　③ in　④ by
(c) ① route　② phenomenon　③ news　④ breakthrough

(Adapted from 'Frog skin may help beat antibiotic resistance', *BBC News*, August 26, 2010)

解説

(1)「私は田舎への短い旅行をしたい。問題は試験結果の通知がいつ来るかだ」

正解は②。「時や条件を表す副詞節中では未来を表す場合でも will は用いず現在形を使わなければならない」という重要な規則がある。when 以下は副詞節なのかどうか？

NOTE when の節

①名詞節「いつ～か，～するとき」

◇I don't know when he'll arrive.
「彼がいつ到着するかわからない」
☆他動詞 know の目的語になっているので名詞節。

◇Monday is when I am busiest.
「月曜日は私が一番忙しいときだ」
☆ is の補語になっていて名詞節。

②形容詞節（関係副詞として先行詞を修飾する）

◇The time will come when you will regret it.
「あなたはそのことを後悔するときが来るでしょう」
☆ The time が先行詞，when からの節が形容詞節で先行詞を修飾している。

③副詞節「～するときに」

◇My mother died when I was a baby.
「母は私が赤ん坊のときに亡くなりました」
☆ My mother がS，died がVで文は終わっている。その後ろにあり died という動詞を修飾しているので，この when ～ は副詞節。

問題文中の when の節は The question is の後ろなので，補語の位置にあると考えられる。「問題は～」の～は補語と言えるからだ。補語の位置は原則副詞は不可なので名詞節と考えるのが適切だ。「時や条件を表す副詞節中では～」の「副詞節」には該当しないので，未来を表す場合には will を使うことになり，will come が正解ということになる。

(2)「市の報告によると，駅の近くに放置された自転車の数は3年間で減ったのだ」

正解は③。まずは number に関して覚えよう。

CHECK a number of ～ と the number of ～

a number of ～　①「いくつかの～」　②「たくさんの～」

◇I've been to Italy a number of times.
「私は何回かイタリアに行ったことがある」
☆英英辞書はどれを見ても several「いくつかの」を同義としているので，基本的には①の意味だと考えよう。
☆ a number of ～ の～は複数名詞で全体は複数扱い。したがって times となっている。

the number of ～「～の数」

◇The number of homeless people has increased dramatically.
「ホームレスの数が劇的に増えている」

☆the number of ～の～は複数名詞で全体は単数扱い。したがってhasとなっている。

問題文はthe number ofとなっているので全体は単数扱い。したがって②は不可。また前置詞のforは完了形の継続の意味で使われうる前置詞だ。3年前から現在までずっと減り続けている状況だ。したがって③のhas decreasedが正解。①の現在形には現在完了形のような使い方はないので不可となる。

(3)「私は車の修理をしなければならなかったが，どうにか収支を合わせることができた」

正解は②。 make (both) ends meetで「収支を合わせる，収入内でやっていく」などと訳されるが，必要なものを買う金額しか持っていないことを表すのが基本で，そこから生活するうえで収入と支出がとんとんであることを表す。問題文は修理代と持っている金がギリギリ足りていたと言っていることになる。ちなみに，bothは省略可能で，ほとんど入れることはない。even though S′V′は「～だけれども」の意味でthough S′V′「～だけれども」の強調形。節の内容は事実を表す。even if S′V′「たとえ～としても」は節の内容が事実かどうか不明であることを表している。manage to *do*は「(困難なことを）何とか～する，どうにか～できる」の意味。

(4)「今日，電車の中で紙の新聞や印刷された雑誌を広げる人は少なくなっている」

正解は①（大学の発表では③も可)。空所はpeopleを修飾するので形容詞ということになるが，すべての選択肢が形容詞として使うことが可能だ。まずはpeopleが可算名詞の複数形と考えられることに着目する。lessはlittleの比較級なので不可。fewerはfewの比較級なので後ろに可算名詞の複数形のみ可能。moreはmanyかmuchの比較級なので，manyの比較級と考えればpeopleを従えることは可能。lesserはちょっと面倒な単語だ。

CHECK lesserに関して

lesser「より小さい，より少ない，より重要でない」

◇a lesser sum「より少ない金額」

◇a matter of lesser importance「より重要でない問題」

☆形容詞として使われる。また，than ～を伴わない使われ方をする。

☆比較級のlessの比較級なので，そもそも小さい，少ない，重要でないことを前提としている。

☆lesser pandaとは普通のパンダより小さいパンダのこと。

lesser peopleとは「より重要でない人々」の意味になってしまう。fewerかmoreかは今日の常識から判断するしかない。今は紙の新聞や雑誌を読んでいる人は少なく，スマホやタブレットなどをいじっている人が多いのは周知の事実だ。

(5)「この前の冬の一カ月以上の間，この島の南部でほぼ毎日雨が降った」

正解は③。 いくつかの重要な不定代名詞の単数・複数扱いをまとめておこう。

POINT! 不定代名詞など（形容詞的な使い方）の単数・複数扱い

(1)単数扱い

every＋可算名詞の単数形「あらゆる～，すべての～」
each＋可算名詞の単数形「それぞれの～，めいめいの～」
much＋不可算名詞の単数形「多くの～」
little＋不可算名詞の単数形「ほとんど～ない」
☆ a little＋不可算名詞の単数形「少しある～」

(2)複数扱い

both＋可算名詞の複数形「両方の～」
many＋可算名詞の複数形「多くの～」
few＋可算名詞の複数形「ほとんど～ない」
☆ a few＋可算名詞の複数形「少しある～」

(3)単数・複数扱い

all＋可算名詞の単数形「全部の～，～全体，～中」
　　不可算名詞の単数形「すべての～」
　　可算名詞の複数形「すべての～」
◇ all day「一日中」
◇ all the money「すべてのお金」
◇ all the books「すべての本」
most＋可算名詞の複数形「ほとんどの～」
　　　不可算名詞の単数形「ほとんどの～」
◇ most Americans「ほとんどのアメリカ人」
◇ most research in the field「この分野のほとんどの研究」

ここの day「日，一日」は可算名詞。②の most は後ろが可算名詞の場合複数形にならないといけないので不可。①の almost all と④の all は後ろが可算名詞の単数形の場合「全部の～，～全体，～中」となる。①は「ほぼ一日中」，④は「一日中」の意味だ。文法的には問題ないが，文頭の For over a month last winter という表現とやや相性が悪い。「この前の冬の一カ月以上の間」の出来事に言及するのが適当で，一日のうちのどの期間かを表す（almost）all day はやや不自然と言える。よって，③ almost every day「ほぼ毎日」が正解ということになる。ちなみに，時を示す表現は名詞のかたまりでも副詞的に働くことがよくある。almost every day も名詞のかたまりだが副詞的に働いている。実は日本語の「毎日」も名詞と言えるが副詞的にも働いているのだ。

(6)「その新しいイタリアンレストランの開店が金曜日の夜に新聞で発表された」

正解は①。

NOTE morning〔afternoon，evening，night〕について

◇ He always gets up early in the morning.
「彼はいつも朝早く起きる」
☆不特定の日の朝〔午後，夕方，夜〕は in the morning〔afternoon，evening〕，at night となる。

◇ I started on the night of June 6th.「私は6月6日の夜に出発した」
☆特定の日の朝〔午後，夕方，夜〕を表す場合は原則 on になる。
◇ We did a lot of work this morning.「今朝はたくさん仕事をした」
☆ this，one，every，each，all，yesterday，tomorrow などが morning〔afternoon, evening，night〕についた場合は前置詞を必要としない。this night は tonight, yesterday night は last night といい，組み合わせができない例もある。

問題文は Friday があるので，ある程度特定の夕方ということになり on が正解となる。ちなみに，evening は日没から寝るまでの早い時間帯のことを言うので，「夜」と訳すこともある。

(7)「あなたはこの録画された演技を明日までに見てどう思うか私に教えてくれるのは可能ですか？」

正解は④。tell は tell *A B*「*A*（人など）に *B* を言う」のように目的語を2つ取れるので，空所は tell の目的語ということになる。そこで間接疑問文について学ぼう。

NOTE 間接疑問文
◇ Where does he live?「彼はどこに住んでいますか？」
→Do you know where he lives?「彼がどこに住んでいるか知っていますか？」
☆第2文は他動詞 know の目的語の位置に疑問文があり，このように他動詞や前置詞の目的語の位置や主語の位置に疑問文がある場合，これを間接疑問文と言う。間接疑問文は倒置が起きず，いわゆる平叙文の語順となる。

次に「～をどう思うか？」の表現を押さえよう。

CHECK 「～をどう思うか？」の表現
◇ What do you think of〔about〕～?
＝How do you like ～?
＝How do you feel about ～?
＝What is your opinion of ～?

ニュアンスの違いはあるが，相手に意見をたずねる表現だ。CHECK の1つ目の表現は「どう」と訳すが What を使うのがポイント。これを間接疑問文にしたのが④だ。①と③は how を使っているので不可。②は do があるので倒置してしまっているので不適切だ。ちなみに，it は単語を受けやすいが，選択肢中の it は this recorded performance を受けている。

(8)「私たちのテントは突風に吹き倒されたので，湖の近くでキャンプをするのをあきらめなければならなかった」

正解は②。blow down ～「～を吹き倒す」は受動態にすると by ではなく in という前置詞を用いることがある。たとえば The storm blew down the fence. を受動態にすると The fence was blown down in the storm.「その柵は嵐で吹き倒された」となる。問題文は our tent got blown down in the gusty wind となり，blow down の受動態になっていることを見抜く。受動態は「be＋過去分詞」以外にも「get＋過去分詞」でも可能だが，後者は動作のニュアンスが強いことを覚えておこう。ちなみに，「get＋過去分詞」の過去分詞は悪い意味のものがほとんどだ。調べてみよう。

(9)「委員会のメンバーが投票したときに，10人が賛成で，3人が反対であった」
正解は②。 be for ～「～に賛成している」，be against ～「～に反対している」のようにforやagainstは前置詞が圧倒的だが，どちらも副詞で使える。情報上～の部分が必要なければ省略され，be forで「賛成している」，be againstで「反対している」となる。do without ～「～（必要なもの）なしで済ます」という重要な熟語があるが，この熟語も情報上～の部分が必要なければ省略されるのだ。英英辞書にあるThere's no more milk, so I guess we'll just have to do without.「もう牛乳がないので，なしで済ませるしかないと思う」の例を考えるといいだろう。ちなみに，問題文のtheyは後ろのthe board membersを受ける。POINT!〈文頭の副詞句や副詞節中の人称代名詞〉を参考にしてほしい。When they votedは副詞節なので，theyは後ろのthe board membersを受けることができるのだ。

(10)「カエルの皮膚は新しい薬の重要な供給源であるかもしれない。今までのところ，6,000以上の種のカエルから100を超える潜在的な殺菌物質が確認された。アラブ首長国連邦のあるチームが，そのような物質をより有害でなく，それゆえ人間が使う薬として適したものにしようと努力している。研究者たちはそのような物質が殺菌の特性を維持しつつ，人間の細胞に危険を及ぼさないものにすることを期待している。薬物耐性菌が世界中でますます問題になりつつある。今，薬物耐性菌と戦う効果的な手段はない。現在，研究者たちは飛躍的な発見を期待する一方，懸命な努力をしている」

(a)**正解は②。** identifyは「～（性質や原因など）を特定する，認識する」の意味。いろいろある物質の中からどの物質に殺菌作用があるのかを発見する感じなので，identify *A* from *B*「*B*から*A*を特定する」のつながりを意識するのも重要な視点だ。

(b)**正解は①。** whileが「対比」で使えることがポイント。He carefully explained the concept to her, while at the same time doubting that she would ever understand it.「彼は彼女がこの概念をまず理解できないだろうと思いつつ注意深く説明した」のような例文が辞書に掲載されている。「同時」に近い意味の「対比」と考えられる。ある意味矛盾しているとも言える。make them less dangerous to human cellsとretaining their bacteria-killing propertiesの内容もある意味矛盾した内容だ。殺菌の特性を維持するなら人間の細胞には危険を伴う可能性が高くなるのが普通だからだ。whileはwhile *doing*で①「～する間に」，②「～するその一方で」の意味となる。

(c)**正解は④。** その前の文が内容的なヒント。「今，薬物耐性菌と戦う効果的な手段はない」とある。空所を含む文は「現在，研究者たちは（　c　）を期待する一方，懸命な努力をしている」という内容なので，breakthrough が最適となる。breakthrough は「飛躍的発見，画期的な進歩，（行き詰まりの中の）突破口」で長い努力のあとの新たな発見のことを言う。手がかりとしては空所の前に a があることも意識する。空所は可算名詞となる。ここでは知識として判断できなくても仕方ないが，手がかりとして a の存在などに気づくことも重要だ。

解 答

(1)—② (2)—③ (3)—② (4)—①（③も可） (5)—③ (6)—① (7)—④ (8)—②
(9)—② (10)(a)—② (b)—① (c)—④
※(4)は，大学より正解を複数とすると発表された。

10　2021 年度　商学部〔Ⅰ〕

目標解答時間　10 分

ポイント

18 問もある珍しい問題。商学部は，2020 年度は文法問題もあったが，2021 年度はすべて語彙問題となっている。レベルはやや高いと言える。

空欄に入る最も適切なものをそれぞれ１つ選び，その番号をマークしなさい。

(1) Harry, I saw your red and gold scarf in the lost and found box. If you don't (　　) it within thirty days, it will be thrown away.

1 assume　　2 claim
3 miss　　4 remember

(2) He has a negative attitude about everything. As you can therefore imagine, he was (　　) the plan from the beginning.

1 against　　2 doubtful
3 opposed　　4 wary

(3) Paul suddenly quit his job at the end of the day last Friday. Consequently, on Monday morning many of his coworkers were not (　　) of the fact that he no longer worked at the company.

1 anxious　　2 aware
3 comprehended　　4 consumed

(4) Sydney told me that he broke his arm during his business trip, but that was all that he said. He never (　　) how it happened.

1 managed　　2 mentioned
3 phrased　　4 planned

(5) At the risk of (　　) rude, don't you think that those old shoes of yours

are improper for such a formal event?

1 indicating　　2 meaning

3 referring　　4 sounding

(6) (　　) mathematical ability, there is not a kid in the class who can touch her.

1 If it had not been for　　2 If it were not for

3 When it comes to　　4 When it goes to

(7) If you see anything (　　), like an unattended bag in or around the station, please contact the police immediately.

1 endangered　　2 misleading

3 particular　　4 suspicious

(8) (　　) out all of the other options may not be wise.

1 Passed　　2 Passing

3 Ruled　　4 Ruling

(9) According to the club's rules, club members who fail to submit their fees before the deadline will be (　　) automatically.

1 dismayed　　2 distinguished

3 pressured　　4 suspended

(10) The (　　) of students who answered our survey showed their satisfaction with our university's exchange program.

1 each　　2 majority

3 most　　4 total

(11) I would (　　) it if you could fax me the form tomorrow.

1 appreciate　　2 grateful

3 pleasant　　4 thank

(12) Shall we discuss the plan (　　) the phone before meeting?

1 down　　2 in

3 over　　4 to

(13) I could not recall the actor's name, even though it was on the tip of my (　　).

1 breath　　2 head

3 throat　　4 tongue

(14) This area is alcohol-free. That means that drinking beer here is (　　).

1 allowed　　2 banned

3 presented　　4 supported

(15) How many feet (　　) sea level is the peak of Mount Kilimanjaro?

1 above　　2 outside

3 toward　　4 under

(16) Let's clear the table by the time Liz (　　).

1 had returned　　2 is returning

3 returning　　4 returns

(17) After many years of hard work, Phil was finally (　　) to store manager.

1 employed　　2 encouraged

3 promoted　　4 reduced

(18) Be sure (　　) back here on time, or you'll miss the bus.

1 be coming　　2 come

3 coming　　4 to come

解説

⑴「ハリー，あなたの赤とゴールドのスカーフが忘れ物ボックスにあったわよ。30日以内に請求しないと捨てられちゃうよ」

1.「～を想定する」　2.「(法的に自分の所有物だとして) ～を請求する」
3.「～を見逃す」　4.「～を覚えている」

正解は2。空所の直後のitはyour red and gold scarfで，the lost and found boxが忘れ物を入れてあるボックスだと類推できれば，自分のものだと請求しないと捨てられてしまうという状況だとわかるであろう。正解選択肢のclaimには「クレームを言う，文句を言う」の意味はなく，claim that S′ V′「～だと主張する」や「(当然の権利として) ～を要求する」のような意味がある。ちなみに，the lost and foundは「忘れ物センター」，throw away ～は「～ (いらなくなったものなど) を捨てる」の意味だ。

⑵「彼はあらゆることに対してネガティブな態度を示す。それゆえ想像できるように，彼は最初からその計画に反対であった」

1.「～に反対して」　2.「疑って」
3.「反対した」　4.「警戒して」

正解は1。againstは前置詞で「～に反対して」の意味だ。反意語はfor「～に賛成して」となる。他の選択肢は前置詞を伴わないとthe planという目的語を取ることができないので，文法的に不可となる。ちなみに，be doubtful about ～「～を疑っている」，be opposed to ～「～に反対している」，be wary of ～「～を警戒している」は覚えておくといいだろう。

⑶「ポールは先週の金曜日の終わりに突然仕事をやめた。その結果，月曜日の朝には彼の同僚の多くは，彼がもはやこの会社で働いていないという事実を知らなかった」

1.「心配していて」　2.「気づいていて」
3.「理解されて」　4.「消費されて」

正解は2。空所の直後のofがヒント。ofが続くのはawareしかない。be aware of ～で「～に気づいている」の意味の重要表現だ。anxiousについては語法をまとめておこう。

CHECK　anxiousの語法

be anxious for ～「～を切望している」
◇ We are all anxious for peace.
「私たちはみな平和を願っている」
be anxious to *do*「～することを切望している」
◇ I am anxious to get the job.
「私はその仕事を得ることを切望している」

☆不安の混じった切望を言う。したがって，上の例ではその仕事を得られるか不安な気持ちも入っている。
be anxious for *A* to *do*「*A* が〜するのを切望している」
◇ She's anxious for her son to get a job.
「彼女は息子が仕事を得るのを切に願っている」
be anxious about 〜「〜を心配している」
◇ The drought has made farmers anxious about the harvest.
「干ばつで農家の人たちは収穫が心配になった」
☆ anxious が名詞を修飾する場合は「心配して」の意味になる。an anxious expression は「心配そうな表情」という意味だ。

at the end of the day は「１日の終わりに」の意味。

(4)「シドニーは出張中に腕を骨折したと私に言ったが，それしか彼は言わなかった。彼はそれがどのように起きたかには言及しなかった」

1．「〜をうまく扱った」　　2．「〜に言及した」
3．「〜を言い表した」　　4．「〜を計画した」

正解は２。 that was all that he said の部分がヒント。最初の that は he broke his arm during his business trip を指す。後ろの that は関係代名詞で all が先行詞。「それは彼が言ったすべてであった」が直訳で，先行詞が all の場合「しか，のみ」のような訳をすると正確なニュアンスが出る。「出張中に腕を骨折した」という事実しか言わず，それがどのように発生したかには言及しなかったという流れとなる。他動詞の mention「〜に言及する」がピッタリだ。ついでながら，空所の直後は疑問詞の節なので，疑問詞の節が取れる動詞はどれだろうかと考える視点も重要だ。実は正解選択肢の mentioned 以外は疑問詞節を取れないと考えていい。

(5)「失礼に聞こえるのを承知の上で言いますが，あなたのその古い靴はそのような正式な行事にはふさわしくないと思いませんか？」

1．「〜を示す」　　2．「〜を意味する」
3．「言及する」　　4．「ように聞こえる」

正解は４。 rude「失礼な」は形容詞なので空所は第２文型を取れる動詞となる。sounding 以外は無理なので，これが正解。sound C で「C のように聞こえる，C のように思われる」の意味だ。英英辞書には，At the risk of sounding like your mother, you'd better dress up warm.「あなたのお母さんのように聞こえるのを承知の上で，あなたは暖かい服を着たほうがいいわよ」のような例が載っている。at the risk of *doing* は「(気分を害するかもしれないけれど) 〜することを覚悟の上で，〜することを承知の上で」のような意味となる。次に言うことが相手の気分を害する可能性があることはわかっているけれど言わせてもらう，といったニュアンスの表現だ。those old shoes of yours には重要な文法が含まれている。

> **NOTE** 「of＋所有代名詞」について
> 人称代名詞所有格とa〔this, that, some, any, noなど〕を一緒に並べて使うことはできないので,「a〔this, that, some, any, noなど〕＋名詞＋of＋所有代名詞」とする。
> ◇ a friend of mine「私のある友人」(×a my friend〔my a friend〕)
> ◇ That husband of hers is very kind.「彼女のあの夫はとても親切だ」(×That her husband〔Her that husband〕is very kind.)
> ◇ It's no business of yours.「それは君の知ったことではない」

thoseとyourを一緒に使うことができないのでof yoursという形になっているのだ。ちなみに,shoesは必ず複数形で使うので,those shoes of yoursは1足の靴なのか2足以上の靴なのか不明だ。

(6)「数学の能力のことになると,彼女に匹敵する子供はクラスには一人もいない」

1.「～がなかったならば」　　2.「～がなければ」
3.「～のことになると」　　4.「それが～に行くときに」

正解は3。 when it comes to～で「～のことになると,～に関しては」の意味で,特定の分野に限定することを言う表現だ。入試では非常に重要な熟語。1のif it had not been for～は「(仮定法過去完了で使われ)～がなかったならば」,2のif it were not for～は「(仮定法過去で使われ)～がなければ」の意味の重要表現だ。

(7)「駅の中や周辺で放置されたバッグのような何か不審物を見かけましたら,どうぞすぐに警察にご連絡ください」

1.「絶滅寸前の」　　2.「誤解を招く」
3.「特定の」　　4.「不審な」

正解は4。 unattendedは少しわかりにくい形容詞かもしれないが,この形容詞の意味がわからなくても,すぐに警察に連絡をする事態を想定すれば,suspicious「疑わしい,不審な」あたりが正解と類推できるのではないだろうか。

(8)「他の選択肢のすべてを排除することは賢くないかもしれない」

正解は4。 pass out～は「～を配る,配布する」,rule out～は「～を排除する」の意味の,入試ではあまり頻出でない熟語だ。1や3などの過去分詞を入れたら,後ろに目的語があるのは文法的に不可と考える。内容的に2だと意味不明なのでRulingが正解となる。このingは動名詞だ。

(9)「クラブの規則によると,期限までに会費を納めない会員は自動的に一時的に資格停止となるだろう」

1.「うろたえた」　　2.「著名な」
3.「圧力をかけられた」　　4.「資格を一時的に停止された」

正解は4。 期限までに会費を納めない会員がどうなるかを考えればおのずと4が正解となるだろう。

(10)「私たちの調査に回答した学生の大半が私たちの大学の交流プログラムに満足を示していた」

正解は2。the majority of ～ で「～の大半，ほとんど」の意味。the total of ～ は「～の合計」の意味で，これが主語ならやはり後ろに数字がくるのが基本だ。The total of the world's merchant shipping tonnage is over 35％.「世界の商業船積みトン数の総計は 35 パーセント以上だ」のような例が基本だ。

NOTE ***A* of *B* の単数・複数扱い**

(1) all〔most，half，the rest〕of ～「～のすべて〔ほとんど，半分，残り〕」は名詞 *A* の単数・複数によって全体の単数・複数扱いが決まる。

◇ Half of the apple is rotten.「その（1個の）りんごは半分が腐っている」

◇ Half of the eggs were stolen.「その（複数の）卵の半分が盗まれた」

(2) many〔several，both〕of ～「～の多く〔いくつか，両方〕」は常に複数扱い。

◇ Both of the girls are my classmates.
「その女の子たちはどちらも私のクラスメートだ」

(3) each〔either，neither〕of ～「～のそれぞれ〔どちらか，どちらも（…ない)〕」は常に単数扱い。

◇ Neither of my friends has come yet.「私の友人のどちらもまだ来ていない」

☆ either と neither は略式では複数扱いにもなる。

☆上のすべての表現は of の後ろが名詞の場合，冠詞 the や，my などの所有格，these などの指示形容詞が必要。

問題文の場合は前に the がついてしまっているので each と most は不適。of の後ろが students と，the や所有格，指示形容詞のいずれもないことも不可の理由となる。

(11)「明日書式をファックスで送っていただけるとありがたいのですが」

1．「～を感謝する」　　2．「感謝した」

3．「楽しい」　　4．「～に感謝する」

正解は1。空所は would の後ろなので動詞の原形が入る。したがって grateful と pleasant は形容詞なので不可。ちなみに，grateful は be grateful to *A* for *B* の形で「*B*（してくれたこと）に対して *A*（人など）に感謝している」の意味となる。appreciate は目的語にしてくれたことなど「ものごと」がくるが，thank は「人」が目的語だ。Thank you for coming all the way.「わざわざ来てくれてありがとう」のような例を見るとわかるだろう。I would appreciate it if you would〔could〕*do* で「～していただければありがたいのですが」の意味の表現だと思って覚えてほしい。ちなみに，it は if 節の内容を受けている。「～していただければそれを感謝するのに」が直訳となる。この it は設問で狙われることがあるのでしっかり理解しておこう。

POINT! if 節や when 節，because 節を受ける it

◇ I would appreciate it if you would reply as soon as possible.
「できる限り早くご返信願えればありがたいのですが」

◇ It really gets on my nerves when people hang up without leaving a message.
「人が伝言を残さずに電話を切ると本当に私の神経にさわる」

◇ Just because the couple aren't talking to each other, it doesn't mean they aren't happy.
「単に夫婦がお互いに話をしていないからといって，彼らが幸せではないという意味なわけではない」

☆下線部はすべて副詞節だが it で受けることが可能だ。

⑿「会う前に電話でその計画について話し合いませんか？」

正解は3。手段を表す前置詞は面倒だ。

NOTE 伝達手段の over

◇ I heard the news over〔on〕the phone.
「私は電話でそのニュースを聞いた」

☆ over はあまり伝達手段では使われないが，目的語が（tele)phone か radio の場合は伝達手段を表すことになる。on〔over〕the telephone「電話で」，on〔over〕the radio「ラジオで」で覚えておくといいだろう。

⒀「喉まで出かかっていたのだけれど，その俳優の名前を思い出せなかった」

1.「息」　2.「頭」　3.「喉」　4.「舌」

正解は4。on the tip of *one's* tongue で「（なかなか思い出せないときに）喉まで出かかっていて」の意味の表現。even though S′ V′ は「～だけれども」の意味で，事実を述べる表現。even if S′ V′ は「たとえ～だとしても」の意味で，even if 節の内容が事実かどうかわからないが，それでも主節の内容は変わらないと言っている。I'm going to the party even if it rains.「たとえ雨が降るとしても私はパーティーに行くつもりだ」のような例文でしっかり理解してほしい。

⒁「この地域はアルコールを提供しない。これはここでビールを飲むことは禁止されていることを意味する」

1.「許可されて」　2.「禁止されて」
3.「贈られて」　4.「支援されて」

正解は2。alcohol-free は①「（店などが）アルコールを提供しない」，②「（飲料が）アルコールを含まない」の意味。ここは①の意味だ。名詞 -free は「～がない」が基本的な意味。duty-free は「関税なしの，無税の」の意味で，「デューティフリー」と日本語にもなっている。

⒂「キリマンジャロの頂上は海抜何フィートですか？」

1.「～の上に」　2.「～の外に」　3.「～の方へ」　4.「～の下に」

正解は1。sea level は「海面」の意味で，level 自体は「高さ」の意味。above sea level で「海面上に」，below sea level で「海面下に」，at sea level で「海面

位に」の意味となる。The city is 500 feet above sea level.「その都市は海抜500フィートだ」のような使い方ができる。

⒃「リズが戻って来るまでにはテーブルを片づけましょう」

正解は4。by the time S′V′ ～は「～するときまでに」の意味の接続詞。リズが戻って来るのは未来のことだが，時や条件を表す副詞節中では未来を表す場合でも現在形を用いるという有名な規則があるので，returnsと現在形にするのがポイント。clear the tableはテーブルにある使った皿などを片づけることを言う。

⒄「長年の努力のあとで，フィルはついに支店長に昇進した」

1.「雇われた」　2.「励まされた」

3.「昇進された」　4.「縮小された」

正解は3。promote *A* to *B*で「*A*を*B*（役職）に昇進させる」の形がある。一般的に受動態で使われ，be promoted to～で「～に昇進する」と訳せる。～は基本的に無冠詞名詞となるのでstore managerのmanagerは可算名詞だが単数でも無冠詞となる。encourage *A* to *do*「*A*に～するよう励ます」のtoは前置詞ではなく不定詞。reduce *A* to *B*は「*A*を*B*に減らす」の意味となる。

⒅「ちゃんと時間通りにここに戻って来なさい，さもないとバスに乗り遅れるよ」

正解は4。Be sure to *do*.で「ちゃんと～しなさい」の意味。Be sure and *do*.と言うこともできる。on time「時間通りに」は重要熟語。「来る」や「到着する」などの動詞と一緒に使われることが多い。orは重要表現だ。まとめておこう。

> **NOTE** 命令文＋（,）and S′ V′または命令文＋（,）or S′ V′
>
> ①命令文＋（,）and S′ V′「～しなさい，そうすれば…」
>
> ◇Try hard, and you'll be a regular member of the team.
> 「一生懸命努力しなさい，そうすればチームのレギュラーになれるだろう」
>
> ㊫ andの後ろは原則プラスの内容。
>
> ②命令文＋（,）or S′ V′「～しなさい，さもないと…」
>
> ◇Hurry up, or you'll be late for school.
> 「急ぎなさい，さもないと学校に遅刻するよ」
>
> ㊫ 忠告する表現で，orの後ろは原則マイナスの内容。
>
> ㊫ 命令文の代わりにYou mustやYou had better, You need toなども使われる。
>
> ㊫ andやorの後ろはyou willになっていることが多い。

ここのorは「さもないと」の意味。orの後ろのにyou'llがあることと，後ろがマイナスの内容であることもこのorを見抜くヒントとなる。

解答

⑴―2　⑵―1　⑶―2　⑷―2　⑸―4　⑹―3　⑺―4　⑻―4　⑼―4

⑽―2　⑾―1　⑿―3　⒀―4　⒁―2　⒂―1　⒃―4　⒄―3　⒅―4

11 2022年度 商学部〔I〕

目標解答時間 9分

ポイント

基礎レベルから標準レベルの良問が多いので，文法・語彙の基礎が身についているかを確認するには最適な問題だ。ただ，⑽と⑾は難しい熟語なので，知らなくても仕方ないだろう。

空欄に入る最も適切なものをそれぞれ1つ選び，その番号をマークしなさい。

(1) Do you remember (　　) the lights off before we came out?

1 switching　　2 that you switch
3 to have switched　　4 to switch

(2) I have two cars: one is made in Japan and (　　) in Germany.

1 another　　2 others
3 the other　　4 the others

(3) I should be obliged if you wouldn't interfere (　　) my private concerns.

1 at　　2 for
3 in　　4 on

(4) It was a little boy who pointed out the fact (　　) the king in the story was naked.

1 that　　2 what
3 which　　4 whose

(5) I understand you were wondering whether I'd be (　　) of making enough room for someone else on stage.

1 capable　　2 feasible
3 possible　　4 practicable

(6) Because the students have been busy preparing for their high school festival after school, they are very happy to have (　　) they had last week.

1 fewer homeworks than　　2 less homework than

3 little assignment　　4 many assignments

(7) You might instinctively know that singing a great song will (　　) better.

1 be felt for your　　2 change your feeling

3 make you feel　　4 repair you to

(8) Guests are (　　) their own travel arrangements to and from Haneda Airport.

1 advised to make　　2 followed up by

3 requesting to the show　　4 sold to

(9) Going over 160 kilometers per hour may (　　) you your life.

1 consume　　2 cost

3 pay　　4 spend

(10) I keep my fingers (　　) that you will succeed in your new business.

1 bathed　　2 crossed

3 manicured　　4 pointed

(11) Our teacher did not go (　　) on us when we failed to hand in our homework.

1 easy　　2 fulfilling

3 leisure　　4 painless

(12) Before he became famous as an actor, Teddy had been living on a (　　) income.

1 little　　2 rare

3 several　　4 small

(13) This vending machine is now out of ( ), so can you please buy a bottle of water inside the shop?

1 arrangement 2 design
3 order 4 work

(14) Katy was at a loss for words when she read the ( ) about her favorite actor dying in a car accident.

1 article 2 diagram
3 picture 4 prescription

(15) Did you know he is one of the most famous Olympic skiers? For him, skiing down that mountain is a ( ).

1 bunch of flowers 2 forest of trees
3 piece of cake 4 slice of bread

(16) Bob and Ken ( ) about money for an hour before they got into a quarrel.

1 discussed 2 had been talking
3 have been discussing 4 have talked

(17) Health care workers are always hard-pressed to ( ) with the need for care when a pandemic hits.

1 demand 2 keep up
3 make up 4 supply

(18) We often ( ) people good luck when they are about to give a speech.

1 hope 2 praise
3 say 4 wish

解説

(1)「私たちが外に出る前に明かりを消した覚えはあるの？」

正解は 1 。

NOTE remember，forget の後ろ

(1) remember *doing*「(過去に) ～したことを覚えている」

remember to *do*「～ (しなければならない未来のことを) するのを覚えている，忘れない」

◇ I remember meeting her at the party once.

「私は一度パーティーで彼女に会ったことを覚えている」

◇ Remember to take your P. E. clothes to school.

「体育着を学校に持って行くのを忘れないでね」

(2) forget *doing*「(過去に) ～したことを忘れる」

forget to *do*「～ (しなければならない未来のことを) するのを忘れる」

◇ He forgot giving in his report.

「彼はレポートを提出したことを忘れていた」

☆ He forgot to give in his report. は「彼はレポートを提出するのを忘れていた」の意味で，しなければいけないので提出しなくてはと思いつつ，提出しなかったことを言う。

◇ Don't forget to lock the door when you leave.

「家を出るときにはドアのカギを閉めるのを忘れないで」

Do you remember の Do は現在形で came out は過去形なので，過去のことを今覚えているかとたずねている。動名詞が正解。switch ～ on「～ (明かりなど) をつける」(⇔ switch ～ off「～ (明かりなど) を消す」)

(2)「私は 2 台車を持っていて，1 台は日本製，もう 1 台はドイツ製だ」

正解は 3 。

CHECK 代名詞の other と another

① the other「(2 つの中の) もう一方」 参 単独の other には代名詞用法はない。

◇ I have two dogs ; one is black and the other is white.

「犬を 2 匹飼っているが，一匹は黒で，もう一匹は白です」

② the others「(3 つ以上の中の) 他の残りすべて」 参 the other の複数形。

◇ Of their five children, one is in Japan and the others are abroad.

「彼らの 5 人の子供の中で，一人は日本に，残りはすべて外国にいる」

③ another「(通例 1 つに対して) もう一つ，別の人〔もの〕」

◇ We already have six children ; we don't need another.

「子供はすでに 6 人もいるから，もうこれ以上は要らない」

◇ This book is too difficult. Show me another.

「この本は難しすぎます。別のを見せてください」

☆ another は①の the other や②の the others と違い，「ある範囲内の残りすべて」という限定の意味はなく，「3 つ目，4 つ目…」があるかもしれないことを含意している。

④ others「(3つ以上の中の) 残りのいくつか」 ㊟ another の複数形。
◇ Some people said yes and others said no.
「賛成した人もいれば，反対した人もいる」
☆「残りのいくつか」の意味なので，賛成も反対もしなかった人もいることを押さえよう。

2つのうちのもう一方の意味なので the other が正解だ。

(3)「私事に干渉しないでいただけるとありがたいのですが」

正解は3。

CHECK interfere の2つの熟語
interfere with ～「～の邪魔をする，～を妨げる」
◇ The sound of the radio upstairs interferes with my studies.
「2階のラジオの音が私の勉強を妨げている」
☆有害な影響を与える感じだ。主語は「人」と「もの」のどちらも可。
interfere in ～「～(人など) に干渉する，口出しする」
◇ The police are unwilling to interfere in family problems.
「警察は家族の問題に干渉したがらない」
☆関係ないのに関与しようとする行為を言う。主語は「人」のみ可。

I would appreciate it if you would *do*「～していただけるとありがたいのですが」というていねいな依頼を表す表現があるが，I would be obliged if you would *do* としてもほぼ同意表現になる。be obliged は「感謝している」の意味。should となっているのはイギリス英語で would の代わりとなっている。そもそも with が選択肢にないので，in が正解となる。

(4)「その物語の王は裸だったという事実を指摘したのはある小さな男の子であった」

正解は1。同格の that に関しては，NOTE〈同格の that の公式〉を参照してほしい。point out ～「～を指摘する」は重要熟語。It was ～ who …. は強調構文で，NOTE〈It is ～ that …. の識別〉の(4)が一番近いのだが，「It is＋名詞＋that＋不完全な文」の「名詞」が人の場合，that の代わりに who を使うことが可能だ。ここはその形となる。

(5)「私が舞台上で他の誰かのために十分な場所をあけることができるかどうかとあなたが考えていたとわかっています」

正解は1。後ろに of をとれるかどうかがポイント。be capable of *doing*「～する能力がある，～することができる」に対して，feasible や practicable は「実行可能な」の意味だが，後ろに of をとることができないし，主語は計画などの「もの」が主語で，「人」が主語にはならない。make room for ～ は重要熟語で，「～のために場所をあける，～に席を譲る」のような意味で，ここの room は「部屋」の意味ではなく「場所，空間，余地」などを意味する不可算名詞だ。

(6)「生徒たちは放課後高校の文化祭の準備で忙しかったので，先週より宿題が少なくてとてもうれしかった」

正解は2。homework「宿題」は不可算名詞，assignment は一つ一つの「課題」のことで可算名詞だ。homework assignment という表現もある。正解選択肢を含めた文構造は以下のようになる。

～ they (S) are very happy to have (V) less homework than they (S′) had (V′) last week.

正解選択肢の less は little の比較級で後ろは不可算名詞となり，比較級の less と than がつながる。they ～ have と they had の関係が見えるといい。1は可算名詞を修飾する fewer が不可算名詞の homework を修飾しているのが不可。3は可算名詞の assignment を little で修飾しているのが不可。4は選択肢自体は問題ないが，many assignments が先行詞となり，「先週彼らが持っていた多くの課題を持ってとてもうれしい」という内容になるのはおかしいであろう。

(7)「あなたはすばらしい歌を歌うことは気分をよりよくさせるだろうと本能的に知っているかもしれない」

正解は3。使役動詞の make *A* *do*「*A* に～させる」はいわゆる無生物主語構文で使える。singing a great song「すばらしい歌を歌うこと」のような「人」以外が主語になっても使える使役動詞ということだ。原則 have，get，let の他の使役動詞は無生物主語構文では使えない。また，使役動詞の make *A* *do*「*A* に～させる」は強制の意味が含まれるが，無生物主語構文の場合はその限りではない。feel better は「気分がよりよく感じる，体調がよりよく感じる」の意味。選択肢の2は「感情，気持ち」の意味では feelings と複数形にすること。また，change your feelings better としてもやや不自然で，change your feelings for the better なら自然であろう。for the better は「よりよい方に」の意味で，よく使われる表現だ。

(8)「ゲストの方は羽田空港への行き来の移動の手配はご自身で行ってください」

正解は1。be advised to *do* は書面や掲示などで不特定の人々に対して「～してください」と助言する表現だ。ここも複数のゲストに対して書面か何かで羽田空港への行き来はゲスト自らが対応してほしいと注意喚起していることになる。また，arrangement は「手配，準備」の意味では通例複数形で使われ，make arrangements で「手配する，準備する」の意味となる。

(9)「時速160キロ以上で進むのは命を失うかもしれない」

正解は2。you your life が O O なので，いわゆる第4文型で使える動詞が候補となる。pay と cost が第4文型で使えるが，pay O_1 O_2 は「O_1（人など）に O_2（金額）を支払う」となり不可。cost O_1 O_2 は①「O_1（人など）に O_2（金額）がかかる」，②「O_1（人など）に O_2（仕事や命など）を失わせる」の意味がある。His irresponsible behavior eventually cost him his job.「彼の無責任なふるまいは最終的に彼の仕事を失わせた」のような例文も参考にしてほしい。

⑽「あなたが新しいビジネスで成功することを祈っています」

正解は2。keep *one's* fingers crossed は「望みどおりにいくことを願っている」の意味で，keep *one's* fingers crossed that S′ V′「～することを願っている」の使い方もある。この that は文法的には説明がつかないが，hope that S′ V′の代わりだと思っておけばいいだろう。

⑾「私たちの先生は私たちが宿題を提出できなかったとき私たちに容赦なかった」

正解は1。go easy on ～「～（人）に手加減してあげる，～に怒らないであげる」は結構難しい熟語だ。知らなくても仕方ないであろう。fail to *do* は「～するのを失敗する」ではなく「～しない，～できない」と訳そう。hand in ～「～を提出する」はぜひ覚えておこう。

⑿「テディは俳優として有名になる前に，少ない給料で暮らしていた」

正解は4。日本語と英語で名詞と形容詞のつながりがずれていることがあるが，入試ではそこがよく狙われる。

CHECK 「多い，少ない」を表す large，small

◇ California is a state with a large population.
「カリフォルニアは人口の多い州だ」

◇ There are a large number of schools in this city.
「この市にはたくさんの学校がある」

☆ large，small で「多い，少ない」を表す重要名詞は population「人口」，audience「聴衆」，salary「給料」，income「収入」，cost「費用」，number「数」，quantity「量」，amount「額，量」などである。

☆上の名詞は many〔much〕，few〔little〕などで「多い，少ない」を表すことはできない。

he は後ろの Teddy を受けている。これは POINT!〈文頭の副詞句や副詞節中の人称代名詞〉を参照してほしい。Before ～ actor が副詞節なので，先に人称代名詞があって，受ける名詞は後ろにあるのだ。live on ～ は重要熟語。ここは③の意味だ。

CHECK live on の3つの意味

①「（人や記憶などが）生き続ける」
◇ His legends live on.「彼の伝説は生き続ける」

②「～を主食とする，（非難して）～ばかり食べている」
◇ live on meat「肉を主食とする」

③「～（給料や金額など）で生活する」
◇ live on a pension「年金で生活する」
☆ live on fishing〔charity，capital〕「漁業で生活する〔施しを受けて生活する，資産を食いつぶして生活する〕」のような言い方もある。

⒀「この自動販売機は今故障しているので，店内でペットボトルの水を買ってくれませんか」

正解は3。out of order「故障中で」は最重要熟語で，反意表現はin order「順調で，調子がよくて」となる。

⑭「ケイティは大好きな俳優が自動車事故で死んだという記事を読んで言葉に窮した」

正解は1。空所はreadの目的語で，後ろにaboutという前置詞があるのが手がかり。article on〔about〕～で「～に関する記事」となる。2の「図表」や4の「処方箋」は意味を成さない。be at a loss for words「何と言っていいかわからない，言葉に窮する」は重要熟語だ。

⑮「彼がもっとも有名なオリンピックのスキー選手の一人であることを知っていた？彼にとって，あの山をスキーで滑降することは朝飯前さ」

正解は3。be a piece of cakeで「(Sは)簡単なことだ，朝飯前だ」の意味の重要熟語がポイントとなる。

⑯「ボブとケンは口論となる前に1時間お金について話していた」

正解は2。they got into a quarrelが過去の基準点，forが完了形の継続の意味で使える語，talkは動作動詞。この3つがそろうと自動的に過去完了進行形を使うことになる。had been *doing*の形だ。

NOTE　動作動詞を継続の意味で使う場合

◇It has been raining since last night.
「昨夜から雨が降っています」
◇I have been studying English for five years.
「私は5年間ずっと英語を勉強している」
☆動作動詞を継続の意味で使いたい場合は，完了進行形（have been *doing*）を用いるのが原則。
☆rainやstudyは動作動詞であるので，完了形（have＋過去分詞）では継続の意味にならない。したがって，完了進行形にすることによって継続の意味を出すのである。
◇We have known each other since we were kids.
「私たちは子供のころからお互いに知っている」
☆knowは状態動詞なので，完了形で継続の意味を表す。

3はdiscuss「～について議論する」が他動詞なので，空所の直後のaboutが不要であることと，現在完了進行形（have〔has〕been *doing*）を使っていることも不可だ。

⑰「医療従事者はパンデミックが発生すると医療の要求に応じるのが常に困難だ」

正解は2。keep up with～「～に遅れずについていく」はkeep up with the times「時勢に遅れないようにする」のような表現でわかるように，どんどん変化していくものに遅れることなく対応していくニュアンスがある。パンデミックの状況が変われば対応も変わっていくのであろうが，遅れずについていくのが大変だと言っている。

⒅「私たちは人がまさにスピーチをしようとしているときには幸運を祈ることがたびたびある」

正解は4。「望む」系の動詞の語法は面倒だ。以下に表を示す。

「望む」系の動詞の語法

	to *do*	*A* to *do*	O_1 O_2	that S′ V′
want	○	○	×	×
hope	○	×	×	○
wish	○	○	○	○[※1]
like	○	○	×	×
desire	○	○[※2]	×	○

※1　通常 that は省略され that 節内は仮定法

※2　やや古い言い方

☆ hope は直接名詞をとることができない。We were hoping for good weather.「私たちはよい天気を望んでいた」のように hope for＋名詞となる。

people good luck の部分は目的語が2つなので，表の O_1 O_2 をとれる wish が正解となる。be about to *do*「まさに～しようとしている」は重要熟語。

解答

⑴―1　⑵―3　⑶―3　⑷―1　⑸―1　⑹―2　⑺―3　⑻―1　⑼―2

⑽―2　⑾―1　⑿―4　⒀―3　⒁―1　⒂―3　⒃―2　⒄―2　⒅―4

12 2022年度 全学部統一入試〔Ⅰ〕

目標解答時間 11分

ポイント

1～22とずいぶん問題数が多いのが特徴。語彙問題のほうが多いが，純粋な文法問題もある。すべて基礎から標準的な問題である。

1～22の空欄に入れるのに最も適切なものを，それぞれ下のA～Dの中から1つ選び，その記号を解答欄にマークしなさい。

1 We need to go to the store. We have completely run (　　) of tea.

A. down　　B. out　　C. through　　D. up

2 I am sorry to bother you, but may I (　　) about your shoes? I would like to know where you bought them.

A. question whether　　B. request a question

C. ask you something　　D. get to know anything

3 (　　) than upset her mother, the girl did her homework as soon as she got home.

A. Better　　B. More　　C. Other　　D. Rather

4 The president's secretary will not be here today. In fact, she (　　) attends these types of meetings.

A. frequently　　B. often　　C. once　　D. rarely

5 I have studied French for many years, but I am not familiar (　　) that proverb. What does it mean?

A. about　　B. in　　C. on　　D. with

6 I think you would be happy using (　　) of these two smartphones

because both work well.

A. couple　　B. double　　C. either　　D. neither

7 It is quite a (　　) to raise a family and have a successful career at the same time.

A. challenge　　B. disagreement

C. trouble　　D. work

8 The temperature in these mountains always (　　) below freezing at night.

A. falls　　B. levels　　C. loses　　D. reduces

9 Lucy (　　) her report by this coming Friday.

A. has finished　　B. is finished

C. will be finished　　D. will have finished

10 If I were you, I (　　) to him for help. You should find someone else.

A. could not have gone　　B. do not go

C. will not have gone　　D. would not go

11 Amy (　　) a lot of good in her community.

A. do　　B. does　　C. has made　　D. makes

12 You do not have to thank me. I am simply glad that I could be (　　) help.

A. but　　B. for　　C. in　　D. of

13 I know that this restaurant is expensive, but don't worry. The dinner is (　　) me.

A. on　　B. at　　C. since　　D. become

14 My computer broke down so I couldn't (　　　) the deadline.

A. end　　B. meet　　C. put　　D. take

15 Dan had to wait (　　　) the doctor was ready to see him.

A. how　　B. lest　　C. unless　　D. until

16 A (　　　) many people were aware of the issue.

A. great　　B. large　　C. big　　D. huge

17 The passengers were (　　　) stay at the airport for hours because of the bad weather.

A. let to　　B. let　　C. made to　　D. made

18 We had no choice (　　　) to the plan.

A. from agreeing　　B. but to agree

C. than agree　　D. less than agree

19 This article is worth (　　　).

A. read　　B. reading　　C. to be read　　D. to read

20 She doesn't care (　　　) coffee without milk. She never has her coffee black.

A. for　　B. of　　C. on　　D. with

21 (　　　) had they returned home than the police called.

A. No matter　　B. No sooner　　C. Not only　　D. Not until

22 Just let me know if you (　　　) need help.

A. any　　B. ever　　C. many times　　D. whenever

解 説

1.「私たちは店に行かなければならない。私たちは完全に紅茶を切らしている」
正解はB。 run out of～「～を使い果たす，切らす，～がなくなる」は～がまったく残っていないことを言う表現。run short of～「～が不足する」は～が少し残っていることを表す。また，My patience was running out.「私の忍耐が尽きつつあった」のように，まったく残っていない対象が主語の位置にあり，「Sが尽きる」のような使い方もある。

2.「わずらわせて申し訳ありませんが，あなたの靴についておたずねしてもよろしいですか。あなたがどこでその靴を買ったのか知りたいのですが」
正解はC。 Can〔May〕I ask you something?「聞いてもいいですか，おたずねしてもよろしいですか」の表現があり，これにabout以下がついている文だ。Can〔May〕I ask you a question?とほぼ同意表現。I am sorry to bother〔disturb〕you, but S′ V′「わずらわせてすみませんが，～」は相手に何かを頼む表現だ。これも覚えておこう。

3.「その女の子は家に着いたらすぐ母親を怒らせるどころか自分の宿題をした」
正解はD。 *A* rather than *B*「*B*よりむしろ*A*」は*A*と*B*が意図的行為を表す動詞表現の場合rather than *B*を文頭に出すことが可能だ。その際は「*B*するどころか*A*する」の訳をするほうがいい場合がある。問題文ではupset her motherが*B*で，did her homeworkが*A*にあたる。

4.「社長の秘書は今日ここには来ないだろう。実際，彼女はめったにこういった種の会議には出席しないのだ」
正解はD。 まずはin factを押さえよう。**POINT!**〈in fact〉を参照。ここは②の意味で，補足説明と考えるといいだろう。「今日ここに来ない」理由を補足的に説明していると言える。「めったにこういった種の会議に出席しない」ので「今日ここには来ない」のだ。

5.「私は長年の間フランス語を勉強してきたが，そのことわざは知らない。それってどういう意味？」
正解はD。

CHECK familiarの語法

A be familiar with *B*「*A*（人など）は*B*に精通している，*A*（人など）は*B*をよく知っている」（＝*B* be familiar to *A*）

◇ I am quite familiar with this machine.
＝This machine is quite familiar to me.
「私はこの機械にかなり精通している」

☆ toの後ろは「人」，withの後ろは「もの，こと」が基本。*A*が主語か*B*が主語かで前置詞が変わるのだ。

そもそも選択肢に to がないが，空所の後ろが that proverb なので with が正解となる。

6.「これらの2つのスマートフォンはどちらもうまく機能しているので，あなたはどちらを使っても満足するだろうと思う」

正解はC。 either は3つの品詞を含めてすべての用法をまとめておこう。

NOTE either の用法

(1)代 ①「(肯) どちらか (一方)，どちらでも」

◇ Either of you must go.
「あなたたちのどちらかが行かなければならない」

②「(疑，条件節) どちらか」

◇ Do you know either of the boys?
「その少年たちのどちらかを知っていますか」

③「(否) どちらも (〜ない)」

◇ I offered him whiskey or gin, but he didn't want either.
＝I offered him whiskey or gin, but he wanted neither.
「彼にウィスキーかジンをすすめたが，どちらも欲しがらなかった」

☆ either は必ず2人〔2つ〕を前提としているが，3人〔3つ〕以上の場合は any を使う。

☆肯定文には2つの訳があるが，2人〔2つ〕のどちらなのか重要でない場合は「どちらでも」の訳がいい。また，「どちらか (一方)」の意味は事実を表す文脈，「どちらでも」の意味は可能性や未来を表す文脈で使われるのが基本。

☆形容詞の either が side や end，hand などの2つの対になるものを修飾する場合は both の意味となる。つまり on both sides of the street「通りの両側に」は on either side of the street と言っても同じ意味になる。

(2)形 either＋単数名詞

①「(肯) どちらかの〜，どちらの〜でも」

◇ Either day is OK.
「どちらの日でも結構です」

②「(疑，条件節) どちらかの〜」

◇ Is there a clock in either room?
「どちらかの部屋に時計はありますか」

③「(否) どちらの〜も (…ない)」

◇ I don't know either boy.
＝I know neither boy.
「私はどちらの少年も知らない」

☆①の either は後ろが side，end，hand のような2つから成り立つものなら「両方の」の訳となる。

(3)副 either *A* or *B*

①「(肯) *A* か *B* か」

◇ Either you or I am to blame.
「あなたか私が悪いのだ」

②「(否) *A* も *B* も (〜ない)」

◇ He doesn't speak either Japanese or English.

＝He speaks neither Japanese nor English.
「彼は日本語も英語も話さない」
(4)副「(否) ～もまた (…ない)」
◇ "I don't enjoy tennis." "I don't, either."
「『テニスは好きじゃない』『僕もだ』」
☆上の文は「僕も好きじゃない」の意味。

usingの後ろなので空所は(代)名詞でないといけない。また，2つのスマートフォンが対象で，because both work wellの内容からeither「(代名) どちらでも」が正解となる。NOTEにあるように，可能性や未来を表す文脈では「どちらか」ではなく「どちらでも」の意味になるのが基本であった。ここもそうだ。be happy (in) *doing*は「～して満足する」，wouldは「(断定を避けて) ～だろう」くらいの意味なので，まさに可能性を表す文脈。どちらもうまく機能しているのでどちらを使っても満足いくだろうと言っているのだ。neitherは「(2人〔2つ〕を前提として) (代名) どちらも～ない」の意味だが，否定の内容となるので文脈と矛盾して不可だ。couple「カップル，一対」とdouble「2倍」は意味を成さない。

7.「家族を養い同時に仕事で成功することはかなり難題だ」

正解はA。空所の前にaがあるので空所は可算名詞でないといけない。また，quite aの後ろで使えるかどうかを語法的に考えるのも重要だ。quite a challenge「かなりの難題」とquite a trouble「かなりの迷惑」が可能で，仕事と家庭の両立は難しいとよく言われることで，a challengeを正解とするのがいい。

CHECK 名詞のchallengeの意外な意味
①「難題，課題，試練」
◇ At the moment we humans are facing a serious environmental challenge.
「現在私たち人間は深刻な環境問題に直面している」
②「異議，抗議」
◇ The strike represents a serious challenge to the authorities.
「ストは当局に対する本気の抗議を表している」

8.「これらの山々の気温は夜いつも氷点下まで下がる」

正解はA。「気温が下がる」はThe temperature drops〔falls, goes down〕.などと言う。「気温が上がる」はThe temperature rises〔goes up〕.などと言う。below freezingはbelow zeroとも言うが，「氷点下で」の意味。

9.「ルーシーは今度の金曜日までにレポートを終えるだろう」

正解はD。this coming Friday「今度の金曜日に」は未来の基準点と考える。また，by「～までに」は完了形の完了の意味で使える前置詞だ。日本語でも「明日の正午までにはニューヨークに着いているだろう」のような例を考えるといい。午前11時に着くかもしれないが，「着く」という行為は正午までには完了しているのだ。

したがって，未来完了形（will have *done*）を使ったDが正解となる。当然「経験」や「継続」ではなく「完了」の意味で使われている。

10.「私があなたなら助けを求めに彼のところには行かないだろうに。他の誰かを見つけたほうがいいよ」

正解はD。 If I were you「私があなたなら」の were は仮定法過去で，相手の立場に立って忠告・助言をする表現。主節は would〔could, might〕*do*「～するのに〔～できるのに，～かもしれないのに〕」の形となるはずなのでDが正解となる。

11.「エイミーは彼女の地元で大いに貢献している」

正解はB。 問題文の good は a lot of の後ろにあることからわかるように名詞である。「利益，役に立つこと」の意味だ。do good で「利益となる，役に立つ，効果がある」のような訳となる。一例を挙げると I'll talk to her but I don't think it will do any good.「彼女に話してみるけどまったく効果はないと思うよ」のような使い方ができる。エイミーは地域社会でボランティア活動をしたり，地域の活性化のプログラムに参加したりして地域の発展などに貢献している感じだ。

12.「僕に感謝する必要はないよ。お役に立ててただただうれしいよ」

正解はD。「of＋抽象名詞＝形容詞」がポイント。of help＝helpful「助けになる」となる。他の表現も含めてまとめておこう。

CHECK「of＋抽象名詞＝形容詞」

of benefit〔of consequence, of help, of importance, of value, of interest, of use, of ability, of sense, of significance〕「有益な〔重要な，助けになる，重要な，価値のある，興味深い，役に立つ，有能な，分別のある，重要な〕」

◇ His advice is of great value to me.
「彼の忠告は私にとってとても価値がある」

☆「of＋抽象名詞＝形容詞」は価値判断を表す表現が多い。of great value＝very valuable「とても価値がある」の great と very の書き換えも重要だ。

☆ of concern は「心配な，関心のある，重要な」といろいろな意味になる。

13.「このレストランが高いのは知っているけど，心配しなくていいよ。このディナーは僕のおごりだから」

正解はA。「私のおごりです」は It's on me.（＝It's my treat. / I'll treat.）などと言う。be on ～ で「～のおごりだ」の意味だ。

14.「私のコンピューターが故障したので私は締め切りを守ることができなかった」

正解はB。 meet a deadline で「締め切りを守る，期日に間に合わせる」の意味のやや難しい熟語がポイント。miss a deadline で「締め切りを守らない，期限に間に合わない」が反意表現だ。

15.「ダンは医師が彼を診る準備ができるまで待たなければならなかった」

正解はD。 until S′ V′ は「～するまで（ずっと）」の意味で，主節の動詞は継続的な意味となる。ここではずっと待つことになるのだ。Aの how は副詞節では使えないので内容以前に不可となる。Bの lest S′ V′ は「(文語) ～しないように，～するといけないので」の意味，Cの unless S′ V′ は「～しない限り」の意味で，どちらも空所の前後が意味不明なので不可だ。

16. 「かなり多くの人々がその問題に気づいている」

正解はA。 a great〔good〕many＋可算名詞の複数形「かなり多くの～」となる。aがついているが many があり，しかも複数名詞となるのがおもしろい。a great while ago「かなり前に」，a good income「かなりの収入」のように great〔good〕には特に a great〔good〕の形で「かなりの，多くの」の意味がある。

17. 「乗客たちは悪天候ゆえに何時間も空港に滞在させられた」

正解はC。 make *A* *do*「(無理やり) *A* に～させる」を受動態にすると *A* be made to *do*「*A* は～させられる」と to が現れることに留意すること。また，この形には2つの意味があることにも注意せよ。

CHECK be made to *do* の2つの意味

①「～させられる」

◇ I was made to stand in front of the whole class.
「私はクラス全員の前に立たされた」

②「～するよう作られている」

◇ This knife is made to last a lifetime.
「このナイフは生涯もつよう作られている」

☆①は「人」が主語，②は「もの」が主語が基本。

18. 「私たちはその計画に同意するしかなかった」

正解はB。 have no choice but to *do* で「～するしかない」の意味の重要熟語がポイント。ただ，前置詞の but 自体も重要なのでしっかり理屈を含めて覚えておこう。

NOTE 前置詞の but「～を除いて」

◇ Everybody was tired but me.
「私を除いてみんな疲れていた」

◇ I had no choice but to accept his demand.
「私は彼の要求を受け入れるしか方法がなかった」

☆ but の前には all〔every, no〕を伴う名詞か what の疑問詞がある。

☆ but の後ろは名詞が基本だが，動詞の原形や to 不定詞がくることも多い。

問題文の but は前置詞だが後ろは to 不定詞である。また，but の前には no を伴う名詞の choice がある。このように覚えると The baby does nothing but cry.「その赤ん坊は泣いてばかりいる」の do nothing but *do*「～してばかりいる」の but も前置詞であり「～することを除いて何もしない→～してばかりいる」となることが理解できると思う。agree to ～ と agree with ～ の違いもまとめておこう。

CHECK agree with ～, agree to ～ の違い

① agree with ～「～（人）と意見が一致する，～（考え，意見など）に（正しいとして）賛成する」

◇ I agree with my father about most things.
「私はほとんどのことで父と意見が同じだ」

☆「人」以外に「考え，意見など」も目的語にとれる。お互いの意見などが一致する感じなので，双方向のニュアンス。

② agree to ～「～（提案，計画など）に（しばしば好まなくても）同意する，～を認める」

◇ We have agreed to their request for a full investigation.
「私たちは彼らの徹底調査の要請を認めた」

㊜ お互いの意見などが一致するわけではなく，相手の提案などにこちらが同意する一方向のニュアンス。また，agree to *do*「～することに同意する」も同じで同意して実行するのニュアンスがある。

19.「この記事は読む価値がある」

正解はB。

NOTE 「～する価値がある」を表すいろいろな表現

◇ This book is worth reading.
＝It is worth reading this book.
＝It is worthwhile reading〔to read〕this book.
＝Reading〔To read〕this book is worthwhile.
「この本は読む価値がある」

☆下線部が骨組み。

☆第1例の be worth *doing* の構文は *doing* の目的語が欠けていないといけない。reading の意味上の目的語はSである This book となる。

☆その他の例文は本来の位置に目的語がある。イコールの文は worth と worthwhile のどちらを使うかにも注意せよ。

問題文は reading の目的語が欠けている，第1例の構文となっている。

20.「彼女はミルクなしのコーヒーは好きでない。彼女は決してコーヒーをブラックでは飲まないのだ」

正解はA。

CHECK care for ～ の2つの意味

①「～の世話をする」（＝look after ～，take care of ～）

◇ Teach your students how to care for their pets.
「生徒たちにペットの世話の仕方を教えなさい」

②「（主に否，疑で）～が好きだ，～を望む」

◇ Would you care for a cup of coffee?
「一杯コーヒーをいかがですか」

☆①の意味の目的語は「人」，②の目的語は「もの」が基本。

☆肯定文なら①，否定文・疑問文なら②の可能性が高い。

問題文は目的語が「もの」で，否定文で使われているので②の「～が好きだ」の意味だ。

21.「彼らが家に戻るとすぐに警察が電話をしてきた」

正解はB。「～するとすぐに…」を意味する表現をまとめておこう。

NOTE「～するとすぐに」

◇ As soon as he saw me, he ran away.
＝The moment〔The minute, The instant〕he saw me, he ran away.
＝Instantly〔Directly, Immediately〕he saw me, he ran away.
＝He had hardly〔scarcely〕seen me when〔before〕he ran away.
＝Hardly〔Scarcely〕had he seen me when〔before〕he ran away.
＝He had no sooner seen me than he ran away.
＝No sooner had he seen me than he ran away.
＝On seeing me, he ran away.
「彼は私を見るとすぐに逃げて行った」

☆下線部が「～するとすぐに」を表す骨組み。また，「～するとすぐに…した」のように過去のことを表す場合，saw の過去形と had seen の過去完了形の 2 通りがあるので注意せよ！　さらに，Hardly〔Scarcely〕や No sooner のような否定語〔句〕が文頭に出ていると had he seen と倒置されることになる。

☆第 4 ～ 7 例は小説や物語文で使われ，現在のことを表すことはめったになく，過去の意味で使うのが基本。

問題文は NOTE の第 7 例の形となっている。

22.「いずれ助けが必要になったらとにかく知らせてください」

正解はB。ever は「（原則 if 節でしかも未来を表す文脈で）いつか，いずれ」の意味となる。ここの if は「もし～ならば」の意味で，let me know は「私に知らせる」の訳となり，know の目的語はない形だ。just は知らせてくれそうもない相手に少し促している感じの副詞で，「とにかく」と訳してみた。

解答

1－B　2－C　3－D　4－D　5－D　6－C　7－A　8－A　9－D
10－D　11－B　12－D　13－A　14－B　15－D　16－A　17－C　18－B
19－B　20－A　21－B　22－B

13 2023年度 農学部〔Ⅲ〕

目標解答時間 3分

ポイント

農学部で毎年狙われているタイプの語彙問題。簡単に解ける問題はあまりなく，(6)はかなりの難問であった。2023年度のこの問題は結構難しかったと思われる。

次の(1)〜(6)の各組の英文の空所に共通して入る最も適した語をそれぞれ下記の中から一つ選び、その記号をマークしなさい。

（解答番号は空所の番号と同じ。）

(1)
These days we (37) having our beloved dog around.
You should never (37) this opportunity to get a new one.

A. admit　B. deny　C. finish　D. miss

(2)
We have to walk across the (38) street to get there.
Given his (38) schedule, we may have to cancel our reservation.

A. busy　B. flexible　C. heavy　D. solid

(3)
Most of the wheat is (39) into flour at mills over there.
He rejected my idea on the (39) that there was no sufficient time.

A. contrast　B. filling　C. ground　D. spread

(4)
The driver (40) the brakes hard, but it was too late.
It was at that time that a really strange idea (40) me.

A. applied　B. brought　C. hit　D. occurred

(5)
A very small misunderstanding can (41) to a big disaster.
Could you later add some (41) to this mechanical pencil?

A. head　B. lead　C. plead　D. spread

(6) { All he did was (42) through the pages of his son's diary.
My mother has a green (42) and enjoys gardening. }

A. brain　B. elbow　C. nerve　D. thumb

解説

(1)「最近私たちは私たちの愛する犬がそばにいなくてさびしい」
「あなたは新しいのを得るこの機会を逃してはいけない」
正解はD。
miss *doing* は意外と面倒な表現だ。

CHECK miss *doing*
①「(したいのに) ～するのを逃す」
◇He missed being elected by a single vote.
「彼は一票差で選ばれるのを逃した」
②「～できないのをさみしく思う」
◇I miss seeing you every day.
「毎日あなたに会えないのをさびしく思っています」
③「～(悪いこと) するのを免れる」
◇I narrowly missed being killed in the fire.
「私はかろうじて火事で死ぬのを免れた」

どの意味も *doing* が実現していないわけだが，実現しないことによる主語の態度，気持ちが違うのだ。前者の have ～ around は「～がそばにいる」という意味で，愛犬がそばにいないのでさびしく思っているのだ。miss は名詞が目的語の場合も名詞があるべきところにないという意味で，実現していないことを表すと言える。後者は「この機会を逃す」の意味。miss the ball「ボールを取り損ねる」, I'll miss you.「これから君がいなくなるとさびしいなあ」, miss the train「電車に乗り遅れる」などの例を参考にしてみてほしい。

(2)「私たちはそこに行くためににぎやかな通りを歩いて横切らないといけない」
「彼の忙しいスケジュールを考慮すると，私たちは予約をキャンセルしないといけないかもしれない」
正解はA。

CHECK traffic と street につく形容詞
◇I ran into heavy traffic near the station.
「私は駅の近くで大渋滞に遭遇しました」
☆traffic は「交通量」の意味で，車などがビュンビュン通っているイメージだ。このtraffic を形容するのが heavy〔light〕で，「多い〔少ない〕」を表すことができる。また，traffic は不可算名詞なので much〔little〕で「多い〔少ない〕」を表すこともできる。
◇Our house faces a busy street.
「私たちの家はにぎやかな通りに面している」
☆street を形容するのは busy〔quiet〕で，「にぎやかな〔静かな〕」の意味。a heavy street や busy traffic は不可。

前者は street を修飾するのが busy ということ。後者は日本語と同じで「忙しいスケジュール」と英語でも言える。ここは given が入試で狙われる重要単語なので，これをまとめておこう。

CHECK 重要単語の given

形「(限定) 特定の，(時間などが) 定められた，すでに決められた」
◇ pay off the money within a given period
「定められた期間内に金を返済する」
☆直後に具体例を示すことを含意している。
前「～を考慮すると，～を与えられると」
◇ Given the number of people we invited, I'm surprised so few came.
「私たちが招待した人の数を考慮すると，来た人が非常に少なかったことに驚いた」
接「(given (that) S′ V′) ～であることを考慮すると，～であれば」
◇ Given he's inexperienced, he has done well.
「彼が経験不足であることを考慮すると，彼はうまくやった」
名「(a given で) 当然のこと」
◇ It is a given that all are equal before the law.
「法律の前ではみな平等であることは当然だ」

問題文は前置詞の用法だ。

(3)「小麦のほとんどは向こうの製粉機で小麦粉に挽かれる」
「彼は私の考えを十分な時間がないという理由で拒絶した」
正解はC。
前者は grind *A* into *B*「*A* を挽いて *B* にする」(＝grind *B* from *A*) の受動態となっている形だ。into は「(変化や結果を表して) ～となって」の意味。grind は grind-ground-ground と活用するので，grind の過去分詞は ground となる。後者は重要な熟語をしっかり覚えよう！

CHECK grounds の意外な意味

on (the) grounds of ～「～の理由で」
◇ I was fired on the grounds of incompetence.
「私は無能という理由でクビになった」
on the grounds that S′ V′「～という理由で」
◇ The project was delayed on the grounds that there were insufficient funds.
「そのプロジェクトは十分な資金がないという理由で延期された」
☆「理由」の意味では必ず grounds と複数形になる。

問題文は ground と単数形になっている。実は珍しい例だ。

(4)「そのドライバーは強くブレーキをかけたが，手遅れであった」
「本当に奇妙な考えが私の頭に思い浮かんだのはその時であった」
正解はC。
前者は選択肢Aの applied を使って apply the brakes で「ブレーキをかける」の意味があるが，後者は applied を入れても文が成り立たないので不可。hit the brakes は「急ブレーキをかける」の意味。知らなくても仕方ないが，何となく勘で選べるかもしれない。後者のhitは重要単語だ。

CHECK　「思い浮かぶ」を表す表現
A hit on *B*「*A*（人など）は*B*（考えなど）を思いつく」
＝*B* hit〔occur to〕*A*「*B*は*A*の頭に思い浮かぶ」
＝*B* cross〔come to〕*A*'s mind
◇It occurred to me that he might be lying.
「彼が嘘をついているかもしれないと私の頭に思い浮かんだ」
☆*A*と*B*の位置に注意せよ。
☆*A*'s mindの*A*'sは所有格ということだが，*A*が表記されずcome to mindとなることもある。
☆happen＝occurだが，happen to ～は「～に起こる」でoccur to ～とは意味が違う。

hitは「考え」が主語で，「人」が目的語になる。ちなみに，問題文のhitは過去形だ。It was at that time that ～は**NOTE**〈It is ～ that ….の識別〉を参照してほしい。at that timeと副詞句がはさまれているのでIt was ～ that ….は強調構文となる。

(5)「とても小さな誤解が大惨事を引き起こすことがある」
「あとでこのシャーペンに芯を入れてくださいますか」
正解はB。
lead to ～「～を引き起こす，もたらす」は最重要熟語。可能性を表すcanは覚えておこう。

NOTE　可能性を表すcanとcould
① can *do*「（理論的可能性を表して）～する可能性がある，～することがある」
◇It can be pretty cold here at night.「ここは夜にはかなり寒いことがある」
☆このcanは悪い意味で使われることが多い。また，上の例文のように動詞はbe動詞であることが多い。
② could〔may，might〕*do*「（現在，未来の現実の可能性を表して）（ひょっとすると）～かもしれない」
◇It could [×can] rain later this evening.「夕方遅くに雨が降るかもしれない」
☆理論的可能性ではなく，今日の夕方という現実の可能性を表すのでcanは使えない。

動詞はbe動詞ではないが，ここも悪い意味で使われている。
後者は名詞のleadに「鉛，（鉛筆などの）芯」の意味がある。add *A* to *B*「*A*を*B*に加える」を使うのはおもしろい。シャーペンのことは英語ではmechanical pencilと言う。

(6)「彼がしたのは息子の日記のページをペラペラめくることだけであった」
「私の母は園芸の才がありガーデニングを楽しんでいる」
正解はD。
thumb through ～は「～（本など）を（サッと見るために）パラパラとめくる」

の意味で，受験ではめったに狙われることのない表現だ。

NOTE all が先行詞で主語の場合

◇ Why buy many devices when all you need is a printer?
「君が必要なのはプリンターだけなのになぜ多くの機器を買うの？」

◇ All I can tell you is we're on the same side.
「私があなたに言えるのは私たちは味方だということだけです」

☆ all が先行詞で全体の主語になっている場合，only のニュアンスがあることを押さえておこう。2つ目の文なら，「私があなたに言えるすべてのことは～だ」が直訳で，「～しか言えない」のニュアンスになる。

a green thumb は「園芸の才能」の意味の表現。

解答

(1)—D (2)—A (3)—C (4)—C (5)—B (6)—D

第2章
長文読解

この章の進め方

読解問題が入試の主流であることは言うまでもない。では，この章ではどんなことを意識して読み進めていけばいいだろうか？　なんとなく問題を解き，解説などを読むというのではなく，以下のことをしっかり頭に入れて読み進めてほしい。

①**「目標解答時間」**を参考に問題文を読み，しっかり自分の答えを出そう。
② 明治大学で出される読解問題，特に自分が受ける学部の問題文のテーマ，語数，設問の種類などを確認しよう。
③ **語句・構文**を利用して，問題文を読む上で必要な知識，何に気づかなければいけないかを確認しよう。
④ 最後に，**解説**で設問の解き方を感じとろう。本書の最大のポイントは，設問に対する独自の解き方をいろいろと提示し，さらにPOINT!やCHECKやNOTEとして，設問を解くにはどのような知識や考え方が必要かを具体的にわかりやすく公式化した点にある。これらの解き方を自分のものとし，それを自ら応用できる力を身につけてほしい。

14 2015年度 文学部〔IV〕

目標解答時間 25分

ポイント

かなりの長文だが，英文や設問の難易度は明治大学として標準的だ。多様な設問形式という意味でも明治大学を目指す受験生には最適な問題だと言える。

次の英文を読んで，以下の設問に答えなさい。

[1] What makes different kinds of food taste different? You may think that (1)the taste of food depends on the ingredients. Put more sugar in a dessert, for example, and it will taste sweeter. Add more soy sauce to your fish, and it will taste more salty. Put lemon in your tea, and it will become sour. But what about other influences on our experience of taste? Does a drink which is orange in colour actually taste more 'orangey' than an orange drink which has been dyed blue? Does a heart-shaped chocolate taste sweeter than one which is a plain cube? Would chocolate shaped like cheese and put in similar packaging to cheese taste more 'cheesy'? Do we taste food as much with our eyes as with our mouths?

[2] (あ) researchers, the answer to this question could well be 'yes.' In one experiment, researchers collected volunteers, gave them each an orange-flavoured drink, and asked them to describe it. The drink was made from flavoured powder mixed with water, and each volunteer received a drink which had been made with the same powder. After having the drink, the volunteers were asked to describe the taste. However, (2)the researchers changed the appearance of some of the volunteers' drinks by dyeing the drinks different colours, and giving them different labels. Some volunteers received drinks which were coloured orange, some received drinks that were purple, and some received clear drinks that had no colour at all. In addition, some of the drinks were labelled 'orange', some 'grape' and some simply 'fruit drink.'

[3] The results of the experiment were fascinating(ア). Many of the people who received purple juice which was labelled as 'grape' actually believed that they were drinking grape and not orange juice. Some of the people who had clear juice that was labelled as 'grape' also believed that they were drinking grape juice. This proves not only that (3)people tend to have more belief in the labels on foods than in their own sense of taste, but also that the way foods taste is altered by the way they look. 25

[4] (い) it is not just the appearance of our food itself that changes the way it tastes to us. Researchers in another study wanted to know whether the type of plate used in a restaurant affects(イ) the taste of the food. They gave volunteers cheesecake presented on various kinds of plate. Some of the cake was served on white plates, and some on black plates. The volunteers whose cake was served on white plates felt that their food was sweeter, and those who had cake on black plates felt it was less sweet. Even the shape of the plate matters. Apparently, round plates make food taste sweeter, and square plates make food taste less sweet. Even more strangely, a study at Oxford University found that cheese tastes saltier when eaten from a knife than it does when eaten from a spoon or a fork. 30 35

[5] Even the way a dish is described on a menu can affect the taste. (う) researchers discovered that when Italian dishes had Italian names on a menu, customers liked them more than when the same dishes had English names. Even more strangely, people seem to find food more tasty when there is classical music playing in a restaurant than when there is pop music playing, because they stay in the restaurant longer and order more food. So (4)not only what we see, but also what we hear, can affect the taste of our food. 40 45

[6] This phenomenon is called 'synaesthesia'*. When we eat, our brains receive information from all our senses — from our eyes, ears, skin and nose, as well as from our mouths. Our brains confuse(ウ) these messages. This means that when we see cheese on a blue plate, our eyes have already told us that it will be salty; (5)we have already tasted it through our eyes. And because (A), we feel that 50

it really is salty.

[7] These discoveries are important for a number of reasons. Firstly, sugar and salt are not healthy, and it is a good idea to eat less of them. If you can make
55 your cake seem (え) by using a white plate, and if you can make your potato chips seem saltier by using a blue plate, you can eat less sugar and salt, which means you can improve your health. Chefs also want their <u>customers</u>(エ) to enjoy their food as much as possible. If things like the colour of plates, the music in a restaurant, and the language of the menu affect how much people
60 enjoy their food, they will also affect how successful that restaurant is.

'synaesthesia'* 共感覚

問 1 下線部(ア)～(エ)の語句の意味に最も近いものをそれぞれA～Eの中から選び，解答欄の記号をマークしなさい。

(ア) <u>fascinating</u>

A．funny

B．interesting

C．strange

D．troubling

E．wrong

(イ) <u>affects</u>

A．improves

B．increases

C．influences

D．removes

E．spoils

(ウ) <u>confuse</u>

A. communicate
B. destroy
C. mix up
D. think about
E. worry over

(エ) <u>customers</u>

A. cooks
B. critics
C. diners
D. friends
E. visitors

問 2 空所(あ)〜(え)に入る語として，最もふさわしいものをそれぞれA〜Eの中から選び，解答欄の記号をマークしなさい。

(あ)

A. According to
B. Amounting to
C. Said by
D. Spoken to
E. Told by

(い)

A. Because
B. However,
C. Nonetheless,
D. Whenever
E. Whatever

(う)

A．But even,

B．For example,

C．For once,

D．Fortunately

E．Much

(え)

A．attractive

B．bitter

C．delicious

D．fresher

E．sweeter

問 3　第6段落の空所(A)に，以下の(イ)〜(ヘ)の語句を文脈に照らし合わせて最もふさわしくなるように並べ替えて入れるとすれば，2番目と4番目に来る語句は何になりますか。正しい組み合わせをA〜Eの中から一つ選び，解答欄の記号をマークしなさい。

(イ) have told　(ロ) it is　(ハ) our eyes　(ニ) salty　(ホ) that
(ヘ) us

A．(ニ)，(ホ)

B．(ホ)，(ヘ)

C．(イ)，(ホ)

D．(ニ)，(イ)

E．(ホ)，(ロ)

問 4　本文の文脈上，下線部(1)〜(5)の意味に最も近いと思われるものをそれぞれA〜Eの中から選び，解答欄の記号をマークしなさい。

(1) the taste of food depends on the ingredients

A. Food always needs more salt or sugar to make it taste good

B. Good quality ingredients make food taste excellent

C. It is bad taste to put too much sugar or salt on your food

D. The only way to make food taste different is to change the ingredients

E. You should always change the ingredients in your food to make it taste better

(2) the researchers changed the appearance of some of the volunteers' drinks by dyeing the drinks different colours

A. Each flavour of drink powder used by the researchers was a different colour

B. The researchers added chemicals to the drinks so they could laugh at the volunteers

C. The researchers made drinks of the same flavour look different from each other by adding various colours

D. The researchers made some drinks a pleasant colour and some an unpleasant colour

E. The researchers tried to make bad-tasting drinks seem more delicious by adding attractive artificial colours

(3) people tend to have more belief in the labels on foods than in their own sense of taste

A. People believe what is written on food packages because their sense of taste is poor

B. People will eat or drink anything that has a nice-looking package

C. People will not believe that food is delicious unless the package tells them it is delicious

D. The labels of food packages should always describe the food they contain accurately

E. When we judge the taste of a food, the packaging is more important than the experience of eating it.

(4) not only what we see, but also what we hear, can affect the taste of our food

A. If a food makes a good sound when we bite it, we will enjoy it
B. If we hear that a certain food is good, it will taste better to us
C. Loud pop music spoils the taste of our food
D. Music is distracting, and when we hear music we can't taste our food properly
E. The sounds we hear while we are eating can make our food more enjoyable or less enjoyable

(5) we have already tasted it through our eyes

A. Before we eat our food, our eyes send messages to our brain about how it will taste
B. The smell of the food goes through your eyes and into your mouth
C. We already know how the food will taste because we have seen it before
D. We enjoy looking at our food as much as we enjoy eating it
E. We know that when a food looks salty, it will definitely be salty

問 5 次の英語の質問の答えとして最もふさわしいものを一つ選び，解答欄の記号をマークしなさい。

What should restaurant owners do in order to make their restaurants more successful?

A. Do experiments on their customers to see what colour of food tastes the best.

B. Play classical music to attract nicer and richer customers.

C. Spend plenty of money on advertising and tell their customers how great their food is.

D. Think hard about how their plates, menus and music will affect their customers.

E. Use white plates to save money on sugar.

全訳

≪食べ物の味に影響を与えるもの≫

食べ物の種類が違うと味も違うのはなぜだろうか？　あなたは，食べ物の味は材料次第であると思っているかもしれない。たとえば，デザートにより多く砂糖をかけると，その味はより甘くなる。魚により多くのしょう油をかけると，その味はより塩辛くなる。紅茶にレモンを入れると酸っぱくなる。しかし，私たちの味の体験における他の影響についてはどうだろうか。色がオレンジ色の飲み物は，青に色づけされたオレンジ飲料よりも実際より『オレンジっぽい』味がするのか。ハート形のチョコレートは，平凡な立方体のものよりも甘い味がするのか。チーズのような形になっていて，チーズに似た包装をされているチョコレートは，より『チーズのような』味がするのか。私たちは口と同様に目でも食べ物を味わっているのか。

研究者たちによると，この疑問に対する答えは『その通り』となるだろう。ある実験で，研究者たちが参加志願者を募り，彼ら１人１人にオレンジ味の飲み物を与えてその味を説明するよう求めた。その飲み物は味のついた粉末を水と混ぜて作ったもので，志願者たちはそれぞれ，同じ粉末で作った飲み物を受け取ったのである。その飲み物を飲んだ後，志願者たちはその味を説明するよう求められた。しかし，研究者たちは，飲料を様々な色に染め，異なるラベルをつけることで，志願者たちの飲み物の外見を変えたのである。オレンジ色の飲み物を受け取った志願者もいれば，紫色の飲み物を受け取った者もいた。また，まったく色がついていない透明の飲み物を受け取った者もいた。さらに，飲み物には『オレンジ』のラベルがついたものや，『グレープ』のラベル，あるいは単に『フルーツジュース』のラベルがついたものがあった。

この実験の結果は興味深いものであった。『グレープ』のラベルがついた紫色のジュースを受け取った人の多くは，自分がオレンジジュースではなくグレープジュースを飲んでいると実際に思いこんだ。『グレープ』のラベルがついた透明なジュースを飲んだ人も，自分がグレープジュースを飲んでいると思いこんだ。このことは，人には自分自身の味覚よりも食べ物についたラベルの方を信じる傾向があるということだけでなく，食べ物の味はその外見によって変わるのだということも明らかにしている。

しかし，食べ物が私たちにとってどんな味になるかを変えるのは，食べ物自体の外見だけではない。別の研究で，研究者たちは，レストランで使われる皿の種類が食べ物の味に影響を及ぼすかどうかを知りたいと考えた。彼らは志願者たちにいろいろな種類の皿にのせて提供されるチーズケーキを与えた。白い皿で出されるケーキもあれば，黒い皿で出されるケーキもあった。白い皿でケーキを出された志願者は，自分の食べ物がより甘いと感じ，黒い皿のケーキを食べた志願者はより甘くないと感じた。皿の形でさえ重要である。どうやら丸い皿は食べ物の味をより甘くし，四角い皿はその逆になるようだ。さらにもっと奇妙なことに，オックスフォード大学の研究で，ナイフでチーズを食べた時の方がスプーンやフォークで食べた時よりも塩辛い味がすることがわかったのである。

メニューでの料理の説明の仕方ですら味に影響し得る。たとえば，研究者たちの発見によると，客はイタリア料理がメニューにイタリア語の名前で載っている時の方が，同じ料理が英語の名前で載っている時よりも気に入ったのである。さらにもっと奇妙なことに，人はレストラン内でクラシック音楽がかかっている時の方が，ポップミュージックがかかっている時よりも食べ物をよりおいしいと感じるようなのだ。なぜならクラシック音楽がかかっている時の方がレストランにいる時間がより長いし，注文する食べ物もより多いからである。したがって，私たちが見る物だけでなく，聞く物も食べ物の味に影響を与え得るのである。

この現象は『共感覚』と呼ばれる。私たちが食べる時には，脳はあらゆる感覚から――口だけでなく，目，耳，皮膚，鼻から――情報を受け取る。私たちの脳はこれらのメッセージを混同してしまう。これはつまり，私たちが青い皿のチーズを見た時には，私たちの目はそれが塩辛いということをすでに伝えてしまっている，ということである。私たちは目を通してそれをすでに味わってしまっているのである。そして，私たちの目がそれは塩辛いと伝えてしまっているので，それが実際に塩辛いと感じるのである。

これらの発見はいくつかの理由により重要である。第一に，砂糖と塩は健康に良くないので，それらの摂取量を減らすことはよい考えである。もしあなたが白い皿を使うことによってケーキをより甘く見せたら，また青い皿を使うことによってポテトチップスをより塩辛く見せたら，あなたは砂糖と塩の摂取量を減らすことができる，つまり健康を増進することができるのである。料理長も，客にできる限り食べ物を楽しんでほしいと思っている。もしも皿の色，レストラン内の音楽，メニューの言語のようなものが，どのくらい人が食べ物を楽しむのかということに影響を与えるのであれば，それらはレストランがどれほど成功するのかということについても影響を与えるであろう。

●語句・構文……………………………………………………………

第1段落

- □*l.* 1　make *A do*「*A* に～させる」になっている。つまり，different kinds of food が *A*，taste が *do* だ。
- □*l.* 1　taste C「C の味がする」
- □*l.* 1　You may think that ～ はいかにも「一般論→主張」または「譲歩→主張」の「一般論」か「譲歩」になりそうだ。事実，第 3 ～ 5 文（Put more …）が具体例で，第 6 文（But what …）の But が主張を導入する目印だ。
- □*l.* 2　Put more … は命令文, and S V「～しなさい，そうすれば…」になっている。この表現は「もし～ならば，…」と訳してもいい。
- □*l.* 3　add *A* to *B*「*A* を *B* に加える」
- □*l.* 3　soy sauce「しょう油」
- □*l.* 4　sour「酸っぱい」

□ *l.* 4 what about ～? は，そもそも疑問文ということで，以下の考えを覚えておこう。

> POINT! 問題提起を示す表現
> ①疑問文
> ② problem，question などの語
> ☆問題提起を示す表現があったら，本文あるいは段落のテーマ（主題）を表している可能性があると思って読み進めよう！

what about 以下が問題文全体のテーマになっているのだ。さらに，other influences の複数形を意識すること。POINT!〈内容を表す名詞でしかも列挙されやすい名詞について〉を見てほしい。other influences が以後いくつ出てくるか意識しながら読み進めるのだ。

□ *l.* 5 Does a drink ～? を含めて 4 つの疑問文が続く。other influences のうちの一つ，視覚による影響について問題提起している箇所だ。それを第 2 ～ 5 段落第 2 文で具体的に説明している。色，皿，メニューを見たとき，視覚によって味が変わるということだ。

□ *l.* 6 dye O C「O を C（色）に染める」

□ *l.* 7 one は a chocolate。

□ *l.* 7 a plain cube「平凡な立方体」とは a heart-shaped に対して，普通の板チョコのような形だと言っている。

□ *l.* 8 chocolate が S，shaped と put が過去分詞で chocolate を修飾し，taste が V，more 'cheesy' が C。

□ *l.* 8 similar to ～「～に似た」 ここでは similar packaging to cheese で「チーズに似たパッケージ」となる。パッケージがチーズに似ているとチョコレートもチーズ味に感じられるかといった問題提起をしているのだ。

□ *l.* 9 food が目的語なので taste は他動詞で「～を味わう」の意味。

□ *l.* 9 with（道具や手段を表し）「～を使って，～で」

第 2 段落

□ *l.*11 this question は第 1 段落最終文の Do we ～ mouths? を受けていると考えるのがいいだろう。

□ *l.*11 could well *do*「ひょっとすると～かもしれない，～する可能性が高い」

□ *l.*12 collected，gave，asked の 3 つが動詞だ。

□ *l.*12 them と each は同格関係。「彼らそれぞれ」が直訳。

□ *l.*14 mixed with ～「～が混じった」

□ *l.*15 with（道具や手段を表し）「～を使って，～で」

□ *l.*18 them は the drinks。

□ *l.*18 Some ～, some …, and some ～. とつながっている。ここは単なる並列に近いつながりだ。ついでに some ～ others … の論理的意味を覚えておこう。

POINT! some ～ and others … の論理的意味

some ～ others …「～するものもあれば，…するものもある」の，～と…には共通項があり，原則反対の内容になる。ただ，単なる並列の場合もある。
◇ Some people said yes and others said no.
「賛成した人もいれば反対した人もいた」
㊜ some ～ some …「～するものもあれば，…するものもある」も同意だ。また，sometimes ～ sometimes〔at other times〕…「時には～，時には…」も，～と…は通例反対の内容になる。
㊜ some ～ others … and still others ～「～するものもあれば，…するものもあり，さらに～するものもある」は段階的になるか単なる並列になるのが基本。「成績が悪い人もいれば，普通の人もいて，さらに優秀な人もいる」のような例だ。
㊜ ちなみに，others は「other＋前出の名詞の複数形」で元に戻せるので，上の例では other people となる。

□ *l*.19 colour O C「OをC（特に色）に染める」
□ *l*.20 clear「透明な」
□ *l*.20 no ～ at all「まったく～ない」は not ～ at all と訳は同じ。ただ，no の後ろには名詞がくる。
□ *l*.20 in addition「さらに，加えて」
□ *l*.20 ここも some ～, some … and some ～ とつながっている。
□ *l*.21 label O as C「OにCのラベルを貼る」を受動態にしている。were labelled がV，'orange' がCだ。
□ *l*.21 2つの some の後ろには of the drinks were labelled が省略されている。

第3段落

□ *l*.22 Many は第3文（Some of …）の Some とつながっている。
□ *l*.25 also は主語である Some of … 'grape' にかかっている。
□ *l*.26 This は第2・3文（Many of …）の内容を受けている。
□ *l*.26 not only ～ but also …「～ばかりでなく…も」
□ *l*.27 the way が先行詞，foods taste が関係副詞節で「食べ物が味がする方法」が直訳，「食べ物の味の仕方」くらいの訳でいいだろう。
□ *l*.28 the way they look は「食べ物の見え方」くらいの意味だ。

第4段落

□ *l*.29 it is ～ that … は強調構文。**NOTE**〈It is ～ that …. の識別〉を参考にしてほしい。not just は not only の変形だが，これがあるのもここが強調構文であることのヒントになっている。「私たちにとって味の仕方を変えるのは食べ物それ自体の外見だけではない」とあるので，but also を探す感覚でその後を読み進めることが重要だ。
□ *l*.30 another study は第2段落第2文（In one …）の one experiment に対する another だ。
□ *l*.30 the type of ～ と a type of ～ でなく the になっているのは，後ろで修飾されることを示している。事実，used in a restaurant で修飾されている。
□ *l*.32 presented は present「～を提供する」の過去分詞。

□ *l*.32 Some ～, and some ….となっていて，２つ目の some の後ろには of the cake was served が省略されている。

□ *l*.34 those は the volunteers。

□ *l*.35 matter は「重要だ」の意味のまさに重要な動詞。

□ *l*.36 apparently という語はなかなか難しい。

> **NOTE** apparently について
> ①「一見すると～らしい，～のようだ，どうやら～」
> ◇ Their apparently happy marriage ended after only one year.
> 「彼らの一見すると幸せそうな結婚はほんの１年後に終わった」
> ②「明らかに」
> ☆②の意味で使うことはまれ。また，①の意味では後ろに but などがあって，意味がひっくり返ることがある。

ここも「どうやら～」の訳がよさそうだ。

□ *l*.36 round と square は対比されているので，「丸い」と「四角い」の意味だ。

□ *l*.37 even は比較級を強める副詞だ。

> **NOTE** 比較級を強調する副詞
> ① much，far，by far，a lot，a great deal「はるかに，ずっと」
> ② still，even，yet「さらに，いっそう」
> ③ a little，a bit，a little bit「少し」
> ㊫ ①は程度の差が大きいことを言い，②，③と差が小さくなる。
> ㊫ very で比較級を強調することはできない。

□ *l*.38 it does は cheese tastes salty で元に戻せる。

第５段落

□ *l*.40 ここの a dish は「料理」の意味。dish を単独で使うと「皿」の意味だが，French dishes「フランス料理」のように料理を連想させるもので修飾されていれば「料理」の意味になる。ここも on a menu が手がかりになる。

□ *l*.40 can *do*（理論上の可能性を表し）「～する可能性がある，～することがある」

□ *l*.41 when Italian dishes had Italian names on a menu と when the same dishes had English names が比較対象。

□ *l*.43 第２～５段落第２文が視覚によって食べ物の味が変わるという話なのに対して，第５段落第３文（Even more …）は音によって食べ物の味が変わるという話だ。

□ *l*.43 find food more tasty は find O C「O を C だと思う，O が C だとわかる」で，tasty は「おいしい」の意味。

□ *l*.43 when there is classical music playing in a restaurant と when there is pop music playing が比較対象。classical music で「クラシック音楽」となる。classic music でないことに注意せよ。

第６段落

□ *l*.47 This phenomenon「この現象」は第２～５段落の内容と解するのがいいだろう。

□ *l*.47 ここで言う synaesthesia を When 以下で説明している。

□ *l.* 48　ここのダッシュ（—）は from all our senses を from our eyes … from our mouths で具体的に言い換えている。

□ *l.* 49　these messages は前文の information from all our senses。

□ *l.* 49　This は前文の内容，つまり Our brains confuse these messages. と考えるのがいいだろう。

□ *l.* 50　ここのセミコロン（；）は言い換えに近い意味で使われている。すなわち，our eyes have already told us that it will be salty を we have already tasted it through our eyes で言い換えているということだ。

第7段落

□ *l.* 53　These discoveries「これらの発見」は第2～6段落の内容と解するのがいいだろう。

□ *l.* 53　a number of ～ は面倒な熟語だ。

> **CHECK**　a number of ～ の意味
> ①「たくさんの～」
> ②「いくつかの～」
> 　◇ I've been to Greece a number of times.
> 　「私は何回かギリシャに行ったことがある」
> ☆①の意味では使わないと言うネイティブもいる。意味を特定するためには a large〔great, good〕number of ～「たくさんの～」，a certain number of ～「いくつかの～」，a small number of ～「少しの～」のように形容詞を置くのがいい。

ここも「いくつかの～」の意味だと考えたほうがよさそうだ。と言うのも，第2・3文（Firstly, sugar …）が1つ目の理由，第4文以降（Chefs also …）が2つ目の理由となり，それで問題文が終わってしまっているからだ。「たくさんの～」の意味では取りにくい。

□ *l.* 54　If … a white plate と if … a blue plate を and でつないでいる。

□ *l.* 55　a white plate は第4段落第4・5文（Some of …）で出てきた話だ。

□ *l.* 57　, which means (that) S′ V′「そのことは～であることを意味する」の表現の場合，先行詞は原則前文の内容となる。, which is why S′ V′「そういうわけで～」の場合も先行詞は原則前文の内容だ。

例 I'd been watching that show all night, which is why I overslept.
「例の番組を一晩中見ていたので，私は寝過ごした」

本文では *l.* 56 の you can eat less sugar and salt の内容が先行詞だ。

□ *l.* 58　as ～ as possible「できる限り～」

□ *l.* 58　the colour of plates は第4段落第2～7文（Researchers in …），the music in a restaurant は第5段落第3文（Even more …），the language of the menu は第5段落第1・2文（Even the …）で出てきた話だ。

□ *l.* 60　also は how successful that restaurant is を修飾する。*l.* 58 の If 節と比べてみると，also の前にある they は things like the colour … the menu で共通。affect も *l.* 59 にあるのでこれまた共通。したがって，共通でない how successful that restaurant is を修飾するということになる。also については **POINT!**〈also「～も（ま

た)」の修飾先〉を参照。

□ *l*.60 that restaurant は直前の a restaurant というより第 4 段落第 2 文（Researchers in …）の a restaurant を受けると考えよう。

解説

問 1

(ア)**正解は B**。fascinating は「人を魅了する，魅力的な，すばらしい」の意味だ。下線部の続きを見ると，「『グレープ』のラベルの貼られた紫色のジュースを受け取った人の多くは，実際グレープジュースを飲んでいるのであってオレンジジュースを飲んでいるのではないと思った」とある。オレンジジュースなのに色でだまされるということなので，やはり興味深い研究結果と言えるだろう。interesting が最適だ。

(イ)**正解は C**。affect 自体は基本語なので知っていないといけない単語だが，類推するのも重要だ。下線部を含む第 4 段落は第 1 段落第 6 文（But what …）の問題提起に対する具体的説明の部分だ。第 1 段落第 6 文にある other influences on our experience of taste の influences の具体例の部分ということだ。influences 自体は名詞で，「私たちの味の経験に与える他の影響」の意味だが，affects も正解の influences も動詞で「～に影響を与える」の意味。

(ウ)**正解は C**。次文の This means that S′ V′. はよくある表現で，This と that 以下がイコールであることを表すことがある。**語句・構文**で説明したが，This は Our brains confuse these messages. のこと。これと that 以下の「私たちが青い皿にあるチーズを見ると，私たちの目がすでにチーズは塩辛いと私たちに伝えてしまっているのである」の内容がイコールということになる。味覚は口だけでなく他の感覚でも判断してしまうから，青い皿のチーズに関しては目が先に勝手に味を判断してしまうのだ。confuse は「～を混同する，～の区別ができない」の意味で，mix up ～「～を混同する」がピッタリだ。

(エ)**正解は C**。customer は「商品やサービスを買う人」の意味で，レストランの客や電車に乗る人も customer と言うことができる。ここは Chefs がヒントで，レストランの客なので diners「食事をする人」が正解だ。

問 2

(あ)**正解は A**。「研究者たちによると」がピッタリだ。直後に研究者たちの考えを述べている。

NOTE according to ～

① （原則文頭で）「（情報や人の考えなどを表して）～によると」

◇ According to a government survey, there are about 13 million hay fever sufferers in Japan.

「政府の調査によると，日本にはおよそ1,300万人の花粉症患者がいる」
②（文中，文末で）「（変化することや異なることを表して）～に応じて，従って」
◇ We will be paid according to the amount of work we do.
「私たちはする仕事の量に応じて給料が支払われる」
☆ according to が文頭にあれば①の意味。また，②は「～に一致して，～に比例して」のニュアンスだ。

(い)**正解はB**。空所の位置に文法的に入らない選択肢が3つある。AのBecauseは従位接続詞なので，空所の後ろは従属節と主節がないといけない。Just because I don't complain, people think I'm satisfied.「私が文句を言っていないという理由だけで，人々は私が満足していると思っている」のようにpeople think I'm satisfiedのような主節が必要だ。DのWheneverとEのWhateverも2つの節が必要だ。Whatever you do, don't lend him money.「あなたが何をしようとも，彼に金は貸すな」のような例を考えるといい。BとCはどちらも副詞なので文法的に問題ない。しかも，どちらも逆接を表すので，これは意外と難しい。辞書の『Genius』にはnonethelessと同意のneverthelessの説明として，「前述の内容が事実であることを認めながらそれと矛盾することを導入する」とある。一方howeverに関しては「同一の話題を新たな角度から論じる際の導入語として使われたり…」とある。第2・3段落の色の話と矛盾したことを第4段落で述べているわけではないので，Nonethelessは不適切となる。

(う)**正解はB**。空所の前は「ある料理がメニューで説明される仕方が味に影響を与える可能性がある」となり，後ろは「客は，イタリア料理がメニューにイタリア語の名前で載っていると，同じ料理が英語の名前で載っているより好きになる」とある。まさに前で一般的に述べたことを後ろで具体的に述べていることがわかる。For example「たとえば」がピッタリだ。CのFor onceは覚えておいていい熟語だ。

CHECK (just) this once について
「この場合に限って，普通は起こらないのだが」（＝for (this) once）
◇ I'll grant an exception just this once, but don't do it again.
「この場合に限って例外を認めますが，二度としないでください」
☆一度だけであることを強調する表現。

(え)A.「魅力的な」　B.「苦い」　C.「おいしい」
D.「より新鮮な」　E.「より甘い」

正解はE。第4段落第4・5文（Some of…）から解く手がある。

The volunteers whose cake was served on white plates felt that their food was sweeter….

If you can make your cake seem（ え ）by using a white plate….

白い皿だとケーキもより甘く感じられるということだ。また，空所の後ろとの関係からも解ける。

If you can make your cake seem (え) by using a white plate,
and
if you can make your potato chips seem saltier by using a blue plate,
空所は比較級ではないかということだ。内容としても「甘い」「塩辛い」の関係が見えそうだ。

問3 **正解はC**。our eyes have told us that it is salty が正しい順序。語句を見ただけでも十分並べられそうだが，一つ前の文を参考にするのもいい。
…, our eyes have already told us that it will be salty
食べる前に口ではなく目で判断してしまうという趣旨の部分だ。tell *A* that S′ V′「*A*（人など）に～だと言う」のような語法の意識も当然重要だ。tell は原則直接 that 節をとれないので，tell that S′ V′ は不可という意識だ。

問4
(1)A.「食べ物はおいしい味にするために常により多くの塩や砂糖を必要とする」
B.「良質の材料は食べ物をすばらしい味にさせる」
C.「食べ物にあまりにも多くの砂糖や塩を加えることは悪趣味だ」
D.「食べ物を違った味にする唯一の方法は材料を変えることだ」
E.「食べ物をよりよい味にするためには材料を常に変えるべきだ」
正解はD。まずは depend on ～ をしっかり押さえよう。

NOTE depend on ～
①「～に頼る，～に依存する」
◇ The country depends heavily on tourism.
「その国は観光に大いに依存している」
☆この意味の主語は「人」または「人を含む集団」が原則。また，rely on〔count on, turn to, look to〕～ も同じような意味だ。
☆ depend on *A* for *B*「*A*（人など）に *B* を頼る，*B* について *A*（人など）を当てにする」や depend on O to *do*「O（人など）が～するのを当てにする」も重要なつながりだ。
②「～次第だ，～による」
◇ Your future depends on your efforts.
「あなたの将来はあなたの努力次第です」
☆この意味の主語は「もの」で，未来の文脈で使われることが結構ある。

ここも「もの」が主語なので，②の意味で使われている。「食べ物の味は材料次第だ」となる。BやEを正解としてもよさそうに見えるが，問題作成者が考えた罠かもしれない。下線部の後ろで具体例が3つ出てくる。砂糖やしょう油，レモンを加えると甘くなったり，塩辛くなったり，酸っぱくなったりすると言っている。おいしくなるかどうかの話ではない。また，下線部の前にある疑問文もヒント。What makes different kinds of food taste different?「何が違った種類の食べ物を違った味にするのか？」とある。それに対する一応の答えが下線部だ。the only があるのは多少難があるが，Dを正解としていいだろう。

⑵A.「研究者たちが使った粉末ジュースのそれぞれの味は違った色だった」

B.「研究者たちは志願者たちを笑うことができるよう飲み物に化学物質を加えた」

C.「研究者たちは同じ味の飲み物に様々な色を加えることによってお互いが違って見えるようにした」

D.「研究者たちは飲み物を心地のよい色にしたり，心地のよくない色にしたりした」

E.「研究者たちは人目を引く人工着色料を加えることによって，味の悪い飲み物をよりおいしいように思わせようとした」

正解はC。まずは下線部を分析してみよう。appearance は①「外見，様子，見せかけ」，②「姿を現すこと，出現」の2つの意味があるが，ここは①。コロケーションは重要で，2つ以上の意味がある単語や熟語には何か手がかりがあるはずだ。appearance of ～ は①と②の両方の可能性があるが，change the appearance of ～ となれば「～の外見を変える」の意味となる。何となく意味が分析できることもあるが，これがあるからこっちの意味になると今まで以上に意識すると意味の特定がもっと正確になるはずだ。dyeing the drinks different colours は dye O C「OをC（特に色）に染める」となっている。また，*ll.* 18-20 の内容が具体例なので，そこをヒントにするのもいいだろう。オレンジ味の飲み物をオレンジ色，紫色，透明色にして，見た目が味に与える影響を見たのだ。

⑶A.「人々は味覚がよくないので食べ物のパッケージに書かれていることを信じる」

B.「人々は見栄えのよいパッケージのものは何でも食べたり飲んだりするものだ」

C.「人々はパッケージがおいしいと語っていない限りその食べ物をおいしいとは思わないものだ」

D.「食べ物のパッケージのラベルは常に含まれている食べ物を正確に説明するべきだ」

E.「私たちが食べ物の味を判断する時，パッケージは食べる経験より重要となる」

正解はE。下線部を分析すると，tend to *do* は「～する傾向がある」，have belief in ～ は「～を信じる」の意味で，than の前後にある in はこの in。on は「～についている」くらいの意味。sense of taste は「味覚」の訳となる。「人々は自分たち自身の味覚より食べ物についているラベルを信じる傾向がある」が直訳だ。AやCも方向性は正しいのだが，poor や delicious のような部分的な意味が含まれるのはやや不適切と言えるだろう。Eが最適だ。

⑷A.「もし食べ物をかむ時によい音がするなら，私たちはその食べ物を楽しむだろう」

B.「ある食べ物がおいしいと聞けば，私たちにはそれはよりおいしい味がするだろう」

C.「騒々しいポップミュージックは私たちが食べる食べ物の味を損ねる」

D.「音楽は気を散らせ，音楽が聞こえると私たちは食べ物を適切に味わうことができない」

E.「食べている間に聞こえる音によって私たちは食べ物をより楽しめたりより楽しめなかったりすることがある」

正解はE。not only *A* but also *B*「*A* ばかりでなく *B* も」は *B* がより重要な情報であることを押さえよう。正解のEは *A* については触れていないが，だからといって間違いとは言えないのだ。can は例によって（理論上の可能性を表して）「～する可能性がある，～することがある」の意味。また，affect は「～に影響を与える」の意味。下線部は「私たちが見る物ばかりでなく聞く物も，私たちが食べる物の味に影響を与えることがある」の意味。あくまで可能性を表しているのだ。下線部の直前に「だから」の意味の接続詞の So があるので，So の前をヒントにするのもいいだろう。前文にポップミュージックよりクラシック音楽がかかっているほうがおいしく感じられるとある。Cは一方しか表していないので不適切。Eがいいだろう。

(5) A.「私たちは食べ物を食べる前に，それがどんな味なのかについて目が脳にメッセージを送る」

B.「食べ物のにおいは目を通して口に行く」

C.「私たちは食べ物がどのような味なのかを，以前に見たことがあるのですでにわかっている」

D.「私たちは食べ物を食べるのを楽しむのと同じくらい見るのを楽しむ」

E.「私たちはある食べ物が塩辛く見えると，間違いなく塩辛いだろうと知っている」

正解はA。**語句・構文**で述べたが，下線部は our eyes have already told us that it will be salty を一般化して言い換えている。すなわち，舌で味わう前に目ですでに判断してしまっているということだ。よって，Aが正解。

問5　「レストランのオーナーは自分のレストランをもっと成功させるためには何をするべきか？」

A.「食べ物のどんな色が一番おいしい味がするかを確かめるために客を対象とした実験をする」

B.「より素晴らしい金持ちの客を引きつけるためにクラシック音楽を演奏する」

C.「宣伝に多くのお金を費やし客に自分たちの食べ物がどれほどすばらしいかを伝える」

D.「皿やメニュー，音楽が客にどのように影響を与えるかを一生懸命考える」

E.「砂糖にかかるお金を節約するために白い皿を使う」

正解はD。第7段落最終文（If things …）が該当箇所。最終段落最終文ということで，結論に近いことを言っていると考えられそうだ。

If things like the colour of plates, the music in a restaurant, and the language of the menu affect how much people enjoy their food, they will also affect how successful that restaurant is.

What should restaurant owners do in order to make their restaurants more successful ?

D. Think hard about how their plates, menus and music will affect their customers.

部分的な図解だが，上のような関係になっていると考えるといいだろう。　　は第4・5段落の内容で，レストランは味だけではなく，皿の色や流れる音楽，メニューの言語にも注意を払うと繁盛するようだ。

解答

問1．(ア)―B　(イ)―C　(ウ)―C　(エ)―C

問2．(あ)―A　(い)―B　(う)―B　(え)―E

問3．C

問4．(1)―D　(2)―C　(3)―E　(4)―E　(5)―A

問5．D

15 2016年度 文学部〔Ⅳ〕

目標解答時間 30分

ポイント

標準的な総合読解問題。最近の読解問題のテーマは，明治大学だけではないが，調査や実験などを学者が行い，興味深いデータが見出されたといった内容のものが多い。この問題もそうだ。

次の英文を読んで，以下の設問に答えなさい。

[1] Brain scientists have discovered that expertise is simply the wisdom that emerges from(1) errors made in brain cells. Mistakes aren't things to be discouraged. On the contrary, (ア)they should be cultivated and carefully investigated.

[2] Carol Dweck, a psychologist at Stanford University in California, has spent 5 decades demonstrating that one of the crucial elements(2) of successful education is fostering the ability to learn from mistakes. Teachers should, therefore, encourage their pupils to do their best and learn from the mistakes they make in the process of working hard. But, unfortunately, children are often taught the exact opposite. Instead of praising children for trying hard, teachers typically 10 praise them for their *innate intelligence (being smart). (イ)Dweck has shown that this type of encouragement actually backfires, since it leads students to see mistakes as signs of stupidity and not as the building blocks of knowledge. The regrettable outcome(3) is that children never learn how to learn.

[3] Dweck's study involved more than four hundred fifth graders who are ten to 15 eleven years old. One at a time, the children were removed from class and given a relatively easy test consisting of nonverbal(4) puzzles. After the child finished the test, the researchers told the student his or her score and provided a single sentence of praise. Half of the children were praised for their intelligence: 'You must be smart at this,' the researcher said. The other students were 20 praised for their effort: 'You must have worked really hard.'

4 The students were then allowed to choose between two different subsequent tests. The first choice was described as a more difficult set of puzzles, but the children were told that they would learn a lot from attempting it. The other
25 option was an easy test, similar to the test they had just taken.

5 When Dweck was designing the experiment, she'd expected the different forms of praise to have a rather modest effect.(ウ) After all, it was just one sentence. But it soon became clear that the type of compliment given to the fifth graders dramatically influenced their choice of tests. Of the group of children
30 that had been praised for their efforts, 90 per cent chose the harder set of puzzles. However, of the children that were praised for their intelligence, most went for the easier test. 'When we praise children for their intelligence,' Dweck wrote, 'we tell them that this is the name of the game: look smart, don't risk making mistakes.'

35 6 Dweck's next set of experiments showed how this fear of failure actually inhibited(5) learning. She gave the same fifth graders yet another test. This test was designed to be extremely difficult, but Dweck wanted to see how the children would respond to the challenge. The students who had been praised for their efforts in the initial test worked hard at figuring out the puzzles. 'They
40 got very involved,(6)' Dweck says. 'Many of them remarked without being asked, "This is my favorite test."' Children that had initially been praised for being smart, on the other hand, were easily discouraged. Their inevitable mistakes were seen as signs of failure.

7 The final round of tests was the same difficulty level as the initial test.
45 Nevertheless, students who had been praised for their efforts exhibited significant improvement, raising their average score by 30 per cent. This result was even more impressive when compared with students who had been randomly assigned to the 'smart' group; they saw their scores drop by an average of nearly 20 per cent. For the 'smart' children, the experience of failure (A).

50 8 The problem with praising children for 'being smart' is that it misrepresents the reality in the brain cells. The 'smart compliment' encourages children to

avoid the most useful kind of learning activities, which is learning from mistakes. (エ)Unless you experience the unpleasant symptoms of being wrong, your brain will never revise its models. Before your brain cells can succeed, they must repeatedly fail. 55

9 This (7)insight does not apply only to fifth graders solving puzzles; it applies to everyone. Over time, the brain's flexible cells become the source of expertise. We tend to think of experts as being weighed down by information, their intelligence dependent on a vast amount of knowledge. In fact, experts actually rely on their emotions. When they evaluate a situation, they do not 60 systematically compare all the available options or consciously analyze the relevant information. Instead, they naturally depend on the emotions generated by their brain cells. Their errors have been translated into useful knowledge, which allows them to benefit from a set of accurate feelings they cannot even begin to explain. 65

From *The Decisive Moment : How The Brain Makes Up Its Mind* by Jonah Lehrer, Canongate Books

*innate 生まれつきの，先天的な

問 1 下線部(1)〜(7)の文中における意味に最も近いものをそれぞれA〜Eから一つ選び，解答欄の記号をマークしなさい。

(1) emerges from

A. comes out of

B. gets lessened by

C. is contrasted to

D. stays away from

E. tries to imitate

(2) elements

A. components

B. discussions

C. surprises

D. talents

E. textbooks

(3) outcome

A. cause

B. departure

C. exit

D. guess

E. result

(4) nonverbal

A. expressed through music rather than words

B. not using any words

C. using a lot of words

D. using baby language

E. using more words than necessary

(5) inhibited

A. developed into

B. held back

C. led to

D. lived in

E. resulted in

(6) involved

A. angry

B. confused

C. disappointed

D. excited

E. nervous

(7) insight

A. experiment

B. damage

C. discovery

D. mistake

E. regulation

問 2 下線部(ア)〜(エ)の文中における意味に最も近いものをそれぞれA〜Eから一つ選び，解答欄の記号をマークしなさい。

(ア) they should be cultivated and carefully investigated

A. More experts in brain science are needed in today's world.

B. Students should develop an interest in how the brain works.

C. Teachers must correct their students' mistakes.

D. The more mistakes scientists make, the wiser they become.

E. The positive effect of making mistakes should be studied more closely.

(イ) Dweck has shown that this type of encouragement actually backfires

A. Dweck actually could not find any difference between praising children for being smart or praising them for working hard.

B. Dweck discovered that children had to be born smart in the first place in order to learn a lot.

C. Dweck found that praising children for being smart had a negative effect on their ability to learn.

D. Dweck observed that if children were praised for being smart, they could learn a lot more.

E. Dweck's study had a negative effect on her career because no one understood the value of her research.

(ウ) she'd expected the different forms of praise to have a rather modest effect

A. Dweck believed that modest children and bold children respond differently to praise.

B. Dweck expected to get more criticism than praise for her research results.

C. Dweck felt that different forms of praise would have a big effect on how children learn.

D. Dweck thought that children's learning would not be affected very much by different forms of praise.

E. Dweck was interested in how different forms of praise affect modesty in children.

(エ) Unless you experience the unpleasant symptoms of being wrong, your brain will never revise its models

A. By constantly changing your ways of thinking, making mistakes will seem less and less important.

B. Even if you feel unpleasant after making a mistake, your thinking cannot change instantly.

C. Feeling unpleasant is less important than changing how you think.

D. If you are ready to change your ways of thinking, your sense of unpleasantness will disappear very soon.

E. Your brain will learn how to think differently only after you feel the unpleasantness of making mistakes.

問3 第7段落の空所(A)に，以下の(イ)～(ヘ)の語句を文脈に照らし合わせて最もふさわしくなるように並び替えて入れるとすれば，2番目と4番目に来る語句は何になりますか。正しい組みあわせをA～Eから一つ選び，解答欄の記号をマークしなさい。

(イ) actually got worse	(ロ) discouraging	(ハ) had been
(ニ) so	(ホ) that	(ヘ) their scores

A．(イ), (ロ)

B．(ロ), (ハ)

C．(ニ), (ホ)

D．(ホ), (ヘ)

E．(ヘ), (イ)

問 4　第3段落の内容に合致しないものをA～Eから一つ選び，解答欄の記号をマークしなさい。

A．All the fifth graders took the test singly.

B．All the subjects were praised after taking the test.

C．Half of the children were praised for their smartness, the rest for their effort.

D．The children who could not solve the puzzles were taken out of the class one by one.

E．There were only two types of praise, each made of a single sentence.

問 5　第9段落の内容に合致しないものをA～Eから一つ選び，解答欄の記号をマークしなさい。

A．Dweck's findings can be extended beyond fifth graders.

B．Even experts have developed their intuition through making errors.

C．Experts are people who have always reached the right answer through examining all the data.

D．People with deep knowledge and good skills rely on their emotions.

E．Trial and error creates a certain set of feelings that allow you to make a correct decision.

問 6　この英文のタイトルとして最もふさわしいものをA～Eから一つ選び，解答欄の記号をマークしなさい。

A．Hard Work Pays

B．How to Teach Fifth Graders

C．Learning through Mistakes

D．The Fear of Failure

E．The Secret of Smartness

全訳

≪間違いから学ぶこと≫

専門的知識は，脳細胞の中でなされたミスから出てくる知恵にすぎない，ということを脳科学者たちが発見した。間違いは阻止されるべきものではない。それどころか奨励され注意深く調査されるべきなのである。

カリフォルニア州スタンフォード大学の心理学者キャロル=ドウェックは，数十年を費やして間違いから学ぶ能力を育成することが，うまくいく教育の必要不可欠な要素の1つであると証明した。したがって，教師は生徒を励まして最善を尽くさせ，がんばりの過程で犯したミスから学ばせるべきなのである。しかし，不幸なことに，子どもたちはしばしば正反対のことを教えられる。教師たちは概して，がんばったことで子どもたちをほめるのではなく，生まれつきの知能（頭が切れること）をほめるのである。ドウェックは，生徒たちが間違いを知識の積み木としてではなく愚かさの印として考えてしまうから，この種の励ましが実は逆効果になることを示している。残念な結果なのは，子どもたちが学び方を学ばないということである。

ドウェックの研究は，10歳から11歳の5年生400人以上を被験者とした。子どもたちは一度に1人ずつ授業からはずされ，言葉を使わないパズルから成る比較的簡単なテストを与えられた。子どもがそのテストを終えると，研究者たちは生徒に自分の点数を教え，1文で賞賛の言葉を与えた。子どもたちの半数は知能をほめられた。「あなたはきっとこれに関しては頭がいいんだね」と研究者は言ったのである。残りの生徒たちは努力をほめられた。「きっと本当にがんばったんだね」と。

生徒たちはそれから2つの異なる二次試験を選択することが許された。最初の選択肢はより難しいパズルだと説明されたが，それをやってみれば学ぶことが多いだろうと子どもたちは言われた。もう一方の選択肢は易しいテストで，受けたばかりのテストに似たものであった。

ドウェックがこの実験を計画しているとき，彼女はほめ方の違いがもたらす影響はどちらかと言えば，ささやかなものだろうと予想していた。なにしろ，たったの1文ではないか。しかしまもなく，5年生に与えるほめ言葉の種類が，彼らのテスト選択に劇的な影響を及ぼすことが明らかになった。努力をほめられた子どもたちのグループのうち90パーセントが難しい方のパズルを選んだ。しかし，頭の良さをほめられた子どもたちのグループでは，ほとんどが易しい方を選んだのである。「子どもたちを頭の良さでほめるときには，私たちは彼らに，これは『急げ，間違いをする危険を冒すな』という名前のゲームだと告げているのです」とドウェックは記した。

ドウェックの次の実験では，この間違いへの恐れが実際にいかに学習を阻害するかが示された。彼女は同じ5年生たちにさらに別のテストを与えた。このテストは極端に難しく作られていたが，ドウェックは子どもたちがこの難題にどう反応するか知りたかったのである。最初のテストで努力をほめてもらった生徒たちは，そのパズルを解こうとがんばった。「彼らはとても熱中していました」とドウェックは語る。「生徒たちの多くが，聞かれてもいないのにこう述べたのです。『これが一番好きなテストです』」 それに対して，最初に頭の良さをほめられた子どもたちは簡単にくじけてしまった。避けられないミスが失敗の印だと思われたのである。

最後のテストは最初のテストと同程度の難度であった。それにもかかわらず努力をほめられた生徒たちはかなりの進歩を示し，平均点が30パーセントアップした。この結果は，無作為に「頭の良い」グループに入れられた生徒たちと比較すると，さらに一層印象的であった。彼らは得点が平均で20パーセント近く下がったのだ。「頭の良い」子どもたちにとって失敗体験は非常にやる気をなくさせるものだったので，彼らの得点が実際に低下したのだった。

子どもたちを「頭が良い」とほめることの問題点は，脳細胞の中でそれが現実を誤って伝える点である。「頭の良さをたたえる言葉」は，最も有用な学習活動，つまり間違いから学ぶということを避けるよう子どもたちを促すのである。間違っているという不快な症状を経験しなければ，あなたの脳はその基本設計を改善することはないのだ。あなたの脳細胞がうまく働くには，その前に繰り返し失敗しなければならないのである。

この洞察は，パズルを解いている5年生だけに当てはまるものではない。誰にでも当てはまることなのだ。時を経れば，脳の柔軟性のある細胞は，専門的知識の源となる。私たちは専門家が情報に満ち満ちた存在であり，その知能は膨大な知識に依存していると考えがちだ。実は専門家たちが実際に頼りにしているのは感情なのである。彼らがある状況を評価するとき，彼らは利用可能な選択肢をすべて系統的に比較しているのでもなく，関連のある情報を意識的に分析しているのでもない。そうではなく，脳細胞によって生じた感情に自然に依存しているのである。彼らのミスは役に立つ知識へと変換されて，それによって彼らは，自分ではとても説明を始めることすらできないような一連の精密な感情から恩恵を得ることができるのだ。

●語句・構文

第1段落

- □ *l.* 1　expertise「専門的知識」
- □ *l.* 1　最初の that は名詞節を導く接続詞「～ということ」，2つ目の that は関係代名詞。
- □ *l.* 2　to be discouraged は不定詞の形容詞的用法で things を修飾している。
- □ *l.* 3　on the contrary は重要熟語だが，なかなか難しい熟語だ。

POINT! on the contrary の2つの意味

①（前言，または相手の言葉などを否定して）「それとは逆に」 ㊫ 反対の内容を表す。

◇ I think she was pleased. — On the contrary she got angry.
「彼女は喜んだと思うよ — それとは逆に彼女は怒ったよ」

②（通例文頭で使われ，前言の否定的内容に対し強調して）「それどころか」
㊫ ほぼイコールの関係を表す。

◇ He's not stingy ; on the contrary, he's very generous to the needy.
「彼はけちではない，それどころか貧しい人たちにとても気前がいい」

ここは②の意味で，「間違いは阻止されるべきものではない」を強調したものが下線部ということになる。下線部の分析は**解説**で行う。

第2段落

- □ *l.* 5　spend *A* (in) *doing*「*A* を～して過ごす」
- □ *l.* 7　fostering は動名詞。be 動詞の後ろに *doing* がある場合，主語が「もの」，特に抽象的な名詞なら動名詞，主語が「人」なら現在分詞の可能性が高い。
- □ *l.* 8　encourage *A* to *do*「*A* に～するよう励ます，奨励する，促す」
- □ *l.* 8　to の後ろの原形は do ～ と learn ～。

□ *l.* 8 in the process of *doing*「～する最中に」
□ *l.* 9 the exact opposite は第2段落第2文（Teachers should …）の反対の内容ということ。また，第4文（Instead of …）で具体的に説明している。
□ *l.*10 instead of *doing* の真の意味を押さえよう。

> **POINT!** instead of *doing* の前後関係
> instead of *doing*「～する代わりに，～せずに」は対照を示す表現なので，前後は反対の内容になるのが原則だ。without *doing*「～することなしに」とは違うことに注意せよ。
> ◇ Instead of coming home after dinner, let's go see a movie.
> 「夕食後に家に帰らずに映画を観に行こう」
> ◇ He went out without saying goodbye.
> 「彼はさよならを言わずに出て行った」
> ㊟ instead of *doing* のほうは come home と go see a movie がちょうど反対となっているが，without *doing* のほうは went out と say goodbye は反対ではない。

ここも努力をほめるのか先天的知能をほめるのかという点で反対の内容となっている。
□ *l.*10 praise *A* for *B*「*B* の理由で *A* をほめる」
□ *l.*10 typically「典型的に，例によって」
□ *l.*12 接続詞の since は①「～なので」，②「～して以来」の2つの意味があるが，since の節が過去形，主節が現在完了形の場合は②，それ以外は①と考えていい。ここも前後が現在形なので①の意味。
□ *l.*12 it は単語を受けやすい。ここも this type of encouragement を受けている。
□ *l.*12 lead *A* to *do* には以下のようなニュアンスがある。

> **CHECK** lead *A* to *do* の意外なニュアンス
> lead *A* to *do*「*A* に～する気にさせる」の *do* に believe，expect などの思考動詞などがくると「信じる気にさせるが実際は事実ではない」の意味になる。
> ◇ He had led everyone to believe that his family was very wealthy.
> 「彼は自分の家族がとても裕福であるとみんなに信じ込ませていた」

ここもそう見なすのは間違いだと言っている。
□ *l.*12 see O as C「OをCと見なす」
□ *l.*13 building block「建築用ブロック，積み木」

第3段落

□ *l.*15 involve の「～を被験者とする」はあまり見かけない意味。
□ *l.*15 ten to eleven は from ten to eleven の from が省略された形。「10歳から11歳まで」の意味。
□ *l.*16 one at a time「1人ずつ，1つずつ」
□ *l.*17 consisting of ～ は consist of ～「～から成る」の現在分詞で，a relatively easy test を修飾している。
□ *l.*18 the student は *l.*17 の the child のこと。
□ *l.*18 a single sentence of praise は後に出てくる You must be smart at this か You

must have worked really hard のどちらかの文のこと。

□ *l*.20 must *do* は *do* が be 動詞などの状態動詞なら「～にちがいない」の意味の可能性が高い。

□ *l*.20 be smart at ～ は be good at ～「～が得意だ，～の点で上手だ」と同じで，「～の点で賢い」くらいの意味。

□ *l*.21 must have *done* は「～したにちがいない」の意味にしかならない。「～しなければならない」の意味は過去を表すことができないからである。

第4段落

□ *l*.22 The students は第3段落の Half of the children と The other students の両方を指す。

□ *l*.22 two different subsequent tests はその次の The first choice …. と The other option …. で具体的に述べられている。

□ *l*.23 describe O as C「OをCだと言う」

□ *l*.23 a set of ～「一組の～，一連の～」

□ *l*.24 attempting it「それを試みること」とは，a more difficult set of puzzles を解こうとすること。

□ *l*.25 similar to ～「～に似た」

□ *l*.25 take a test「試験を受ける」のコロケーションは結構重要だ。

第5段落

□ *l*.26 design は「～を計画する」の意味がある。

□ *l*.27 after all は意外と難しい熟語だ。**CHECK**〈after all の真の意味〉を参照。「結局」とのみ覚えている受験生も多いだろうが，「結局」の真の意味は意外と難しい。また，「なにしろ」の意味があることを知らない受験生も多い。ここは文頭で使われているので「なにしろ」の意味だ。ちょうど下線部の理由を後ろで説明している。

□ *l*.27 it は the experiment を受けると考えるといいだろう。

□ *l*.27 just の後ろが a や one ならこの just は only の意味だと考えよう。「なにしろ，それはたった一つの文にすぎなかったのだから」という感じの内容だ。

□ *l*.28 the type of compliment given to the fifth graders「5年生に与えられたほめ言葉の種類」とは，第3段落の You must be smart at this か You must have worked really hard のどちらかのこと。

□ *l*.29 of が文頭にあれば「～の中で」の意味である可能性が高い。後ろに数字があるはずだ。ここも 90 per cent という表現がある。

□ *l*.31 However の前後がきれいな関係になっている。図解してみよう。

Of the group of children that had been praised for their efforts, 90 per cent chose the harder set of puzzles.

However,

of the children that were praised for their intelligence, most went for the easier test.

努力でほめられた子どもと頭のよさでほめられた子どもが対比されているのだ。

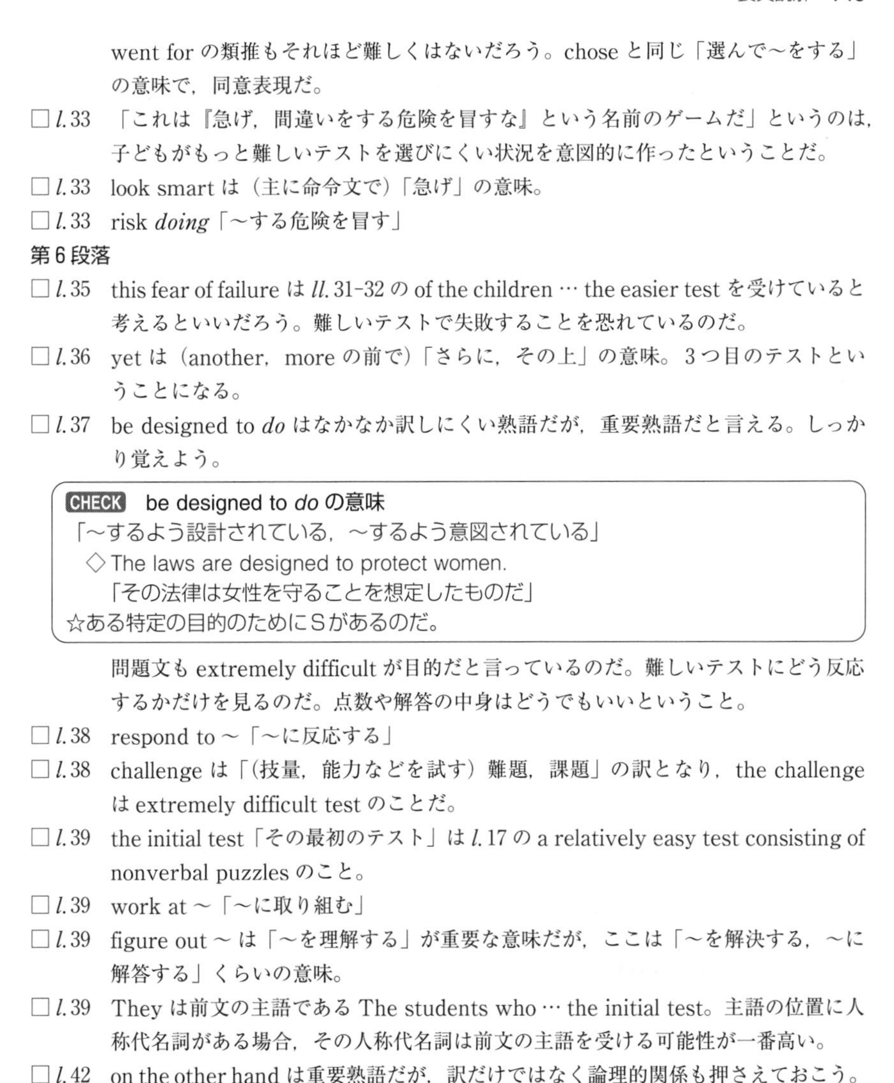

went for の類推もそれほど難しくはないだろう。chose と同じ「選んで～をする」の意味で，同意表現だ。

□ *l*. 33　「これは『急げ，間違いをする危険を冒すな』という名前のゲームだ」というのは，子どもがもっと難しいテストを選びにくい状況を意図的に作ったということだ。

□ *l*. 33　look smart は（主に命令文で）「急げ」の意味。

□ *l*. 33　risk *doing*「～する危険を冒す」

第6段落

□ *l*. 35　this fear of failure は *ll*. 31-32 の of the children … the easier test を受けていると考えるといいだろう。難しいテストで失敗することを恐れているのだ。

□ *l*. 36　yet は（another，more の前で）「さらに，その上」の意味。3つ目のテストということになる。

□ *l*. 37　be designed to *do* はなかなか訳しにくい熟語だが，重要熟語だと言える。しっかり覚えよう。

> **CHECK**　be designed to *do* の意味
> 「～するよう設計されている，～するよう意図されている」
> ◇ The laws are designed to protect women.
> 「その法律は女性を守ることを想定したものだ」
> ☆ある特定の目的のためにSがあるのだ。

問題文も extremely difficult が目的だと言っているのだ。難しいテストにどう反応するかだけを見るのだ。点数や解答の中身はどうでもいいということ。

□ *l*. 38　respond to ～「～に反応する」

□ *l*. 38　challenge は「（技量，能力などを試す）難題，課題」の訳となり，the challenge は extremely difficult test のことだ。

□ *l*. 39　the initial test「その最初のテスト」は *l*. 17 の a relatively easy test consisting of nonverbal puzzles のこと。

□ *l*. 39　work at ～「～に取り組む」

□ *l*. 39　figure out ～ は「～を理解する」が重要な意味だが，ここは「～を解決する，～に解答する」くらいの意味。

□ *l*. 39　They は前文の主語である The students who … the initial test。主語の位置に人称代名詞がある場合，その人称代名詞は前文の主語を受ける可能性が一番高い。

□ *l*. 42　on the other hand は重要熟語だが，訳だけではなく論理的関係も押さえておこう。

> **POINT!**　対比を示す表現
> ① while，whereas「～するその一方で」
> ② on the other hand「他方では，その一方で」
> ③ in〔by〕contrast「対照的に」
> 参 前後が反対の内容になることが基本だが，「逆接を示す表現」と違い，比較・対照が主眼なのでどちらが重要とは言えない。また，「逆接を示す表現」と違い，「対比を示す表現」の前後は同じような表現を使って，きれいな対応関係になっているのが基本だ。また，some ～, and others …「～するものもあれば，…するものもある」やセミコロン(;)でも対比を表すことができる。

④ different「違った」, new「新しい」, change「変わる」
㊎ ④のような語も対比の一種だと考えるといいだろう。たとえば,「変わった」となれば,変わった前と後が対比となる。

ここは以下のようになる。

'They (=The students who had been praised for their efforts in the initial test) got very involved,' …
Children that had initially been praised for being smart,
on the other hand,
were easily discouraged.

問1の(6)は上のような対応関係から正解を導くといいだろう。下線部と ▒ はそれぞれ反対の内容となっているのだ。

□ *l.* 42 inevitable「避けられない,不可避な」はマイナスの意味で使われることが多い。ここも mistakes を修飾している。

第7段落

□ *l.* 44 the same ～ as …「…と同じ～」
□ *l.* 45 significant「(目立つほど) 著しい,かなりの」
□ *l.* 46 raising ～ は分詞構文・連続動作「そして～」となる。
□ *l.* 46 この by は重要な前置詞だ。NOTE〈差を表す by「～の差で,～の分」〉を参照しよう。ここも「平均点を 30 パーセント上げた」と訳すのが自然なので,この by は訳には出ない。
□ *l.* 46 even (比較級を強調して)「さらに,いっそう」
□ *l.* 47 compared with ～ で「～と比べると」という意味の重要熟語がある。ここは前に when があるが,なくても同じような意味になる。
□ *l.* 47 assign *A* to *B*「*A* (人) を *B* (地位,部署など) に任命する」は本当に任命されたのではなく,あくまでランダムに smart だとほめられた生徒のことを言っている。
□ *l.* 48 ここと *l.* 49 の 'smart' はある意味無作為に smart だと言われただけなので,シングルクォーテーションマークがついている。
□ *l.* 48 この by も差を表す。
□ *l.* 48 an average of ～「平均～」
□ *l.* 49 For「～にとって,～に関して」

第8段落

□ *l.* 50 problem with ～「～に関する問題」
□ *l.* 50 it は praising children for 'being smart' を受けている。
□ *l.* 50 misrepresent「～を誤って伝える」
□ *l.* 51 'smart compliment' は前文の praising children for 'being smart' を言い換えた表現。
□ *l.* 52 the most useful kind of learning activities が先行詞,which … mistakes が関係代名詞節。is learning は現在進行形ではなく learning は動名詞。the most useful kind of learning activities = learning from mistakes ということ。

第9段落

□ *l.* 56 not apply only は not only ～ but also … の変形バージョン。but also がなくても成り立つ表現だ。

□ *l.* 56 apply to ～ をしっかり覚えよう。

> **CHECK** apply to ～, apply for ～, apply *A* to *B*
>
> apply to ～
> ①「～（機関など）に申し込む」
> ②「～に当てはまる」
> ◇ These rules apply to every student in the school.
> 「これらの規則は学校のすべての生徒に当てはまる」
> ㊜「人」が主語なら①,「もの」が主語なら②だと考えるといい。また, ②の主語は the same や this, that などで, 前に述べたことが主語となるのが基本。
>
> apply for ～（用紙に書いたりして）「～（仕事や許可など）を申し込む」
> ◇ You have to apply to the passport office for a visa.
> 「あなたは旅券局にビザを申請しなければならない」
> ㊜ apply to *A* for *B*「*A* に *B* を申し込む」の形になっている。
>
> apply *A* to *B*「*A* を *B* に適用する, 当てはめる」
> ◇ A similar technique can be applied to the treatment of diabetes.
> 「同じような技術が糖尿病の治療に適用されうる」

ここは主語が「もの」でしかも This insight と前で述べられたことなので,「～に当てはまる」の意味。

□ *l.* 56 it applies to ～ の部分は but also があってもいい部分だ。ちなみに it は This insight。

□ *l.* 57 over time は意外と重要な熟語だ。

> **CHECK** 意外と読解問題で出てくる over time
>
> 「時が経つにつれ, そのうち, 次第に」
> ◇ The exact origin of the festival has been lost over time.
> 「その祭りの正確な起源は時が経つにつれ失われてしまった」
> ☆ gradually during a long period「長い期間の間に次第に」と定義している辞書もある。

□ *l.* 57 the brain's flexible cells は *ll.* 53–54 の your brain will never revise its models の内容の逆だと考えるといい。

□ *l.* 58 tend to *do*「～する傾向がある」

□ *l.* 58 think of O as C「O を C と考える」

□ *l.* 58 be weighed down by ～ は「～にさらされる」くらいの意味。

□ *l.* 58 their 以下の構造を図解しよう。

～, <u>their intelligence</u> (<u>being</u>) <u>dependent on a vast amount of knowledge</u>.
(S′ = their intelligence, V′ = being, C′ = dependent on a vast amount of knowledge)

前の部分で文は完結しているので, ここは分詞構文と解するのがいい。being は省略されており, dependent の前に being を補う。理由「～なので」の意味だと判断できるだろう。be dependent on ～「～に頼っている，依存している」は基本表現。a vast amount of ～ は「たくさんの～」の意味で，原則～には不可算名詞がくる。「彼らの知能は多くの知識に依存しているので」のような訳となる。

□ *l.* 59 in fact はなかなか真の意味を理解しにくい熟語だ。ここは tend to *do* がヒントで，「一般論, but …」に近い相関関係になっている。つまり，tend to *do* が一般論で，in fact が逆接に近い意味で but の代わりをしているのだ。

□ *l.* 59 actually も真の意味をとらえるのは難しい。

CHECK actually の意味

①（意見を述べたり，新情報を加えたりして）「実際に，実は」

◇ He actually got full marks on English.
「彼は実際に英語で満点を取ったのです」

②（予想に反して意外にも）「実は，実際は」

◇ She may look 30, but she's actually 40.
「彼女は 30 歳に見えるが，実は 40 歳なのです」

㊜ ②は but actually「しかし実際は」の形で使うことも多い。

ここは In fact が but に近い意味なので，②の用法となっている。少し難しい知識だが，このような深い正確な知識は MARCH レベルの難しい問題を解くのに役に立つと考えるといいだろう。

□ *l.* 60 rely on ～「～に頼る」

□ *l.* 60 not ～ all …「すべての…を～するわけではない」は部分否定。さらに not *A* or *B*「*A* も *B* も～ない」は両方を否定する表現だ。

□ *l.* 62 relevant「関連した」

□ *l.* 62 instead も面倒な単語だ。

CHECK instead の意味

①「その代わりに」

◇ The manager was sick, so the assistant manager chaired the meeting instead.
「支配人が病気のため，副支配人が代わりに会議の議長を務めた」

②（通例文頭で使われ，前言の否定的内容に対し実際にされたことを表して）「それどころか，そうではなくて」

◇ She was not annoyed. Instead, she seemed quite pleased.
「彼女は腹を立てていなかった。それどころかかなり喜んでいるようだった」

☆ annoyed と quite pleased は反意表現だが，not annoyed≒quite pleased と考えることもできる。

「彼らはすべての利用可能な選択肢を体系的に比較することも，関連した情報を意識的に分析することもしない」に対して，では実際何をするのかを示すのが instead という副詞ということになる。実際は「脳細胞によって生み出された感情に頼る」のである。

□ *l.* 62 depend on ～ は *l.* 60 の rely on ～ と同意表現だ。

□ *l.* 63 translate *A* into *B* は「*A* を *B* に翻訳する」の訳が基本だが，「*A* を *B* に変える」の意味もある。ただ，どちらも変化を表している。

□ *l.*63 useful knowledge が先行詞，which … explain が関係代名詞節。
□ *l.*64 allow *A* to *do* は「*A* が～するのを許可する」以外に「*A* が～するのを可能にする」の意味もある。ここは後者の意味だ。
□ *l.*64 them は experts。
□ *l.*64 benefit from ～ はしっかり押さえよう。

CHECK **benefit の自動詞・他動詞**
動 自 benefit from〔by〕～「～から利益を得る」
◇ Japan will benefit from the new industry.
「日本は新しい産業の恩恵を受けるだろう」
動 他 benefit ～「～（人など）に利益を与える，～のためになる」
◇ Moderate exercise will benefit you.
「適度に運動すればあなたのためになるでしょう」
参 自 は～から主語へ，他 は主語から～へ利益が移動することを押さえよう。

ここは benefit from ～ となっている。

解 説

問 1

(1) A.「～から生まれる」 B.「～によって縮小される」
C.「～と対照される」 D.「～から離れている」
E.「～をまねようとする」

正解は A。emerge from ～ は「～から生じる」の意味がある。comes out of ～ が一番近い意味だ。the wisdom that emerges from errors が *l.*7 の learn from mistakes や *l.*8 の learn from the mistakes に近い意味ではないかと類推することも正解を導く重要なプロセスだ。

(2) A.「構成要素」 B.「議論」 C.「驚き」
D.「才能」 E.「教科書」

正解は A。elements は「要素」の意味。components が最適だ。

(3) A.「原因」 B.「出発」 C.「出口」
D.「推測」 E.「結果」

正解は E。outcome は「結果」の意味。outcome をひっくり返した come out「出てくる」という熟語をヒントにするといい。ただ，この類推からだと「出口」が正解だと判断したくなるかもしれないが…。break out「(戦争などが) 勃発する」が outbreak「勃発」になるのも同じ考えだ。

(4) A.「言葉というよりむしろ音楽を通して表現された」
B.「一つの言葉も使わない」
C.「多くの言葉を使った」
D.「赤ちゃん言葉を使った」

E.「必要以上の言葉を使った」

正解はB。verbal「言葉による，言葉を使った」に否定の接頭辞の non がついているので，「言葉によらない，言葉を使わない」の意味。nonverbal がかかっている puzzles を手がかりにしようとしても，*l.* 23 の a more difficult set of puzzles, *l.* 25 の an easy test, *l.* 30 の the harder set of puzzles, *l.* 32 の the easier test, *l.* 36 の yet another test, *l.* 39 の the puzzles, *l.* 44 の The final round of tests のどれもヒントにはならないので，ここは純粋に知識問題と言えるだろう。

(5)A.「〜に発展した」　B.「〜を抑えた」

C.「〜を引き起こした」　D.「〜に住んでいた」

E.「(結果として) 〜となった」

正解はB。inhibit は「〜を抑制する」の意味。how this fear of failure actually inhibited learning の実験結果が *l.* 42 の were easily discouraged だとわかればここをヒントにするといい。また，主語が似ているという意味では，*l.* 49 を手がかりにする手もある。ただ，空所の（　A　）の正解が出ていないといけないが…。

〜 how this fear of failure actually inhibited learning.

〜 the experience of failure had been so discouraging that their scores actually got worse.

下線部の単語などを知らなければ，同じことを言っているところはないかと常にアンテナを張ることが重要だ。

(6)A.「怒った」　B.「混乱した」　C.「失望した」

D.「興奮した」　E.「神経質な」

正解はD。**語句・構文**で説明したように got very involved と were easily discouraged が反対の内容だ。involved は be involved in 〜 で「〜に熱中している」のような意味がある。努力するという理由でほめられた生徒はもっと難しいテストも熱心に取り組むと言っているのだ。

(7)A.「実験」　B.「損害」　C.「発見」　D.「間違い」　E.「規制」

正解はC。insight は「洞察，先見の明」の意味。*ll.* 53-55 の内容を受けていると考えるといいだろう。他の選択肢が的外れなので正解は discovery しかないが，いまいち同意語としては違和感があるだろう。ある辞書には，insight は an accurate and deep understanding「正確で深い理解」とある。一方 discovery は the act of learning about something that was not known about before「以前は知られていなかったことについて学ぶ行為」とある。ピッタリの合致とは言えないが，外れているとも言えないだろう。

問 2

(ア)A.「今日の世界では脳科学のより多くの専門家が必要とされる」

B.「学生は脳がどのように機能するかに興味を持つようになるべきだ」

C.「教師は学生の間違いを正さなければならない」

D.「科学者は間違いをすればするほど，より賢くなる」

E.「間違いをすることのプラスの効果はもっと綿密に研究されるべきだ」

正解はE。語句・構文で説明したOn the contraryをヒントにするのもいい。

Mistakes aren't things to be discouraged.

On the contrary,

they should be cultivated and carefully investigated.

「間違いは阻止されるべきものではない。それどころか，奨励され注意深く調べられるべきだ」となる。on the contraryは前が否定文で，それを肯定的に強調することを導入している表現だ。on the contraryの前後は主語が原則同じであることも特徴だ。Eが正解なのもわかるであろう。

(イ)A.「ドウェックは，子どもを頭がいいとほめることと，がんばって勉強するとほめることとの違いを実際一切見出すことができなかった」

B.「ドウェックは，多くのことを学ぶために子どもはまず頭がよく生まれなければならないことを発見した」

C.「ドウェックは，頭がいいと子どもをほめるのは彼らの学ぶ能力にマイナスの影響をもたらすとわかった」

D.「ドウェックは，子どもは頭がいいとほめられれば，ずっと多くのことを学ぶことができるだろうと述べた」

E.「ドウェックの研究は，誰も彼女の研究の価値を理解していなかったので，彼女の経歴にマイナスの影響をもたらした」

正解はC。まずは下線部を含む文全体の構造を理解しよう。

Dweck (S) has shown (V) 〈that (O) this type of encouragement (S′) actually backfires (V′), (since it (S″) leads (V″) students to see mistakes as signs of stupidity and not as the building blocks of knowledge)〉.

this type of encouragementを特定するのはthisがヒント。thisは前の比較的近場を受けやすい。ここはpraising children for trying hardではなくて，praise them for their innate intelligence (being smart) のほうだ。こちらのほうが近場ということになる。**語句・構文**でactuallyは意外性を表すことが可能と指摘したが，この知識がbackfiresの意味を類推する手がかりになる。少なくとも人を励ませば効果があるはずなのに実際はないと言っているのだ。この推論がactuallyの深い理解となる。backfiresを類推する手がかりは他にもある。since以下の内容をしっかり押さえることだ。一つ一つは**語句・構文**で説明した。訳は「この種の励ましは生徒たちに，間違いを知識の積み重ねではなく愚かさの印だと見なす気にさせるので」となる。この種の励ましをすると，間違ってはいけないと生徒を萎縮させてしまうと言っている。backfires は「逆効果となる」の意味で，まさに actually は意外性を表す副詞なのだ。Cが最適だ。

(ウ) A.「ドウェックは，控えめな子どもと大胆な子どもはほめ言葉に対して違った反応を示すと信じた」

B.「ドウェックは，自分の研究結果に対してほめ言葉以上に批判を受けると思った」

C.「ドウェックは，ほめ方の違いは子どもがどう学ぶかに大きな影響を及ぼすだろうと感じた」

D.「ドウェックは，子どもの学習はほめ方の違いにはあまり影響を受けないだろうと考えた」

E.「ドウェックは，ほめ方の違いが子どもの謙虚さにどのように影響を及ぼすかに興味があった」

正解はD。she'd expected の 'd は had の縮約形という形なので，had expected と過去完了形となっている。考えていたことが間違っていることがわかったのだ。

NOTE 願望や思考を表す動詞の過去完了形

◇I had hoped I would be a doctor.「私は医者になることを望んだのだが」

◇I had thought the meeting would start at 2 p.m.
「私は会議が午後2時に始まると思っていた」

㊜ 過去完了形を使うことによって，ある過去の時点で願望が実現しなかったり，考えていたことが間違っていることがわかったことを表す。

expect についても誤解のないようにしよう。

CHECK expect *A* to *do* について

①（起こりそう，または計画されているので）「*A*（人またはもの）が～すると思う」

◇I expect the situation to get worse.
「私は状況がさらに悪化すると思う」

②（義務や責任がある，または理にかなっているので）「*A*（人）に～するよう要求する，*A*が～するのを期待する」

◇It's not fair to expect me to do all the housework.
「私にすべての家事をするのを要求するのは公平でない」

㊜ ①はよい意味でも悪い意味でも使うので，「期待」とは限らないことに注意せよ。

ここは①の意味だ。期待したわけではないことに留意せよ。また，modest は「（額，大きさなどが）大きくない，控えめな」の意味。「彼女はほめ方の違いはかなり小さな影響しかもたらさないと思っていた」のような訳となる。実際は大きな影響をもたらしたのだ。ちなみに，the different forms of praise とは第3段落第4・5文の were praised for their intelligence と were praised for their effort のこと。

(エ)A．「絶えず考え方を変えることによって，間違いをすることはだんだんと重要でなくなるようだ」

B．「間違いをしたあとで不快だと感じるとしても，考えは即座に変わることはできない」

C．「不快だと感じることは考え方を変えることほど重要ではない」

D．「考え方を変える準備ができていれば，不快な感覚はすぐに消えるものだ」

E．「間違いをすることの不快さを感じたあとになって初めて，脳は違ったふうに考える仕方を学ぶものだ」

正解はE。下線部の訳は「間違うことの不快な症状を経験しなければ，脳は決して自らのひな型を改良することはないのだ」となる。model はわかったようでわかりにくい単語だが，「ひな型」つまり基本設計のことだ。ここの骨組みは本文の「〜しなければ，…ない」をEの「〜したあとになって初めて，…する」と言い換えているところがポイントで，結局同じことを言っている。ちなみに，only は後ろに時を示す表現があると，「〜して初めて，〜してやっと」と訳すのが基本。「〜の前ではない」ことを表す表現だ。

例 Only then did I realize my mistake.「私はその時になって初めて自分の間違いに気づいた」

問3　**正解はC**。

(the experience of failure)　had been so discouraging that their scores
S　V　C　S′

actually got worse.
V′　C′

so 〜 that 構文「とても〜なので…」をまず押さえる。so 〜 that 構文の因果関係から，最初に過去完了形の had been を入れ，that の後ろに過去形の got がくるのが自然だ。discouraging は形容詞で「がっかりさせる，やる気をなくさせる」の意味。that の後ろは「彼らの点数は実際はより悪くなった」とつなげると意味を成すので，their scores actually got worse とすればうまくいく。

問4

A．「すべての5年生は1人ずつそのテストを受けた」

B．「すべての被験者はテストを受けたあとにほめられた」

C．「子どもたちの半分は頭の良さをほめられ，残りは努力をほめられた」

D．「パズルを解けなかった子どもたちは1人ずつ授業から出された」

E．「2つの種類のほめ方しかなく，それぞれたった1つの文から作られていた」

正解はD。第3段落第2文（One at …）が該当箇所。「1人ずつ子どもたちは授業から出され，言葉を使わないパズルから成る比較的簡単なテストを与えられた」とある。授業から出されたあとにパズルを解くことになっていたのであって，パズルを解けなかった子どもたちが授業から出されたわけではない。

Aは，第3段落第2文の the children が more than four hundred fifth graders なので，「すべて」と言っても問題ないであろう。

Bは，第3段落第3～5文（After the …）が該当箇所。Half of the children と The other students なので「すべて」も正しい記述だ。

Cは，第3段落第4・5文（Half of …）が該当箇所。まさにその通りの選択肢だ。

Eは，第3段落第3～5文が該当箇所。子どもたちは their intelligence と their effort を理由としてほめられている。また，a single sentence of praise と書かれてあるので，後半も正しい。

問5

A.「ドウェックの研究結果は5年生を越えて適用されうる」

B.「専門家でさえ間違いをすることによって自らの直感を育んできた」

C.「専門家は，すべてのデータを調べることによって常に適切な答えに到達する人々だ」

D.「深い知識と上手な技能を持った人々は自らの感情に頼る」

E.「試行錯誤は何らかの一連の感情を生み出し，それによって正しい決断をすることができるのだ」

正解はC。第9段落第5文（When they …）が該当箇所。「彼ら（専門家）はすべての利用可能な選択肢を体系的に比較するわけではない」とある。data と options と単語は違うが，少なくとも本文は「すべて～なわけではない」と部分否定になっている。また，「常に適切な答えに到達する」とも言っていないので，これが正解だ。

Aは，第9段落第1文（This insight …）が該当箇所。「この洞察はパズルを解いている5年生ばかりでなく，すべての人に当てはまる」とある。5年生を越えてすべての人に適用されうるのだ。

Bは，第9段落最終文（Their errors …）が該当箇所。「彼ら（専門家）の間違いは有益な知識に変換され」とある。若干内容はずれているだろうが，Bが間違っているとは言えないだろう。

Dは，第9段落第4文（In fact …）を該当箇所とするのがいいだろう。experts actually rely on their emotions とある。experts＝「深い知識と上手な技能を持った人々」と考えれば問題なさそうだ。

Eは，第9段落最終文（Their errors …）を該当箇所とするしかない。まず本文には「試行」の部分はない。また，本文には「間違いが有益な知識に変換され」とはあるが，試行錯誤が何らかの感情を生み出すかは不明。さらに，本文には「一連の感情から利益を得る」とあるが，具体的に「正しい決断をする」とまでは書いていない。ただ，どれも間違いかどうかは判断がつかない部分であるので，決定的な間違いであるCと比べると，Eを正解にはできないと言えそうだ。

問６

A.「猛勉強は得になる」　B.「５年生にどう教えたらいいか」

C.「間違いを通して学ぶ」　D.「失敗の恐怖」　E.「頭のよさの秘訣」

正解はC。第１段落全体を該当箇所とするのがいいだろう。「間違いは阻止されるべきものではない。それどころか，奨励され注意深く調べられるべきだ」とある。should があるので筆者の主張ではないかと考えるのだ。

POINT! 筆者の主張を示す表現

① must「～しなければならない」，should「～するべきだ」，命令文「～しなさい」など

② be advised to (*do*)「～したほうがいい」，do well to (*do*)「～するのが賢明だ」など

③ important「重要な」，essential「不可欠な」，necessary「必要な」など

④ responsibility「責任」，duty「義務」，necessity「必要性」など

⑤ I think that ～.「～だと思う」，I believe that ～.「～だと信じている」，I want to say that ～.「～だと言いたい」，in my opinion「私の意見では」など

⑥強調構文

㊜ 筆者の主張を示す表現であるから，当然重要なので必ずマークするように。

㊜ 評論文における I think ～. は，断定を避けたりあいまいにする表現ではない。I think を筆者が出してきたら論証責任があり，筆者は重要な主張を述べると考えよう。

また，このことを第２段落以降で具体的に説明していることを確認してみよう。Cを正解と考えていいだろう。

解答

問１．⑴―A　⑵―A　⑶―E　⑷―B　⑸―B　⑹―D　⑺―C

問２．㋐―E　㋑―C　㋒―D　㋓―E

問３．C

問４．D

問５．C

問６．C

16 2016年度 理工学部〔I〕

目標解答時間 50分

ポイント

理工学部は例年大問が一つしかないことが多い。2016年度もそうだ。かなりの長文で，和文英訳問題を含めて書かせる設問も結構あるが，時間内に終わらせることはそれほど大変ではないかもしれない。時間との勝負というより，いかに書かせる設問をしっかりこなしていくかがポイントだ。

以下は「共感覚（synesthesia）」と呼ばれる知覚現象についての英文である。これを読んで問に答えなさい。

"It's called synesthesia," I said. "Susan, I want you to describe your experiences to me in detail. Our lab has a special interest in it. What exactly do you experience?"

"When I see certain numbers, I always see specific colors. The number *5* is always a specific shade of dull red, *3* is blue, *7* is bright blood red, *8* is yellow, and *9* is chartreuse[注1]."

I grabbed a felt pen and pad that were on the table and drew a big *7*.

"What do you see?"

"Well, it's not a very clean *7*. But it looks [ア] ... I told you that."

"Now I want you to think carefully before you answer this question. Do you actually see the red? Or does it just make you think of red or make you visualize red ... like a memory image. For example, when I hear the word 'Cinderella,' I think of a young girl or of pumpkins or coaches. Is it like that? Or do you literally see the color?"

"That's a tough <u>one</u>[A]. It's something I have often asked myself. I guess I do really see it. That number [B] drew looks distinctly red to me. But I can also see that it's really black — or I should say, I know it's black. So in some [イ] it is a memory image of sorts ... I must be seeing it in my mind's eye [ウ] something. But it certainly doesn't feel like that. It feels like I am actually seeing it. It's very hard to describe, Doctor."

"You are doing very well,(エ) Susan. You are a good observer and that makes everything you say valuable.(C)"

"Well, one thing I can tell you [オ] sure is that it isn't like imagining a pumpkin when looking at a picture of Cinderella or listening to the word 'Cinderella.' I do actually see the color."

One of the first things we teach medical students is to listen to the [カ] by taking a careful history. Ninety percent of the time you can arrive at an uncannily accurate diagnosis[注2] by paying close attention, using physical examination(キ) and sophisticated lab tests to confirm your hunch[注3] (and to increase the bill to the insurance company). I started to wonder whether this dictum[注4] might be true not just for patients but for synesthetes as well.

I decided to give Susan some simple tests and questions. For example, was it the actual visual appearance of the numeral that evoked(ク) the color? Or was it the numerical concept — the idea of sequence, or even of quantity? If the latter, then would Roman numerals(D) do the trick or only Arabic ones? (I should call them Indian numerals really; they(ケ) were invented in India in the first millennium B.C.E. and exported to Europe via Arabs.)

I drew a big *VII* on the pad and showed it to her.

"What do you see?"

"I see it's a seven, but it looks black — no trace of red. I have always known that. Roman numerals don't [コ]. Hey, Doctor, doesn't that prove it can't be a memory thing? Because I do know it's a seven but it still doesn't generate the red!"

Ed and I realized that we were dealing with a very bright student. It was starting to look like synesthesia was indeed a genuine sensory phenomenon, brought on(サ) by the actual visual appearance of the numeral — not by the numerical concept. But this was still well short of [シ]. Could we be absolutely sure that this wasn't happening because early in kindergarten she had repeatedly seen a red seven on her refrigerator door? I wondered what would happen if I showed her black-and-white halftone photos of fruits and vegetables which (for most of us) have strong memory-color associations. (ス) I drew pictures of a carrot, a tomato, a pumpkin, and a banana, and showed them to her.

"What do you see?"

"Well, I don't see any colors, if that's what you're asking. I know the carrot is
E
55 orange and can imagine it to be so, or visualize it to be orange. But I don't
F
actually see the orange color the way I see red when you show me the *7*. It's hard to explain, Doctor, but it's like this: When I see the black-and-white carrot, I kinda注5 know it's orange, but I can visualize it as being any bizarre注6 color I want, like a blue carrot. It's very hard for me to do that with *7*; it keeps screaming red
セ
60 at me! Is all of this making any sense to you guys?"
G

"Okay," I told her, "now I want you to close your eyes and show me your hands."

She seemed slightly startled by my request but followed my instructions. I
ソ
then drew the numeral *7* on the palm of her hand.

65 "What did I draw? Here, let me do it again."

"It's a *7*!"

"Is it colored?"

"No, absolutely not. Well, let me rephrase that; I don't initially see red even though I 'feel' it's *7*. But then I start visualizing the *7*, and it's sort of tinged注7
70 red."

"Okay, Susan, [タ] if I say 'seven'? Here, let's try it: Seven, seven, seven."

"It wasn't red initially, but then I started to experience red … Once I start visualizing the appearance of the shape of *7*, then I see the red — but not before
75 that."
チ

On a whim I said, "Seven, five, three, two, eight. What did you see then, Susan?"

"My God … that's very interesting. I see a rainbow!"

"[ツ]"

80 "Well, I see the corresponding colors spread out in front of me as in a rainbow, with the colors matching the number sequence you read aloud. It's a very pretty
H
rainbow."

注1 chartreuse　淡い黄緑色

注2 an uncannily accurate diagnosis　不気味なほど正確な診断

注3 hunch　直感

注4 dictum　専門家の意見

注5 kinda = kind of

注6 bizarre　奇妙な

注7 tinged　うっすらとした

A．下線部Aは具体的に何を指しているのか。本文から英単語1語を抜き出し，解答欄に書きなさい。

B．空欄Bに入れるのに，適切な英単語1語を，解答欄に書きなさい。

C．下線部Cをthatの内容を明らかにして和訳し，解答欄に書きなさい。

D．下線部Dの具体例を本文から1つ抜き出し，解答欄に書きなさい。

E．下線部Eを和訳し，解答欄に書きなさい。

F．下線部Fが指しているものは何か。英語で解答欄に書きなさい。

G．下線部Gを和訳し，解答欄に書きなさい。

H．下線部Hは具体的に何を指しているのか。本文から抜き出し，英語で解答欄に書きなさい。

I．つぎの文を英訳し，解答欄に書きなさい。

その町の地図を描くことは彼女にとっては容易である。

1. 空欄 [ア] に入れるのに，もっとも適切なものを次の中から１つ選び，解答欄の該当する番号をマークしなさい。

① red	② blue	③ yellow
④ white	⑤ chartreuse	

2. 空欄 [イ] に入れるのに，もっとも適切なものを次の中から１つ選び，解答欄の該当する番号をマークしなさい。

① use	② choice	③ space
④ sense	⑤ statement	

3. 空欄 [ウ] に入れるのに，もっとも適切なものを次の中から１つ選び，解答欄の該当する番号をマークしなさい。

① and	② or	③ but
④ since	⑤ during	

4. 下線部エについて，「私」がスーザンをほめた理由として，もっとも適切なものを次の中から１つ選び，解答欄の該当する番号をマークしなさい。

① 自分の知覚を丁寧に報告したから
② 共感覚の知識を有していたから
③ 他人の知覚現象をよく観察していたから
④ 「私」が考えていることを見ぬいたから
⑤ 共感覚を明確に定義したから

5. 空欄 [オ] に入れるのに，もっとも適切なものを次の中から１つ選び，解答欄の該当する番号をマークしなさい。

① on	② in	③ at
④ for	⑤ with	

6. 空欄 [カ] に入れるのに，もっとも適切なものを次の中から１つ選び，解答欄の該当する番号をマークしなさい。

① doctor　② professor　③ historian
④ nurse　⑤ patient

7. 下線部キの意味として，もっとも適切なものを次の中から1つ選び，解答欄の該当する番号をマークしなさい。

① 物理の試験　② 自然観察　③ 身体検査
④ 天体観測　⑤ 現物の確認

8. 下線部クにもっとも近い意味をもつ語を次の中から1つ選び，解答欄の該当する番号をマークしなさい。

① changed　② distinguished　③ confused
④ recalled　⑤ erased

9. 下線部ケが指している内容として，もっとも適切なものを次の中から1つ選び，解答欄の該当する番号をマークしなさい。

① アラビア人　② アラビア数字　③ アラビア料理
④ アラビア文学　⑤ アラビア語

10. 空欄 [コ] に入れるのに，もっとも適切なものを次の中から1つ選び，解答欄の該当する番号をマークしなさい。

① move　② break　③ lose
④ work　⑤ disappear

11. 下線部サについて，**何が何を**引き起こすのか。もっとも適切な番号を選び，解答欄にそれぞれの番号を1列につき1つずつマークしなさい。

① 天才的なひらめき
② 数字の形状
③ 数字にまつわる記憶
④ 概念としての数字
⑤ 共感覚という知覚現象

12. 空欄 シ に入れるのに，もっとも適切なものを次の中から１つ選び，解答欄の該当する番号をマークしなさい。

① time　② proof　③ food
④ effect　⑤ color

13. 下線部スについて，検証を続けていた「私」はなぜ野菜や果物の絵を描いてみせたのか。もっとも適切なものを次の中から１つ選び，解答欄の該当する番号をマークしなさい。

① 数字と共感覚は無関係だとわかったから
② 味覚と視覚の関係を調べたいから
③ 野菜や果物はその色を連想しやすいから
④ 野菜や果物は数をかぞえやすいから
⑤ 彼女が野菜や果物を好きだから

14. 下線部セの内容について，もっとも適切なものを次の中から１つ選び，解答欄の該当する番号をマークしなさい。

① 「７」を見ると赤い果物を思い出す。
② 「７」を見ると赤という文字が見える。
③ 「７」を見ると赤面する。
④ 「７」を見ると非難されている気がする。
⑤ 「７」を見ると赤にしか見えない。

15. 下線部ソにもっとも近い意味をもつ語を次の中から１つ選び，解答欄の該当する番号をマークしなさい。

① delighted　② surprised　③ interested
④ convinced　⑤ pleased

16. 空欄 タ に入れるのに，もっとも適切なものを次の中から１つ選び，解答欄の該当する番号をマークしなさい。

① what　② why　③ which

④ when ⑤ whether

17. 下線部チの内容について，もっとも適切なものを次の中から 1 つ選び，解答欄の該当する番号をマークしなさい。

① I say ‘seven’

② It wasn’t red initially

③ I started to experience red

④ I start visualizing the appearance of the shape of *7*

⑤ I see the red

18. 空欄 ツ に入れるのに，もっとも適切なものを次の中から 1 つ選び，解答欄の該当する番号をマークしなさい。

① Why not?

② I agree with you.

③ Where did you see it?

④ Not at all.

⑤ What do you mean?

19. 以下の文には，本文の内容に**合致しないもの**がある。次の中から 1 つ選び，解答欄の該当する番号をマークしなさい。

① スーザンは，自分の知覚が特異であることに気がついていた。

② シンデレラという言葉からカボチャを連想するのは，共感覚とは言わない。

③ 共感覚を調べるために，スーザンは簡単な計算をさせられた。

④ てのひらに指で数字をなぞられても，スーザンの共感覚はすぐには生じなかった。

⑤ スーザンの見た虹には，赤，青，黄の 3 色が含まれていた。

全訳

≪共感覚と呼ばれる知覚現象≫

「それは共感覚と呼ばれています」と私は言った。「スーザン，君が経験したことを詳しく話してください。我々の研究所は共感覚に特別な興味をもっています。正確には，君はどんな経験をしているのでしょうか」

「ある数字を見るといつも特定の色が見えるんです。数字の5はくすんだ赤色の独特な色合い，3は青，7は鮮血の赤，8は黄色，そして9は淡い黄緑色です」

私はテーブルの上のフェルトペンと剝ぎ取り式のメモ帳を急いで手に取り，大きな数字の7を描いた。

「何が見えますか？」

「そうですね。あまりきれいな7ではないですね。でも赤く見えます……先ほどお話しした通りです」

「では，次の質問に答える前によく考えてください。本当に赤い色が見えるのですか？　それとも数字の7が赤い色を想起させるだけですか？　あるいは数字の7は赤い色を視覚化させるのですか？……記憶のイメージのように。例えば，『シンデレラ』という言葉を聞くと私は少女やカボチャや馬車のことを考えます。そういった感じですか？　それとも文字通りその色が見えるのですか？」

「それは難しい質問です。よく自問してきたことです。本当に見えているのだと思います。私には，先生が描いたその数字ははっきりと赤く見えます。でも，その数字の7が実際には黒いこともわかります――というより，黒いと私が知っているということでしょう。だからある意味では，いわば記憶のイメージで，心の目か何かで見えているに違いありません。でもそういう感じではないことは確かです。実際に見えているという感じです。先生，言葉ではとても表現しづらいんです」

「スーザン，素晴らしいですね。君は素晴らしい観察者なので，君の発言は何もかも価値があります」

「でもここで確かに言えることは，シンデレラの絵を見ているときや『シンデレラ』という言葉を聞いているときにカボチャを想像するようなことではないということです。ほんとうにその色が見えるんです」

我々が医学生に教える最初の事柄の一つは，患者の言うことに耳を傾けながら注意深く病歴を聴取することである。直感に確証を与えるために（そして保険会社への請求額を上げるために）身体検査や高度な臨床試験を活用し綿密な注意を払うことで，90%の場合，不気味なほど正確な診断に到達できる。このような専門家の意見は単に患者にとってだけではなく共感覚者にも当てはまるのかもしれないと私は思い始めた。

私はスーザンに簡単なテストと質問を行うことに決めた。例えば，その色を喚起したのはその数字の実際の視覚的な外観であったのか？　それとも数字で表した概念――すなわち，順序や，場合によっては量についての考えであったのか？　もし後者であるなら，ローマ数字は効果があるのか，それともアラビア数字だけなのか？（アラビア数字は，本当はインド数字と呼ぶべきであろう。アラビア数字は紀元前10～1世紀にインドで考案されアラブ人を介してヨーロッパに輸出されたのであるから）

私はメモ帳に大きなⅦを書き，それを彼女に見せた。

「何が見えますか？」

「7だとわかりますが，黒く見えます――赤の痕跡はありません。それは以前からわかっていました。ローマ数字はうまくいきません。おや，先生，このことは記憶の問題ではありえないということの証明になりませんか？　それが７であると知っているのに，それでも赤い色が見えないのですから！」

エドと私は，とても聡明な学生を扱っていることを実感した。共感覚は実際本物の感覚現象であり，数字が表す概念ではなく，数字の現実の視覚的外観によって引き起こされると思い始めていた。しかしこのような考えはまだかなり証拠不足であった。彼女が幼稚園の早い時期に冷蔵庫のドアに貼られた赤い７の文字を繰り返し見たから，この現象が起こっているのではないと我々は絶対的に確信をもてるであろうか？（我々の大半にとって）記憶と色が強く結びつく果物と野菜の写った，白と黒の中間色の写真を彼女に見せたらどんなことが起こるのだろうかと私は思った。私は，ニンジン，トマト，カボチャ，そしてバナナの絵を描いて彼女に見せた。

「何が見えますか？」

「えーと，色は全く見えません。色が見えるのかをたずねているなら。ニンジンがオレンジ色であることは知っています。ニンジンがそのような色であることは想像できますし，視覚化することもできます。でも先生が７を見せたときに赤が見えるようには実際オレンジ色を見ることができません。先生，説明は難しいのですが，こんな感じです。黒と白のニンジンを見るときに，それがオレンジ色であるということをある程度はわかっています。でもそのニンジンを，例えば，青いニンジンのように，私が望むどんな奇妙な色としても視覚化できます。数字の７に関してそうすることはとても難しいことです。７は赤だと私に向かって叫び続けるのです！今まで話してきたことはすべてあなたがたにとってある程度理解できますか？」

「だいじょうぶです」と私は言った。「それでは次に目を閉じて手を見せてください」

私の要求に彼女は少し驚いたようだが，私の指示に従った。それから私は彼女の手のひらに数字の７を書いた。

「私は何を書きましたか？　さあ，もう一度やりますよ」

「数字の７です！」

「色はついていますか？」

「いいえ，全く。別の言い方をさせてください。数字の７であると『感覚でわかる』のに，はじめは赤が見えない。でも数字の７を視覚化し始め，ちょっとうっすらとした赤い色になりました」

「わかりました，スーザン。私が『７』と言ったらどうなるでしょうか？　さあ，やってみましょう。７，７，７」

「最初は赤くありませんでした。でも赤い色だとわかってきました……いったん７の形を視覚化し始めると，赤い色が見えます――でもその前には，赤は見えません」

思いつきで私は言った。「７，５，３，２，８。スーザン，これで何が見えましたか？」

「まあ……面白い。虹が見えます！」

「どういうことですか？」

「えーと。目の前に数字に対応する色が虹のように広がっているのが見えます。色は先生が言った数字の配列に適合します。とてもきれいな虹です」

●語句・構文

□ *l.* 2 in detail「詳細に，詳しく」
□ *l.* 2 lab「研究所」
□ *l.* 2 it＝synesthesia
□ *l.* 4 certain「ある，何らかの」
□ *l.* 4 「特定の」の意味の specific とは「あるものがあるものとだけ結びつくこと」を表す。たとえば，「特定の年齢層を団塊の世代と言う」と言うとき，1947～1949 年に生まれた世代と団塊の世代が結びつくのであって，たとえば 1958 年に生まれた世代は含まれないことを言う。ここでは，ある数字がある色とのみ結びつくのである。
□ *l.* 5 shade「（濃淡の）色合い」
□ *l.* 5 dull「（色が）くすんだ，明るくない」
□ *l.* 7 grabbed ～ と drew … を and で結んでいる。
□ *l.* 7 draw は（ペンや鉛筆などで）「～（絵など）を描く」の意味で，線を引くなどして色なしの絵や地図などを描く感じだ。
□ *l.* 9 that は *l.*5 の *7* is bright blood red の内容を受ける。
□ *l.*10 this question は後ろの疑問文を受けている。ここの this は「次の，以下の」の意味だ。this の後ろにコロン（:）があれば，このように後ろのことを指していると考えていい。ない場合は文脈から判断するしかないようだ。たとえば Listen to this!「ねえ聞いて！」は以下で何かを述べると言っているのだ。
□ *l.*11 it＝a big *7*
□ *l.*11 just「単に」
□ *l.*11 think of ～「～を思い出す」
□ *l.*11 visualize「～を視覚化する」
□ *l.*13 Is it like that?「そのようなものですか？」は厳密に言えば，it は Susan の赤の見え方で，that は筆者のシンデレラの具体例（記憶のイメージ）だ。
□ *l.*14 literally「文字通りに」は，literary「文学の」と混同しないように！
□ *l.*15 tough はよく difficult の意味で使うが，ここもその意味だ。
□ *l.*15 do は動詞を強調する do だ。「do＋動詞の原形」で「実際，本当に」などと訳す。
□ *l.*16 it＝the color（＝red）
□ *l.*17 I should say は意外と訳しにくい表現だ。「まあ～でしょう，～と言ってもいいでしょう」くらいの意味だ。この should は「～するべきだ」の意味ではない。
□ *l.*18 it＝the color（＝red）
□ *l.*18 ～ of sorts「ある種の，いわば～」
□ *l.*18 must「～に違いない」
□ *l.*19 that は以下のように考えると見えてくるだろう。

it certainly doesn't feel like that.
It feels like I am actually seeing it.

上のような対応関係になっているので，that は I am actually seeing it と何らかの関係があるはずだ。なぜなら，肯定⇔否定には何らかの共通項がなくてはいけないからだ。そういう意味で探してみると，前文の I must be seeing it in my mind's eye [ウ] something に共通項があり，しかも反対の内容となっているとわかる。つまり，actually と in my mind's eye [ウ] something が反対の部分ということになる。

□ *l.* 23 構造を見ておこう。

～ one thing [(that) I can tell you [オ] sure] is 〈that it isn't like imagining
S (先行詞) V C

a pumpkin (when looking at a picture of Cinderella [or]
(1)

listening to the word 'Cinderella.')〉
(2)

関係代名詞の that が省略されていることを見抜くことが重要。it は Susan の数字の見え方を示している。また，when *doing* はよくある形で，「～するときに」の意味。

□ *l.* 26 medical students「医学部の学生」

□ *l.* 27 take a careful history は「注意深く病歴を聴取する」くらいの意味。これは難しい。

□ *l.* 27 Ninety percent of the time は副詞的に働いている。時を示す表現は名詞でありながら副詞的に働くことはよくある。

□ *l.* 28 paying ～ は動名詞，using … は分詞構文・付帯状況「～しながら」と考えるといいだろう。

□ *l.* 28 pay attention to ～「～に注意を払う」の to ～ がない形。また，close は形容詞で「綿密な，周到な」の意味。

□ *l.* 29 lab test「臨床試験」

□ *l.* 29 to confirm ～ と to increase … を and で並列している。

□ *l.* 30 the bill to the insurance company「保険会社への請求書」

□ *l.* 30 wonder if〔whether〕S′ V′「～だろうかと思う」

□ *l.* 31 be true for ～「～に当てはまる」

□ *l.* 31 not just ～ but … as well で not only ～ but also … の変形だ。

□ *l.* 31 synesthete「共感覚者」

□ *l.* 32 was it ～ that … は強調構文。**NOTE**〈It is ～ that …. の識別〉を参照してほしい。～が名詞で…は不完全文だ。

□ *l.* 33 numeral「数字」

□ *l.* 33 the numeral は *7*, the color は red のこと。

□ *l.* 34 numerical「数字の」

□ *l.* 34 ダッシュ（—）をしっかり押さえよう。

POINT! 2つのダッシュ（—）

①具体化

◇ Professors often jokingly lament that some students show up for only two days of class — the first day and the day of the final examination.

「教授はしばしば冗談混じりで，たった2日の授業日——最初の日と期末試験の日しか出てこない学生がいると嘆いている」

②挿入

◇ Consider that fiction ― except for obvious fantasy ― is related to human experience.

「小説は――明らかな空想を除いて，人間の経験と関係している，ということを考えてみなさい」

☆他にも使い方はあるが，この2つを覚えておけばほぼ足りると思っていい。構造的にはなくてもいい部分だ。

ここのダッシュは①だ。the numerical concept を the idea of sequence, or even of quantity で具体的に説明している。ちなみに，sequence「順序」は1，2，3の順序，quantity「量」はたとえば2は1より多いということ。また，quantity の後ろに that evoked the color が省略されている。こちらも強調構文だ。

□ *l.* 34 If S′ V′ ～, then S V ….「もし～ならば，…」の If と then は相関関係を成す。

□ *l.* 34 the latter「後者」は was it ～ quantity ? のこと。was it ～ color ? が the former「前者」だ。

□ *l.* 35 do the trick「目的を達成する」は難熟語。ここでは evoke the color「その色を呼び起こす」こと。

□ *l.* 35 only Arabic ones の後ろに do the trick が省略されている。ones は numerals。Arabic numerals は「アラビア数字」のこと。普通の1や2の数字だ。

□ *l.* 35 call them Indian numerals は call O C「OをCと呼ぶ」となっている。them は Arabic numerals だ。

□ *l.* 36 I should call them Indian numerals really の理由をセミコロン(;)以下で説明している。

□ *l.* 36 were に対して invented と exported が過去分詞。

□ *l.* 36 the first millennium B.C.E. は「紀元前10～1世紀」のこと。B.C.E. は Before the Common Era の頭文字で「紀元前」のことを言う。

□ *l.* 37 via ～「～経由で」

□ *l.* 40 it's の it と but の直後の it はどちらも (a big) *VII* のこと。

□ *l.* 40 no trace of ～「～の痕跡がない」

□ *l.* 41 最初の that は前文の内容を受け，あとの that は前文の Roman numerals don't [コ] を受けている。

□ *l.* 41 can't は「～のはずがない」の意味。この意味のときには *do* が状態動詞であることが多い。

□ *l.* 42 a memory thing は *l.* 12 に出てきている a memory image のこと。記憶のイメージではなく実際に赤が見える根拠となるのではないかと言っているのだ。

□ *l.* 42 Because の副詞節は seven までではなく，the red まで。

□ *l.* 42 it's の it と but の直後の it は (a big) *VII* のこと。still は but とともに用いられ，「それでも」の意味。

□ *l.* 44 deal with ～「～を扱う」

□ *l.* 44 It looks like S′ V′「～のように見える，～のようだ」の形に was starting to ～「～し始めていた」が入り込んでいる。

□ *l*. 46 by the actual visual appearance of the numeral は *ll*. 32–33 の was it the actual visual appearance of the numeral that evoked the color ? に対応していて，by the numerical concept は *ll*. 33–34 の was it the numerical concept … ? に対応している。

□ *l*. 47 this は前文の like 以下の内容と解するのがいいだろう。

□ *l*. 47 be short of ～「～が足りない，不足している」

□ *l*. 47 Could we ～? は修辞疑問文。POINT!〈修辞疑問文について〉を参照しよう。「私たちは that 以下のことを完全に確信できるわけではない」と言っているのだ。

□ *l*. 48 this は 7 という数字を見て赤が見えることを言う。

□ *l*. 50 halftone「ハーフトーン，中間調」とは白黒写真などでグレーを効果的に使った技法のようだ。

□ *l*. 51 associations「連想」は associate *A* with *B*「*A* で *B* を連想する」の動詞表現を思い起こすといいだろう。

例 associate addictions with drugs, alcohol and cigarettes「中毒で薬やアルコール，たばこを連想する」

野菜や果物はすぐ色を連想しやすいということだ。ニンジンと言えばすぐに色が思い浮かぶだろう。

□ *l*. 56 the way S′ V′「～するように」は副詞的に働くことができる。当然，「～する方法，仕方」のように名詞節となることも可能だ。

例 He sang the way I did.「彼は私がしたように歌った」

□ *l*. 56 It's の It と *l*. 57 の it's の it は *ll*. 55–56 の内容。

□ *l*. 57 this の後ろにコロンがあるので，この this は「次に述べること，以下のこと」の意味。

□ *l*. 58 any は肯定文で使われているので「いかなる～，どんな～」の意味。

□ *l*. 59 *A* like *B*「*B* のような *A*」は *B* が *A* の具体例なので，any bizarre color I want の具体例が a blue carrot となる。確かに a blue carrot は bizarre color「奇妙な色」だ。

□ *l*. 59 that は前文の visualize ～ a blue carrot の内容を受ける。with は「～に関して」の意味。ニンジンと *7* という数字では違うと言っているのだ。

□ *l*. 63 my request は前文の now I want you to close your eyes and show me your hands の部分。

□ *l*. 63 instruction は複数形で「指示」の意味がある。

□ *l*. 65 Here「(注意を引いて) さあ」

□ *l*. 65 do it = draw the numeral *7* on the palm of your hand

□ *l*. 68 absolutely not は強い否定だ。

□ *l*. 68 rephrase「～を言い換える」

□ *l*. 68 that は No, absolutely not. の部分を受ける。

□ *l*. 68 initially をしっかり押さえよう。

CHECK initially の意味
「最初は，当初は」
◇ Initially we had some problems with our computer system but they've been solved now.
「当初コンピューターシステムに若干問題があったが今では解決済みだ」
㊀ 後ろに but などがあって，その前後は反対の内容になるのが原則。

l. 69 の But とつながることを確認せよ。

□ *l.* 68 even though もしっかり押さえよう。

CHECK even though S′ V′
①「〜だけれども」
◇ Even though his message is short, I can tell that he is thinking about me.
「彼のメールは短いけど，私のことを考えてくれているとわかるの」
②「たとえ〜だとしても」
㊀ まずは①の意味だと考えるといい。though を強調する意味だ。さもなければ②で考えてみよう。

□ *l.* 69 sort of 〜「いくぶん〜，若干〜」（=kind of 〜）
□ *l.* 73 initially 〜 but …とつながる。*l.* 68 参照。
□ *l.* 73 start to *do*「〜し始める」（=start *doing*）
□ *l.* 73 once S′ V′「いったん〜すると，〜するとすぐに」は then とつながる。if S′ V′, then S V「もし〜ならば，…」はよくある相関関係だが，when S′ V′, then S V「〜するときに，…」もたまに見かける表現で，when と then もつながっていると考えよう。
□ *l.* 76 on a whim「思いつきで」は難熟語。
□ *l.* 78 My god は Oh My God! と言うことが多く，大変な目に遭ったり，ひどく驚いたときに使う表現だ。
□ *l.* 80 the corresponding colors「相当する色」とは *ll.* 4-6 を念頭に入れた発言。*l.* 76 より，seven は bright blood red，five は a specific shade of dull red，three は blue，two は不明で eight は yellow だ。
□ *l.* 80 spread out は「広がっている」の意味。see O *do*「O が〜するのが見える」の *do* の部分にあたる。
□ *l.* 80 as は以下を押さえよう。

NOTE 様態の as
「〜するように，〜するのと同様に」（様態，状態）
◇ He did it as he had been told.
「彼は言われたとおりにそれをした」
㊀ この意味では as の節が不完全であることが多い。（told の目的語がない）
◇ In February, as in January, we had a lot of snow.
「1月同様，2月は雪が多かった」
㊀ as と in の間に we had a lot of snow が省略されている。
㊀ as の後ろが副詞［句，節］なら，まず様態の as だ。

◇I take the bus every morning as do most of my neighbors.
「ほとんどの隣人たちと同じように私は毎朝バスを利用する」
㊜ do は take the bus every morning の代わりとなる代動詞だが，このように as の前後が同じような形の場合も「～するのと同様に」の意味となる。また，この様態の as は，as の後ろに代動詞の do などがあったり，倒置されていたりするのも大きな特徴だ。

面倒だが，いろいろな特徴を押さえておくと，この as がどの意味なのか素早く分析できるようになるはずだ。本文は as の後ろが副詞句なので「様態」となる。as (I see the corresponding colors spread out) in a rainbow と考えるといいだろう。前後が同じような形になっていると考えてもいい。

□ *l.* 81　この with は付帯状況で，the colors が O，matching が現在分詞で C となっている。

解 説

A．**正解は question**。tough の意味がわかれば何とかなるであろうが，いろいろな箇所を見てみることも重要だ。図解してみよう。

That's a tough one. It's something I have often asked myself. I guess I do really see it.

That＝It と考えれば，SVC の関係から下線部はすべて同じものということになる。それから，asked を大きなヒントと考える。ask の目的語が something であり，結局 a tough one でもある。次の手がかりは I do really see it だ。これは *ll.* 13-14 の do you literally see the color ? に対する答えだ。となると，この one は do you literally see the color ? を受けた question ということになりそうだ。*l.* 10 の this question「以下の質問」の具体例の一つが do you literally see the color ? なので，この this question をヒントにしてもいい。ask a question のつながりもよくあることはわかると思う。

B．**正解は you**。空所の後ろには drew という過去形と looks という現在形がある。動詞が 2 つあるということはどこかに接続詞か関係詞が隠れているということになる。He is rich. は is という動詞が 1 つだけであるが，I think he is rich. は think と is と動詞が 2 つなので，どこかに接続詞か関係詞が隠れていると考えるのと同じだ。

l. 7 に I … drew a big 7. とある。

That number [(that) you drew] looks distinctly red to me.
S（先行詞）（関係代名詞）V C

l. 7 の I に対して you を入れるのが正解。「私は…大きな 7 を描いた」を受けて「あなたが描いたあの数字」となる。

C．**解答例は「あなたがよい観察者であることはあなたが言うすべてのことを価値あるものにしています」**。まず that の特定は以下の規則を使うといい。

> **POINT!** *A* and *B* の *B* 中にある代名詞の特定
> *A* and *B* や *A* but *B*, *A* or *B* などの *B* の中にある代名詞は原則 *A* または *A* のどこかを受ける。

ここは You are a good observer が *A*, that makes everything you say valuable が *B* になる。上の規則からすると，that は You are a good observer の全体か You are a good observer のどこかを受けることになる。さらに that に関しては POINT!〈this · that と it について〉を参照してほしい。that は単語ではなく内容を受けやすいのだ。また，相手のことを言うのは this ではなく that になりやすい。that は You are a good observer 全体だ。everything が先行詞，you say が関係代名詞節となり，makes が V，everything you say が O，valuable が C となる。

D．**正解は *VII*。** *l*. 38 にある。Roman numerals は「ローマ数字」のこと。後ろにある Arabic ones（＝numerals）をヒントにするのがいいだろう。アラビア数字は 1，2，3…のことで，ローマ数字とは Ⅰ，Ⅱ，Ⅲ…のことだ。7 を表す *VII* が正解。

E．**解答例は「文字通り色が見えるのかをたずねているのでしたら，私には何も色は見えません」。** any は否定文で「一つも～ない，少しも～ない」の意味。if that's what you're asking は「もしそれがあなたがたずねていることでしたら」が直訳。C で that は前文の内容を受けやすいと述べた。you're asking と言っているので，that は何らかの質問と言っていいだろう。ただ，直前の What do you see？に対して答えるのなら，このような回りくどい言い方はしないだろう。*l*. 55 以下で But I don't actually see the orange color the way I see red when you show me the *7*.「でも，7 を示されたときに赤が見えるようにはオレンジ色が実際に見えるわけではありません」と言っている。下線部の I don't see any colors を具体的に言い換えた部分だ。では，7 という数字はどのように見えるのか？ *ll*. 13-14 に do you literally see the color？という疑問文がある。離れすぎているが，that が何を受けているかを正確に言うとするならこれであろう。文字通り色が見えているかという質問に対して，ニンジンの場合はそうではないと言っているのだ。

F．**正解は the carrot。**

I know the carrot is orange

　[and]

can imagine it to be so

上記の POINT! にあるように，*A* and *B* の *B* の中にある代名詞である it は I know the carrot is orange のどこかを受ける可能性が高い。また，it は単語を受けやすいという傾向もある。あとはどちらも SVC であることを確認すれば，さらに確信を持って正解を導けるであろう。

G．**解答例は「こういったことはすべてあなたがたにとってある程度理解できますか？」**。this は *ll.* 54-60 の内容を受けている。当然「このこと」くらいでいい。guys は複数の相手に話しかけるときに使える表現なので，you guys で「あなたがた」の訳でいいだろう。make sense は重要熟語。「意味を成す，理にかなっている，理解できる」の意味だ。不思議な現象を説明している自分の言葉がわかるか聞いているのだ。make sense のみだと単純に「理解できますか？」とたずねているだけだが，any があると「少しでも」というニュアンスが出る。

H．**正解は Seven, five, three, two, eight**。sequence は「連続」の意味。aloud は「声を出して」の意味。loudly「大声で」との区別に注意せよ。「あなたが声を出して読んだ数字の連続」とは *l.* 76 の Seven, five, three, two, eight のことだ。ちなみに，with the colors matching the number sequence you read aloud は「例の色があなたが声を出して読んだ数字の連続と一致している状態で」が直訳。**語句・構文**で説明したが，*ll.* 4-6 を参考にすると，Seven は bright blood red，five は a specific shade of dull red，three は blue，two はなくて eight が yellow ということになる。設問 19 の⑤を考えるヒントとなっている。

I．**解答例は It is easy for her to draw a map of the town.** 読解問題の中で出題される和文英訳問題は，本文のどこかをヒントにすることが多い。ここは *l.* 59 の It's very hard for me to do that with *7* や *l.* 51 の I drew pictures of a carrot ～をヒントにするといいだろう。It は形式主語で，to draw 以下が真主語，for her は不定詞の意味上の主語とも解釈できるが，「彼女にとって」の意味で考えることも可能だ。この for は「～(人) にとって」(観点) となる。draw は**語句・構文**で説明したように「地図」を色なしで描くのにピッタリの動詞。「その町の地図」は a map of the town が正しい。その町の地図は他にもあるはずなので，the map of the town としないように。

1．**正解は①**。空所の前の it は a big *7*。空所の直後で I told you that. と言っている。「私はあなたにそう言った」の具体的な発言は *l.* 5 の *7* is bright blood red の部分だ。したがって，red が正解。

2．**正解は④**。空所の前にある in という前置詞もヒントにしよう。

> **CHECK** in a sense「ある意味で」の真の意味
> ◇Though he is my friend, he is, in a sense, my teacher.
> 「彼は私の友人だが，ある意味で私の先生です」
> ㊜「部分的には，他の点は除いて」の意味で限定を表す。in this sense「この意味で」も限定を表す意味では同じ。

ここは in some sense だが，同じ意味となる。「some＋可算名詞の単数形」は「ある～」の意味だからだ。そこで，なぜここで in some sense があるかというと，*l.* 19 の But とつながっていて，「ある意味ではいわば記憶のイメージで…，心の目のようなもので見ているに違いないのですが，しかし確かにそのようには感じられません」となり，そういう部分もあるがやはりそうではないと言っているのだ。

3．**正解は**②。～ or something「～か何か」の熟語がポイント。この表現ははっきり思い出せない場合や特定しない場合に使うのが基本。ここは「心の目か何か」ということで，特定しないというかできないのでこう言っていると解釈するといいだろう。

4．**正解は**①。前段落で Susan は自分の経験を一生懸命説明しているが，最後の発言で It's very hard to describe, Doctor. と言っている。とても説明しにくいのだ。それに対して You are doing very well と言っているわけなので，「自分の知覚を丁寧に報告したから」が最適であろう。

5．**正解は**④。この文については**語句・構文**で説明したが，正解は for sure の熟語の知識で解ける。ただ，もしかしたら tell とのかかわりを持つ前置詞かもしれないので，構造をしっかり見抜いてから正解を出すことは重要だ。

> **CHECK** for sure〔certain〕「確実に，（否定文で）確実には（～ない）」
> ◇"Are you going on Saturday ?" "I don't know for sure."
> 「土曜日に行くの？」「確実にはわからないんだ」

sure は形容詞というイメージが強いので，そもそも sure に前置詞がつくこと自体違和感があるかもしれない。

6．**正解は**⑤。medical students が最大のヒント。前後の直訳は「私たちが医学部の学生に教える最初のことの一つは，注意深く病歴を聴取することによって患者の話を聞くことだ」となる。take a careful history は**語句・構文**で説明した通りで，「注意深く病歴を聴取する」くらいの意味だが，これは類推するのも難しいだろう。次の文に diagnosis「診断」，その次の文に patients「患者」という語があるので，こちらもヒントにするのがいいだろう。

7．**正解は**③。examination に「（患者の）診断，検査」の意味がある。physical examination [and] sophisticated lab tests の並列関係をヒントにするのもいいだろう。and の前後は同じような意味のこともあるからだ。

8．①「～を変えた」　②「～を区別した」　③「～を混同した」
④「～を思い出させた」　⑤「～を消した」

正解は④。evoke は「～（感情，記憶など）を想起させる」の意味なので，一番近い意味は recall なのだが，これは「～を思い出す」ではなく「～（感情，記憶など）を思い出させる」の意味だ。The music recalls the memories of childhood.「その曲は子供時代の記憶を思い出させる」のような例を考えるといいだろう。remind とは違うことを指摘しておこう。That song always reminds me of our first date.「その歌はいつも私に私たちの最初のデートを思い出させる」の場合は目的語は「人」になるからだ。なかなか語法は面倒だ。ちなみに，下線部を含む文は疑問文で，答えの部分がある。そこをヒントにする手もある。かなり遠いが *ll.* 45-47 が該当箇所だ。

～ was it the actual visual appearance of the numeral that evoked the color ? Or was it the numerical concept … ?

～ a genuine sensory phenomenon, brought on by the actual visual appearance of the numeral ― not by the numerical concept.

evoke は bring on ～「～を引き起こす」に近い意味ではないかと考えるのだ。

9．**正解は②**。下線部の前で「私たちはアラビア数字を実際はインド数字と呼ぶべきだ」とある。その説明がセミコロンのあとの部分だ。「アラビア数字は紀元前 10～1 世紀の間にインドで発明され，アラブ人経由でヨーロッパに輸出された」と書かれている。アラブ人は経由しただけなのでインド数字と言うべきなのかもしれないということ。they は Arabic ones だ。

10．**正解は④**。空所の前で「私はそれが 7 だとわかっているのですが，黒に見えて，赤の痕跡がありません」とある。後ろもヒント。「確かに 7 だと知っているのですが，それは赤を生み出してくれません」とある。ローマ数字ではアラビア数字とは違い赤が想起されないようだ。彼女にとっては当然失敗ということになる。

CHECK 最重要多義語の work

動 自 ①「(人が) 働く，仕事をする，勤めている，勉強する」
②「(機械などが) 作動する，動く」
◇ This car works on electricity.「この車は電気で動く」
③「(考えなどが) うまくいく，機能する」
◇ The project worked well.「このプロジェクトはうまくいった」
名 ①「仕事，勉強」
②「職場，勤め先」
③「作品」 ◇ a work of art「芸術作品」
参 ①②は不可算名詞，③は可算名詞。

work に「うまくいく」の意味があるので，これが正解。

11．**正解は，「何が」は②，「何を」は⑤**。

～ synesthesia was indeed a genuine sensory phenomenon, brought on by the actual visual appearance of the numeral ― not by the numerical concept.

A bring on *B*「*A* は *B* を引き起こす」を受動態にすると，*B* be brought on by *A* となる。*A* が原因で *B* が結果だ。the numerical concept は not で否定されているので除外する。the actual visual appearance of the numeral が原因で，brought on の前にコンマがあるが過去分詞で a genuine sensory phenomenon にかかると考えると，a genuine sensory phenomenon が結果となる。a genuine sensory phenomenon は synesthesia つまり「共感覚」のことなので，②が⑤を引き起こすことになる。ちなみに，brought on の類推は設問 8 を逆用する手があ

るかもしれない。

12. **正解は**②。空所に入る名詞は不可算名詞でないといけない。なぜなら，単数形でしかも前に冠詞も何もないからである。となると④の effect と⑤の color は可算名詞なので不可となる。空所を含む文は「しかしそれでもこれは［ シ ］がかなり足りなかった」となる。また，後ろの文は**語句・構文**で説明したように修辞疑問文である。この部分を訳すと，「幼稚園の早い時期に，冷蔵庫のドアにあった赤い7の数字を繰り返し見ていたから，このことが起きているのではないと私たちは絶対に確信できるのか」となる。共感覚以外の理由で赤を想起する可能性も捨てきれないと言っているのだ。proof「証拠」が足りていないということだ。そこで，さらに証拠を見つけるために *l*. 49 以降で新たな実験をしようとしている。proof が正解でよさそうだ。

13. **正解は**③。下線部の前の文がヒント。「強く記憶と色が連想される果物や野菜の白と黒の中間色の写真を彼女に見せたらどうなるだろうかと思った」とある。この疑問に対する実験が下線部と考えられる。「野菜や果物はその色を連想しやすいから」が正解。数字の7から赤を想起するのが共感覚だが，そもそも誰にとっても色の記憶がある野菜や果物に対して色の想起があるか確かめたかったのだ。

14. **正解は**⑤。it は単語を受けやすいと指摘した。ここも7という数字を受けている。keep *doing* は「～し続ける」，scream *A* at *B* は「*B* に *A* と叫ぶ」なので，「7は私に赤と叫び続ける」となる。ニンジンの場合は特定の色を想起するわけではないようだが，7は赤を想起してしまうようだ。

15. ①「喜んだ」　②「驚いた」　③「興味を持った」
④「確信した」　⑤「喜んだ」
正解は②。startle は（ショックを与える，怖がらせる意味で）「～(人) を驚かせる」の意味。surprised が正解。「彼女は私の要請に少し～したようだったが，私の指示に従った」とあるので，②がピッタリだろう。

16. **正解は**①。

CHECK What if ～? の意味
①「～するのはどうですか？」(提案)
②「～したらどうしよう？，～したらどうなるのか？」(不安，問いかけ)
◇ What if this plan fails?
「この計画が失敗したらどうなるのか？」
㊜ 入試の評論文では②の意味が圧倒的。また，②は望ましくないことが起こる場合の不安を述べることが多い。

空所の前では，手のひらに7を書いてみて赤が想起されるかを見たが，ここでは7を口で言ってみたら赤が想起されるかの実験の場面だ。「私が7と言ったらどうなるのか？」と問いかけているのだ。

17. **正解は**④。that は前文の内容などを受けることが多いと述べた。対応関係が見えることも重要だ。

Once I start visualizing the appearance of the shape of *7*, then I see the red — but not before that.

once S′ V′ は「いったん～すると」の意味なので，～のあとのことを言っている。一方 before ～「～の前に」は～の前のことを言っている。「いったん 7 の形が現れるのを視覚化し始めると赤が見えるが，その前には見えない」という意味なので，下線部は同じものということになる。

18. **正解は**⑤。I see a rainbow! と言われて，何のことかわからない状況だと考えるといい。What do you mean?「どういう意味ですか？」が正解。それに対する Susan の返答が Well で始まっているのもヒント。ここの Well は「えー」という感じで，次の言葉を考えるために間を作っている表現だ。③は少なくとも過去形の did がおかしい。今見えると言っているからだ。また，①は重要会話表現だ。

19. **正解は**③。スーザンはいろいろなことをさせられたが，「簡単な計算」の話は本文にない。

①は，明確な該当箇所はないが，*ll.* 15-20 のスーザンの発言，特に *l.* 20 の It's very hard to describe を手がかりとするのがよさそうだ。「それはとても説明しにくい」と言っている。自分の知覚を普通ではないと思っていると考えられる。

②は，*ll.* 11-13 にシンデレラとカボチャが出てくる。また，*ll.* 23-25 でシンデレラでカボチャを想像するのは共感覚と異なることが述べられている。合致している。

④は，*ll.* 63-64 に「彼女の手のひらに 7 の数字を描いた」とある。また，*ll.* 68-69 で「7 だと感じているのですが最初は赤が見えません。でも，それから 7 を視覚化し始めるとうっすら赤い色になるのです」とある。合致している。

⑤は，*l.* 76 の Seven, five, three, two, eight と *l.* 80 の I see the corresponding colors spread out in front of me as in a rainbow を押さえる。**語句・構文**で説明したように，*ll.* 4-6 から seven は bright blood red，five は a specific shade of dull red，three は blue，two は不明で eight は yellow となっているので，「赤，青，黄」がちゃんとある。

解 答

A．question

B．you

C．あなたがよい観察者であることはあなたが言うすべてのことを価値あるものにしています。

D．Ⅶ

E．文字通り色が見えるのかをたずねているのでしたら，私には何も色は見えません。

F．the carrot

G．こういったことはすべてあなたがたにとってある程度理解できますか？

H．Seven, five, three, two, eight

I．It is easy for her to draw a map of the town.

1―① 2―④ 3―② 4―① 5―④ 6―⑤ 7―③ 8―④ 9―②
10―④ 11．何が―② 何を―⑤ 12―② 13―③ 14―⑤ 15―② 16―①
17―④ 18―⑤ 19―③

17

2017年度 農学部〔I〕

目標解答時間 25分

ポイント

まさに総合読解問題だ。前置詞を問うもの，熟語，発音・アクセント，語句整序，内容一致問題と多岐にわたっている。レベルも標準的なものだ。まずは明治大学を目指す受験生には最適な問題だ。

次の英文を読んで，下の問に答えなさい。

In trying to define "internationalization," we must first dispose of (ア) one serious misconception. Many Japanese think it means the Westernization of Japanese life styles and values. They quite rightly see no need for this and feel that Japan has already shown itself to be the most open country in the world to foreign influences (イ). In earlier times, Japanese drank deeply of Chinese culture, and in recent years Western cultural influences have poured into the land. (ウ) For example, Japanese are now ( )(i)( ) as with their own, and they probably have as (ii)( ) as do most of the peoples of the Occident (注1). Foreign cultural influences, such as Chinese painting and Western literature, have greatly enriched Japan and have certainly made it culturally as international as any nation in the world.

Japan has also been fully open to foreign technology and as a result has now become a world leader in science and technology. The same is true (1) its political and social institutions as well as its urban, industrialized life styles. Although there is much that is distinctively Japanese in the way people live, the general patterns of modern city life in Japan are basically much (2) those of life in any of the advanced democracies in the world.

It should be obvious to anyone that Japan is unquestionably a very international country. No one could argue that it must make its patterns of trade more international or that it needs to make its culture or its life style less Japanese and more Western. (エ) If Japan ( )(iii)( ) its Japanese identity, this (iv)( ) a great loss not only for it but for the whole

world. Japan's cultural distinctiveness enriches the world, and no one should wish to see it disappear like some endangered species of animal. That certainly
25 cannot be the meaning of the internationalization that people are talking about. They clearly have something quite different (3) mind.

When I speak of internationalization, (オ)I do not mean the changing of ( ) life styles but the development of internal new attitudes. Our motivations must be in step with the conditions of the time. (カ)For the two to be
30 out of kilter(注2) with each other is a recipe for disaster, as Germany and Japan discovered in the Second World War.

World conditions are constantly changing, and attitudes must change with them. (キ)If they do not, catastrophe(注3) is bound to follow. The attitude that now is most in need of change is the way we view the relationship of ourselves and our
35 countries to other lands. Not long ago it was possible to see ourselves simply as citizens of one country, and we regarded all other nations as potential enemies or at least hostile rivals. Such attitudes are dangerously (4) of date in a world in which the weapons of military destruction have become so terrible that their full (ク)use would destroy civilization and international economic relations have
40 become so complex and interdependent that (ケ)no country can stand ( ). We must see ourselves as citizens of a world community of nations which cooperate with one another for their common good. For Japan, which has become one of the economic giants of the world, (コ)these new attitudes have to include a willingness to play a much larger ( ) in world affairs than it has in the
45 past. This is the true meaning of internationalization and world citizenship.

Edwin O. Reischauer『真の国際化とは The Meaning of Internationalization』チャールズ・イー・タトル出版

(注1) the Occident = 西洋，欧米

(注2) out of kilter = かみ合わない

(注3) catastrophe = 大惨事

問 1. 問題本文中の空所(1)〜(4)に入れるのに最も適した語を下記の中からそれぞれ一つ選び，その記号をマークしなさい。

（解答番号は空所の番号と同じ。）

A．as　　B．in　　C．like
D．of　　E．out　　F．since

問 2. 問題本文中の下線部(ア)の意味に最も近いものを，下記の中から一つ選び，その記号をマークしなさい。（解答番号 5）

A．arrange in a particular way　　B．get rid of
C．give rise to　　D．put up with

問 3. 問題本文中の下線部(イ)，(ク)について，それぞれの問に答えなさい。

(イ) in･flu･ence と比較して，強勢（アクセント）の置かれる位置が同じものを下記の中から一つ選び，その記号をマークしなさい。（解答番号 6）

A．con･trib･ute　　B．dis･ap･pear
C．ob･vi･ous　　D．per･cent･age

(ク) この u<u>s</u>e に含まれる s と比較して，下線部の発音が同じものを下記の中から一つ選び，その記号をマークしなさい。（解答番号 7）

A．How can we manage the rapidly increa<u>s</u>ing population?
B．Nothing seems to have re<u>s</u>ulted from my efforts.
C．These hou<u>s</u>es were built 40 years ago.
D．We should help them recover from the di<u>s</u>aster.

問 4. 問題本文中の(ウ)の主旨が，次に示すとおりになるように，下記の語句を並べ替えて空所に入れるとき，（ i ）および（ ii ）の位置にくる語句を下記の中からそれぞれ一つ選び，その記号をマークしなさい。解答は（ i ）については解答番号 8 に，（ ii ）については解答番号 9 に，それぞれ一つずつマークすること。

「たとえば，日本人は，今日では自国の音楽と同じくらい西洋音楽に詳しく，おそらく西洋の大部分の国民に勝るとも劣らないくらい西洋音楽のことを知り抜いているであろう。」

(ウ) For example, Japanese are now (　　　)(　i　)(　　　) as with their own, and they probably have as (　ii　)(　　　) as do most of the peoples of the Occident.

A. a mastery of it　　B. as　　C. familiar
D. great　　E. with Western music

問 5. 問題本文中の下線部(エ)の主旨が，次に示すとおりになるように，下記の語を並べ替えて空所に入れるとき，(　iii　)および(　iv　)の位置にくる語を下記の中からそれぞれ一つ選び，その記号をマークしなさい。なお選択肢には，使用しない語が一つ含まれている。解答は(　iii　)については解答番号 10 に，(　iv　)については解答番号 11 に，それぞれ一つずつマークすること。

「もし日本が，その日本的アイデンティティを失うことがあろうものなら，それは日本のみならず世界全体にとって大きな損失となることであろう。」

(エ) If Japan (　　　)(　iii　)(　　　) its Japanese identity, this (　iv　)(　　　) a great loss not only for it but for the whole world.

A. be　　B. had　　C. lose
D. to　　E. were　　F. would

問 6. 問題本文中の下線部(オ)が本文の主旨に合うように，空所(　　　)に最も適した一語を，解答欄に記入しなさい。ただし語頭は e で始まるものとし，解答欄には語頭の文字も含めて記入すること。(解答番号 101)

問 7. 問題本文中の下線部(カ)に最も近い用法で for が用いられた文を，下記の中から一つ選び，その記号をマークしなさい。(解答番号 12)

A. During the interview he remained neutral and took a position neither for nor against the project.

B. <u>For</u> what purpose are you trying to make contact with my boss?

C. It would be difficult <u>for</u> those students to answer the question in such a short time.

D. She felt like crying but did not, <u>for</u> she needed to make her children feel safer.

問 8. 問題本文中の下線部(キ)の内容を正しく言い換えたものとして，最も適切なものを下記の中から一つ選び，その記号をマークしなさい。(解答番号 13)

A. If Germany and Japan alter their attitudes with the changing international relations of the world

B. If people fail to force the world conditions to shift in the right direction

C. If attitudes remain rigid in spite of the changing world circumstances

D. If views of the world situation are constantly negative

問 9. 問題本文中の下線部(ケ)の内容が前後の文脈に合ったものとなるように，空所(　　)に入れるのに最も適した語を下記の中から一つ選び，その記号をマークしなさい。(解答番号 14)

A. alone　　B. by　　C. out　　D. up

問10. 問題本文中の下線部(コ)の内容が前後の文脈に合ったものとなるように，空所(　　)に入れるのに最も適した一語を，解答欄に記入しなさい。

(解答番号 102)

問11. 次のA～Fの中から問題本文の内容と<u>一致するもの</u>を<u>一つ</u>選び，その記号をマークしなさい。(解答番号 15)

A. 国際化と西洋化を同一視している日本人が多いのは，自分たちの生活様式や価値観に対する昔からの劣等感をぬぐえないせいである。

B. 日本は外国文化に対して世界で最も開かれてきた国ではあるが，それでもまだ不十分であり，自分たちの生活様式や価値観をなお一層西洋化する必要があると考えている日本人は依然として多い。

C．外来文化の摂取は，日本文化を豊かなものにしたが，同時に，いくつかの分野では，文化的活力の衰退をもたらすことになった。

D．現代日本の都市の生活様式は，積極的に先進国の科学技術を採用しているため，日本独特の生活様式は完全に失われてしまった。

E．真の国際化とは，生活様式のさらなる国際化を積極的に進め，絶えず変化する国際情勢に合わせながら自国の利益を優先する新しい考え方を模索することを意味している。

F．少し前までならわれわれは自分たちを一国の市民であると考えることができたので，他の国々については潜在的な敵か，少なくとも敵意を持つライバルであるとみなしていた。

全訳

≪「国際化」の真の意味≫

「国際化」ということを定義しようとする場合，一つの深刻な誤解を最初に片付けなければならない。日本人の多くは，国際化とは日本人の生活スタイルと価値観を西洋化することであると考えている。彼らが，このような西洋化は必要ではないと考え，またすでに日本は外国からの影響に世界で最も開かれた国であることを示してきたと感じるのはまったく当然のことである。日本人はかつて，中国文化を存分に吸収した。そして近年では，西洋文化の影響がこの国に流れ込んできている。たとえば，日本人は，今日では自国の音楽と同じくらい西洋音楽に親しんでおり，おそらく西洋の大部分の人々に勝るとも劣らないくらい西洋音楽のことを知り抜いているだろう。中国絵画や西洋文学のような外国の文化の影響は日本を大いに豊かにし，文化的に日本は世界のどの国にも劣らず国際的となっているのは確かである。

日本はこれまで外国の科学技術にも完全に門戸を開いてきた。結果として，現在では科学と科学技術の分野の世界的リーダーとなっている。同じことは，都会化し工業化されたライフスタイルと同様に，政治・社会制度にもあてはまる。人々の生活様式には独特で日本的なところが多くあるけれども，日本における現代的都市生活の一般的なパターンは，基本的には世界のどの先進，民主主義社会のパターンとも基本的にはよく似ている。

日本が疑いもなく極めて国際的な国であることは誰にとっても明らかであるはずだ。日本は貿易の形態をもっと国際化しなければならないと論じる者や，文化や生活スタイルを非日本化し西洋化する必要があると論じる者もいないだろう。もし日本が，その日本的アイデンティティを失うようなことがあれば，それは日本のみならず世界全体にとって大きな損失となることであろう。日本の文化的独自性は世界を豊かなものにしており，絶滅危惧種のように消滅することなど誰も望んではいないはずだ。人々によって語られる国際化の意味がそのようなものであるはずがない。明らかにまったく異なる何かが想定されているのである。

私が国際化という場合，外見的な生活スタイルを変えることではなく，新しい内面的な見方を身につけることを意味する。我々の動機づけは時代の諸状況に調和しなければならない。第二次世界大戦で日本とドイツが思い知ったように，この2つがお互いにかみ合わないことは惨禍のもととなる。

世界の諸状況は常に変化しているので，それらとともに考え方も変化しなければならない。そうでなければ，大惨事が続くことになるのだ。現在，最も変化が必要とされる考え方は，我々自身および自国と他国との関係についての見方である。つい最近までは，我々は自らを一国の市民としてだけ見ることが可能であった。そして他国の人のことをすべて潜在的な敵，あるいは少なくとも敵意のある競争相手と見なしていた。そのような考え方は，軍事的破壊兵器が恐ろしく強力で，その全面使用が文明を破壊してしまうような世界，そして国際的な経済関係が極めて複雑で相互に依存し合っており，いかなる国も単独では存在できない世界においては，危険なほど時代遅れなのである。我々は，自らを，共通の利益のためにお互いに協力し合う国家群からなる世界的共同体の市民と見なさなければならない。世界の経済大国の一つとなった日本にとって，これらの新しい考え方は，国際問題において以前よりもずっと大きな役割を果たすという意欲を含むものでなければならない。これこそ国際化と世界市民であることの本来の意味なのである。

●語句・構文

第1段落

□ *l.* 1　in *doing*「～するときに」

□ *l.* 1　one serious misconception「一つの深刻な誤解」とは具体的に何かを以後で説明されると予想しないといけない。

□ *l.* 2　it = "internationalization"

□ *l.* 2　Many Japanese think it means the Westernization of Japanese life styles and values. が one serious misconception だ。

□ *l.* 3　rightly「(文修飾で) 当然のことだが」

□ *l.* 3　this は the Westernization of Japanese life styles and values のこと。

□ *l.* 4　show O to be C「O を C であると示す」

□ *l.* 4　be open to ～「～に開かれている，～を受け入れている」の open と to が離れ，open *A* to *B*「*B* に開かれた *A*」の形で使われている。

□ *l.* 5　時を示す表現が文頭にあると対比される可能性が高いが，ここは In earlier times と in recent years が対比を示していることを押さえよう。

□ *l.* 5　drink deeply of ～「～を大量に摂取する」と *l.*6 の pour into ～「～に注ぎ込まれる」は比喩表現となっている。どちらも液体にかかわる表現だ。

□ *l.* 6　the land は日本のことを言っている。land に「国」の意味がある。

□ *l.* 9　*A* such as *B*「*B* のような *A*」の *B* は *A* の具体例なので Foreign cultural influences の具体例が Chinese painting and Western literature ということになる。

□ *l.* 9　have greatly enriched … と have certainly made … を and で並列している。

□ *l.*10　have made が V，it が O，international が C。make O C は「O を C にする」の訳となる。

□ *l.*10　as ～ as any …「どの…にも劣らず～」は意味上最上級に近い表現。

第2段落

□ *l.*12　also は foreign technology にかかる。第1段落で外国の文化について述べていたので，「日本は外国の技術も十分受け入れている」となる。

☐ *l.* 12 as a result「その結果，結果として」は因果関係を表す重要熟語。

☐ *l.* 14 *A* as well as *B*「*B* 同様 *A*」の *A* は its political and social institutions，*B* は its urban, industrialized life styles だ。

☐ *l.* 14 industrialized は「産業化された」が直訳だが，「多様な産業を含んだ」の意味であることを理解しよう。industrialized countries は「先進工業国」となる。

☐ *l.* 15 much が先行詞，that … people live が関係代名詞節。主格となっている。また，the way が先行詞で people live が関係副詞節。

☐ *l.* 16 those は NOTE〈those の3つの用法〉を参照しよう。ここは(2) those＝the＋前出の名詞の複数形で the general patterns でもとに戻せる。

☐ *l.* 17 any は意外と面倒だ。ここは代名詞なので，代名詞用法をまとめよう。ここは肯定文で使われているので，直訳は「どれでも」となる。NOTE〈代名詞の any〉を参照しよう。

☐ *l.* 17 democracy は①「民主主義」，②「民主主義社会〔国家〕」の意味がある。ここは②の意味だ。

第3段落

☐ *l.* 18 should の後ろが be 動詞だと「～のはずだ」の意味である可能性が高い。

☐ *l.* 19 argue that S′ V′「～だと主張する」の that 節が2つある。that … international と that … Western だ。また，どちらの that 節中も make O C になっていることを確認せよ。

☐ *l.* 23 distinctiveness「特異性」

☐ *l.* 24 it＝Japan's cultural distinctiveness

☐ *l.* 24 endangered species「絶滅危惧種」

☐ *l.* 24 That は wish to see it disappear like some endangered species of animal の内容を受けると考えるのがいいだろう。

☐ *l.* 25 cannot「～のはずがない」

☐ *l.* 26 They は people のこと。

第4段落

☐ *l.* 27 speak of ～「～という表現を使う」

☐ *l.* 29 in step with ～「～と歩調を合わせて，～と調和して」

☐ *l.* 30 recipe for ～は「～の調理法，～の秘策」などの意味だが，「～の原因」と訳すことも可能だ。

☐ *l.* 30 この as を押さえよう。

> **NOTE 関係代名詞 as の一用法**
>
> ◇ John, as you know, has not been well lately.
> 「ご存知のように，ジョンは最近調子がよくない」
>
> ☆ as you know「ご存知のように」や as I explained「説明したように」，as Einstein once said「アインシュタインがかつて言ったように」のような表現は，どれもすでに知っていること，かつて述べたことを言うために使われる。この as は関係代名詞で，他動詞の目的語が欠けていることから関係代名詞だと判断できる。上の例で言えば，John has not been well lately が先行詞となる。

ここも discovered の目的語が欠けているので，この as は「～するように」と訳すことが可能だ。

第5段落

□ *l*.32 attitude は「態度」ではなく「考え方，見解」くらいの訳をしたほうがいい。

□ *l*.32 with は「～にともなって，～とともに」の意味。

□ *l*.33 be bound to *do* は重要熟語だ。

NOTE be bound to *do* の2つの意味

①「きっと〔確実に〕～する」

◇ Your plan is bound to succeed.「君の計画はきっと成功するよ」

②「(法律などによって)～する義務がある」

◇ He is legally bound to appear in court.
「彼は法的に裁判所に出廷の義務がある」

☆①の主語は「もの」が多く，②の主語は「人」となる。また，①の *do* は主語の意志が働かない動詞となる。

問題文は catastrophe と「もの」が主語で，follow「結果として生じる」は主語の意志が働かない動詞なので①の意味だ。

□ *l*.33 文全体の構造を把握しよう。

The attitude (S（先行詞）) [that (関代) now is most in need of change] is (V) the way (C（先）) [we (S′) view (V′) the relationship of ourselves and our countries to other lands (O′)].

全体は SVC，the way が先行詞で「～する方法」の使い方があるのは基本。

□ *l*.34 be in need of ～「～を必要としている」は一語で言えば need という動詞で書き換えられる。

□ *l*.34 the relationship of *A* to *B*「*A* の *B* との関係」

□ *l*.35 *l*.6 で述べたように land に「国」の意味がある。other lands は「他の国，外国」となる。

□ *l*.35 *l*.5 で Not long ago のような時を示す表現が文頭にあると対比を考えるといいと述べた。ここは *l*.37 の Such attitudes are dangerously … のところと対比されている。確認してみよう。

□ *l*.35 see O as C「O を C と見なす」

□ *l*.36 regard O as C「O を C と見なす」

□ *l*.36 or at least は少し難しいが真の意味を覚えよう。

CHECK *A* or at least *B*「*A* 少なくとも *B*」の真の意味

◇ Beautiful women die young, or at least suffer bad luck.
「美しい女性は若くして死ぬ，少なくとも不運を被る」

㊟ 話者〔筆者〕が *A* を言い過ぎたと思い，*B* が妥当だと感じているときに使う表現だ。「若くして死ぬ」というのは言い過ぎで，「不運を被る」あたりが妥当だと考えているということだ。ちなみに，上の文は「美人薄命」と訳せる。

ここも potential enemies は言い過ぎで，hostile rivals と表現するのが妥当だと思っていることになる。確かに「潜在的な敵」は過激で，「敵対するライバル」は少し穏健な言い回しであろう。

□ *l*. 37 a world が先行詞で in which … stand (　　　)，までが関係代名詞節。関係代名詞節を簡単に分析しよう。

… the weapons of military destruction (S′) have become (V′) [so] terrible (C′) ([that] their full use …) [and] international economic relations (S′) have become (V′) [so] complex and interdependent (C′) ([that] no country …).

and の前後は SVC になっていて，どちらも so ～ that 構文になっている。

□ *l*. 40 interdependent「相互依存の」の inter は「相互に」の意味の接頭辞で，dependent は「依存した」の意味。

□ *l*. 41 a world community of nations「諸国からなる世界共同体」

□ *l*. 41 which の先行詞は cooperate に三単現の s がないので，複数形の nations となる。

□ *l*. 41 cooperate with ～「～と協力する」

□ *l*. 42 one another「お互いに」(＝each other)

□ *l*. 42 common good「公益」

□ *l*. 42 For「～にとって」

□ *l*. 45 This は前文（For Japan …）の内容を受けると考えるといい。

□ *l*. 45 world citizenship「世界市民権」

解 説

問 1

1．**正解はD**。be true of ～ についてまとめてみよう。

> **CHECK** be〔hold〕true for〔of〕～「～にあてはまる」
> ◇The students are excited and the same is true for the teachers.
> 「生徒たちは興奮していて，同じことが教師たちにもあてはまる」
> ㊜ 主語は the same や this，that などで，前に述べたことが主語となるのが基本。

ここも主語は The same だ。

2．**正解はC**。次の規則もヒントにするといい。

> **NOTE** 指示代名詞の that や those の前にある表現
> 指示代名詞の that や those の前には比較（as ～ as や比較級＋than），「似ている」，「違う」を意味するものがくるのが基本だ。
> ◇The population of Tokyo is larger than that of Osaka.
> 「東京の人口は大阪の人口より多い」
> ◇Do his fingerprints match those found at the murder site？
> 「彼の指紋は殺人現場で発見されたものと一致するか？」

空所の直後に those があるので，空所は「似ている」を表す like が正解。空所の前にある much をヒントにすることも可能。much は like と相性がいい。much は後ろに「似ている」や「同じ」を表す語があると「ほとんど，およそ」の意味になる。

3．**正解はB**。in mind と on *one's* mind の違いを含めてこの熟語を覚えよう。

> **CHECK** **in mind と on *one's* mind の違い**
> in mind「考えていて，念頭に置いていて，計画していて」
> ◇ The papers should give you a rough idea of what I have in mind.
> 「この書類を読めば私が何を考えているかだいたいわかるはずだ」
> ㊂ have ～ in mind「～を考えている，念頭に置いている」や with ～ in mind「～を念頭に置いて」の使い方が多いが，keep〔bear〕～ in mind は「～を心に留めておく」の意味。
> on *one's* mind「気にかけていて，心配していて」
> ◇ He looked as if he had something on his mind.
> 「彼は何か気にかけている様子だった」

空所の前後は「彼らは明らかにかなり違うことを念頭に置いている」となる。ちなみに，「かなり違うこと」とは前文（That certainly …）の That とは違うことを考えていると言っているのだ。

4．**正解はE**。空所の前の Such attitudes「そのような考え方」は同段落第４文（Not long …）の考え方だ。他のすべての国を潜在的な敵と見なすような考え方は，兵器が文明を破壊できるほど発達し，経済関係が相互依存の現状では out of date で「時代遅れの」となるだろう。反意表現の up to date「最新の」を含めて重要熟語だ。

問２

A．「～をある特定の方法で調整する」

B．「～を取り除く」

C．「～を引き起こす」

D．「～をがまんする」

正解はB。dispose of ～ は「～を処分する，取り除く」の意味の重要熟語。これは知識問題。

問３

(イ)**正解はC**。

ínfluence は第１音節にアクセントがある。contríbute と percéntage は第２音節，disappéar は第３音節，óbvious は第１音節なので，Cが正解。

(ク)A．「急速に増加している人口に私たちはどのようにして対処できるのか？」

B．「私の努力からは何も生じなかったようだ」

C．「こういった家々は40年前に建てられた」

D.「私たちは彼らがその災害から回復するのを助けるべきだ」

正解はA。 use は動詞「〜を使う」は［ju:z］となるが，名詞「使用」は［ju:s］となる。動詞は［ズ］と濁るが，名詞は［ス］と濁らないということ。下線部は their full の後ろなので名詞。［s］と発音するので，Aが正解。その他は［z］の発音となる。

問4　i の**正解はC**，ii の**正解はD**。以下の部分をしっかり意識しよう。

For example, Japanese are now as familiar with Western music as with their own, and they probably have as great a mastery of it as do most of the peoples of the Occident.

まずは be familiar with 〜「〜に精通している，〜をよく知っている」の重要表現がある。また，次の規則をしっかり意識しよう。

POINT!　比較やそれに類する表現の比較対象

「as 〜 as …」や「比較級」の前後の比較対象は同類がくるが，それに類する表現の前後（例えば *A* be different from *B*「*A* は *B* と違う」，*A* be similar to *B*「*A* は *B* と似ている」，compare *A* with *B*「*A* を *B* と比較する」，replace *A* with *B*「*A* を *B* と取り替える」などの *A* と *B*）も同類となる。

◇ His watch is similar to mine.
「彼の時計は私のと似ている」

比較の as 〜 as … の〜と…が with Western music と with their own と…にも with が必要であることに注意せよ。また，比較の対象は同類なわけだから，own の後ろは music が省略されている。「西洋人の音楽」と「彼ら自身の音楽」ということだ。and の後ろの節は　　　の部分が比較対象なので同類となる。「西洋の諸国民のほとんど」と同類にするには，they は Japanese「日本人」とするしかない。また，great a mastery の語順は重要。

NOTE　「形容詞＋a(n)＋可算名詞」の語順になる場合

◇ He is so tall a man that he can reach the ceiling.
「彼はとても背が高い人なので天井に手が届く」

◇ She is as beautiful a woman as ever lived.
「彼女は古来まれに見るほど美しい女性だ」

☆前に so，as，too，how があると，その後ろを「a(n)＋形容詞＋可算名詞」にする場合，「形容詞＋a(n)＋可算名詞」としなければならない。

☆ so，as，too，how は原則後ろに「形容詞＋可算名詞複数形」，「形容詞＋不可算名詞単数形」を取ることはできない。How beautiful a flower this is !「これはなんて美しい花なんだ！」とは言えるが，How beautiful flowers these are ! とは言えない。

ここも前に as があるので great a mastery の語順になっている。it は「西洋音楽」で have a mastery of 〜 は「〜に精通している」くらいの意味。さらに，do most of the peoples of the Occident の部分も押さえておこう。

NOTE as, than の後ろの倒置
as, than の後ろは任意で倒置されることがある。倒置される場合,「助動詞〔be 動詞, do〔does, did〕〕+S ～」となるのが原則である。
◇She is fond of going to parties as was her mother when she was young.
「彼女は母親の若いころと同じように,パーティーに行くのが好きだ」
㊟ as の後ろをもとに戻すと her mother was (fond of going to parties) となる。
◇People in industrialized countries have more allergies than do people from less developed countries with lower hygiene standards.
「先進工業国の人々は,より衛生水準の低い発展途上国の人々よりアレルギーが多い」
㊟ than の後ろをもとに戻すと people from ～ do となり,この do は代動詞と呼ばれ,ここでは have allergies の代わりとなっている。

as の後ろが倒置されているのだ。do は have の代わりになっていて,most of the peoples of the Occident が S′,do が V′ となっている。

問 5　iii の**正解は D**,iv の**正解は F**。If S′ were to *do*, S would *do*. は通例,未来において可能性が低いことを仮定する形で,あくまで想像上の話なのだ。将来日本が日本的アイデンティティを失う可能性は低いと思っているのだ。ちなみに,this は If 節の内容を受け,not only *A* but *B* は「*A* ばかりでなく *B* も」の意味。it は Japan だ。

問 6　**正解は external**。下線部が not *A* but *B*「*A* ではなく *B*」となっているのがヒント。*A* と *B* は反対の内容になっている可能性がある。図解すると以下のようになるであろう。

I do not mean the changing of (　　　) **life styles** but the development of internal new **attitudes**.

また,太字の「生活様式」は外面的なもので,attitudes「考え方」は内面的なものだと判断する。attitude は行動で示されるものなので,確かに「態度」という訳になるが,意見や気持ちを行動として表しているので,意外と「考え方,見方」くらいの訳をしたほうがいいことも多い。外面的には「態度」,内面的には「考え方,見方」の訳となると考えよう。問題文は internationalization という概念をどう見るかという話なので,内面的な訳となる。　　　が反意語ということになりそうだ。internal に対する external ということになる。

問 7　A.「インタビューの間彼はずっと中立でそのプロジェクトに賛成の立場も反対の立場も取らなかった」

B.「あなたはどんな目的で私のボスに連絡を取ろうとしているのですか?」

C.「あの生徒たちがそのような短い時間でその質問に答えるのは難しいであろう」

D.「彼女は泣きたい気分であったがそうしなかった,というのも子供たちにより安全だと感じさせる必要があったからだ」

正解はC。For the two が不定詞の意味上の主語，to be out of kilter with each other が不定詞の名詞的用法「～すること」となる。「その２つがお互いかみ合わないことは災難の原因となる」という意味だ。文頭に For があるのは違和感があるかもしれない。It is necessary for you to see a doctor.「君は医者に診てもらう必要がある」のような使い方が普通なのだが，たまには見かけると思っておくといいだろう。

問８　A.「もしドイツと日本が変わりつつある世界の国際関係に伴って自らの考え方を変えるなら」

B.「もし人々が世界の状況を正しい方向に移行させることができないなら」

C.「もし変わりつつある世界の状況にもかかわらず考え方が硬直したままであるなら」

D.「もし世界の状況の見方が絶えず否定的なら」

正解はC。they は attitudes で，do not の後ろは change with them の省略だ。them は World conditions なので，直訳は「もし考え方が世界の状況に伴って変化しなければ」となる。前文脈で「世界の状況」は絶えず変化しているとあるので，すべてを加味するとCが最適だとわかるであろう。

問９　**正解はA**。空所の後ろでは，私たちはお互いに協力し合う世界共同体の一員だと考えないといけないと言っている。stand alone は「一人で立っている」が直訳だが，「独立している」の意味がある。下線部とその前を訳すと「国家間の経済関係は複雑で相互依存なので，どの国も独立していることはできない」のようになる。

問10　**正解は part〔role〕**。play a ～ part〔role〕in …「…において～な役割を果たす」の意味の最重要熟語がポイント。ちなみに，たとえば play a major role「重要な役割を果たす」と言っても，どんな分野でかを伝えないとあまり意味がない熟語だ。何が言いたいかというと，in … を意識することが重要ということだ。下線部も in world affairs とちゃんと in がある。下線部をもう少し説明すると，these new attitudes は前文（We must …）の内容。a willingness to *do* は「進んで～する意思」くらいの意味。it は Japan で has の後ろには played a large part〔role〕が省略されていたと考えるのがいい。has played は現在完了形。

問11　**正解はF**。第５段落第４文（Not long …）が該当箇所。明確に本文の内容と違っている部分はない。

Aは第１段落第２・３文（Many Japanese …）が該当箇所。「劣等感をぬぐえない」の記述はない。

Bも第１段落第２・３文（Many Japanese …）が該当箇所だろう。ただ，「それでも…依然として多い」とは書かれていない。

Cは第１段落最終文（Foreign cultural …）が該当箇所。「外来文化の摂取は，日本文化を豊かなものにした」とは書かれているが，後半の「同時に…衰退をもたらすことになった」の部分の記述はない。

Dは第2段落全体（Japan has …）が該当箇所。「日本独特の生活様式は完全に失われてしまった」は第3文 there is much that is distinctively Japanese in the way people live「人々の生活の仕方には独特で日本的なものが多くある」の部分と矛盾するので不可だ。

Eは第5段落第6～最終文（We must …）を該当箇所とするといいだろう。「私たちは私たち自身を公益のためにお互い協力する諸国からなる世界共同体の市民だと見なさなければならない」とあるので，選択肢の「自国の利益を優先する」は筆者の意見に反する。また，選択肢の「生活様式のさらなる国際化を積極的に進め」の部分は，本文には明確に述べられていない。「世界情勢においてかつてよりはるかに大きな役割を積極的に果たすことを含まなければならない」とは書かれているが，生活様式の話ではない。

解答

問1．1－D　2－C　3－B　4－E

問2．B

問3．(イ)－C　(ク)－A

問4．i－C　ii－D

問5．iii－D　iv－F

問6．external

問7．C

問8．C

問9．A

問10．part〔role〕

問11．F

18

2018年度 総合数理学部〔I〕

目標解答時間 25分

ポイント

英文のレベルは明治大学としては標準的で，設問も多岐にわたり，受験生の総合力を問うには最適だ。

次の英文を読んで設問に答えなさい。

Risks are all around us. A nearby sneeze may raise your risk of catching the flu. Being overweight boosts the odds you'll get diabetes.* Smoking increases your risk for many kinds of cancer. And if you pay attention to news headlines, you may worry that you're at risk of food poisoning, Zika infection,* shark attacks, and more. How can you know which health risks apply to you? (5)

Health risks can sometimes be confusing, but they're important to understand. Knowing the risks you and your family face can help you find ways to avoid health problems. It can also keep you from worrying over unlikely threats. Using the advice of your doctor and knowing the risks and benefits of a medical treatment can help you make informed decisions. (10)

"Understanding health risks is key to making your own health care decisions," says Dr. William Elwood, a psychologist and behavioral scientist at the National Institute of Health (NIH). "It gives you perspective on potential harms and benefits so you can make smart choices based on facts and not fears."

(15) [ア] A health risk is the chance (A) that something will harm or otherwise affect your health. Risk doesn't mean that something bad will definitely happen. It's just a possibility. Several characteristics, called risk factors, affect whether your health risks are high or low.

Your personal health risk factors include your age, sex, family health history, (20) lifestyle, and more. Some risk factors can't be changed, such as your genes or ethnicity; ___(B)___ are within your control, like your diet, physical activity, and whether you wear a seatbelt.

[イ] When you see health statistics, consider the types of people being described. If they're not similar to you, or if the category is very broad, then your risks may be different. A general statement like "More than half of Americans over age 45 will develop heart disease at some point" is based on a statistical ___(C)___ across the entire U.S. population. If you're younger than 45, your heart disease risk will generally be much lower. The more risk factors you have (e.g., smoking, high blood pressure, or diabetes), the greater your risk. Exercise and a healthy diet, on the other hand, can make your chance of developing heart disease lower than for most other people. 25 30

"In many ways, our perception of risk is irrational," says Elwood. "We sometimes worry over something that's extremely unlikely, like an outbreak of Ebola disease* in the U.S. And we ignore steps we can take to prevent what's much more likely to harm us, like heart disease or cancer." 35

[ウ] Even doctors sometimes have trouble with risk concepts. That's why the NIH supports research to improve how medical staff and others communicate health risks and prevention strategies to patients and the public.

"Math in general is hard for a lot of people. Yet math is often hidden in everyday activities that affect our health," says Dr. Russell Rothman, a physician and scientist at Vanderbilt University in Nashville. Rothman's research focuses on helping people understand and work with numbers so they can reduce their risks of diabetes and excess weight, including childhood obesity.* 40

[エ] Studies show that the way we hear and understand health statistics can be influenced by how the numbers are described, or how they're "framed." Different descriptions can affect how clear the information is and also what emotions it stirs. For example, a statement such as "More than 20% of Americans will eventually die of cancer" might sound less scary from a different perspective: "Nearly 80% of Americans will not die of cancer." The same information might seem clearer described as a ratio: "More than ___(D)___ eventually." Research shows that pictures or diagrams are often the most understandable — for instance, showing five human figures with one in a 45 50 different color.

How then can we obtain reliable information about health risks? Start by
55 talking with your doctor about your health risks. Ask how you can reduce your risks. And look to trustworthy websites for reliable health information.

*diabetes 糖尿病 *Zika infection ジカ感染
*Ebola disease エボラ出血熱 *obesity 肥満

(Adapted from 'Understanding Health Risks: Improve Your Chances for Good Health', *NIH News in Health*, October 2016)

1. 次の各問の答を①～④の中から１つ選び，その番号を解答欄にマークしなさい。

(1) 下線部(A) chance の具体的な内容に最も近いものはどれか。

① conception ② likelihood ③ odd ④ capability

(2) 空欄(B)に入る最も適切なものは次のどれか。

① another ② some ③ the others ④ others

(3) 空欄(C)に入る最も適切なものは次のどれか。

① average ② center ③ validity ④ software

(4) What information is NOT given in the passage?

① You are likely to avoid obesity if you study mathematics.
② You might get diabetes if you gain weight.
③ Your risk of cancer is likely to increase if you smoke.
④ You might catch the flu if a bystander sneezes.

(5) The author of the passage states that how the numbers are described or framed is significant. Why is it significant?

① Because it can get rid of our boredom.

② Because we need to better understand what numbers show.

③ Because we need to be good with numbers.

④ Because it serves to lower the risk of developing heart disease.

(6) According to the passage, what should we primarily do to know about our health risks?

① Exercise and follow a healthy diet

② Consult a doctor

③ Take a different perspective

④ Work with numbers

(7) Which of the following is consistent with the passage?

① Genes are one controllable factor to reduce health risks.

② Dr. William Elwood, a physician at the NIH, states that knowing health risks enables you to make good health care decisions.

③ In the U.S., heart disease is quite as likely as Ebola.

④ Risk is a matter not of certainty but of possibility.

2. この英文に次の1文を入れる，最も適切な場所はどこか。

Talking about health risks can make them more understandable.

① [ア]　② [イ]　③ [ウ]　④ [エ]

3. 空欄(D)には，(ア)〜(ク)の語句全てを用いて並び替えた英文が入る。3番目と6番目にくる単語および語句の組みあわせで適当なものを1つ選び，その番号を解答欄にマークしなさい。

(ア) in	(イ) of	(ウ) one	(エ) die
(オ) will	(カ) five	(キ) cancer	(ク) Americans

① 3番目 キ　6番目 ク

② 3番目 イ 6番目 ウ

③ 3番目 カ 6番目 エ

④ 3番目 ア 6番目 オ

全訳

≪健康リスクをどう評価するか≫

リスクは我々の周りのあらゆるところにある。近くのくしゃみがインフルエンザの感染リスクを高めるかもしれない。体重過多は糖尿病に罹患する確率を高める。喫煙は多くの種類のがんのリスクを増大させる。ニュースの見出しに注意を払えば自分が食中毒，ジカ感染，サメの攻撃などのリスクにさらされていると心配するかもしれない。どの健康リスクが自分に当てはまるのかどうすればわかるであろうか。

健康リスクはときどき紛らわしいことがあるが，それらを理解することは重要である。自分や家族が直面しているリスクを知ることは健康に関する問題を避ける道を見つける手助けとなりうる。それはまた起こりそうもない脅威について悩まないようにしてくれることがある。医者のアドバイスを利用して医療措置のリスクと恩恵を知ることは，正しい結論を下すことに役立ちうるのだ。

「健康リスクを知ることは自分の医療上の決断を下す鍵となるのです」と国立衛生研究所（NIH）の心理学者であり行動科学者であるウィリアム=エルウッド博士は語る。「それは潜在的な害と利益に対する見通しを与えてくれるので，恐れではなく事実に基づいた賢い選択ができるのです」

健康リスクとは，何かが健康に害あるいはその他の影響を与えるという可能性である。リスクは何か悪いことが必ず起こるということを意味しない。それは可能性にすぎないのだ。リスク・ファクターと呼ばれるいくつかの特徴が，健康リスクが高いか低いかに影響するのだ。

個人的な健康上のリスク・ファクターには年齢，性別，家族歴，ライフスタイルなどが含まれる。遺伝子や民族性のように変えられないリスク・ファクターもある。食事や身体活動，シートベルトの着用のように自分でコントロールできるものもある。

健康統計を見るときはどのタイプの人間について述べられているか考慮しなさい。もしあなたに似ていなかったり，分類の枠が非常に広かったりする場合は，あなたのリスクは異なるかもしれない。「45歳以上のアメリカ人の半分以上がある時点で心臓疾患にかかる」という大まかな言説は合衆国全体を通じた統計的平均値に基づいている。もしあなたが45歳未満だったら，あなたの心臓疾患リスクはたいてい，はるかに低いであろう。喫煙，高血圧，糖尿病のようなリスク・ファクターを持てば持つほど，リスクは高まる。他方，運動や健康的な食事は心臓疾患にかかる可能性を他の大半の人たちより下げてくれるかもしれない。

「多くの点で，私たちのリスク認識は不合理なのです」とエルウッドは述べる。「私たちはときに，きわめて可能性の低いことで悩みます。合衆国でのエボラ出血熱の発生というように。そして心臓疾患やがんのような，私たちに害を与える可能性がはるかに高いものを防ぐために取れる措置を無視してしまうのです」

健康リスクはそれについて話すことで理解しやすくなることがある。医者でさえときにはリスクという概念に苦労している。そういうわけでNIHは医療スタッフなどが健康リスクとその防止戦略を患者と公衆に伝えるやり方を向上させる研究をサポートしているのだ。

「一般的に数学は多くの人にとって難解です。しかし数学はしばしば我々の健康に影響を及ぼす日々の活動の背後に隠れているのです」とナッシュビルのヴァンダービルト大学の内科医で科学者のラッセル=ロスマン博士は述べる。ロスマンの研究は，人々が糖尿病のリスクと子供の肥満を含む体重超過を軽減できるよう数字を理解し，それらに取り組むことを促進することに焦点を当てている。

研究によれば，我々が健康統計を聞いたり理解したりするやり方は，その数字がどのように説明されるか，あるいはいかにそれらが「枠にはめられるか」に影響されうる。異なった説明はその情報の明確さの程度やそれがどのような感情を引き起こすかにも影響を与える可能性がある。たとえば「アメリカ人の20%以上が最後にはがんで亡くなる」という言説は，「80%近くのアメリカ人はがんでは亡くならない」というように別の見方をすると，恐ろしい響きが減るかもしれない。同じ情報は割合で説明されるとより明確に感じられるかもしれない。たとえば「アメリカ人の5人に1人以上が最終的にがんで亡くなる」というように。研究によれば絵や図表は多くの場合，最もわかりやすいものである。たとえば5人の人間の図を1人だけ色を変えて示す，というようにである。

それでは健康リスクに関する信頼できる情報を我々はどうすれば手に入れることができるのであろうか。あなたの健康リスクについて医者と話すことから始めなさい。どうすればリスクを軽減することができるか尋ねてみなさい。そして信頼するに足るサイトに，信頼できる健康情報を求めなさい。

●語句・構文

第1段落

□ *l.* 1　sneeze「くしゃみ」

□ *l.* 1　catch「～(風邪，インフルエンザなど) に感染する，かかる」

□ *l.* 2　Being 以下を分析してみよう。

〈Being overweight〉(S) boosts(V) the odds(O) 〈(that) you'll get diabetes〉(同格).

Being は動名詞，odds は「見込み，可能性」の意味で，よく同格の that「～という」を伴う。同格の that はまれに省略できるので，ここは that の省略を見抜く。get は「～(病気) になる」の意味がある。

□ *l.* 3　pay attention to ～「～に注意を払う」は基本熟語。

□ *l.* 3　news headlines「ニュースの見出し」

□ *l.* 4　at risk of ～「～の危険にさらされて」の目的語は① food poisoning, ② Zika infection, ③ shark attacks, and ④ more の4つだ。

□ *l.* 5　How can you know ～？は修辞疑問文だ。

POINT!　**修辞疑問文について**

(1)修辞疑問文の肯定・否定

◇ How can I leave you alone ?
「どうして君をひとりにしておけるものか」

◇ Didn't I tell you that ?
「君にそのことを言わなかったっけ」

㊫ 肯定の修辞疑問文は否定の意味になり，否定の修辞疑問文は肯定の意味になる。したがって，第1例は「君をひとりにしておけない」という否定的な意味になり，第2例は「そのことを言った」という肯定的な意味になる。

⑵修辞疑問文で使われやすい語

① who，what，how などの疑問詞

② can，should などの助動詞

◇ How can I take your picture if you don't hold still?
「じっとしていなければどうして君の写真が撮れようか」

⑶修辞疑問文の終わり方

修辞疑問文は形としては疑問文であるが，意味は肯定か否定の平叙文と同じなので，その後は話題が変わることが多い。純粋な疑問文には普通答えがあるが，ある意味断定的に述べて終わるのである。

ここも「どうして～できようか（いやできない)」となる。

□ *l.* 5 apply to ～ について学ぼう。

NOTE apply to ～ の2つの意味

①「～(機関など) に申し込む」

◇ You need to apply to the local authority for a grant.
「地方自治体に奨学金を申し込む」

②「～に当てはまる」

◇ These rules apply to every student in the school.
「これらの規則は学校のすべての生徒に当てはまる」

☆「人」が主語なら①，「もの」が主語なら②だと考えるといい。また，②の主語は the same や this，that などで，前に述べたことが主語となるのが基本。

ここは which health risks と「もの」が主語なので「～に当てはまる」の意味。

第2段落

□ *l.* 6 can sometimes *do*「時には～することがある」の can は「(理論上の可能性を表して)～する可能性がある，～することがある」の意味。can often *do*「しばしば～することがある」となることもある。

□ *l.* 6 they're important to understand には重要な文法事項が含まれている。

NOTE S＋be 動詞＋形容詞 *A*＋to *do*.「Sが～するのは *A* だ」の構文

S＋be 動詞＋形容詞 *A* ＋to *do*. の構文は *do* の目的語が欠けていないといけない。

◇ Japanese is difficult to learn.
＝It is difficult to learn Japanese.
「日本語は学ぶのが難しい」

◇ This river is dangerous to swim in.
＝It is dangerous to swim in this river.
「この川は泳ぐのが危険だ」

㊫ 上の例では，それぞれ他動詞の learn，自動詞＋前置詞である swim in の目的語が欠けている。また，この構文は形式主語の It を使って書き換えることができる。その際は learn Japanese，swim in this river と通常の語順となっている。

㊫ この構文で使われる形容詞 *A* は easy，difficult，hard，impossible，dangerous，pleasant などがある。

understand の目的語は they（＝Health risks）のことだ。

□ *l.* 7　構造を理解しよう。

〈Knowing the risks［you and your family face］〉 can help you find ways …
S　(先行詞)　S′　V′　V　O　*do*

knowing は動名詞で，face は「～(問題，困難など）に直面する」の意味の重要動詞だ。また，help *A do*「*A* が～するのに役立つ」となる。

□ *l.* 8　It は以下の規則から特定しよう。

> **POINT!　主語の位置に人称代名詞がある場合**
> 主語の位置に人称代名詞がある場合，その人称代名詞は前文の主語を受ける可能性が一番高い。

It は前文の主語である Knowing the risks you and your family face を受けている。

□ *l.* 8　keep *A* from *doing*「*A* が～するのを妨げる」

□ *l.* 8　worry about〔over〕～「～について心配する」

□ *l.* 9　Using the advice of your doctor と knowing the risks and benefits of a medical treatment を and でつないでいる。

□ *l.*10　informed「よく理解したうえでの，情報に基づく」

第3段落

□ *l.*11　be key to ～「～にとって重要だ」

□ *l.*11　health care「医療」

□ *l.*12　a psychologist and behavioral scientist の and は「兼」くらいの訳となる。つまり，2人の学者がいるのではなく兼任ということだ。

□ *l.*13　この It も前文の主語である Understanding health risks を受けている。

□ *l.*13　perspective on ～「～についての大局観」

□ *l.*14　so (that) S′ can *do*「S′ が～できるように」(目的)

□ *l.*14　smart「賢い，賢明な」

□ *l.*14　based on ～「～に基づいた」

第4段落

□ *l.*15　ここの otherwise は affect という動詞を修飾するので「別の方法で，違ったふうに」の意味。

□ *l.*17　just は only の意味になることが多い。ここもそうだ。

□ *l.*17　called risk factors はコンマではさまれているので分詞構文。「リスク要因と呼ばれているが」くらいの訳でいいだろう。

□ *l.*17　affect の後ろにある whether ～ は名詞節なので「～かどうか」の訳。

第5段落

□ *l.*20　*A* such as *B*「*B* のような *A*」の *B* は *A* の具体例なので，*B* は your genes or ethnicity で，*A* は Some risk factors だ。

□ *l.*21　within *one's* control「～が制御できる」

□ *l.*21　*A* like *B*「*B* のような *A*」も *A* such as *B* と同じ関係になりえる。＿(B)＿が *A* で your diet, physical activity, and whether you wear a seatbelt が *B* だ。

□ *l.*21 diet を簡単にまとめよう。

CHECK diet の意味
名 ①「(治療，減量のための）ダイエット」
◇ be〔go〕on a diet「ダイエットしている〔する〕」
②「(栄養面から見た日常の）食事，飲食物」
◇ a balanced diet「バランスの取れた食事」
③「(the Diet で日本などの）国会」
☆入試の評論文では②が圧倒的に多い。

ここは②の意味だ。

第6段落

□ *l.*23 statistics は①「統計学」，②「統計（の数字)」の意味があり，ここは②の意味だ。

□ *l.*23 たとえば a kind of ～ は「ある種の～」の意味だが，the kind of ～ となれば後ろで限定されることになる。ここの the types of ～ も同じで，being described が the types of people を修飾している。

□ *l.*24 If … you と if … broad が 2 つの if 節。If ～, then … とつながり，then の後ろが主節であることを表している。

□ *l.*24 *A* be similar to *B*「*A* は *B* に似ている」の *A* と *B* は同類になる。they は the types of people being described で you と同類であれば，似たリスクを持つと考えられる。

□ *l.*25 A general statement … U. S. population. の内容は，前文（If they're …）の if the category is very broad, then your risks may be different の内容の具体例となっている。つまり，「カテゴリーが非常に広いと，あなたの危険性は違うかもしれない」の具体例が「45 歳以上のアメリカ人の半数以上がある時に心臓疾患にかかるかもしれない」で，「45 歳以上のアメリカ人の半数以上」というのはカテゴリーが広いので，あなたは心臓疾患にかからないこともあると言っているのだ。

□ *l.*26 develop「～(病気）になる，かかる，～を発症する」

□ *l.*26 at some point は前置詞の at がまさにポイント。

CHECK at this point と on this point
at this point「この時点で，今，この場所で」
◇ At this point we do not plan to hire anyone.
「現時点では採用の計画はありません」
☆前置詞が at の場合の point は「時」か「場所」の意味になる。ただ，「時」の意味が圧倒的に多い。
on this point「この点で」
◇ I don't agree with you on this point.
「私はこの点であなたに同意できません」

some の後ろが可算名詞の単数形なら「ある～，何らかの～」の意味なので，at some point は「ある時に」の意味になる。

□ *l.*27 across は「一方の端からもう一方の端まで」のニュアンスなので，across the entire U. S. population は 0 歳児から最高齢者までのニュアンスとなる。

□ *l.* 28　the＋比較級 〜, the＋比較級 … を学ぼう。

> **NOTE**　**the＋比較級 〜, the＋比較級 … の注意点**
> the＋比較級 〜, the＋比較級 …「〜すればするほど，（それだけ）ますます…」
> ◇ The more capable one is, the more modest one tends to be.
> ＝One tends to be (the) more modest, the more capable one is.
> 「人は有能であればあるほど，謙虚である傾向がある」
> ㊜ the＋比較級 〜, the＋比較級 … は文型通りに並ばないことが多い。上の文も CSV となっている。また，イコールの文は前後が逆になり，最初の節は文型通りに並び，しかも the はなくてもいい。
> ◇ The sooner, the better.「早ければ早いほどよい」
> ㊜ この構文は省略されることがある。

問題文は以下のようになっている。

(The more risk factors (O′) you (S′) have (V′) …), the greater (C) your risk (S) (is) (V).

文型通りに並んでいないことを確認せよ。また，be 動詞の省略というのはよく出てくるが，ここも is が省略されている。

□ *l.* 29　e. g. は for example と読む。「たとえば」の意味。ちなみに，i. e. は that is と読み，「つまり，すなわち」の意味だ。

□ *l.* 30　on the other hand「その一方で，他方」は対比を表す重要熟語だ。

□ *l.* 30　make が V，your chance of developing heart disease が O，lower が C となっている。

□ *l.* 30　chance of *doing* は普通「〜する見込み，可能性」の意味となる。chance to *do* は「〜する機会，好機」の意味が原則だ。後ろにどのような形がくるかによって意味が違ってくることはよくある。できればそういうところも意識できるといいだろう。

□ *l.* 31　比較の対象は文法的に同類でないといけない。そうすると，ここは何と何が比較対象なのだろうか？　実は省略が起きている。簡単に図式化すると以下のようになる。

… lower (for you) than for most other people

your chance の your がヒントで，あなたが運動や健康的な食事を摂取すれば，「心臓疾患にかかる可能性を他の人にとってよりあなたにとって低くする」という比較になっている。for you と for most other people が比較対象で同類ということになる。

第 7 段落

□ *l.* 32　In many ways は「多くの点で」の意味。

□ *l.* 32　irrational「不合理な」という語を使ったということは，その後に筆者が不合理だと思う理由を説明しないといけないのが評論文，論説文だ。後ろで「不合理な」という主張に対する理由説明があると思って読み進めよう。

□ *l.* 33　*A* like *B*「*B* のような *A*」の *A* は something that's extremely unlikely で，*B* は an outbreak of Ebola disease in the U. S. だ。

□ *l.* 33　outbreak は break out「（火事，病気などが）突然起きる，（戦争などが）勃発する」からできた名詞だ。「急な発生，勃発」の意味。

□ *l*.34 step は重要単語だ。

> **CHECK** step の意外な意味
> 名「(通例 steps で)(to *do*)(〜する)手段,処置」
> ◇take steps to improve the current situation
> 「現状を改善する手段を講じる」

問題文は steps が先行詞で,直後に関係代名詞の that が省略されている。take の目的語が欠けている目的格だ。ここの step が「手段,処置」の意味である根拠は,複数形の steps になっていること,動詞が take であること,後ろが to 不定詞になっていることの3つもある。**CHECK** の例文も take を使っていて,後ろは to 不定詞だ。例文もよく見てみると,いろいろな手がかりが隠れていると言える。

□ *l*.34 what's much more likely to harm us の具体例が heart disease or cancer で,something that's extremely unlikely と比較しているので much more だと言っているのだ。

第8段落

□ *l*.36 have trouble with 〜「〜に苦しむ,てこずる」

□ *l*.36 That's why S′ V′. は重要表現だ。**CHECK**〈That's why＋S′ V′. と That's because＋S′ V′.〉を参照しよう。That が原因で why 以下が結果となっていることを確認せよ。That は前文(Even doctors …)の内容だ。

□ *l*.37 NIH は第3段落第1文(“Understanding health …)に出ていた。

□ *l*.37 and others「など」はものではなく人で使われる表現。

□ *l*.38 communicate *A* to *B*「*A* を *B* に伝える」

第9段落

□ *l*.39 in general「一般的に」

□ *l*.41 focus on 〜「〜に焦点を当てる」

□ *l*.42 understand と work with の共通の目的語が numbers となる。work with 〜は「〜を扱う,〜に取り組む」くらいの意味。

□ *l*.42 so (that) S′ can V′「S′ が V′ できるように」

□ *l*.43 diabetes「糖尿病」

□ *l*.43 *A* including *B*「*B* を含めた *A*」は *B* が *A* の一部となる。

第10段落

□ *l*.44 以下のような構造となっている。

Studies (S) show (V) 〈(O) that the way (S′) [we (S″) hear and understand (V″) health statistics (O″)] can be influenced (V′) by 〈how the numbers are described〉, [or] 〈how they're “framed.”〉〉

□ *l*.44 the way S′ V′「〜する方法」

□ *l*.45 can「(理論上の可能性を表して)〜する可能性がある,〜することがある」

□ *l*.46 frame「〜を言う,表す」

□ *l*.46 Different descriptions は *l*.45 の how the numbers are described, or how they're "framed" を受けている。

□ *l*.46 how clear the information is と what emotions it stirs を and で結んでいる。it は the information で stir は「〜を起こさせる」くらいの意味。

□ *l*.47 a statement がS，sound がV，scary がC。

□ *l*.48 die of 〜「〜(病気など) で死ぬ」

□ *l*.48 might「(ひょっとすると)〜かもしれない」

□ *l*.48 from a 〜 perspective は「〜の観点から（すると)」の意味で，前後は「『アメリカ人の 20％以上が最終的にはがんで死ぬだろう』のような発言は，違った観点，つまり『アメリカ人のほぼ 80％ががんで死なないだろう』の観点からすると，それほど恐ろしくは思われないかもしれない」のような訳となり，結局前後の発言は同じことを述べているが，後者のほうが 80％という大きな数字を使っているので，より私たちの感情に訴えていると言っているのだ。

□ *l*.50 described as a ratio は過去分詞で始まる分詞構文。条件「もし〜ならば」がいいだろう。「もし比率として述べられれば」くらいの訳だ。

□ *l*.51 diagram「図，図解」

□ *l*.52 five human figures with one in a different color「1つは違った色の5つの人間の姿」の意味。with は「〜を持った」の意味。in a different color は one を修飾し，one は a human figure。20％という数字より，図を使ったほうが理解しやすいのではないかと言っている。

第 11 段落

□ *l*.54 then「それなら」

□ *l*.54 Start …. Ask …. And look …. と 3 つの命令文がある。

□ *l*.56 look to *A* for *B*「*A* に *B* を頼む，当てにする」

解説

1

(1)①「概念」 ②「可能性」 ③「奇妙な」 ④「能力」

正解は②。chance は「機会」の意味ではない。後ろの that が chance の意味を特定するヒントになっている。この that は同格を表し「〜という」と訳すもので，この that の前で使われる chance は「可能性，見込み」の意味。chance that S′ V′ で「〜という可能性」と覚えるといい。

(2)**正解は**④。some 〜 others の論理関係は入試で本当によく狙われる。

Some risk factors can't be changed, such as your genes or ethnicity;
others are within your control, like your diet, physical activity, and whether you wear a seatbelt.

others は「other＋前出の名詞の複数形」で元に戻せるので，ここは other risk factors となり，　　　の部分がちょうど反対の内容となっている。ちなみに，such as＝like でもある。後ろで具体例を挙げている。

(3)①「平均」 ②「中央」 ③「妥当性」 ④「ソフトウェア」

正解は①。空所の前にある「45 歳以上のアメリカ人の半数以上がある時点で心臓疾患にかかるであろう」というのは「統計的な平均」に基づくと言えそうだ。次の文（If you're …）で「45 歳より若ければ，一般的に心臓疾患のリスクははるかに低くなるであろう」もヒント。個別の話ではない。average が正解。

(4)「本文の中でどんな情報が述べられていないか？」

①「数学を勉強すれば肥満を防ぐだろう」

②「体重が増えれば糖尿病にかかるかもしれない」

③「タバコを吸えばがんのリスクは増すだろう」

④「すぐ近くにいる人がくしゃみをすればインフルエンザにかかるかもしれない」

正解は①。①は第 9 段落第 3 文（Rothman's research …）が該当箇所。ここに唯一 obesity「肥満」という語が出てくるが，mathematics「数学」を勉強する話は出てこない。肥満にならないよう肥満にまつわる数字を理解し取り組むといった話だ。

②は第 1 段落第 3 文（Being overweight …）で「太りすぎは糖尿病になる可能性を高める」，③は第 1 段落第 4 文（Smoking increases …）で「喫煙は多くの種類のがんのリスクを増す」，④は第 1 段落第 2 文（A nearby …）で「近くのくしゃみはインフルエンザに感染するリスクを高めるかもしれない」とあるので，それぞれ選択肢と同意の内容だ。

(5)「本文の著者は，数字がどのように説明されるかまたは表されるかが重要だと述べている。なぜそれは重要なのか？」

①「私たちの退屈を取り除くことができるからだ」

②「私たちは数字が示すものをよりよく理解する必要があるからだ」

③「私たちは数字に強くなる必要があるからだ」

④「それは心臓疾患にかかるリスクを減らすのに役立つからだ」

正解は②。第10段落第1文（Studies show …）に how the numbers are described or how they're "framed" とあるので，ここが該当箇所。「私たちが健康に関する統計を聞き，理解する仕方は，数字がどう説明されるか，または『表される』かによって影響を受ける可能性がある」とある。数字の説明の仕方によって，私たちの理解の仕方が変わると言っているのだ。②を正解としていいだろう。

(6)「本文によると，健康リスクについて知るために私たちはまず何をするべきか？」

①「運動をして健康的な食事療法に従え」

②「医師に相談せよ」

③「違った視点を持て」

④「数字に取り組め」

正解は②。第11段落第1・2文（How then …）が該当箇所。

How then can we obtain reliable information about health risks? Start by talking with your doctor about your health risks.

(6)の設問文 … what should we primarily do to know about our health risks?

②Consult a doctor

だいたい上のような対応であろう。primarily と start by *doing*「まず～する」が同意であるのがおもしろい。

(7)「次のどれが本文と一致しているか？」

①「遺伝子は健康リスクを減らすひとつの制御可能な要因だ」

②「NIH の内科医であるウィリアム=エルウッド医師は，健康リスクを知ることによって，健康管理のよい決定をすることができると述べている」

③「アメリカ合衆国では，心臓疾患はエボラ出血熱と同じくらいかなり可能性がある」

④「リスクは確実性の問題ではなく可能性の問題だ」

正解は④。第4段落第2・3文（Risk doesn't …）が該当箇所。正解選択肢と比べてみよう。

Risk doesn't mean that something bad will definitely happen. It's just a possibility.

④Risk is a matter not of certainty but of possibility.

something bad will definitely happen を選択肢では certainty「確実性」で言い換えていることになる。

2 「健康リスクについて話すことは健康リスクを理解できるようにすることができ

る」

正解は③。空所ウの次に，「医師でさえ時々リスクという概念で苦労している」とあり，その次の文では，「そういうわけで，NIH は，医療スタッフなどが患者や一般の人々に健康リスクや予防戦略をどう伝えるかを改善する研究を支援している」と続いている。健康リスクについて話すことで，自らがそれを理解するようになるという考えから，患者や一般の人々に健康リスクを話す仕方の向上を目指す研究を行っているようだ。

3　**正解は**③。one in five Americans will die of cancer と並ぶ。同段落の 2 つの文と同じことを言っているので，並べてみよう。

“More than 20 % of Americans will eventually die of cancer”

“Nearly 80 % of Americans will not die of cancer.”

“More than one in five Americans will die of cancer eventually.”

結局 3 つの文とも同じ内容であることを確認せよ。in は one in fifty students「50 人の生徒のうちの 1 人」のような例で使われる in。ちなみに，ten out of fifty students「50 人のうちの 10 人」のように分子が 1 を超えているときには in ではなく out of を使うのが基本。

解答

1．(1)―②　(2)―④　(3)―①　(4)―①　(5)―②　(6)―②　(7)―④

2―③

3―③

19 2019年度 政治経済学部〔Ⅰ〕

目標解答時間 30分

ポイント

前置詞を入れる空所補充問題は基本が3つ，難問が1つの構成となっている。同意語問題は1つが基本で，2つは知らない単語である可能性が高い。語形変化問題は意外と時制が重要だ。前後の時制を意識して正解を出してみよう。

次の英文を読んで，1～5の問いに答えなさい。

Sleep deprivation among teenagers should be regarded as a public health epidemic. Only about 40% of teenagers get the eight to ten hours of sleep a night (A) by sleep scientists and pediatricians*.

A major reason teens aren't getting enough sleep isn't hormones, their busy social lives, too much homework or too much screen time. It's actually a matter of public policy. 5

That public policy is school start times — an issue that is being debated around the country, and particularly in California. The Senate* has passed and the Assembly* is about to vote on a bill that would require middle and high schools across the state to start no earlier than 8:30 a.m. That would <u>be consistent with</u>(a) recommendations from the American Academy of Pediatrics and other major medical organizations. 10

For California, it's a small change, really. According to the Centers for Disease Control and Prevention*, the average start time for middle and high schools in the state is 8:07 a.m. So the proposed law would, (1) average, delay the beginning of the school day by 23 minutes. However, this small change could have big <u>implications</u>(b). 15

Proponents of the bill and other school-start-time initiatives across the country cite several scientific studies showing that later start times are linked with reductions in tardiness and absences, improvements in graduation rates, overall teen well-being, and reductions in motor vehicle crashes, which are the number 1 cause of death among teenagers in the U.S. 20

At the same time, the potential move in California to later school start times has also received strong opposition, primarily from the California School Boards 25 Association, which represents thousands of school board members in the state. The group has described the measure as "too rigid for a population so large and diverse."

In addition, many people tend to instinctively question whether changing school start times will actually result in more sleep for teens. They ask: If 30 schools start later, won't teens just stay up later? The science says no. A systematic look at the evidence on the effect of later start times suggests that when schools start later, teens get more sleep. Basically, they go to sleep at the same time but wake up later, and they benefit from better quality sleep that tends to come their way in the early morning hours.

35 Another concern has to do with the cost implications of delaying school start times — an ever-present issue in the age of increasingly tight school budgets, and decreasing tax revenues. The move could lead to a range of initial up-front costs, with budget-watchers worried most (2) costs associated with changing bus schedules and additional lighting for athletic fields because after-school 40 activities would be pushed later in the day.

However, our recently released research for the RAND Corporation (B) that delaying school start times to 8:30 a.m. could actually result in significant economic statewide benefits that would be realized within a matter of years.

Over the span of about a decade, the United States could stand to make 45 financial gains of around $83 billion if teenagers were able to get more sleep. In California alone the financial gains would be just over $10 billion. Within even two years, most states would break even in terms of the initial costs of the move versus the economic benefits.

These gains are based on a macroeconomic model that (C) at two key 50 effects of better-rested teens: improved academic performance and reduced motor vehicle crashes.

In terms of academic performance, research published (3) the apt title

"Sleepwalking Through School" shows that an hour more a night of sleep increases the probability of high school and college graduation 8% to 13%. Better grades have a positive effect on the jobs teenagers will obtain in the future — and how much individuals contribute (4) the economy via future earnings. 55

More sleep could also lead to fewer vehicle crashes. CDC data show that in 2015, more than 2,300 teens in the United States from age 16 to 19 died in motor vehicle accidents. About 20% of all crash fatalities involve a driver <u>impaired</u>(c) by sleepiness, drowsiness or fatigue, according to the AAA* Foundation for Traffic 60 Safety Standards. This feeds into the economic fallout caused by inadequate teen sleep: The tragedy of early death in an accident removes them from the future labor supply equation, as well as emotionally (D) those forced to cope with the loss of a young life.

Later start times present school districts with logistical challenges, but they 65 are surmountable, and the scientific and economic evidence shows <u>it is worth the effort</u>(X).

Wendy M. Troxel and Marco Hafner, If Teenagers Get More Sleep, California Could Gain Billions, The RAND Blog on September 7, 2017

*pediatrician 小児科医 *the Senate 州上院

*the Assembly 州下院

*the Centers for Disease Control and Prevention（CDC） アメリカ疾病予防管理センター

*AAA アメリカ自動車協会

1. 文中の（1）～（4）へ入れるものとして，最も適切な語を，1～7から選び，その番号をマークしなさい。

1. about 2. beside 3. in 4. of
5. on 6. to 7. with

2. 下線部（a）～（c）の語句の意味に最も近いものを，それぞれ1～4より選び，その番号をマークしなさい。

(a) <u>be consistent with</u>

1. be against
2. be continuous from
3. go along with
4. include

(b) <u>implications</u>

1. applications
2. consequences
3. oppositions
4. threats

(c) <u>impaired</u>

1. discouraged
2. needing another driver
3. partnered
4. severely affected

3. 文中の（A）～（D）に入れるものとして，最も適切な語を，それぞれ以下から選び，前後の文脈に合うように，必要があれば適切な形に変えて解答欄に記入しなさい。

affect / look / recommend / show

4. 下線部（X）の内容を日本語で解答欄に書きなさい。

5. 次の三組の英文群（1）～（3）から，本文の内容に一致しているものをそれぞれ1つ選び，その番号をマークしなさい。

(1)

1 Teens do not get enough sleep because they have busy social lives and too much homework.

2 Only the government in the state of California is discussing changes in school start times.

3 Major medical organizations support the idea that high schools should not begin before 8:30 in the morning.

(2)

1 The most common cause of teenager death in the United States is automobile accidents.

2 The California School Boards Association supports the policy that will start school at a later time.

3 According to research, if schools start at a later time, teenagers will go to bed later.

(3)

1 A later start time for schools could be more cost-efficient over a long period of time.

2 Exactly 2,300 teens between the ages of 16 and 19 died in motor vehicle accidents in 2015.

3 The writer does not believe that school districts can overcome the challenges of starting school later in the day.

全訳

≪睡眠不足解消を目的とする始業時刻の変更≫

十代の若者の間での睡眠不足は公衆衛生上の流行病とみなされるべきものである。睡眠科学の専門家と小児科医により推奨されている一晩あたり 8 時間から 10 時間の睡眠がとれているのは，彼らの 40 パーセント程度にすぎない。

十代の若者が十分な睡眠をとらない大きな理由は，ホルモン，多忙な社交生活，大量の宿題，または画面を見る時間が多すぎるからでもない。実はそれは公共政策の問題なのである。

その公共政策とは学校の始業時刻のことであり，米国中，特にカリフォルニア州で目下議論されている問題である。州上院では州内の中学校および高等学校の始業時刻を午前 8 時 30 分より早くならないように命ずる法案を可決し，そして，その法案は州下院で決議するところである。それは全米小児科学会と他の主要な医療団体からの勧告と一致するだろう。

カリフォルニア州にとって，実際にはそれは小さな変化である。アメリカ疾病予防管理センターによれば，その州の中学校および高等学校の平均的始業時刻は午前 8 時 7 分である。したがって，提出された法律は平均 23 分学校の始業を遅らせることになるだろう。しかし，この小さな変化が大きな影響を及ぼす可能性があるのだ。

その法案の，また米国内での他の学校始業時刻変更計画の支持者は，始業時刻の繰り下げは，遅刻と欠席の減少，卒業率の向上，若者の全般的健康，さらに国内の若者の最大の死因となっている自動車衝突事故の減少とつながりがあることを示すいくつかの科学的研究を引用する。

にもかかわらず，カリフォルニア州での始業時刻繰り下げへの可能性を秘めた動きは，何よりもまず，州内数千もの教育委員会を代表する州教育委員会連合から強い反対も受けている。その組織は，そのような対策は「数が非常に多くまた多様な地域住民に対しあまりに柔軟性がない」と評している。

加えて，多くの人々は，始業時刻の変更が十代の若者に睡眠の増加を果たしてもたらすかどうか，本能的に疑問に思う傾向がある。彼らは「学校の始業を遅らせると，結局若者が夜更かしをするにすぎないのではないだろうか」と問う。科学ではそれを否定している。始業時刻の繰り下げ効果に対する証拠を体系的に見てみると，学校の始業が遅くなると若者は睡眠時間が増えることが示されている。基本的に，彼らの就寝時刻は変わらないが起床時刻が遅くなり，その結果，朝の早い時間に生じる傾向がある質の高い睡眠から利益を受けることになる。

もう一つの懸念は学校の始業時刻を遅らせることの経費的影響と関係している。つまり学校の予算の確保が厳しくなってきており，また税収が減少している時代において絶えず存在する問題である。その移行が実現すると，初期費用がいろいろ必要となる可能性があり，予算に注目する人々は，放課後の課外活動がより遅い時間に押し出されることによりバスの時刻表を変えたり，運動場の照明を付け加えたりすることに関わる経費について非常に懸念しているのである。

しかし，最近公表されたランド研究所のための我々の調査は，学校の始業時刻を午前8時30分に遅らせることは，州全体でほんの数年内で実現が見込める，多大な経済的利益をもたらす可能性があることを示している。

もし若者たちがより多くの睡眠をとることができれば，約10年の期間で，米国は約830億ドルの金銭的利益を得ることになりそうである。カリフォルニア州だけで，その金銭的利益は100億ドルを少し超えるであろう。2年以内で見ても，大抵の州は，経済的利益に対して，その移行に要する初期費用という観点において損得なしになるだろう。

これらの利益は，良好な休息をとった若者における2つの重要な影響，つまり学業成績の改善と自動車衝突事故の減少を調べるマクロ経済モデルに基づいている。

学業成績の観点では，「学校にいる間ずっと夢遊病状態」という適切な表題がついた調査は，一晩につき1時間睡眠を増やせば高等学校と大学の卒業見込みは8パーセントから13パーセント増加することを示している。成績の向上は若者が将来就く仕事に，そして将来の収入を通して経済に貢献する程度に好影響を及ぼす。

睡眠の増加はまた自動車衝突事故の減少につながるかもしれない。CDC（アメリカ疾病予防管理センター）のデータによると，米国では2015年に2,300人を超える16歳から19歳までの十代の若者が自動車事故で亡くなっている。アメリカ自動車交通安全水準協会によれば，すべての衝突事故の死亡者の約20パーセントにおいて，眠気，睡魔，あるいは疲労により運転能力が落ちたドライバーが関係している。これは十代の若者の不十分な睡眠により引き起こされる経済的副作用を及ぼしてしまう。つまり，事故による早死にという悲劇は，若い生命の喪失に対処しなければならない人々に感情面で影響を及ぼすだけでなく，将来的な労働供給の相関関係から彼らを除去してしまうことになるのである。

始業時刻を遅らせることは，それを実行するための諸問題を学区にもたらすことになるが，それらは克服可能であり，科学的および経済的証拠によってそれが努力に値することであると示されている。

●語句・構文

第1段落

□*l.* 1 sleep deprivation「睡眠不足」

□*l.* 1 be regarded as ～「～だとみなされている」

□*l.* 1 public health は「公衆衛生」と訳すことが多いようだが，「国民の健康」と訳したほうがニュアンスは伝わるかもしれない。

□ *l.* 2 epidemic「流行病」は比喩表現で，何か悪い出来事が蔓延している状態を言う。

□ *l.* 2 the eight to ten hours of sleep の to は from *A* to *B*「*A* から *B* まで」の to で，eight to ten が名詞の hours を修飾するようなときは from を省略するのが基本だ。

第 2 段落

□ *l.* 4 A major reason が先行詞，関係副詞の why が省略されていて，teens … sleep が関係副詞節。

□ *l.* 5 It's の It は A major reason teens aren't getting enough sleep。

□ *l.* 5 a matter of ～「～の問題」

□ *l.* 6 public policy「公共政策」

第 3 段落

□ *l.* 7 ここのダッシュ（―のこと）は具体化を表す。

□ *l.* 8 around the country「その国中で」の the country がどの国なのかは次の particularly「特に」の後ろに in California とあるので「アメリカ」ということになる。

□ *l.* 8 The Senate has passed だけでは情報が足りないと考えると，以下のような構造となっていることがわかる。

The Senate has passed ─┐
　　　　　　　　　　　　├ a bill that would require …
the Assembly is about to vote on ─┘

passed の目的語はないのかなと意識することが重要だ。

□ *l.* 9 be about to *do*「まさに～しようとしている」

□ *l.* 9 on「～に関して」

□ *l.* 9 would は「もし下院で可決されれば」のような if 節が省略されていると考えよう。仮定法過去の would と考えられる。

□ *l.* 9 require *A* to *do*「*A* に～するよう要求する」

□ *l.* 10 across the state「その州の至るところで」の the state はカリフォルニア州。

□ *l.* 10 no earlier than ～ に関しては簡単にまとめておく。

NOTE no later than ～〔not later than ～〕と no earlier than ～

◇ Be there no later than seven o'clock.
「7時までにはそこにいてください」

◇ Completed entry forms should arrive not later than 31st July.
「すべて記入された応募用紙は 7 月 31 日前には到着すること」
☆ no later than ～「～までに」は by「～までに」か at「～に」の意味。not later than ～「～前に」は before「～前に」の意味。つまり no later than ～ は～が含まれるのに対して，not later than ～ は～より前のことを言う。

◇ The researcher asserted that children develop the capacity to sympathize with their peers no earlier than the age of 12.
「その研究者は，子供たちは 12 歳以降に同い年の人に共感する能力を持つようになると主張した」
☆ no earlier than ～「～以降」は時間的に～を含むその後を意味する表現。

no earlier than 8:30 a. m. は「午前 8 時半以降に」の訳となる。

□ *l*. 10　That は a bill … a. m. と考えるのがいいだろう。

□ *l*. 12　medical organizations「医療機関」

第 4 段落

□ *l*. 13　according to ～「(情報や人の考えなどを表して)～によると」

□ *l*. 15　the proposed law「その提案された法律」とは第 3 段落第 2 文（The Senate …）の a bill that … のこと。

□ *l*. 16　by については詳しく説明しよう。

> **NOTE**　差を表す by「～の差で，～の分」
> ◇ His weight has increased by two kilograms to 60 kilograms.
> 「彼の体重は 2 キロ増えて 60 キロになった」
> ◇ miss the train by seconds「数秒差で電車に乗り遅れる」
> ◇ The price of oil fell by two percent a barrel.
> 「石油の値段が 1 バレルあたり 2 パーセント下がった」
> ☆もともとの数字と結果としての数字の差を示す表現。日本語では訳に出ないことも多い。
> ☆第 1 例や第 3 例のように増減を表す動詞と一緒に使う場合，この by は省略されることがある。

第 3 段落第 2 文（The Senate …）の 8:30 a. m. と第 4 段落第 2 文（According to …）の 8:07 a. m. の差が 23 minutes ということ。

□ *l*. 16　this small change は 23 分の差のことだ。

第 5 段落

□ *l*. 18　Proponents が S，cite が V，showing は現在分詞の形容詞的用法で several scientific studies を修飾している。showing that の that は名詞節を導く接続詞で，U. S. までが名詞節。

□ *l*. 18　the bill は第 3 段落第 2 文（The Senate …）の a bill … のこと。

□ *l*. 18　initiative「(重要な）新規計画，新構想」

□ *l*. 19　be linked with ～「～と関係がある，つながっている」

□ *l*. 20　with の目的語は① reductions in tardiness and absences, ② improvements in graduation rates, ③ overall teen well-being, and ④ reductions in motor vehicle crashes だ。

□ *l*. 20　tardiness「遅刻」

□ *l*. 21　which の先行詞は内容から motor vehicle crashes となりそうだ。

第 6 段落

□ *l*. 23　at the same time は難しいが **POINT!**〈at the same time の真の意味〉で論理関係を確認しておこう。第 5 段落は学校の始業時刻を早めることに賛成の意見，この第 6 段落は反対の意見ということで，逆接関係を表している。

□ *l*. 23　the potential move in California to later school start times は第 5 段落第 1 文（Proponents of …）の the bill and other school-start-time initiatives のことと言える。

□ *l.* 23 move は「行動，手段，処置」の意味。
□ *l.* 24 also は「強い反対も受けた」のようなかかり方になる。
□ *l.* 26 The group は the California School Boards Association のこと。
□ *l.* 26 describe O as C「O を C だと言う」
□ *l.* 26 the measure「その対策」は同段落第 1 文（At the …）の the potential move … を受けている。
□ *l.* 26 rigid「柔軟性に欠ける，硬直した」というのは，さまざまな国民がいるのだから，学校の始業時刻を繰り下げようとする法案は一方向の施策ではないかと言っているのだ。

第 7 段落

□ *l.* 28 In addition「さらに，加えて」は第 6 段落に続いて反対意見があると言っている。
□ *l.* 28 whether は名詞節を導いているので「～かどうか」の意味。changing school start times は動名詞だ。
□ *l.* 29 result in ～ は重要表現。

CHECK result in ～ と result from ～ の違い
A result in *B*「*A* は結果として *B* をもたらす」
◇ The six talks resulted in reducing the number of missiles.
「六カ国協議はミサイルの数の削減をもたらした」
B result from *A*「*B* は結果として *A* から生まれる」
◇ Some diseases can result in part from stress.
「病気の中には部分的にストレスから生じるものもある」
☆ *A* が原因，*B* が結果となる。

ここは changing school start times が原因，more sleep for teens が結果となる。
□ *l.* 30 stay up「（眠らないで）起きている」（＝sit up）
□ *l.* 30 no を勘違いしないように！

NOTE 否定の疑問文に対する yes，no
◇ "Didn't they notice you？" "Yes, they did."
「彼らはあなたに気づかなかったの？」「いいえ，気づいたよ」
☆否定の疑問文に対しては yes，no と「はい」，「いいえ」が逆になることに注意せよ！　また，英語は yes のあとは肯定の内容，no のあとは否定の内容になることも押さえておくように！

「もし学校の始業時刻が遅くなれば，子供たちは単に遅くまで起きているのではないのか」に対する答えが no なので，否定の内容の「遅くまで起きていない」ということになる。
□ *l.* 31 evidence on ～「～に関する証拠」
□ *l.* 31 suggests that の suggest は「もの」が主語なので「提案する」ではなく，「示す」くらいの意味。
□ *l.* 32 at the same time「同じ時間に」
□ *l.* 33 benefit from ～「～から利益を得る」
□ *l.* 34 come *one's* way「～の手に入る」は難熟語。

第8段落

□ *l*.35 Another は学校の始業時刻を遅くすることに対する疑問が第7段落で述べられているが，2つ目の懸念ということだ。

□ *l*.35 have to do with 〜「〜と関係がある」

□ *l*.35 implications は複数形になっていると「影響」の意味になりやすい。

□ *l*.36 ここのダッシュも具体化を表す。つまり，the cost implications of delaying school start times を an ever-present … で具体的に説明していることになる。

□ *l*.36 ever- には「ずっと，ますます」の意味がある。ever-increasing amounts of garbage と言えば「増える一方のごみの山」という感じだ。

□ *l*.36 in the age of 〜「〜の時代に」

□ *l*.36 of の目的語は increasingly tight school budgets と decreasing tax revenues の2つだ。

□ *l*.36 tight budgets「厳しい予算」

□ *l*.37 The move は第6段落第1文（At the …）の the potential move in California to later school start times のこと。

□ *l*.37 could「(ひょっとすると)〜かもしれない」

□ *l*.37 a range of 〜「さまざまな〜」

□ *l*.37 initial up-front costs「初期費用」は難しい表現。

□ *l*.38 with は付帯状況。分析してみよう。

with budget-watchers (O′) worried most about costs (C′) [associated with changing bus schedules ① and additional lighting for athletic fields ②]

「O′ が C′ の状態で」が基本的な訳だ。ちなみに，changing は動名詞。

□ *l*.38 associated with 〜 はこの形でよく使われる。

> **CHECK** associated with 〜「〜に関する，〜に関連した」
> ◇ the health risks associated with obesity
> 「肥満に関する健康上の危険性」
> ☆ associate *A* with *B*「*A* で *B* を連想する」と覚えているかもしれないが，ここは associated with 〜 で熟語だと思っていいだろう。

「…に関するコスト」のような訳となる。

□ *l*.40 be pushed later とは学校の始業時刻が遅くなれば放課後の活動も繰り下げられるということ。

第9段落

□ *l*.41 However は第6〜8段落の学校の始業時刻の変更に反対の意見に対する反論を示している。

□ *l*.42 delaying は動名詞で delaying … 8:30 a. m. が that 節内の主語で could … result が動詞。

□ *l*.43 realize は2つの意味をしっかり覚えよう。

CHECK realize の 2 つの意味
動 他 ①「～(事実) を理解する，～に気づく」
◇ realize the seriousness of this illness「その病気の深刻さに気づく」
②「～(夢，希望，計画，理想の社会など未来を表す語) を実現する」
◇ realize a new goal「新しい目標を実現する」

単に「実現する」と覚えるのではなく，この意味では目的語に夢，希望，計画，理想の社会などがくると意識するといい。本文は within a matter of years とあるので未来の利益のことを言っている。「実現する」のほうの意味となる。

□ *l.* 43 a matter of ～ は～が minute や hour などの期間を表す語の場合 only の意味になる。

第 10 段落

□ *l.* 44 over は結構面倒な単語だ。

CHECK over「～の間（ずっと)，～にわたり」
◇ over a period of twenty years「20 年の期間にわたり」
◇ over the past five years「過去 5 年にわたり」
◇ over the summer vacation「夏休みの間」
◇ over the weekend「週末の間」
☆特定の期間を表すことが多いので，for より during に近い意味。over の直後に数字を置かないのが特徴。上の文では a period of や the past というクッションがあって，直後に数字が置かれていない。
☆直後に数字を伴うと「～を超えて，～以上」の意味が基本。たとえば，for over two hours「2 時間以上の間」は over の直後に two という数字がある。
☆「～の間（ずっと)，～にわたって」の場合，over ～ は副詞句だが，「～を超えて，～以上」の場合，over ～ は名詞として働いている。つまり over two hours は副詞句ではなく名詞として働いているということだ。

ここの over も直後に数字が置かれていない例だ。

□ *l.* 44 could と if，were は仮定法過去であることを示している。
□ *l.* 44 stand to *do*「～しそうだ」は難しい表現。
□ *l.* 45 financial gains「財政上の利益」
□ *l.* 45 around「およそ，約」
□ *l.* 45 In California alone は「カリフォルニアだけで」の意味。
□ *l.* 46 just over ～「～を少し超えて」
□ *l.* 47 break even「損得なしになる，とんとんになる」は難熟語。
□ *l.* 47 in terms of ～「～の観点から」
□ *l.* 48 versus「～に対して，～と対比して」は対立する 2 つのものを比較する表現なので，the initial costs of the move と the economic benefits を結んでいる。

第 11 段落

□ *l.* 49 These gains は第 10 段落の financial gains。
□ *l.* 49 be based on ～「～に基づいている」
□ *l.* 49 macroeconomic「マクロ経済の，巨視的経済学の」

□ *l*.49 key は形容詞で「重要な」の意味。

□ *l*.50 コロン（:）は具体例を後ろで示す。two key effects of better-rested teens の具体例が improved academic performance と reduced motor vehicle crashes の 2 つだと言っている。

□ *l*.50 better-rested「よりよい休息をした」はより多く睡眠をとったということ。

□ *l*.50 academic performance「学業，成績」

第 12 段落

□ *l*.52 この段落は improved academic performance を具体的に説明している。ちなみに，第 13 段落が reduced motor vehicle crashes の具体的説明の段落だ。

□ *l*.52 published は過去分詞で research を修飾し，shows が V。

□ *l*.52 apt は be apt to *do* で「～する傾向がある」の意味があるが，特に限定用法で「(ある特定の状況や目的に) 適した，適切な」の意味がある。

□ *l*.53 sleepwalking「夢中歩行」は特に覚える必要はない語。

□ *l*.53 an hour more は「もう 1 時間」の意味。「もう 2 時間」は two more hours とも two hours more とも言える。

□ *l*.53 a night of sleep の a は「1 ～につき」の意味。

□ *l*.54 increases the probability of high school and college graduation (by) 8 % to 13 % は increase *A* by *B*「*A* を *B* の分増やす」の意味。by は差を表す前置詞で，増減を表す動詞と一緒に使われると省略されることがある。to は from *A* to *B*「*A* から *B* まで」の from が省略された形。

□ *l*.56 and は the jobs … the future と how much … future earnings をつないでいる。

□ *l*.56 via は「(旅行などで) ～を経由して」の意味と「(何かを送るために) ～を使って」の意味がある。後者は apply via e-mail「e メールを使って申し込む」のような例だ。ここはわかりづらいが，前者の意味で使われている。

第 13 段落

□ *l*.57 also は fewer vehicles crashes にかかっている。*l*.52 で説明したように，十代の若者が十分睡眠をとれば，学業が改善されるばかりか自動車の交通事故も減ると言っているのだ。

□ *l*.59 fatalities「死亡者（数）」

□ *l*.60 drowsiness「うとうと眠いこと」

□ *l*.61 This は前文（About 20 % …）の内容を受けている。

□ *l*.61 feed into ～ は「～に流れ込む」の意味が基本だが，そこから「～を引き起こす」の意味にもなるのは何となくわかるであろう。

□ *l*.61 fallout「好ましくない結末」は難単語だ。

□ *l*.62 remove *A* from *B*「*A* を *B* から取り除く，除外する」

□ *l*.62 them は前文（About 20 % …）の About 20 % of all crash fatalities と考えるといいだろう。

□ *l*.63 those についてまとめておこう。

NOTE those の 3 つの用法

(1)「それら，それらの」

◇ Those trees bear fruit.
「それらの木は実をつける」

(2) those＝the＋前出の名詞の複数形

◇ Japanese economy has grown faster than those of its neighbors.
「日本経済は隣国より急速に成長した」

☆上の those は the economies でもとに戻せる。また，もとに戻すときに the が必要ないこともある。

☆ those は単数形の that 同様，必ず後ろから修飾されないといけない。that や those の後ろには of などの前置詞や関係詞節があると考えよう。

(3)「人々」

◇ Those who are rich are not always happy.
「金のある人々は必ずしも幸せとは限らない」

☆「人々」の意味では those who ～ の形で使うことが圧倒的に多い。

ここは(3)の「人々」の意味だ。

□ *l*.63 forced to は be forced to *do*「～せざるを得ない」の be 動詞が取れて those にかかっている。cope with ～ は「～(困難な問題や状況など）にうまく対処する」の意味の熟語。

第 14 段落

□ *l*.65 present *A* with *B*「*A* に *B*（困難など）をもたらす」

□ *l*.65 school districts「学区」

□ *l*.65 logistical「事業遂行上の」は難単語。

□ *l*.65 この challenges は「挑戦」というより「課題，難題」の意味。

□ *l*.65 they は logistical challenges のこと。

□ *l*.66 surmountable「克服可能な」

解 説

1

⑴**正解は5**。on (the〔an〕) average で「平均すると」の意味だ。

⑵**正解は1**。(be) worried about ～「～について心配している」の be 動詞がなく，付帯状況の with の補語になっているのが worried だ。

⑶**正解は7**。with 自体は「～を持った」の意味。title「表題」は research の所有物と言えそうだ。ただ，ここは with の前に published という過去分詞があるので，この with は「～を持って」の訳となり，副詞句として published を修飾していると考えよう。

⑷**正解は6**。contribute to ～「～に貢献する」の熟語がポイント。

2

(a) 1．「～に反対している」　2．「～から続いている」
3．「～を支持する」　4．「～を含む」

正解は3。be consistent with ～ は「～と矛盾しない，～と首尾一貫している」の意味。正解の go along with ～ はやや難しい熟語だが，along with ～「～と一緒に，～とともに」を考えれば何となく意味は類推できるであろう。

(b) 1．「適用」　2．「結果」　3．「反対」　4．「脅威」

正解は2。implication は imply という動詞から「意味（するもの），含意」くらいの訳で覚えている受験生も多いと思われるが，通例 implications と複数形で使われ「影響，結果」の意味がある。The results of this experiment could have major implications for scientists.「この実験の結果は科学者たちに非常に重要な影響を及ぼすかもしれない」のような例で使われる。implications for ～ で「～に対する影響」くらいの意味となる。やや難しい知識であった。

(c) 1．「やる気を失わされる」　2．「別のドライバーを必要としている」
3．「パートナーを組まれた」　4．「深刻な影響を受けた」

正解は4。下線部の後ろの drowsiness「うとうと眠いこと」はやや難語だが，sleepiness と fatigue はわかるであろう。下線部の前後は「すべての交通事故の死亡者数の約20パーセントが，眠気や…疲労によって impair されたドライバーとかかわっている」ということになる。少なくとも悪い意味で使われていることはわかる。impair は「～(能力など）を低下させる，～(健康など）を害する」の意味だ。

3

(A)**正解は recommended**。この動詞を選んだ理由は第3段落最終文（That would …）にある。

… recommended by sleep scientists and pediatricians.
… recommendations from the American Academy of Pediatrics …
また，空所の直後に by がある。受動態で動作主を表す by だ。また，空所の前の the eight to ten hours of sleep a night と recommend の関係は受動となるので，空所には過去分詞を入れることになりそうだ。

(B)**正解は shows〔showed〕**。後ろに that があるのを手がかりにするといい。

> **CHECK** that 節をとる動詞
> ①思考動詞（think，believe，expect など）
> ②発言動詞（say，suggest，argue など）
> ③認識動詞（know，feel，hear など）

実は選択肢の中で that 節をとるのは show しかないのだ。また，本文の他の箇所をヒントにするのもいい。第 7 段落第 4 文（A systematic …）の箇所だ。
A systematic look at the evidence on the effect of later start times suggests that …
… our recently released research for the RAND Corporation (B) that …
どちらの文も学校の始業時刻を遅らせることが生徒に与える影響について何がわかったのかを述べている箇所だ。suggest と show はほぼ同意語となる。ちなみに，第 12・13・14 段落にも shows that, show that, shows it のくだりがある。どちらも現在形であるから shows が適切であるが，showed も可。shows は三単現の s をつけ忘れないように！

(C)**正解は looks**。空所の直前の that は関係代名詞・主格だと解するしかない。ということで空所には動詞が入ることになる。前後は一般論の話であるし，空所の前にある are も現在形になっているので，空所も現在形を入れることになりそうだ。また，空所の直後が at になっているので，looks を入れるのが正解。ここも三単現の s を忘れないように！　第 7 段落第 4 文（A systematic …）をヒントにしてもいい。
A systematic look at the evidence on the effect of later start times …
… looks at two key effects of better-rested teens …
look at 自体は名詞と動詞の違いはあるが，下線部は effect という同じ名詞を使っているし，上は学校の始業時刻を遅らせることの影響，下は休息が十分できた十代の若者の影響のことを言っているので，結局同じ内容と言っていいだろう。

(D)**正解は affecting**。空所を含む文の内容は，睡眠不足によって若い人たちが事故で早死にすると，家族や友人などに悲しみをもたらすばかりか，将来の労働力が失われることにもなると言っている。空所に affect「～に影響を与える」の動詞を入れるのがよさそうだ。また，*A* as well as *B*「*B* 同様 *A*」のような表現は *A* と *B* が文法的に対等であるのが基本だが，*A* と *B* が V ～の場合は *B* のほうは動名詞とするのが原則だ。ここは removes … と emotionally（ D ）… を as well as がつないでいるので，affect のほうは動名詞にして affecting とするのがいい。

『LONGMAN』の例文を挙げておく。gives … と raising … を as well as がつないでいる。The organization gives help and support to people in need, as well as raising money for local charities.「その組織は地元の慈善団体のために金を集めることに加えて，困っている人たちに援助や支援を与えている」

4．**解答例は「学校の始業時刻を遅らせることはやってみる価値があるということ」**

S be worth the effort. は「S は努力する価値がある」の意味。S はある行為を表し，それはやってみる価値があると言っているのだ。したがって，S は前に述べられたある行為を受けていることになる。『Cambridge Dictionary』に It takes a long time to prepare the dish but the results are so good that it's worth the effort.「その料理を準備するには長い時間がかかるのだが結果はいいので努力する価値はある」の例文が掲載されている。この表現はよく前に but があり，「するのは大変なのだが努力する価値がある」といった展開になることが多い。したがって，上の文での it は「その料理の準備をすること」となる。問題文の下線部の前にも but があり，「学校の始業時刻を遅らせることは学区に事業遂行上の難題をもたらす」が，「それは努力する価値がある」と言っている。it は「学校の始業時刻を遅らせること」となりそうだ。

5

⑴ 1「十代の若者は忙しい社交生活を送っていて宿題が多すぎるので，十分な睡眠をとっていない」

2「カリフォルニア州政府のみが学校の始業時刻の変更について議論している」

3「主要な医療機関は，高校は朝の 8:30 前に始めるべきではないという考えを支持している」

正解は3。第3段落第2・3文（The Senate …）が該当箇所。カリフォルニア州内の中学校や高校に午前 8:30 以降に始業するよう要求することになるだろう法案が，the American Academy of Pediatrics や他の主要な医療機関の勧告と一致することになるだろう，とある。正解選択肢の内容と矛盾点はない。

1は第2段落第1文（A major …）が該当箇所。本文では isn't となっているので，十分な睡眠をとれない理由ではないと言っていることになる。

2は第3段落第1文（That public …）が該当箇所。「世界中，特にカリフォルニア州で」とあるので，「カリフォルニア州政府のみ」ではないことになる。

⑵ 1「アメリカ合衆国で十代の若者の死の最も一般的な原因は交通事故だ」

2「カリフォルニア州教育委員会連合は学校の始業時刻を遅らせる政策を支持している」

3「研究によると，もし学校が始業時刻を遅らせるなら，十代の若者はより遅く寝るであろう」

正解は１。第５段落（Proponents of …）が該当箇所。**語句・構文**で説明したように，which の先行詞は motor vehicle crashes で，「自動車事故はアメリカ合衆国の十代の若者の中でナンバーワンの死亡原因」とある。まったく問題ない選択肢であろう。

２は第６段落第１文（At the …）が該当箇所。「支持」ではなく「強く反対」しているのだ。

３は第７段落第４・５文（A systematic …）が該当箇所。学校の始業時刻が遅くなっても，十代の若者は同じ時間に寝るようだ。go to bed later の later が不適切だ。

(3) １「学校にとって始業時刻を遅らせることは長期的にはよりコスト効率がよいかもしれない」

２「16 歳から 19 歳の正確に 2,300 人の十代の若者が 2015 年に自動車事故で死んだ」

３「筆者は学区が学校の始業時刻を遅らせる難題を克服できるとは信じていない」

正解は１。第８～10 段落（Another concern …）が該当箇所。第８段落では学校の始業時刻を遅らせることはコスト面で懸念があると述べられているが，第９・10 段落（However, our …）では長期的には経済的な利点があると言っている。選択肢と矛盾した部分はない。

２は第 13 段落第２文（CDC data …）が該当箇所。exactly 2,300 teens ではなく more than 2,300 teens である。

３は第 14 段落（Later start …）が該当箇所。「学校の始業時刻を遅らせることは学区に事業遂行上の難題をもたらすが，それは克服可能である」とある。「克服できるとは信じていない」はおかしい。

解答

1．(1)―5　(2)―1　(3)―7　(4)―6
2．(a)―3　(b)―2　(c)―4
3．(A) recommended　(B) shows〔showed〕　(C) looks　(D) affecting
4．学校の始業時刻を遅らせることはやってみる価値があるということ。
5．(1)―3　(2)―1　(3)―1

20　2018年度　政治経済学部〔Ⅰ〕

目標解答時間　30分

ポイント

最近の入試問題はあるテーマに関する研究を述べたものが多い。この問題もそうだ。夢に関する仮説に関するものだ。なかなかおもしろい内容なので，余裕があれば中身を味わってみるのもいいかもしれない。

以下の英文を読み，1～7の問いに答えなさい。

I had a friend who tried hard to remember more of her dreams. She'd write them down and then tell people about them. She stopped, though, because it started ＜　A　＞ with her social life. She'd start talking about her dreams and people would leave the room.

There are two major theories about why we dream. The first is the "activation-synthesis theory," which holds that dreams are interpretations by our forebrains* of essentially random activity from the spinal cord** and cerebellum*** during sleep, especially REM sleep****.

[　1　] Part of the explanation for why dreams can be so weird (a) is that they are interpreted from confusing information. The evolutionarily older parts of our brains are also the seat of our basic emotions. (　あ　) this theory, the emotion comes first and dreams are made to make sense of the emotion. Evidence of this comes from scene-changes that happen: when we have anxiety dreams, for example, they often switch from one anxious situation to a different one — so rather than us feeling anxious (　い　) the content of our dreams, it could be that our feeling is causing an anxious narrative in the dream!

The other major theory of dreaming is the "threat-simulation theory," which holds (b) that the evolutionary function of dreaming is for us to ＜　B　＞ how to behave in threatening situations. There's a lot of evidence for this theory too.

[　2　] First, most dream emotion is negative. People tend to dream of ancestral threats: falling, being chased, natural disasters, and so on. These

<　C　> elements are over-represented in dreams — that is, we see them in dreams much more than our experience in our day-to-day world would predict. Lots of people dream of being chased by animals, but how often does this actually happen to people? The over-representation of animals chasing us in dreams, especially for children, suggests that we have some innate(c) fear of them. (　う　), we don't dream of modern threats, such as heart attacks, as much as you'd expect if dreams were based on the problems we actually face in today's world.

These two theories of dreaming are often presented as competing, but (　え　) I can tell they are <　D　> — that is, even if dreams are interpretations of chaotic input from the spinal cord, there is still a theory needed to describe how chaotic input is made into narratives that we experience as dreams, and it's quite possible that the mind takes advantage of this opportunity to practice dealing with dangerous things.

[3] If, as threat-simulation theory argues, dreams help us to deal with dangerous situations, perhaps discussing our dreams also helps us to deal with these threats. After all, "two heads are better than one." We like to talk about dreams to help us prepare for how to act in dangerous situations in the future.

Which leads us to why we find our own dreams so interesting. There are three reasons based on known psychological effects, though all of them are hypothetical in terms of my application of them to dreams.

[4] The first is negativity bias, (y)そして，それは私たちに，危険なものにたいして注意を向けさせるのだ. Because most dreams are negative (support for the threat-simulation theory) our bias (　お　) negative information makes them feel important.

The second reason has to do with the emotional basis of dreaming. Many dreams are so emotional that they feel important. However, people hearing about someone else's dream, not feeling that emotion, might find the experience of the dream hard to relate to. Once I dreamed of a terrifying staircase. When I told my girlfriend about it, she laughed at me for being scared of such a harmless thing. In the dream it was scary, but clearly my audience couldn't appreciate (d) that.

[5] We tend to think of dreams as being really weird, but in truth

55 about 80 percent of dreams depict (e) ordinary situations. We're just more likely to remember and talk about the strange ones. Information we don't understand can often rouse our curiosity, particularly in the presence of strong emotion. The emotional pull of dreams makes even the strangest contradictions seem meaningful and worthy of discussion and interpretation.

60 These reasons are why most of your dreams are going to seem pretty boring to most people.

But if you're going to talk about some of your dreams, pick the ones in which you deal with a problem in some new way. The fact that you are < E > with a problem would make them more interesting than your happy

65 dreams, and if you feel you learned something about how to deal with a threat, maybe your audience will too.

*forebrain 前脳

**spinal cord 脊髄

***cerebellum 小脳

****REM sleep レム睡眠（身体は休息しているが脳が活動している睡眠状態）

1. 下線部（ a ）～（ e ）の語と最も近い意味の語を，それぞれ1～4から選び，その番号をマークしなさい。

(a) weird

1. exciting 2. strange 3. unstable 4. valuable

(b) holds

1. brings 2. contains 3. keeps 4. maintains

(c) innate

1. inborn 2. inward 3. tremendous 4. wild

(d) <u>appreciate</u>

1. adopt　2. evaluate　3. thank　4. understand

(e) <u>depict</u>

1. appear　2. draw　3. seem　4. show

2. (あ)～(お)に入れるものとして，最も適切な語句を1～5から選び，その番号をマークしなさい。ただし文頭にくる語であっても最初の文字は小文字にしてある。

1. according to　2. as far as　3. because of
4. in contrast　5. in favor of

3. 以下の文が入るのに最も適切な場所を，文中の空所 [1] ～ [5] から選び，その番号をマークしなさい。

Why do we feel the urge to talk about our dreams?

4. 文中の＜ A ＞～＜ E ＞に入るものとして最も適切な語を，1～4から選び，その番号をマークしなさい。

＜ A ＞

1. arguing　2. assisting
3. denying　4. interfering

＜ B ＞

1. acquire　2. draw
3. practice　4. teach

＜ C ＞

1. confusing　2. disgusting
3. frightening　4. inspiring

＜ D ＞

1. compatible　2. conflicting
3. understandable　4. winning

< E >

1. consulting
2. dealing
3. preventing
4. solving

5. 下線部（ y ）には，「そして，それは私たちに，危険なものにたいして注意を向けさせるのだ」という意味の英文が入る。以下の語群を並べ替えて英文にし，5番目に来るべき語の番号をマークしなさい。ただし語群には，不要な語がひとつある。

1. attention
2. dangerous
3. for
4. makes
5. pay
6. things
7. to
8. us
9. which

6. 本文にタイトルをつける場合，最もふさわしいと思われるものを，以下の1～5から選び，その番号をマークしなさい。

1. Nightmares Are a Sign of a Healthy Brain
2. A Brief History of Dreams
3. The Best Way to Have Good Dreams
4. Why Most of Our Dreams Are Scary
5. How to Talk to People about Your Dreams

7. 本文の内容に一致しているものを，以下の1～8から2つ選び，その番号をマークしなさい。3つ以上マークした場合は無効となるので，注意すること。

1. The writer would write down his dreams and tell people about them.
2. According to the activation-synthesis theory dreams often cause anxiety.
3. The activation-synthesis theory holds that dreaming prepares people for future problems.
4. The activation-synthesis and threat-simulation theories appear to some people to contradict each other.
5. There are no possible psychological explanations for the fact that people find their own dreams interesting.

6. The writer's girlfriend was concerned when she heard his dream about a scary staircase.
7. Most dreams are about ordinary events, but people have a tendency to talk about their strange dreams.
8. People find other people's dreams interesting because all dreams are about emotions.

全訳

≪人はなぜ夢を他人に話すべきではないか≫

私には夢について，より多く記憶していようと取り組む友人がいた。彼女はそれらを書きとめ，それからそれらについて人々に話したものだ。しかし，彼女はやめた。なぜならそれが彼女の社交上の生活を邪魔し始めたからである。彼女が自分の夢について語り始めると人々はその部屋から出ていってしまうのだった。

なぜ夢を見るのかに関して２つの主要な理論がある。１つは「活性化合成理論」であり，夢とは前脳が睡眠中，特に REM 睡眠中において脊髄と小脳から生じる本質的に無作為の活動を解釈したものだと主張する。

なぜ夢が非常に奇妙なことがあるのかという説明の一部は，夢が混乱した情報から解釈されるということである。脳の進化的に古い部分は，また基本的感情の中心となる場所でもある。この理論によると，感情が先にあり，夢はその感情を理解するために作られるのである。この証拠は，夢で起こる場面の変化にある。たとえば，私たちが不安な夢を見るとき，その夢はある不安な状況からまた別の不安な状況へと移り変わることが多い。したがって私たちが夢の中身のせいで不安に感じるというより，私たちの感情が夢の中の不安な物語を引き起こしているのである。

夢を見ることのもう１つの主要な理論は「脅威シミュレーション理論」であり，それは，夢の進化論的役割は私たちが脅威状況においてどのように振る舞うべきかを訓練することだと主張している。この理論に対しても多くの証拠が存在している。

まず，大抵の夢の中の感情は否定的である。人々は落下したり，追跡されたり，自然災害だったりといった，総じて古来の脅威の夢を見る傾向がある。このような恐ろしい要素は夢の中では繰り返し再現される。つまり，私たちは日常生活の経験で予想されるよりはるかに頻繁に，夢の中でそれらを経験するのである。多くの人々は動物に追いかけられる夢を見るが，こうしたことが実際にどの程度の頻度で人々に起きるというのか。特に子供にとってだが，夢の中で動物が追いかけてくるということがあまりにもたくさんあるということは，私たちがそれらに対し，生来，何らかの恐怖を持っていることを示唆している。対照的に，今日の世界で私たちが実際に直面する問題に基づいて夢が形成されるとしたなら，心臓発作といった今日的脅威に関する夢を私たちは予想するほど頻繁には見ない。

夢を見ることのこれらの２つの理論はしばしば相反するものとして示されるが，私が理解する限りではそれらは矛盾しない。つまり夢が脊髄からの混沌とした情報を解釈するものであるにしても，混沌たる情報がどのようにして私たちが夢として経験する物語へと変わるのかを説明するには理論が必要とされ，危険なことに対処する訓練をするためこのような機会を心が利用しているということはありえるのだ。

なぜ私たちは夢について話したい衝動に駆られるのだろうか。「脅威シミュレーション理論」が主張するように，もし夢が，私たちが危険な状況に対処するのを助けるならば，自分の夢について論じることも，多分，私たちがこれらの脅威に対処するのを助けることにもなるのである。なにしろ，「三人寄れば文殊の知恵」なのだ。私たちは将来危険な状況でどのように行動するべきかに備える助けとなるように，好んで夢について語るのである。

そしてそれで，私たちは自分自身の夢が非常に面白いと思う理由へと導かれる。周知の心理学的な効果に基づく3つの理由がある。ただし，それらすべてを私が夢に応用するという観点からは仮説的ではあるけれども。

最初はネガティビティバイアスであり，そして，それは私たちに，危険なものに対して注意を向けさせるのだ。大抵の夢は否定的（脅威シミュレーション理論を裏づける）であるため，否定的情報を好む私たちの偏向のせいで夢が重要であると感じられるのである。

2つ目の理由は夢を見ることの感情的土台と関係がある。多くの夢は非常に感情をかき立てるので人は重要であると感じる。しかし，誰かの夢について聞かされ，その感情を感じていない人にとっては，その夢の経験に共感することは難しいと思うだろう。以前，私は恐ろしい階段の夢を見たことがあった。私がガールフレンドにそれについて話したとき，彼女はそのような他愛もないことを恐れている私を笑った。その夢の中ではそれは恐ろしいことであったが，私の聞き手は明らかにそれを理解することはできなかったのだ。

私たちは夢を全く奇妙なものだとみなしやすいが，実際には夢の約80パーセントは平凡な状況を描き出している。私たちは奇妙な夢を覚えており，それについて語ることが多いというだけである。私たちが理解できない情報は，特に強い感情に直面している場合には，しばしば私たちの好奇心をかき立てる。夢が持つ感情的魅力は，最も奇妙な矛盾でさえ意味があり，議論したり解釈したりする価値があるように思わせるのである。

これらのことが，あなたの大抵の夢が，ほとんどの人々にとって非常に退屈に思えてしまう理由である。

しかし，もしあなたが夢のいくつかを話そうとするならば，あなたが何らかの新しいやり方で問題に対処するような夢を選ぶとよい。あなたが問題に対処しているという事実は，楽しい夢よりもそういった夢を興味深くさせてくれるだろうし，もしあなたが，ある脅威にどのように対処すべきかについて何かを学んだと感じるならば，おそらくあなたの聞き手もまた学ぶことになるだろう。

●語句・構文

第1段落

- □ *l.* 1 She'd の 'd は would のことで，「～したものだ」の意味。過去の習慣を表す。
- □ *l.* 1 write down ～「(忘れないよう)～を書きとめる」
- □ *l.* 2 and then「そしてそれから」
- □ *l.* 3 social life「社交生活，人付き合いの生活」
- □ *l.* 3 She'd の 'd と people would の would も「～したものだ」の意味。

第2段落

- □ *l.* 5 two major theories about why we dream の2つとは，*ll.* 5-16 の The first … the dream! と *ll.* 17-29 の The other … today's world. となる。

□ *l.* 6　hold that S′ V′ は「(人が)～だと思う，(学説などが)～だと主張する」の意味で，ここは “activation-synthesis theory” が主語なので後者の解釈となる。

□ *l.* 6　interpretation by *A* of *B* は「*A* による *B* の解釈」が直訳だが，「*A* が *B* を解釈すること，もの」と意訳することもできる。dreams are interpretations by our forebrains of essentially random activity from the spinal cord and cerebellum を訳すと，「夢は脊髄や小脳から送られる本質的に任意の働きを前脳が解釈するものである」となる。

第 3 段落

□ *l.* 9　構造を分析しよう。

Part (S) of the explanation for 〈why dreams can be so weird〉 is (V) 〈that they are interpreted from confusing information〉 (C).

so ～ that S′ V′「とても～なので…」ではないことに注意せよ。that は名詞節を導く接続詞で「～ということ」の意味だ。

□ *l.* 9　explanation for ～「～の説明，理由」

□ *l.* 9　can「(理論上の可能性)～する可能性がある，～することがある」は悪い意味で使われることが多い。下線部の weird の意味を特定するヒントになりそうだ。

□ *l.*10　they は dreams のこと。

□ *l.*10　confusing「混乱させるような」

□ *l.*11　also は C である the seat of our basic emotions にかかっている。seat は「中心地」の意味。

□ *l.*12　make sense of ～「～の意味がわかる，～を理解する」

□ *l.*13　this は以下のことを覚えよう。

> **POINT!**　**this・that と it について**
> 評論文のような硬い文章での代名詞 this・that は，前にある単語ではなく，前の文の内容などを指すことが非常に多い！　一方，it は前にある単語を指すことが多い。
> ㊫ this は前の比較的近場や後ろの内容を受け，that は前の比較的遠くを受ける。that は後ろの内容を受けることはできない。また，this は自分のこと，現在や未来，that は相手や第三者のこと，過去のことを受けることが多い。

ここの this は前文の the emotion … the emotion の内容を受けている。

□ *l.*13　scene-changes that happen はわかりにくい内容なので，具体化のコロン（：のこと）以下で説明している。

□ *l.*14　they = anxiety dreams

□ *l.*14　switch from *A* to *B*「*A* から *B* へ切り換わる」の *A* と *B* は同類なはずなので，one は anxious situation となる。

□ *l.*15　so 以下は少し構造が面倒だ。

[so] ([rather than] us feeling anxious (　い　) the content of our dreams), it could be that our feeling is causing an anxious narrative in the dream!

so は接続詞で「だから，その結果」の意味。また，rather than については詳しく説明しよう。

POINT! *A* rather than *B*「*B* ではなく *A*」について

◇ Many students spend weekends at home playing video games rather than playing outside.
「多くの生徒は外で遊ぶのではなく家でビデオゲームをして週末を過ごす」
☆ *A* rather than *B* の *A* と *B* は文法的に対等で同類でないといけない。
☆ *A* rather than *B* は *A* instead of *B* が同意なので，*B* は完全に否定され *A* と *B* は反対の内容になることが多い。

◇ Rather than study, we'll play video games.
「私たちは勉強するのではなく，ビデオゲームをするつもりです」
☆ *A* rather than *B* は rather than *B*, *A* となることもある。

問題文で言うと，最初の下線部が *B*，あとの下線部が *A* となっていて，しかも反対の内容となっている。夢の内容で私たちが不安になるのではなく，私たちの不安な感情が夢の中で不安な物語をもたらしている，と言っているのだ。

□ *l*.15 it could be that S′ V′「おそらく〜かもしれない」は it may be that S′ V′「〜かもしれない」の変形バージョンと言っていいだろう。

第4段落

□ *l*.17 the other＋単数名詞「（2つの中で）もう一方の〜」は *l*.5 の The first に対してだ。

□ *l*.17 the "threat-simulation theory" が先行詞，which … threatening situations が関係代名詞節。

□ *l*.19 threatening「脅迫的な，脅威の」

□ *l*.19 a lot of evidence「多くの証拠」とあるので，以下で具体的説明があるのではないかと思って読み進めよう。ちなみに，evidence は「証拠品」ではなく「証拠」の意味では不可算名詞なので s はつかない。

□ *l*.19 this theory too「この理論もまた」とあるので，*l*.5 の The first の理論もたくさんの証拠が述べられていたということだ。

第5段落

□ *l*.20 First が a lot of evidence の1つ目ということ。

□ *l*.20 dream of 〜「〜を夢に見る」

□ *l*.21 コロンがあるので，ancestral threats の具体例が falling, being chased, natural disasters, and so on だと言っている。

□ *l*.21 and so on「など」

□ *l*.22 over-represented「過剰に現れる」

□ *l*.22 that is (to say)「つまり，すなわち」

□ *l*.22 them は These <　C　> elements。

□ *l*.24 how often 〜？は回数，頻度を問う疑問文。

□ *l*.24 this は being chased by animals の内容を受けている。

□ *l*.25 of animals chasing us in dreams は前置詞の of があるので，animals が動名詞の意味上の主語，chasing が動名詞となっている。

□ *l*.26 for「〜にとって」

□ *l*.26 suggest that S′ V′「〜だと示唆する，示す」

□ *l*.26　them＝animals

□ *l*.27　*A* such as *B*「*B* のような *A*」の *A* は modern threats，その具体例である *B* は heart attacks。

□ *l*.27　as much as は前の don't とつながって「私たちが予想するほどたくさん現代の脅威を夢に見ることはない」となる。not as ～ as …「…ほど～ない」がここでの骨組みだ。

□ *l*.28　you'd の 'd は would で，後ろの if と were とつながり仮定法過去となっている。

□ *l*.28　be based on ～「～に基づいている」

□ *l*.28　face「～(問題，困難など）に直面する」

第 6 段落

□ *l*.30　These two theories of dreaming は *l*.5 の two major theories about why we dream を言い換えている。以下の規則を覚えておくといいだろう。

> **POINT!**　**まとめの this〔these〕**
> 段落の終わりや最終段落の第 1 文に「all this」や「all these things」，「this〔these〕＋名詞」，「名詞＋like〔such as〕this」があれば，今まで述べたことをまとめている可能性が高い。要約やまとめだと思って読んでみよう。

ここも These で 2 つの理論をまとめているのだ。

□ *l*.30　often は一般論を表すことが意外と多い。一般論は誰もが考えることなので，後ろに but などを伴って否定されるのが基本。ここも直後に but がある。

□ *l*.30　present O as C「O を C だとして見せる，示す」

□ *l*.30　competing「競合する，両立しない」

□ *l*.31　that is「つまり」は they are ＜　D　＞と even if 以下を言い換えている。

□ *l*.31　even if S′ V′「たとえ～だとしても」から the spinal cord までが副詞節。still は「いまだに」の意味ではなく「それでも」の意味。煩雑だが still をまとめよう。

> **CHECK**　**多義語の still**
>
> 形 ①「静止した，じっとした」 ☆動きの視点。
> 　◇ stand still「じっとしている」
> ②「(場所，時などが）静かな」 ☆音の視点。
> 　◇ a still night「静かな夜」
>
> 副 ①「いまだに，まだ」
> 　☆否定文は still ～ not（＝not ～ yet)。③との区別が難しいことがあるが，時間的な視点ならこちらの意味になる。③はあくまで逆接や譲歩の意味を強調する用法だ。
> ②「(比較級を強めて）さらに，いっそう」
> 　◇ He is tall enough, but his brother is still taller.
> 　「彼は十分背が高いが，お兄さんはさらに高い」
> ③「(接続詞的に）しかし，(but や however，though，even if などと一緒に使われ）それでも」
> 　◇ He has his faults. Still, I love him.
> 　「彼には欠点がある。しかし私は彼のことが大好きだ」
> ④「(another や other などの前で使われ）さらに」

◇ give still another reason「さらにまた別の理由を言う」

ここの still は even if とつながっていて even if を強めている。

□ *l.* 31　dreams … the spinal cord が *l.* 5 の The first のこと。最初の理論ということだ。ちなみに，以下のようなイコール関係がある。

… dreams are interpretations by our forebrains of essentially random activity from the spinal cord …

… dreams are interpretations of chaotic input from the spinal cord, …

□ *l.* 32　a theory … as dreams が *l.* 17 の The other major theory of dreaming のことだ。

□ *l.* 32　needed は過去分詞で a theory を修飾している。how … dreams が名詞節，narratives が先行詞で that … dreams が関係代名詞節。

□ *l.* 33　chaotic input は「無秩序な考え」くらいの訳だろうか。

□ *l.* 33　be made into ～ は「～になる」の訳が可能だ。例 The novel was made into a movie.「その小説は映画化された」

□ *l.* 34　take advantage of ～「～を利用する」

□ *l.* 34　this opportunity は *ll.* 33-34 の chaotic input … as dreams の内容を受けていると言える。また，直後の to practice … は opportunity とはつながっていず，take advantage of ～ to *do*「…するために～を利用する」となっている。

□ *l.* 35　practice *doing*「(向上のために定期的に)～する」

□ *l.* 35　deal with ～「～を扱う，～に対処する」

第7段落

□ *l.* 36　as は関係代名詞と考えていいが，「～するように」と訳すことが可能だ。

CHECK　as you know「ご存知のように」

◇ John, as you know, has not been well lately.

「ご存知のように，ジョンは最近調子がよくない」

☆ as I pointed out「指摘したように」，as Einstein once said「アインシュタインがかつて言ったように」のようにいろいろな表現が可能だが，どれもすでに知っていること，かつて述べたことを言うために使われる。他動詞の目的語が欠けているのが特徴。

「脅威シミュレーション理論が主張するように」という訳となる。

□ *l.* 37　dangerous situations は *l.* 35 の dangerous things や *l.* 38 の these threats とも同意だ。

□ *l.* 37　also について学ぼう。

POINT!　also「～も（また)」の修飾先

also「～も（また)」は原則一般動詞の前，または助動詞，be 動詞の後にあってどこでも修飾することができる。いわば遠隔操作が可能な単語だ。その際，どこを修飾するかを特定するには以下のような考えをするといい。

◇ He is fine. She is also fine.

「彼は元気だ。彼女もまた元気だ」

㊟「～も（また)」があると，共通の部分と共通でない部分がある。「元気だ」の部分は共通で，「彼」と「彼女」は共通でない部分だ。そして，「～も（また)」は共通でない部分を修飾すると覚えよう。

◇I went to the museum. I also went to the department store.
「私は美術館に行った。デパートにも行った」
㊜ I went to の部分は共通で，　　　の部分は共通でない部分だ。したがって，「〜も（また）」は the department store を修飾することになる。

ここは以下のように並べてみるといい。
dreams help us to deal with dangerous situations
discussing our dreams also helps us to deal with these threats
下線部は共通の部分なので，共通の部分ではない　　　が also の修飾先だ。

□ *l*.38 after all は重要熟語だ。CHECK〈after all の真の意味〉を参照しよう。ここは文頭で使われているので CHECK の②の意味だ。後ろで理由を述べているということ。

□ *l*.38 Two heads are better than one.「一人より二人の頭」はことわざで，一人より二人で話し合ったほうが問題を解決できる可能性が高くなることを言っている。

□ *l*.39 prepare for 〜「〜の準備をする」

第 8 段落

□ *l*.40 He said nothing, which made me angry.「彼は何も言わなかったが，そのことに私は腹を立てた」のような例文の「, which」は前文の内容を先行詞にすることができる。問題文は文頭で使われているが，上記と同じ働きをすることが可能だ。先行詞は前文（We like …）と考えるといい。

□ *l*.40 lead *A* to *B*「*A* を *B* に導く」

□ *l*.40 find our own dreams so interesting は find O C「O を C だと思う」になっている。

□ *l*.41 three reasons とあるので，具体的にどこに書かれているか探しながら読むのは当然。第 9 段落（The first …）が 1 つ目，第 10 段落（The second …）が 2 つ目，3 つ目の理由はわかりにくいが，流れから言って，第 11 段落（We tend …）ということになりそうだ。ちなみに，three reasons とは前文（Which leads …）の why we find our own dreams so interesting の解答が 3 つあると言っているようなものだ。

□ *l*.41 psychological effects「心理的効果」

□ *l*.41 them は three reasons のこと。

□ *l*.42 hypothetical「仮説の，仮定の」

□ *l*.42 in terms of 〜「〜の観点から」

□ *l*.42 my application of them to dreams は I apply them to dreams「私はそれらを夢に適用する」を名詞化したもの。ちなみに，ここの them は内容から考えて known psychological effects となる。known psychological effects はある程度確立されたものであろうが，それを私が夢に適用したのだから，仮説ということになるのだろう。

第 9 段落

□ *l*.43 negativity bias は「負バイアス」と訳すようだ。人はマイナスの情報に敏感になり，またネガティブなもののほうが記憶に残りやすいといった現象のことを言うようだ。

□ *l*.44 support for 〜「〜を支持するもの」

□ *l*.45 makes them feel important の make は使役動詞。となると，they feel important の関係が成り立つということになる。では，them は何か？ 実は feel は補語をとるときには，おもしろい使い方をする。たとえば Do you still feel hungry?「まだお腹が空いているの？」の場合は，あくまで You are hungry. の関係が成り立つ。一方，This place really feels like home.「この場所は本当に家のように感じられる」は This place が「感じている」わけではない。あくまで感じているのは書き手，または話し手である。問題文の they feel important は後者のほうの使い方で，「それらは重要だと感じられる」と訳し，あくまで筆者が重要だと感じているのだ。they は most dreams を受けている。

第10段落

□ *l*.47 have to do with ～ は超重要熟語だ。

> **CHECK** have to do with ～「～と関係がある」
> ◇ Many diseases have to do with a lack of exercise.
> 「多くの病気は運動不足と関係がある」
> ☆ have a lot〔much, something, little, anything, nothing〕to do with ～「～と大いに関係がある〔(主に否で)～とあまり関係がない，～と少し関係がある，～とほとんど関係がない，(否で)～とまったく関係がない，～とまったく関係がない〕」の変形もある。ちなみに，something を使った場合，「正確な詳細は知らないが」のニュアンスが含まれることがある。
> ☆ have＝have got の関係から have got to do with ～「～と関係がある」の形や，be something to do with ～ のように have ではなく be 動詞を使うこともある。
> ☆ What does it have to do with you?「それはあなたに何の関係があるのか？」のような疑問文にも注意せよ。

□ *l*.48 so ～ that 構文になっている。

□ *l*.48 they feel important は *l*.46 の them feel important の them を特定するヒントになる部分だ。ちなみに，ここの they は many dreams のこと。

□ *l*.48 ここは構造を把握しよう。

people (S) [hearing about someone else's dream] (形容詞句(1)), not [feeling that emotion] (形容詞句(2)),
might find (V) the experience of the dream (O) hard to relate to (C).

hearing … と feeling … は現在分詞の形容詞的用法で people を修飾している。people feeling that emotion「そのような感情を感じている人々」は夢を見ている本人のこと。また，find O C「OをCだと思う」の文型になっていることも押さえよう。OとCは O is C の関係があるので，問題文は The experience of the dream is hard to relate to. とも言える。これは tough 構文とも言われる構文で，It is hard to relate to the experience of the dream. で言い換えが可能だ。「その夢の経験に共感するのは難しい」という意味となる。人が見た夢を他人が自分のこととして共感するのは難しいと言っているのだ。relate to ～ には「～と関係する」の意味があるが，ここは「～に共感する」の意味がピッタリだ。

□ *l*.50 stair は階段の一段のことを言うが，staircase は 2 階まで上がる階段全体のことを言う。

□ *l*.51 for「(原因)～のことで」は感情の原因を表すことがある。admire *A* for *B*「*B* のことで *A* を称賛する」のような使い方だ。ここは laugh at *A* for *B*「*B* のことで *A* を笑う」とつながっている。

□ *l*.51 be scared of ～「～を怖がっている」

□ *l*.51 such a harmless thing とは staircase のことを言っている。

□ *l*.52 POINT! 〈this・that と it について〉で it は前にある単語を，that は前文の内容などを受けやすいと指摘した。it は a terrifying staircase のことで，that は In the dream it was scary の内容を受けている。

第 11 段落

□ *l*.54 think of O as C「O を C だと思う」（＝think O（to be）C）

□ *l*.54 in truth「(真実や本当だと思っていることを述べて）実際は」

□ *l*.55 just は only の意味になることが多い。ここもその意味だ。「私たちは奇妙な夢のほうを思い出しそれについて話す傾向があるにすぎないのだ」くらいの訳となる。

□ *l*.56 ones は dreams のこと。

□ *l*.57 can often *do*「しばしば～することがある」

□ *l*.57 rouse「～(感情など）をかき立てる」は arouse としてもほぼ同意。

□ *l*.57 in the presence of ～「～に直面して」

□ *l*.58 pull は名詞で「引く力」の意味から「魅力」くらいの意味になることがある。

□ *l*.59 (be) worthy of ～「～に値する」

第 12 段落

□ *l*.60 These reasons は *l*. 41 の three reasons のこと。POINT! 〈まとめの this〔these〕〉で見たように，やはり These がまとめる働きをしている。

□ *l*.60 pretty は副詞で「かなり」の意味。意外と悪い意味の単語も修飾する。

第 13 段落

□ *l*.62 pick「～を選ぶ」

□ *l*.62 the ones の ones は dreams。代名詞の one についてまとめておこう。

NOTE one の 2 つの用法

①単独で使う one

◇ I want a new car, but I can't afford to buy one.
「新しい車が欲しいが，それを買う余裕はない」

☆単独で使う one は前出の可算名詞を「a＋単数名詞」で受ける。上の one は a (new) car を指す。

②何かで修飾された one

◇ I don't like this dress. Show me a better one.
「この服は好きになれません。もっといいのを見せてください」

◇ This novel is more interesting than the one I lent you the other day.
「この小説は先日あなたに貸したものよりおもしろい」

☆形容詞，this〔that〕などで前から，the one＋関係代名詞節などで後ろから修飾された場合の one は前出の可算名詞を単数形で受ける。上の 2 例ではそれぞれ dress と novel を指している(①の one とは違い，a は必要なく名詞のみを指す)。
☆②の one には複数形の ones がある。②の one は必ず何かで修飾されるわけなので，ones も必ず形容詞などで修飾されることになる。
◇The blue birds looked prettier than the brown ones. (ones＝birds)
「青い鳥のほうが茶色のよりかわいく見えた」

ここは the ones と the があるので，後ろに関係代名詞節があるのではないかと見当をつけるのが英語に慣れた人の感覚であろう。

□ *l.* 63　in some new way「何らかの新しい方法で」の some は後ろが可算名詞の単数形なので「ある～，何らかの～」の意味。

□ *l.* 63　that は同格で「～という」と訳す。that … a problem が名詞節。

□ *l.* 64　them は *ll.* 62-63 の the ones … some new way。

□ *l.* 65　if you 以下を簡単に図解しよう。

(if you[S′] feel[V′] 〈(that)[O′] you[S″] learned[V″] something[O″] about 〈how to deal with a threat〉〉), maybe your audience[S] will (learn[V] something[O] about 〈how to deal with a threat〉) [too].

feel の後ろに接続詞の that が省略されている。また，will の後ろの省略は，文末に too があるので，これを利用するといい。too「もまた」があれば，どこかに共通の部分があるはずだ。したがって，learned … a threat の部分が省略されていると考えるのだ。

□ *l.* 65　a threat は *l.* 64 の a problem を言い換えた表現。

解説

1

(a) 1.「興奮させるような」　2.「奇妙な」
3.「不安定な」　4.「価値のある」

正解は 2。まずは，dreams can be so weird の理由が that 以下であることを手がかりにしよう。that 以下に confusing「混乱させるような」というマイナスを表す語がある。もう一つは，手前の can が可能性を表す can であることを利用する。

> **CHECK** 能力と可能性の can
> ①「(能力)〜できる」
> ◇ Can you say the alphabet backwards?
> 「アルファベットを逆に言えますか？」
> ☆「人」が主語になることが多い。また，「〜できる」の意味なので，プラスの内容だ。
> ②「(理論的可能性)〜する可能性がある，〜することがある」
> ◇ Anybody can make mistakes.「誰でも間違いを犯す可能性がある」
> ☆この can は悪い意味で使われることが多い。また，主語は総称名詞が多く，動詞は状態動詞が基本。
> ◇ The rumor can't be true.「そのうわさは本当のはずがない
> ☆否定的可能性は can't (*do*) で「〜のはずがない」と訳すのが基本。

ここも dreams が「夢」という総称名詞で，しかも動詞は be と状態動詞なので，weird は悪い意味の単語ではないかと類推するのだ。weird は「奇妙な」の意味。ちなみに，第 11 段落第 1 文（We tend …）にも weird という語が見えるので，ヒントになるかもしれないと意識することは重要だ。

(b) 1.「〜をもたらす」　2.「〜を含む」
3.「〜を持ち続ける」　4.「〜を主張する」

正解は 4。後ろに that 節があるのもヒントだ。**CHECK**〈that 節をとる動詞〉を参照しよう。

hold は hold that S′ V′ で①「(人などが)〜だと思う」，②「(学説などが)〜だと主張する」の訳で，ここは「脅威シミュレーション理論」が先行詞なので②の意味。maintain は maintain that S′ V′ で「〜だと主張する」の意味なので，これが正解。

(c) 1.「生まれながらの」　2.「内側の」　3.「巨大な」　4.「野生の」

正解は 1。innate は「生まれながらの」の意味なので，inborn が正解。本文をヒントにするなら，第 5 段落第 2 文（People tend …）が同じようなことを言っている。

People tend to dream of ancestral threats: falling, being chased, natural disasters, and so on.

… we have some innate fear of them.

tend to *do*「～する傾向がある」は必ずしも先天的だと言っているわけではないが，少しはヒントになると思われる。

(d) 1.「～を採用する」　2.「～を評価する」
3.「～に感謝する」　4.「～を理解する」

正解は4。appreciate は「～を正しく理解する」の意味なので，understand が正解。知識問題と言っていいが，前文（When I …）に具体例があるのでこれを手がかりにするのもいい。

… she laughed at me for being scared of such a harmless thing.
… it was scary, but clearly my audience couldn't appreciate that.

私は恐ろしい夢を見たわけで，それを話した相手が怖がりと言って私のことを笑ったという内容を，下では私の聞き手は私が怖かったということを理解できなかったと言っている。

(e) 1.「～のように見える」　2.「(ペンや鉛筆などで)～(絵など）を描く」
3.「～のようだ」　4.「～を示す」

正解は4。depict は「(言葉や絵などで)～を描写する」の意味がある。ここはこの意味だ。depict God as a bird with a human head「神を人間の頭をした鳥として描く」のような例文を考えるといい。draw がよさそうだが，draw は絵そのもを描くのであって，depict のように絵を介して何かを描くわけではない。「～を示す」が正解。なかなか難しい問題だ。

2

(あ)**正解は1**。1.「(情報や人の考えなどを表して)～によると」が正解。「この理論によると」の意味になるのでピッタリだ。

(い)**正解は3**。3.「(理由を表して)～のために」が正解。**語句・構文**でも説明したが，rather than *B*, *A* の *A* と *B* は反対の内容になることが多い。

us feeling anxious（結果） because of the content of our dreams（原因）

our feeling（原因） is causing an anxious narrative in the dream（結果）

因果関係がちょうど逆になるようにすればいいということになる。

(う)**正解は4**。4.「(対比を表して)対照的に」が正解。この熟語のみ単独で使われることを押さえておこう。1・3・5の選択肢は後ろに名詞，2の選択肢は後ろに名詞か節が必要だ。内容としては少し離れているが，*ll.* 20-21 の文と空所の直後を比べてみよう。

People tend to dream of ancestral threats …
In contrast,

we don't dream of modern threats …

下線部は肯定と否定となっている。また，ancestral「先祖代々の」と modern「現代の」はちょうど反意語と言えそうだ。昔からある脅威の夢は見るが，今の脅威の夢は見ないと言っているので，まさに対比だ。

(え)**正解は2**。2．「(範囲を表して)〜する限り」が正解。as far as I can tell で「私の言える限り」の意味の熟語だ。as far as I know「私の知る限り」の重要熟語でも使われる as far as だ。

(お)**正解は5**。5．「〜に賛成して」が正解。prejudice for〔in favor of〕〜で「〜に対する偏愛，えこひいき」の意味があるが，bias も同じ使い方をする。ちなみに，prejudice against 〜は「〜に対する偏見」という意味。prejudice against foreigners「外国人に対する偏見」のような使い方をする。for〔in favor of〕〜は「〜に賛成して」，against は「〜に反対して」の意味だ。

3　**正解は3**。Why do we feel the urge to talk about our dreams?「なぜ私たちは私たちの夢について語りたいという衝動を感じるのか？」が5つの空所のどこに入るのかを選ばせる問題。Why で問われている疑問文なので，後ろでその答えがあるはずだということと，ここはやはり talk about our dreams がヒント。[3]のあとの文（If, as …）に discussing our dreams「私たちの夢について話し合う」というくだりがある。また，そのあとに After all がある。**CHECK**〈after all の真の意味〉で述べるように，文頭にある after all は後ろで理由を説明する。ある意味，Why の理由説明の部分と言えよう。We like to talk about dreams to help us prepare for how to act in dangerous situations in the future.「私たちは将来危険な状況にどう行動するべきかの準備をする手助けをするために夢について語るのを好む」とあり，これが Why の答えと言えるので，ここに入れるのが正解。

4

A．1．「議論すること」　　2．「助けること」
3．「否定すること」　　4．「邪魔すること」

正解は4。自動詞用法で後ろに with を取るのは argue with 〜「〜と議論する」と interfere with 〜「〜の邪魔をする」，assist with 〜「〜（仕事など）を助ける」となる。空所の前の it は第1段落第2文（She'd write …）の「彼女が夢を書きとめ，それからそれについて人に語っていた」ことを表す。空所のある文に though「しかし」があり，stopped は後ろに writing them down and then telling people about them の省略があると考えられる。「彼女はそれが彼女の社交上の生活の邪魔をし始めたので（夢を書きとめ，それからそれについて人に語るのを）やめた」となるのが自然。自分の夢を人に語ろうとしても人は聞きたがらなかったということだ。

B．1．「〜を獲得する」

2.「(ペンや鉛筆などで)～(絵など) を描く」
3.「～を (規則的に反復して) 練習する」
4.「～を教える」

正解は3。"threat-simulation theory" の主張をしている一部が空所であることを意識しよう。

"threat-simulation theory" = practice how to behave in threatening situations

シミュレーションとは「現実の状況に似た状況を産み出すこと」といった感じだが,「模擬訓練」の訳もあり, 模倣された状況の中でどう行動するかがシミュレーションであろう。空所に practice を入れることによって, 上のようなイコール関係が成り立つと思われる。

C. 1.「混乱させるような」　2.「むかつくような」
3.「恐ろしい」　4.「奮起させるような」

正解は3。空所から見た前文 (People tend …) がヒント。

People tend to dream of ancestral threats: falling, being chased, natural disasters, and so on. These < C > elements are over-represented in dreams ….

this や these は近場を受ける可能性が高いと述べた。ここの These < C > elements も近くにあるのではないかと考える。elements は「要素」の意味だから, falling, being chased, natural disasters, and so on も要素なのでここを受けていそうだ。これは threats なのだから frightening を入れるのが妥当だ。空所の後ろから判断する手もある。同段落第5文 (The over-representation …) をヒントにする。

These < C > elements are over-represented in dreams ….
The over-representation of animals chasing us in dreams, especially for children, suggests that we have some innate fear of them.

少々わかりづらいがだいたい上のような関係であろう。fear をヒントにするということだ。

D. 1.「共存できる」　2.「対立している」
3.「理解できる」　4.「勝ちを収めた」

正解は1。まずは空所の前との関係を考えてみよう。

These two theories of dreaming are often presented as competing, but (as far as I can tell) they are < D > …,

上の文は「一般論, but …」となっている。実は often という語は単に頻度を表すだけではない。ここでは一般論を表していて, but 以下で主張する形式である。

POINT! **often の頻度以外の意味**

⑴一般論

◇ Japanese often say I talk directly, but that is a matter of course in the States.
「日本人は私のことを率直に話すと言うが，それはアメリカでは当然のことだ」

☆ often ～, but … は「一般論, but …」の一種。

⑵対比

◇ The time she spent creating dolls were usually after putting her children to sleep and often went on until midnight and sometimes until dawn.
「彼女が人形を作るのに費やす時間は普通子供を寝かしつけたあとで，しばしば夜中まで，時には明け方まで続いた」

☆ここは usually→often→sometimes となっている。

⑶強調

◇ He is a hard worker and often goes beyond his duties.
「彼は仕事熱心で職務を超えて働くことが多い」

☆ often の前より後ろのほうが程度が高いことを表す。

ここは　　　の部分がちょうど反対の意味になっていると考えることが重要だ。語彙力が必要だが，competing「相反した」⇔compatible「共存できる」の反対の関係を見抜くことが肝心だ。また，空所の直後の that is「つまり，すなわち」もヒント。

POINT! **言い換えを示す表現**

① that is, that is to say, i. e., namely「すなわち，つまり」

◇ We—that is to say my wife and I—are arguing about what to do.
「私たち――つまり妻と私――はどうしたらいいか話し合っている」

② in other words, to put it in another way「言い換えれば」

☆言い換えということは前後はイコールであることを示している。

☆言い換えるということはある意味重要であるということだ。

they are ＜　D　＞と even if 以下がイコール関係となっているということ。内容は難しいのだが，activation-synthesis theory を threat-simulation theory が補完してくれるといった内容となっている。まさに空所の compatible ということになりそうだ。

E．1．「相談している」　　　2．「対処している」
　　3．「妨げている」　　　4．「解決している」

正解は 2。後ろに with を取れるのは consult と deal。consult with ～「～(対等の人）に相談する」，deal with ～「(解決するために)～に対処する」となる。～が a problem であり，空所の前後に deal with a problem と deal with a threat が見えるので，ここも dealing を正解とするのが妥当だ。

5　**正解は 1**。which makes us pay attention to dangerous things と並ぶ。negativity bias が先行詞で，which は関係代名詞の主格。make O *do*「O に～させる」になっているので pay は動詞の原形。pay attention to ～「～に注意を払

う」は重要熟語だ。

6　1.「悪夢は健康な脳の印だ」

2.「夢の手短な歴史」

3.「よい夢を見る最上の方法」

4.「私たちの夢のほとんどはなぜ恐ろしいのか」

5.「あなたの夢に関して人々にどう話すべきか」

正解は5。非常に長い文章の場合は第1段落が本文全体のテーマを表している可能性が高い。また，最終段落が結論またはまとめとなっているかもしれない。実際第1段落（I had …）を見てみると，筆者の友人はよく夢について人に語っていたようだが，そうし始めると人は部屋から出て行ってしまうので，友人は夢について語るのをやめたといった趣旨となっている。最終段落は，夢について語るときは楽しいものよりある問題に対処するようなものを選べば，興味深いし人もそこから学べると言っている。そうすれば自分の夢を人も聞いてくれるのだ。夢をどう語るべきかといった趣旨の文章だと言えそうだ。

7　**正解は4・7**。

4.「活性化合成理論と脅威シミュレーション理論はある人々にとってはお互い矛盾しているように見える」は第6段落第1文（These two …）が該当箇所。該当箇所と選択肢4を並べてみよう。

These two theories of dreaming are often presented as competing ….
The activation-synthesis and threat-simulation theories appear to some people to contradict each other.

だいたい上のような対応関係であろう。本文は「夢に関するこれらの2つの理論はしばしば両立しないとして示される」とある。often は一般論を表すと述べたが，一般論ということは2つの理論を両立しないと考えている人がいるということだ。to some people の to は「～にとって」の意味。正解としていいであろう。

7.「ほとんどの夢は普通の出来事についてであるが，人は自分が見た奇妙な夢について語る傾向がある」は第11段落第1文（We tend …）が該当箇所。

We tend to think of dreams as being really weird, but in truth about 80 percent of dreams depict ordinary situations.
Most dreams are about ordinary events, but people have a tendency to talk about their strange dreams.

本文の weird と depict は，下線部の設問になっていて難単語に近いが，意味は「私たちは夢を本当に奇妙なものだと考える傾向があるが，実際は夢のおよそ80パーセントは普通の状況を描いているのだ」となる。実は選択肢7とは but の前後が逆になっている。普通は but の後ろが主張だから，順序が違えば主張も違ってしまうが，ここは対比に近いので問題ないと解するのがいいだろう。どちらも人はほとんど普通の夢を見るのだが，話したくなるのは奇妙な夢だと言っている。

1．「筆者は自分の夢を書きとめそれについて人に語ったものだ」は第1段落第1文（I had …）が該当箇所。「筆者」ではなく「筆者の友人」がそうしたのであった。

2．「活性化合成理論によると，夢はしばしば不安を引き起こす」は第3段落第3文（(　あ　) this …）以降が該当箇所で活性化合成理論の説明部分だ。この理論によると，夢が不安をもたらすのではなく，不安な感情が夢の物語として顕在化すると言っている。「夢はしばしば不安を引き起こす」の部分が不適切となる。

3．「活性化合成理論は，夢を見ることは人に将来の問題の準備をさせると主張している」は第7段落最終文（We like …）が該当箇所だが，これは「活性化合成理論」の主張ではなく，「脅威シミュレーション理論」の主張である。

5．「人々は自分たちの夢を興味深いと思っているという事実に対して可能な心理的説明はない」は第8段落（Which leads …）が該当箇所。第2文（There are …）に「心理的な効果に基づいた理由がある」と書かれているので，「心理的説明はない」の部分が不適切だ。

6．「筆者の女友達は，彼の恐ろしい階段についての夢を聞いたとき不安に思った」は第10段落第4・5文（Once I …）が該当箇所。筆者の女友達は「不安に思った」のではなく，「そのような無害なものを私が恐れていると言って笑った」とあるので，「不安に思った」の部分がおかしい。

8．「人は他の人の夢がすべて感情についてなので興味深いと思うのだ」は第10段落第2・3文（Many dreams …）が該当箇所。「(他の誰かの) 夢の経験を共感するのは難しいと思うかもしれない」とあり，「興味深いと思う」とは言っていない。また，「すべて感情についてなので」の記述もない。

解答

1．(a)―2　(b)―4　(c)―1　(d)―4　(e)―4

2．(あ)―1　(い)―3　(う)―4　(え)―2　(お)―5

3―3

4．A―4　B―3　C―3　D―1　E―2

5―1

6―5

7―4・7

21 2020年度 情報コミュニケーション学部〔Ⅰ〕

目標解答時間 25分

ポイント

語句・構文の解説が長くなったことからわかるように，重要な語句や構文が目白押しだ。設問はかなり難しい。ここをクリアできるようなら，明治大学の他の読解問題はかなり解けると考えていいだろう。心して解いてみてほしい。

つぎの英文を読み，あとの問いに答えなさい。

Anna Sullivan, who has been homeless for eight years in Honolulu, Hawaii, is prohibited from sitting on the sidewalk. She cannot wander off to find food without worrying that the police might seize her shopping cart. After run-ins with the police over where she sleeps, sits or leaves her belongings, she tries to (1) away from Waikiki, the popular tourist district whose sidewalks and beaches she once used as her home.

In the United States, (ア)a series of laws that effectively make homelessness a crime is sweeping the nation. By the end of 2014, 100 cities had made it a crime to sit on the sidewalk, a 43 percent increase over 2011, according to a survey of 187 major cities by the National Law Center on Homelessness and Poverty. The number of cities that banned sleeping in cars (A) to 81 from 37 during that same period.

Two years ago, Honolulu, for all its appeal to tourists, was a nationally known center of homelessness: people lying on benches and sidewalks, begging, guarding their belongings, sleeping in doorways, and moving around without any purpose. However, the homeless who had crowded large parts of this city are, to a (2) extent, gone. This is partly because the most recent homeless law made it illegal to sit or lie on sidewalks, with criminal penalties if warnings are ignored in major tourist and commercial districts such as Waikiki and Chinatown. That followed laws allowing the authorities to seize the belongings of homeless people left in public spaces, and to close down many parks and beaches at night. The strategy here is to use the threat of tickets and jail to drive homeless people to go someplace else. City officials reported that the police have issued 16,215 warnings and written 534 orders for homeless people to appear in court since the end of 2014 when the sidewalk regulation (B) effect, but there have been only a handful of arrests so far. 25

There seems little doubt among city officials and the homeless themselves that the change on the streets is primarily a result of the "sit-lie" laws. These laws permit the authorities to tell people to stop sitting on sidewalks, and to seize belongings that are illegally piled on public land. The resulting crackdown* has accompanied the gentrification** that is transforming cities like New York, San Francisco, Los Angeles and Honolulu, contributing to higher housing costs and increased homelessness. "Sit-lie is not about homelessness," Honolulu's mayor, Kirk Caldwell said, while he took a visitor on a tour around the city, (C) out the new high-priced housing rising over areas where tents and homeless communities once lined the street. "Sit-lie is about commerce. It's about keeping sidewalks open for people to do business." In fact, Hawaii has among the highest living costs in the country; even before these new developments, there were not many places where low-income households could afford to live. For those less fortunate, it seems that <u>Hawaii's clear blue sky is increasingly becoming hidden,</u>(イ) and many are having to sleep outdoors, and in some cases, even in the mountains. 30 35 40

Against these trends, the American Civil Liberties Union claims that Honolulu has violated the constitutional rights of people struggling to survive. The United States District Court in Hawaii agreed. In January, Honolulu signed an agreement (3) to wait 45 days before destroying the belongings it seized, allowing people a chance to collect them, and to guarantee 24 hours' notice, in most cases, before clearing sidewalks and parks. The city is also required to film the materials it takes. 45

These kinds of cases, challenging city actions, are appearing in other areas. Last summer, the United States Justice Department asked a federal court to (4) out a regulation in Boise, Idaho that prohibited sleeping in public places, arguing that anti-camping regulations in a city where there was insufficient shelter violated constitutional provisions against cruel and unusual punishment. "It was a 50

good opportunity for us to make very clear that Boise can't make it a crime for
55 people who are homeless to sleep in public places when there aren't enough beds in the city," said Vanita Gupta, an official working in the department's civil rights division. "Punishing someone for sleeping in a public place would basically be punishing someone for being homeless. Making conduct a crime that is a necessary part of one's status is (5) to making that status a crime."

60 The Department of Housing and Urban Development announced this year that it would steer homeless (D) funds away from cities that use various prohibitions which it says make homelessness illegal. "We are strongly against such measures," said Matthew Doherty, the executive director of the United States Interagency Council on Homelessness, which coordinates the federal (E) to
65 homelessness. "By punishing people for experiencing homelessness, it makes it harder to get them out of homelessness."

Even though he supports the changes in Waikiki, David Ige, the governor, mentioned that enforcing the sit-lie laws is not the answer to the homeless crisis (ウ) that has become such a part of life here. He said that what Honolulu needed was
70 affordable housing, a goal that has continually frustrated this island. "Homelessness has reached every community in the island − in areas where you didn't see it five years ago. If you are just forcing people to move from location to location, you are not really reducing or solving the problem. It's just making it someone else's problem. It's not like they can leave the state."

crackdown*：取り締まり
gentrification**：(再)開発による地域の高級化

問 1 文脈から考えて，(1)～(5)に入る最も適切な語をそれぞれ選びなさい。

(1) A．pass B．come
C．look D．keep

(2) A．achievable B．considerable
C．desired D．lesser

(3) A. attempting　　B. suggesting
C. promising　　D. mentioning

(4) A. throw　　B. give
C. send　　D. carry

(5) A. peculiar　　B. opposed
C. equivalent　　D. subject

問 2　空欄（　A　）～（　E　）には，以下の語のいずれかが入る。それぞれに最も適切なものを選び，必要な場合は文意が通るように語形を変えて，解答欄に1語で記しなさい。

assist　　point　　jump　　respond　　take

問 3　下線部(ア) a series of laws that effectively make homelessness a crime is sweeping the nation とはどういう意味か。最も適切な説明を選びなさい。

A. A group of laws that have rapidly made homelessness illegal is moving through the nation.

B. A group of laws that have practically made homelessness illegal is spreading across the nation.

C. A group of laws that have gradually made homelessness illegal is altering the nation.

D. A group of laws that have apparently made homelessness illegal is cleaning the nation.

問 4　下線部(イ) Hawaii's clear blue sky is increasingly becoming hidden とはどういう意味か。最も適切な説明を選びなさい。

A. Due to the new buildings that are constantly appearing, it is becoming harder for homeless people to see the beautiful sky in Hawaii.

B. Homeless people in Hawaii have fewer options about where to live, so they are too busy to enjoy the beautiful sky.

C. Due to the sit-lie laws, the streets are now becoming full of homeless people walking around, and they have no interest in Hawaii's beautiful sky.

D．More and more homeless people doing business are starting to live in areas where they cannot see the beauty of the Hawaiian sky.

問 5　下線部(ウ) enforcing the sit-lie laws is not the answer to the homeless crisis とあるのはなぜか。最も適切な理由を選びなさい。

A．Forcing homeless people in Hawaii to move to other places is not criticized by authorities.

B．Hawaiian authorities think that homeless people should be encouraged to leave the state.

C．Depriving homeless people of a place to live shifts the problem elsewhere.

D．There is not enough space available in Honolulu due to overpopulation.

問 6　この文章に合う最も適切なタイトルを選びなさい。

A．"Sit-Lie" Anywhere, Except Here

B．Leave Us Alone, We're Rich

C．To Live or to Leave, the Choice for Homeless People

D．Aloha and Welcome, Unless You're Homeless

全訳

≪ホームレスでなければ，アロハそしてようこそ≫

8年前からハワイのホノルルでホームレスの状態であったアンナ=サリバンは，歩道に座ることを禁止されている。彼女は，警察にショッピングカートを押収されるかもしれないと心配せずに食料を探し求めて歩き回ることはできない。眠ったり座ったり所有物を置いておいたりする場所を巡って警察と言い争ってから，彼女はかつて歩道や砂浜を自分のすみかとして利用していた人気の観光区域であるワイキキに近づかないようにしている。

アメリカ合衆国で，ホームレスを事実上犯罪とする一連の法律が広まりつつある。ホームレスと貧困に関する国立法律センターによる187の大都市の調査によると，2014年末までに100都市が歩道に座ることを犯罪としており，2011年よりも43％増加していた。車中泊を禁止する都市の数は同期間に37から81に膨れあがった。

2年前，ホノルルは観光客にとって魅力的であったにもかかわらず，ホームレスの中心地として全国的に有名だった。人々はベンチや歩道で横になったり，施しを請うたり，自身の所有物を見張ったり，出入口で眠ったり，なんの目的もなく動き回ったりしていた。しかし，この都市の大部分に密集していたホームレスがかなりの程度までいなくなったのである。これは一部には，ごく最近のホームレスに関する法律によって歩道に座ったり横になったりすることが違法となり，ワイキキやチャイナタウンのような主要な観光区域や商業地域で警告を無視すると刑罰が科せられるようになったからである。これは当局が公共の場に置かれたホームレスの人々の所有物を押収したり，夜間に多数の公園や砂浜を閉鎖したりすることを許可する法律に続くものであった。違反切符と拘置所という脅威を利用し，ホームレスの人々をどこか他の場所へと移動させるというのがここでの戦略である。市の職員の報告によると，歩道条例が発効された2014年末以来，警察は16,215件警告を発し，ホームレスの人々に出廷するよう書面で534件命令を下したが，これまでに検挙された数はほんの一握りである。

路上での変化は主に「シット・ライ」条例の結果であるということに，市の職員の間でもホームレス自身の間でも，疑いはほとんどないようである。この条例により当局は人々に歩道で座るのをやめるように言ったり，公共の場で違法に積み重ねられた所有物を押収したりすることができる。結果として生じた取り締まりが再開発による地域の高級化と相伴って，ニューヨークやサンフランシスコ，ロサンゼルス，ホノルルのような都市を改革し，住宅費用の高騰やホームレスの増加の一因となっている。ホノルル市長であるカーク=コールドウェルは，観光客を市内観光に連れていったとき，かつてはテントやホームレスの共同体が通りで列をなしていた地域の一帯に新しく建設中である高価な住宅を指し示しながら「シット・ライの本質はホームレスではない」と述べた。「シット・ライの本質は商取引である。人々がビジネスを行えるように歩道を空けたままにしておくことである」 実際，ハワイは国内で生活費が最も高い地域の1つである。これらの新たな開発以前でさえも，低所得世帯が住む余裕のある場所はあまりなかった。あまり恵まれていない人々にとって，ハワイの晴れた青い空はますます隠されていくようであり，多くは野宿しなければならず，山中で眠らなければならない場合さえもある。

これらの風潮を背景に，米国自由人権協会は，ホノルルは人々が必死で生き延びようとする憲法上の権利を侵害してきたと主張している。ハワイの合衆国地方裁判所はこれに同意した。1月にホノルルは押収した所有物を処分する前に45日間待つことを約束し，人々にそれらを回収する機会を与え，たいていの場合には歩道や公園から彼らの所有物を押収する24時間前に通知することを保証する合意書に署名した。市は，押収するものを撮影することも要求されている。

都市の行動に異議を唱えるこのような事例は他の地域でも発生している。昨夏，合衆国司法省は連邦裁判所にアイダホのボイシの公共の場で眠ることを禁止する条例を破棄するように求め，避難所が不十分な都市で野外での生活を防止するように規制することは残虐，または異常な刑罰を禁じる憲法の条項を侵害していると主張した。「ボイシは市中に十分なベッドがない時にホームレスの人々が公共の場で眠るのを犯罪とすることはできない，ということを我々が明確にするよい機会だった」とその省の公民権局で働いているバニタ=グプタが述べた。「公共の場で眠ることに対して誰かを罰することは，基本的にはホームレスであることに対して誰かを罰することになるだろう。人の身分に必要な一部となっている行為を犯罪とすることは，その身分を犯罪とすることに相当する」

住宅・都市開発省は，今年，ホームレスを違法とすると述べている様々な禁止事項を用いている都市にはホームレス支援資金を交付しないと発表した。「我々はそのような措置に断固反対する」とホームレスに関する合衆国庁間協議会の事務局長であるマシュー=ドハーティは述べた。この協議会はホームレスに対する連邦政府の対応を調整している。「ホームレスを経験していることに対して人を罰することで，彼らをその状況から抜け出させるのをより困難にしている」

知事であるデイビッド=イゲは，ワイキキの変化を支持するも，シット・ライ条例を強化することは，ここでの生活の大きな一部になっているホームレスの危機に対する答えではないと述べた。彼は，ホノルルにとって必要なものは，この島を絶えず挫折させてきた目標である，手頃な住宅だと述べた。「ホームレスは，5年前であれば目にすることなどなかったような地域にまで，この島のあらゆる社会に進出してきた。単に人々をある場所からある場所へと強制的に移動させているだけならば，この問題を本当に軽減したり解決したりしていることにはならない。それは単にそれを誰か他の人の問題にしているだけである。彼らがこの州から出ていくことができるというわけではないのだから」

●語句・構文

第1段落

□ *l.* 1 is prohibited from は prohibit *A* from *doing*「*A* が～するのを禁止する」の受動態。

□ *l.* 2 cannot *do* ～without *doing* … は「～すれば必ず…する」と訳す重要表現だが，「…することなしには～できない」と直訳しても問題ない。

□ *l.* 2 wander off「歩き回る，ぶらぶらする」

□ *l.* 3 seize「～を取り上げる，押収する」

□ *l.* 3 After … belongings が副詞句。

□ *l.* 3 run-ins with *A* over *B*「*B* を巡る *A* とのもめごと」

□ *l.* 4 *one's* belongings「～の持ち物」

□ *l.* 5 Waikiki の直後のコンマは同格を表す。ワイキキを the popular 以下で説明していることになる。

□ *l.* 5 the popular tourist district が先行詞で，whose は関係代名詞節・所有格。もとの英語は she once used its sidewalks and beaches as her home「彼女はかつてその歩道や砂浜を自分のすみかとして使っていた」となる。

第 2 段落

□ *l.* 8 By the end of 2014, 100 cities … the sidewalk と a 43 percent increase over 2011 は同格関係。increase over ～ は「～に比べた増加」の意味。2011 年より 2014 年末のほうが 43 パーセント増加したと言っているのだ。

□ *l.* 8 100 cities had made it a crime to sit on the sidewalk は 100 cities が S，had made が V，it が O，a crime が C となっている。it は形式目的語で to sit on the sidewalk が真目的語だ。

□ *l.* 9 according to ～「(情報や人の考えなどを表して）～によると」

□ *l.*10 the National Law Center on Homelessness and Poverty「ホームレスと貧困に関する国立法律センター」

□ *l.*10 the number of ～「～の数」

□ *l.*11 ban「(公式的に）～を禁止する」

□ *l.*11 during that same period は *l.*8 に By the end of 2014 とあり，*l.*9 に a 43 percent increase over 2011 とあるので，2011 年から 2014 年の間ということになる。

第 3 段落

□ *l.*13 for all ～ は重要熟語。

> **CHECK** 「～にもかかわらず」を表す表現
> in spite of ～「～にもかかわらず」(＝despite ～，with all ～，notwithstanding ～，for all ～)
> ◇ In spite of poor health, he is always cheerful.
> 「不健康であるにもかかわらず，彼はいつも陽気だ」
> ☆ with all ～，for all ～ は原則文頭で使われ，～の部分は「人称代名詞所有格＋名詞」となることが非常に多い。例外として for all that「それにもかかわらず」の表現がある。
> ☆ despite ～ の～は fact か efforts，lack が圧倒的。

ここは its という所有格もヒント。

□ *l.*13 appeal to ～「～にとっての魅力」

□ *l.*13 a nationally known center of homelessness は「国中で知られたホームレスの中心地」くらいの意味。homelessness は「ホームレスがいる状態」だ。

□ *l.*14 コロン(:)の後ろは SV になっていない。people を 5 つの現在分詞が修飾している。

people lying on benches [and] sidewalks, begging, guarding their belongings,
(1) lying on benches ① / sidewalks ② / (2) begging / (3) guarding their belongings

sleeping in doorways[, and] moving around without any purpose.
(4) sleeping in doorways / (5) moving around without any purpose

and と , and についても述べておこう。

> **POINT!** , and と and と and, の違い！
> , and は and より長いかたまりの切れ目を表す。また，and, はその後にもう一つコンマがあって，その間の部分は挿入部分か副詞的に働く。

ここも and と , and があるが，and は benches と sidewalks という単語と単語の短いかたまりを結んでいる。, and は(1)〜(5)という数語のかたまりを結んでいる。

□ *l*.14 beg「物乞いする，施しを請う」

□ *l*.15 doorway「ドアの出入口，戸口」

□ *l*.16 the homeless は「ホームレスの人々」の意味。the＋形容詞で「人々」を表す。

□ *l*.16 part of 〜「〜の一部地域」

□ *l*.16 be gone のような be 動詞＋自動詞の過去分詞は受動態になるのではなく完了の意味になる。be gone 自体は①「行ってしまう」，②「死んでしまう，なくなってしまう」の意味がある。

□ *l*.17 This は前文の the homeless … gone の内容と考えるといいだろう。

□ *l*.17 partly because … Chinatown が副詞節。その中に副詞節の if … Chinatown が入り込んでいる。

□ *l*.18 criminal penalties「刑事罰」

□ *l*.19 followed の意味関係をしっかり覚えておこう。

NOTE precede と follow

(1) *A* precede *B*「*A* は *B* に先行する，*A* が *B* より先に起こる」
→*B* be preceded by *A*（上の受動態）
◇ Spring precedes summer.
「春の後に夏が来る」

(2) *B* follow *A*「*B* は *A* の後に続く，*A* が *B* より先に起こる」
→*A* be followed by *B*（上の受動態）
◇ Sunday is followed by Monday.
「日曜日の次は月曜日だ」
◇ Our main product is wheat, followed by corn and potatoes.
「われわれの主な産物は小麦で，次いでトウモロコシとジャガイモである」

㊫ 時間・順序においてどちらが先に起こる〔来る〕かを表す。*A* が先，*B* が後に起こる〔来る〕ように統一した公式になっている。また，受動態にすれば *A*，*B* が逆になることに注意せよ！

㊫ (2)の第2例は，followed by 〜 と分詞構文・連続動作になっているのだが，重要なことは，wheat が第1の産物で，corn and potatoes が第2，第3の産物ということだ。

laws … より That のほうが後に起きたと言っているのだ。laws … が法律の話だから，That は前文の the most recent … Chinatown の内容と解するのがいいだろう。

□ *l*.20 laws allowing the authorities to seize … and to close down … の allowing は現在分詞で laws にかかっている。allow *A* to *do* は「*A* が〜するのを可能にする」の意味がある。the authorities は「権威」ではなく「当局」の意味。and は to seize … と to close down … を並列している。

□ *l*.22 use は後ろに不定詞を伴うことが多い。use 〜to *do*「…するために〜を使う」という関係だ。ここもそうなっている。

□ *l*.22 tickets and jail「切符と拘置所」

□ *l*.22 drive *A* to *do*「*A* に〜するよう追いやる」は通例悪い意味で使われる。

□ *l*.23 someplace は副詞で「どこかに」の意味。一般的には somewhere を使う。

□ *l*.23 City officials … so far. の構造を見てみよう。

City officials (S) reported (V) 〈(O) that the police (S′) have issued (V′) 16,215 warnings (O′①) [and] written 534 orders (O′②) for homeless people [to appear in court] (since the end of 2014 (前置詞（先行詞）) [when the sidewalk regulation (S″) (B) effect (V″)]), [but] there have been (V′) only a handful of arrests (S′) so far〉.

□ *l*.23 the police は複数扱いなので have となっている。

□ *l*.23 issue「～を発行する」

□ *l*.24 orders for *A* to *do*「*A* が～せよという命令（書）」

□ *l*.24 appear in court「裁判所に出廷する」

□ *l*.24 前置詞の since は「～以来」の意味。have issued ～ and written を修飾している。

□ *l*.24 the end of 2014 が先行詞，when は関係副詞で effect までが関係副詞節。

□ *l*.25 a handful of ～「少しの～」

□ *l*.26 so far「（原則現在完了形で使われ）今までのところ」

第 4 段落

□ *l*.27 There seems ～ は There is 構文の変形で「～があるようだ」の意味。

□ *l*.27 doubt は同格の that で使われやすい名詞。したがって後ろの that とつながり「～という疑いはほとんどない」となる。同格の that に関しては **NOTE** 〈同格の that の公式〉を参照してほしい。

□ *l*.28 the "sit-lie" laws は第 3 段落第 3 文（This is …）の the most recent homeless law made it illegal to sit or lie on sidewalks, with criminal penalties の部分を受けている。

□ *l*.28 These laws は直前の the "sit-lie" laws。

□ *l*.29 permit *A* to *do*「*A* が～するのを許す」

□ *l*.29 and は to tell … と to seize … をつないでいる。

□ *l*.30 public land「公共の場」

□ *l*.31 accompany は理解しにくい動詞だ。

POINT! accompany の考え方

動 他「～と一緒に行く，～に伴う，～に伴って起こる」

A accompany *B* は，*A* が従〔後，結果〕で *B* が主〔先，原因〕を表す。また，受動態（*B* be accompanied by *A*）にすると主〔先，原因〕・従〔後，結果〕が逆となる。

◇ Misery and sorrow often accompany war.
「悲惨さや悲しみはしばしば戦争に伴う」
参 war が原因で Misery and sorrow が結果となる。

◇ Peace abroad was accompanied by peace at home.
「海外の平和の後に国内の平和が訪れた」
参 Peace abroad が先で peace at home が後になる。

the gentrification … が先に起きて The resulting crackdown がその後に続いたと言っている。

□ *l*.31 the gentrification が先行詞，that … homelessness が関係代名詞節。関係代名詞節内は is transforming が V′ で，contributing は分詞構文・連続動作「そして～する」と考えるのがいい。is contributing とつながると考えるのは transforming … と contributing の間にコンマしかないので不自然だ。

□ *l*.32 contribute to ～ は「～に貢献する」と訳すが，悪い意味でも使うので「～を引き起こす」という訳も覚えておくといい。

□ *l*.33 Sit-lie is not about homelessness は 3 行下の Sit-lie is about commerce とつながる。not *A* but *B*「*A* ではなく *B*」は but がなくてもそう読むことができる。

□ *l*.33 about は少し難しい。

CHECK be all about ～「～がすべてだ，～が目的だ，要は～だ」
◇ My job is all about helping people.「私の仕事は人を助けることが目的だ」
☆ America is about freedom.「アメリカの本質は自由だ」のように all がないこともある。辞書には S の目的や本質を表すとある。

Sit-lie という条例は，ホームレスがいる状態がどうなるかが本質なのではなく，商業がどうなるかが本質だと言っている。

□ *l*.34 while S′ V′「～する間に」

□ *l*.34 take *A* to *B* で「*A* を *B* に連れて行く」の意味がある。*B* は目的地である。一方 tour は目的地ではないので to にはならない。go on a tour「旅行に行く」という表現があるが，この on a tour を使って take ～ on a tour around the city で「～を市のあちこちに案内する」の意味になる。

□ *l*.35 the new high-priced housing rising over areas where tents and homeless communities once lined the street は rising … street が現在分詞の形容詞的用法で the new high-priced housing を修飾している。rise は「建つ」の意味がある。over は「～中に，～の方々に」の意味の前置詞。areas が先行詞で where … street が関係副詞節。lined the street は「通りに並んでいた」の意味だ。

□ *l*.36 Sit-lie is about commerce. を It's about keeping sidewalks open for people to do business. で言い換えたと考えよう。It は当然 Sit-lie を受ける。

□ *l*.37 for people to do business の to 不定詞は「～するために」，for people は不定詞の意味上の主語だ。

□ *l*.37 among は重要な書き換えがある。

CHECK among＝one of
◇ This restaurant is among the best in Japan.
＝This restaurant is one of the best in Japan.
「このレストランは日本で最もよいレストランの一つだ」
☆「among the＋最上級」は「one of the＋最上級」で書き換えが可能だ。ちなみに，best の後ろには restaurants が省略されている。one of the＋最上級＋複数名詞 *A*「最も～な *A* の一つ」が基本形だからだ。

このamongはbe動詞の後ろで使うことが多いが，問題文のようにhasの後ろで使われることもある。「ハワイは最も高い生活費の一つを持っている」が直訳だ。

□ *l*.38 the countryはアメリカ合衆国のこと。

□ *l*.38 these new developmentsは同段第3文（The resulting …）のthe gentrification that is transforming cities like … Honoluluと第4文（“Sit-lie is not …）のthe new high-priced housing rising over areasを受け，高級住宅の建設などの都市開発のことを言っていると考えるのがいいだろう。

□ *l*.39 can afford to *do*「～する余裕がある」

□ *l*.39 For those less fortunateのForは「～にとって」の意味。thoseは「人々」の意味でless fortunateはthoseを修飾している。ちなみに，the less fortunateはthe＋形容詞で「貧しい人々」の意味となり，those less fortunateも「貧しい人々」の意味だ。

□ *l*.41 manyは「多くの貧しい人々」の意味。

□ *l*.41 2つ目のandはoutdoorsとeven in the mountainsを並列している。ちなみに，in the mountainsは山と山の中なので谷間あたりのことを言っている。

第5段落

□ *l*.42 Against these trendsのagainstは「～を背景に」の意味。these trendsは第4段落を受けていると考えるといいだろう。

□ *l*.42 claim that S′ V′「～だと主張する」

□ *l*.43 constitutional「憲法の」

□ *l*.43 right「権利」

□ *l*.43 struggling to surviveは現在分詞の形容詞的用法でpeopleを修飾している。struggle to *do*「～しようと奮闘する」は何かを達成しようと努力をしているがなかなかうまくいかない感じが出る表現。

□ *l*.43 The United States District Court「アメリカ連邦地方裁判所」

□ *l*.45 to wait … とto guarantee … をandで結んでいる。

to wait 45 days before destroying …
, and
to guarantee 24 hours’ notice, in most cases, before clearing …

後ろにそれぞれbefore *doing*があることもandの並列関係を見抜くヒントになっている。

□ *l*.45 itはHonolulu。

□ *l*.45 allowing … は分詞構文と解するのが妥当だが，allowするのは誰か？ Honoluluであろう。後ろに分詞構文があれば連続動作の可能性があるので「そして～する」と訳せるが，どこに対して「そして」なのか？ この辺は意外と難しい。結論を言えば，waitし「そして」allowすると考えるといい。ちなみに，allow O_1 O_2は「O_1にO_2を許可する」の意味。

□ *l*.46 themはthe belongings it seized。

□ *l*.46 24 hours’ noticeは「24時間前の通知」の意味。歩道や公園を一掃する24時間前にそうすると通知すると言っているのだ。

□ *l*.47 clearing sidewalks and parks は clear *A* of *B*「*A*（場所）から *B*（不要なもの）を取り除く」の of *B* が欠けた形と考えよう。歩道や公園からホームレスの持ち物を取り除くということ。

□ *l*.47 require *A* to *do*「*A* に～するよう要求する」の受動態になっている。

□ *l*.47 film「～を写真に撮る」

□ *l*.47 the materials it takes は *l*.45 がヒント。

the belongings it seized

the materials it takes

同じ構造になっている。当局が押収したホームレスの持ち物は写真に撮って 45 日間処分はしないようだ。

第6段落

□ *l*.49 These kinds of cases は第5段落のホノルル市の政策を批判する行為のことを言う。

□ *l*.49 challenge は結構意外な意味の動詞だ。

> **CHECK** 動詞の challenge の意外な意味
> 動 他「～（通例もの）に異議を唱える，～の正当性を疑う」
> ◇ He challenged the assumption that humans are born good.
> 「彼は人間の性善説の常識に異議を唱えた」
> ☆「人」が目的語の場合は①「～に挑戦する」，②「～を奮起させる」の意味が基本。

ここでは市の行動に異議を唱えているのだ。

□ *l*.50 the United States Justice Department が S，asked が V で，arguing が分詞構文・連続動作「そして～」となり，「要請し，そして主張した」とつながる。

□ *l*.50 Justice Department「司法省」

□ *l*.51 a regulation「規制」が先行詞で that … public places が関係代名詞節。

□ *l*.52 argue that S′ V′「～だと主張する」

□ *l*.52 that 節内は anti-camping regulations が S′ で violated が V′，constitutional provisions が O′ となる。

□ *l*.52 camping は「ホームレス生活をすること」の意味で使われることがある。

□ *l*.52 a city が先行詞で where … shelter が関係副詞節。ここの shelter は「(住むところのない人のための）保護施設」の意味。

□ *l*.53 provisions against ～「～に反対する条項，規定」は難しい表現。

□ *l*.53 cruel and unusual punishment はホームレスに対する「残酷で異常な罰」のこと。

□ *l*.53 It was 以下を考えてみよう。

It (S) was (V) a good opportunity (C) for us [to make (V′) very clear (C′) 〈that (O′) Boise (S″) can't make (V″) it (O″) a crime (C″) for people (先行詞) [who are homeless] 〈to sleep in public places (形式目的語 it に対する真目的語) (when there aren't enough beds in the city)〉〉]

It は *l*.50-53 の内容を漠然と指している。opportunity to *do*「～する機会」とつながり，for us は不定詞の意味上の主語。make very clear that ～ は少し珍しい形。

> **NOTE** 目的語と補語の語順が変わる倒置（SVOC→SVCO）
> ◇ He made clear his strong objection to the plan.
> 「彼はその計画に強く反対であることをはっきりさせた」
> ☆ clear がC，his strong objection to the plan がOで，OがCに比べて長いためにOが後置されることになる。

ここも make O C「OをCにする」のOが that 節で長いので clear というCが先に出た形だ。make it a crime も make O C で it は形式目的語，for … homeless が不定詞の意味上の主語で to sleep 以下が真目的語となる。when は「〜なのに」の意味に近く，譲歩を表していると言える。

□ *l.*56 the department's civil rights division の department は Justice Department のこと。civil rights division は「公民権局」となる。

□ *l.*57 Punishing … public place がS，would be がV，punishing … homeless がCとなる。

□ *l.*57 punish *A* for *B*「*B*（法律違反など）のことで *A*（人）を罰する」

□ *l.*58 Making conduct a crime that is a necessary part of one's status の Making は動名詞，Making conduct a crime は make O C となっている。that は関係代名詞で that … status までが関係代名詞節。先行詞は a crime ではなく conduct。one's は one の所有格で「人の，自分の」と訳せる。「人の身分の必要な部分である行動を犯罪にすること」の意味。（ 5 ）の後ろの making that status a crime は「その身分を犯罪にすること」の意味で，この文全体はホームレスという身分の人にとって公共の場で眠ることは必要な部分であるが，それを犯罪だとしてしまうとホームレスであること自体が犯罪になってしまうと言っているのだ。

第7段落

□ *l.*60 The Department of Housing and Urban Development「住宅・都市開発省」

□ *l.*61 steer *A* away from *B*「*A* を *B* からそらす，遠ざける」

□ *l.*61 various prohibitions which it says make homelessness illegal は various prohibitions が先行詞で which … illegal が関係代名詞節だが，which it says make の部分は連鎖関係代名詞と言われる。

> **NOTE** 連鎖関係代名詞
> ◇ The man who I had believed was an actor turned out to be the president.
> 「俳優だと私が思っていた人が大統領だと判明した」
> 上の文を2つに分解すると以下のようになる。
> The man turned out to be the president.「その人は大統領だと判明した」
> I had believed (that) he was an actor.「彼は俳優だと思っていた」
> ☆分解した文を1つの文にするためには，The man と he が同一人物なので，he は主格の関係代名詞の who になり I の前に移動する。that は慣用的に必ず省略され，who … an actor が The man と turned の間に入れば最初の文になる。
> ☆連鎖関係代名詞の特徴は had believed と was のように動詞が並ぶということと，前の動詞は believe のように that 節を取る動詞ということになる。ただ，I had believed の部分を挿入節と考えることもできる。

which make とつながると考えるのが重要だ。

□ *l.*62 be against ～「～に反対だ」

□ *l.*63 such measures は use … illegal だと考えるのが妥当であろう。measure は複数形 measures だと「対策，処置」の意味になる可能性が高い。ここもそうだ。

□ *l.*64 Interagency Council on ～ は「～に関する庁間協議会」という感じ。

□ *l.*64 coordinate「～を調整する」

□ *l.*65 it makes it harder to get them out of homelessness の最初の it は直前の punishing … homelessness。次の it は形式目的語で to get 以下が真目的語。get *A* out of *B* は「*A* を *B* から抜け出させる」の意味で them は *l.*65 の people となる。

第8段落

□ *l.*67 even though S′ V′「～だけれども」は though S′ V′ を強調している表現。

□ *l.*67 he は後ろの David Ige のこと。先に人称代名詞があり，それを受ける名詞が後ろにあるのは違和感があるかもしれない。

□ *l.*70 affordable「(ほとんどの人々が) 購入できる」

□ *l.*70 affordable housing と a goal … は同格関係。

□ *l.*70 continually は continuously と比較して覚えるといい。

CHECK continually と continuously

◇ He is continually complaining about his job.
「彼は絶えず自分の仕事について文句を言っている」

◇ It rained continuously for five days.
「5日間絶えず雨が降っていた」

☆明確な区別とまではいかないが，continually は「断続的に」，continuously は「連続的に」のニュアンスの「絶えず，いつも」の訳となる。第1例は一日24時間文句を言っているわけではないであろう。一方，第2例は一日24時間連続して降っていた感じだ。

☆ continually は悪い意味で使われることが多い。

□ *l.*70 this island は Hawaii を指す。

□ *l.*71 ダッシュ（—）は具体化を表す。

□ *l.*72 it は homelessness。

□ *l.*72 just は only の意味。

□ *l.*72 force *A* to *do*「*A* に～するよう強制する」

□ *l.*72 from location to location「場所から場所へ」が直訳。from place to place「場所から場所へ」の熟語があるが，これは「いろいろな場所へ」のニュアンスだ。from location to location も「あちらからこちらへ，こちらからそちらへ」とどんどんホームレスを移動させるイメージがある。

□ *l.*73 not really ～「実際は～ない」

□ *l.*73 *A* or *B*「(否定文で) *A* も *B* も～ない」

□ *l.*73 the problem はホームレスの問題。

□ *l.*73 It's just making it someone else's problem. の It は前文の If you … location の内容を受けている。just は only の意味。making it someone else's problem は

make O C。it は前文の the problem を受ける。

□ *l*.74 It's not like S′ V′ は「別に〜というわけではない」という表現。

□ *l*.74 they は前々文の people のことで，ホームレスの人たちだ。

□ *l*.74 leave the state「その州を離れる」の意味だが，「その（ホームレスの）状態を離れる」の意味と掛けているかもしれない。

解 説

問 1

(1)**正解はD。**彼女はホームレスであるが，歩道に座ることも禁止されているくらいなので，この地区から離れようとしているのも納得だ。keep away from 〜「〜に近づかない，〜から離れている」がピッタリであろう。

(2)**正解はB。**

A.「達成できる」　B.「かなりの」
C.「望まれた」　D.「より小さい」

to a certain extent「ある程度」や to a large extent「かなり（の程度）」の熟語がある。こういった熟語の変形として to a considerable extent「かなり（の程度）」という表現がある。

(3)**正解はC。**

A.「試みている」　B.「提案している」
C.「約束している」　D.「言及している」

直後に to 不定詞があるので to が取れるかどうかが最初のポイント。attempt to *do*「〜する試みをする」と promise to *do*「〜すると約束する」が可能。空所は直前の agreement を修飾しているが，LONGMAN という英英辞書には agreement を an arrangement or promise to do something「何かをするための調整またはするという約束」と定義している。promising が agreement とは相性がいいと言えそうだ。「〜すると約束する協定」という感じだ。

(4)**正解はA。**第6段落第1文（These kinds …）で市の行動に異議を唱える事例がハワイ以外でも現れているのだが，その具体例が空所のところだ。アイダホ州ボイシの規制に異議を唱える方向の熟語が入らないといけない。throw out 〜「〜を退ける，却下する」が正解となるが，知らなくても仕方のない熟語だ。

(5)**正解はC。**

A.「特有の」　B.「反対した」
C.「相当する」　D.「受けやすい」

評論文では同じことを繰り返すことが多いが，ここもそれを利用する手がある。前文（“Punishing someone …）と比べてみよう。

“Punishing someone for sleeping in a public place would basically be

punishing someone for being homeless.
Making conduct a crime that is a necessary part of one's status is (　5　) to making that status a crime."
まさに同じような内容であることを確認してみてほしい。　　の would basically be「基本的には〜であろう」に近いものを選ぶことになる。be equivalent to〜「〜に相当する」が最適だ。One dollar is equivalent to 110 yen right now.「1ドルはまさに今は110円に相当する」のような例を考えると，イコールを表すbe動詞に近いと言えるのは理解できるであろう。

問2

A．**正解はjumped**。jump from A to B「AからBに急上昇する」の語法がある。空所の後ろはjump to B from Aになっている。よくこの語順になることがある。37から81は急上昇であろう。直後のduring that same periodは**語句・構文**で説明したように2011〜2014年の期間なので過去形にすることも意識しよう。

B．**正解はtook**。take effectは「効果を発揮する，結果が出始める」の意味が基本だが，「(法律が) 施行される」の意味で使われることもある。主語がthe sidewalk regulationであることが決め手だ。関係副詞whenの先行詞がthe end of 2014であることから時制は過去形にすることになる。

C．**正解はpointing**。point out〜は「〜（知らないこと，考えていないこと）を指摘する」の意味だが，「〜を指し示す」の意味がある。ただ，空所にpointedと過去形を入れるのは違和感がある。主語heに対してtook…とpointed…をコンマでつなぐのは完全に文法違反ということはないのだが，pointingと現在分詞を入れ分詞構文にするのがよりよい。付帯状況で「〜しながら」の意味と解釈するのがいい。新しい値段の高い家々を指し示しながら訪問客を案内したのだ。

D．**正解はassistance**。homeless assistance programs「ホームレス支援プログラム」やassistance funds「支援基金」という表現がある。ただ，このassistanceは結構難しく，確信を持って正解を出せた受験生はあまりいないのではと思われる。

E．**正解はresponse**。federalは基本的には形容詞なので空所には名詞が入りそうだ。また直後にtoがあるのでこれもヒント。respond to〜「〜に反応する，対応する」の名詞でresponse to〜「〜に対する反応，対応」となる。空所の前後は「ホームレス状態に対する連邦政府の対応を調整する」となる。

問3　**正解はB**。

A．「急速にホームレス状態を不法にした一連の法律は国中を動いている」
B．「実質的にホームレス状態を不法にした一連の法律は国中に広がっている」
C．「徐々にホームレス状態を不法にした一連の法律は国を変えつつある」
D．「一見するとホームレス状態を不法にしたように見える一連の法律は国をきれいにしつつある」

下線部の a series of ～ は「(次々と続く似たようなものの) 一連の～」の意味。a set of ～ や a group of ～ が同意表現だ。a series of laws が先行詞，that … a crime が関係代名詞節，a series of laws が S，is sweeping が V，the nation が O だ。effectively には意外な意味がある。

CHECK effectively の意外な意味

effectively 副

①「効果的に」

◇ Try to deal with the situation more effectively.

「その状況にもっと効果的に対処しようとしなさい」

②「実質的に，事実上」

◇ Most of the rural handicapped are effectively excluded from politics.

「いなかの障害者たちのほとんどは実質的に政治から排除されている」

☆②の例文は，政府の公式の発言では都会，いなかとは関係なく障害者の便宜を図ると言っているが，現実にはいなかの障害者たちは不便を被っていると言っている。

一連の法律はホームレス状態を不法としてはいないが，現実はホームレス状態を違法にしてしまっているのだ。B の practically が同意表現となる。is sweeping the nation の sweep は「～を席巻する」の訳がピッタリ。ある地域に急速に広まっていく感じだ。B の is spreading across the nation がいい感じだ。the nation はアメリカ合衆国のこと。

問 4　**正解は B。**

A.「絶えず出現している新しい建物ゆえに，ホームレスの人たちはハワイの美しい空を見るのはより難しくなりつつある」

B.「ハワイのホームレスの人たちはどこに住んだらいいのかの選択肢が少なくなっているので，彼らは非常に忙しく美しい空を楽しむことができない」

C.「シット・ライ条例ゆえに，通りは今や歩き回っているホームレスの人たちで溢れかえっていて，彼らはハワイの美しい空にまったく興味がない」

D.「ビジネスをしているますます多くのホームレスの人たちはハワイの美しい空を見ることができない地域に住み始めている」

下線部は「ハワイの澄み切った青い空はますます隠されつつある」が直訳。*ll*.35-36 にあるように，かつてホームレスの人たちの社会があったところに新しい高額な家々が建ち，直後にあるように，ホームレスの人たちは戸外で眠るしかないのだ。A は下線部の真意を表しておらず，単に表面的な解釈になっていると言える。一方 B は新しい家が建ってしまったところにはもう住めず，住む選択肢が狭まっていることを言っていて，これが下線部の真意である。

問 5　**正解は C。**

A.「ハワイのホームレスの人たちを強制的に他の場所に移させることは当局によって批判されていない」

B.「ハワイ当局はホームレスの人たちは州を離れるよう催促されるべきだと考えている」

C.「ホームレスの人たちから住む場所を奪うことはこの問題を他のどこかに移している」

D.「ホノルルには人口過多のために利用できる十分な空間がない」

下線部は「シット・ライ条例を強化することはホームレス危機の答えにはならない」が直訳。シット・ライ条例は歩道で寝たり座ったりしてはいけないという法律であった。同段落第4・5文（If you…）にホームレスのたちを強制的にこちらからあちらへ移動させても，それはこの問題を他の人の問題にしているだけだとある。ハワイからホームレスの人たちを追い出しても，追い出されたところでまた問題になると言っているのだ。

問6　**正解はD。**

A.「ここを除いてどこでも『シット・ライ条例』」

B.「私たちを放っておいて，私たちは金持ちだ」

C.「住むか離れるか，ホームレスの人たちにとっての選択」

D.「ホームレスでなければ，アロハそしてようこそ」

題名や表題，テーマなどをたずねる問題は，結論を聞いているのではなく，あくまで文章全体で何を言っているかを問うていることになる。その際，各段落の第1文を中心にスキミングしてみる手がある。第1～4段落でハワイがホームレスの中心地で，ホームレスを犯罪とする法律がアメリカ合衆国全土を席巻し，その法律ゆえに街が変わってきたとある。第5～7段落ではその法律が憲法に違反するとして反対する見解や具体的な行動が示されている。そして第8段落ではこの法律をある地域で適用してもホームレスは他の地に移っていくのみで，何の解決にもならないと結論づけている。正解選択肢のDには「アロハ」という表現によりハワイが暗に示されていて，主題であるホームレスも入っているし，タイトル全体はホームレスを排除する法律を比喩的に述べ，この法律の無意味さを皮肉を込めて全体で表していると言えそうだ。AとBはキーワードである「ホームレス」がないので不可で，Cはホームレスに選択肢があるというのが本文の趣旨と正反対になってしまい不可だ。

解答

問1．(1)―D　(2)―B　(3)―C　(4)―A　(5)―C

問2．A．jumped　B．took　C．pointing　D．assistance　E．response

問3．B

問4．B

問5．C

問6．D

22

2020年度 法学部〔Ⅰ〕

目標解答時間 35分

ポイント

内容説明，内容真偽問題はよくある設問形式だが，読解総合問題の中での語句整序問題はやや珍しい。また，記述式問題があるのも大きなポイントだ。選択式ならどれかを選ぶことができるが，記述式ではまったく書けない可能性があり，正答率に差が出るからだ。どのように書いていけばいいか学んでいこう。

次の文章を読んで，以下の問に答えなさい。（＊の付いた語句については，文末に注があります。）

In 1930, the United States needed a miracle. Months before, the stock market had crashed, and the economy had begun to tank*. As the Great Depression* pummeled* millions of American workers, Frances Perkins, New York's Commissioner of Labor, warned that New York faced a particular threat from a surprising group: Married women with jobs. 5

"The woman 'pin-money worker' who competes with the necessity worker is a menace to society, a selfish, shortsighted creature, who ought to be ashamed of herself," Perkins said. "Until we have every woman in this community earning a living wage, I am not willing to encourage those who are under no economic necessities to compete with their charm and education, their superior advantages, 10 against (ア)the working girl who has only her two hands."

Within two years, Perkins would go on to become Secretary of Labor in President Franklin D. Roosevelt's cabinet. And though she is known as one of the architects of the New Deal, her attitudes toward working women were shared by many who embraced the President's seemingly liberal economic policies of relief for 15 unemployed workers.

Perkins wasn't the only one who (イ)married/of/suspicious/was/women in the workplace. The 1930s would see a spike in policies and laws that discriminated (a)(　　　), even forbade, women to work when they were married. During the Great Depression, discrimination (a)(　　　) their employment even became law. 20

"Nine states had marriage work ban laws prior to the Depression," writes historian Megan McDonald Way, "and by 1940, 26 states restricted married women's employment in state government jobs." As women around the country ends/make/meet/to/struggled during the nation's deepest economic crisis, they
(ウ)
25 became an easy scapegoat for people looking for someone to blame.

By the time Perkins made her speech, the debate over working women — and whether women should work once they married — had been raging for decades. Arguments about married women's work often centered on the idea of "pin money." Originally coined* to refer to the small amounts of money women spent on fancy
30 items, it had become shorthand for all women's work by the 20th century.

"The revised idea of pin money," writes Janice Traflet, "increasingly served as a justification for paying women (including working-class women) lower wages than men." Women's work, and their expenditures, were cast as inconsequential and foolish, Traflet writes, yet in competition with the ability of men to earn money to
35 support their families.

Family support became more important than ever after the Stock Market Crash of 1929. Shortly after Perkins delivered her speech in 1930, U.S. unemployment hit a rate of 25 percent nationally — and the question of whether married women should hold jobs became even more controversial.

40 In fact, businesses had been banning married women from work since at least the 1880s. Marriage bars were designed (b)(　　)(　　) to reserve employment opportunities for men, but also to ensure that unmarried women without families to support were kept in the lowest paying, least prestigious positions. Single women most commonly held clerical and teaching jobs, both of
45 which had come to be seen as "women's work" by the 1930s. (Black women were subject to fewer marriage bars, but had little access to the jobs available to white, middle-class women at the time.)

In today's era of relatively strong workplace discrimination laws, the prevalence* of marriage bars can seem astonishing. As Way notes, marriage bars
50 were common throughout the insurance, publishing, and banking industries, and imposed with abandon* by private firms in other white-collar professions. The laws

and policies reflected common misconceptions about working women. It was assumed that women might work outside the home before marriage, but that they would want to return to the home sphere once they wed. Those middle-class married women who did seek employment during the Depression were often met with hostility.

The arguments against married women working were personal. In Wisconsin, for example, lawmakers passed a resolution in 1935 stating that when married women with working husbands got jobs, they became the "calling card for disintegration of family life." The committee added that "The large number of husbands and wives working for the state raises a serious moral question, as this committee feels that the practice of birth control is encouraged, and the selfishness that arises from the income of employment of husband and wife bids fair to* break down civilization and a healthy atmosphere."

In 1932, the federal government even got involved in marriage bars. Section 213 of the Economy Act of 1932 included a section that required the government to fire one member of each married couple working in government. Since women's jobs inevitably paid less than men's, they largely paid the price.

In order to prevent women from going by other names to sidestep losing their jobs, the federal government also began requiring women with federal jobs to use their husbands' names in 1933. Some women even went as far as marrying men without federal jobs without telling anyone so that they wouldn't be fired when their coworkers learned of their wedding. Though women's groups and individual women who were banned from federal service rigorously protested the rule, (エ)it would stay in place for the rest of the Great Depression.

Ironically, married women (オ)managed to make inroads into the labor market despite the discrimination they faced during the Great Depression. As historian Winifred D. Wandersee Bolin notes, the number of married women workers grew between 1920 and 1940. "(カ)The gains of the 1930s were not nearly as dramatic as those of earlier decades," she wrote. "What is significant is that they were made at a time of great economic stagnation* — at a time when women were (キ)a/deal/great/pressure/public/of/under to leave the labor market in order to avoid competing with men for the short supply of jobs."

From Why Many Married Women Were Banned From Working During the Great Depression, History on March 5, 2019 by Erin Blakemore, A&E Television Networks

注 tank：うまくいかなくなる　the Great Depression：世界大恐慌
pummel：(こぶしで)打つ　coin：新語句などを造り出す
prevalence：普及，流行　with abandon：好き勝手に
bid fair to：(物事が)～しそうである　stagnation：不景気，景気停滞

(問 1) 下線部(ア)(エ)(オ)の内容に最も近いものをそれぞれ1つ選び，その番号を解答欄にマークしなさい。

(ア) the working girl who has only her two hands

1. disadvantaged girls who have to work in order to live
2. girls who compete with charm and education
3. girls who are selfish
4. girls who are very good with their hands

(エ) it would stay in place

1. a women's group would continue protesting in some area
2. the federal services would last for a while
3. the Great Depression would continue in some areas
4. the marriage bar would continue to exist

(オ) managed to make inroads into

1. became enemies in
2. lost their status in
3. made some progress participating in
4. mostly did construction work in

(問 2) (a)(b)それぞれの空欄に入れるのに適切な英単語を記述解答欄に書きなさい。語数は各問の指示に従うこと。

(a) 英単語1語(2か所に同一の単語が入ります)

(b) 英単語2語

(問 3) 下線部(イ)(ウ)(キ)の単語を文の意味が通るように正しい語順に並べかえたとき，3番目に来る単語を次から1つ選び，その番号を解答欄にマークしなさい。

(イ) married/of/suspicious/was/women

1. married
2. of
3. suspicious
4. women

(ウ) ends/make/meet/to/struggled

1. ends
2. make
3. struggled
4. to

(キ) a/deal/great/pressure/public/of/under

1. deal
2. great
3. public
4. under

(問 4) 本文の内容に基づいて，(A)〜(G)の質問の答として最も適切なものをそれぞれ1つ選び，その番号を解答欄にマークしなさい。

(A) Which of the following is true regarding the state of women's employment up to 1940?

1. More than 20 states had limited women's access to state government jobs by 1940.
2. Most states introduced laws to ban unmarried women from working in 1939.

3. Once a woman got married, she was required to seek additional employment prior to 1940.
4. Women were encouraged to work for the government until 1939.

(B) In what sense were women "scapegoats"?

1. People just wanted someone to blame for falling living standards, so they targeted women unfairly.
2. There was no choice but to restrict women from taking on any kind of employment.
3. Women deserved to be blamed for the economic crisis, but they escaped criticism.
4. They were declared to be scapegoats by Frances Perkins.

(C) In what way was the idea of "pin-money" revised?

1. Although it used to be given to everyone equally, "pin-money" eventually stopped being provided to married women if their husband found a job.
2. In the old days, "pin-money" meant the income of working-class women, but the definition later expanded to include the salaries of all women.
3. "Pin-money" originally referred to the income that women spent on non-essential purchases, but it came to refer to female employment more generally.
4. "Pin-money" was traditionally seen as something shameful, but due to the economic crisis it became socially acceptable.

(D) Why was the idea of women holding a job even more controversial in 1930?

1. A strike against women's employment took place in the stock exchange.
2. Frances Perkins delivered a petition to the government in support of

female labor.

3. Men believed that women were inferior workers and refused to work with them.
4. As many as a quarter of all men and women who wanted a job had become unable to find one.

(E) What was the effect of Section 213 of the Economy Act of 1932?

1. It allowed federal employees to marry each other if they both had jobs.
2. It caused more married women to lose their jobs than married men.
3. It helped people during the Great Depression.
4. It guaranteed a minimum standard of living.

(F) What was the intention of the federal government when it required its female workers to use their husbands' names in 1933?

1. To lessen the prejudice against female employees working under their maiden names.
2. To make it easier for the police to know about the family backgrounds of the workers.
3. To make sure no more than one member of a married couple could work for the government.
4. To value the idea of traditional families.

(G) Which of the following is true about Frances Perkins?

1. Frances Perkins was not promoted because she was a woman.
2. Frances Perkins was one of the people who designed the New Deal.
3. Frances Perkins was unsympathetic to unmarried female workers.
4. Frances Perkins' idea was criticized in Roosevelt's cabinet.

(問 5) 下線部(カ) The gains が示す内容を15字以内の日本語で具体的に説明しなさい(句読点は1字と数える)。答えは記述解答欄に記入すること。

全 訳

≪大恐慌時代の既婚女性の労働問題≫

1930年，アメリカには奇跡が必要だった。数カ月前に株式市場は暴落し，経済はうまく立ちいかなくなり始めていた。大恐慌がアメリカの非常に多くの労働者に打撃を与えたとき，ニューヨーク州労働局長であったフランシス=パーキンスは，ニューヨークは働く既婚女性という驚くべき集団からの特別な脅威に直面していると警告した。

「必要労働者と競う『ピンマネー労働者』の女性は社会の脅威であり，自身を恥じるべき利己的で近視眼的生き物である」とパーキンスは述べた。「私たちがこの社会のどの女性にも生活賃金を稼いでもらえるようになるまで，私は経済的必要性に迫られない人々に，自らの魅力と教育という優れた長所でもって，自らの2つの手しか持たない勤労女子と競合するよう促す気にはなれない」

2年も経たずしてパーキンスはフランクリン=D.ルーズベルト政権の労働長官になった。そして彼女はニューディール政策の立案者の一人として知られるが，勤労女性に対する彼女の姿勢は，大統領の一見リベラルな失業者救済経済政策を受け入れている多くの人々と共通のものであった。

既婚女性が職場にいることを懐疑的に思っていたのはパーキンスだけではなかった。1930年代においては，女性の結婚後の就業に対して差別的な，さらには就業を禁ずる政策や法律が急増した。大恐慌の間には既婚女性への雇用差別は立法化までされた。

「9つの州には大恐慌に先立って婚姻労働禁止法があり，1940年までに26の州が州政府の仕事における既婚女性の雇用を制限した」と歴史家ミーガン=マクドナルド=ウェイは書いている。国中の女性が国内の最も深刻な経済危機の最中に生計を立てることに奮闘していたとき，非難の対象を探し求めていた人々にとって，そうした女性は格好のスケープゴートとなったのである。

パーキンスがその演説を行ったときにはすでに，勤労女性に関する，またいったん結婚したら女性は仕事をするべきか否かに関する議論は，何十年にもわたり続いていた。既婚女性の労働に関する議論では，しばしば「ピンマネー」という考えが中核をなしていた。ピンマネーとは元々女性が装飾品に費やす少額の金を表すために造り出された語句だが，その言葉は20世紀までにすべての女性の労働に対する簡略語となっていた。

「ピンマネーに関する修正された考えは，女性（労働者階級の女性を含む）に男性より安い賃金を支払うことを正当化する根拠として一層役に立った」とジャニス=トラフレットは書いている。トラフレットの記述によれば，女性の労働と支出は取るに足らない愚かなものであり，それでいて，男性が家族を扶養するために金を稼げることとは競合するものとみなされたのである。

家族を扶養することは，1929年の株式市場大暴落の後かつてないほど重要な問題となった。1930年にパーキンスが演説した直後，アメリカの失業率は全国的に25パーセントを記録し，既婚女性が仕事を持つべきかどうかという問題はさらに一層論議の的となった。

実際，少なくとも1880年代以降，会社では既婚女性が就業することを禁止していた。結婚バーは，男性の雇用機会を確保するためだけでなく，扶養家族を持たない未婚女性を最低賃金でしかも評価も最も低い地位に確実にとどめておくために計画されたものであった。独身女性は一般に事務職と教職に就いており，それらは共に1930年代までに「女性の仕事」とみなされるようになっていた。（黒人女性は結婚バーにはそれほど影響を受けなかったが，当時の白人中産階級女性が就業できた職種に就ける可能性はほとんどなかった。）

今日の比較的強力な職場差別禁止法の時代にあって，結婚バーの広まりは驚くべきものであるように思えるかもしれない。ウェイが記すように，結婚バーは保険，出版および銀行業界の至るところでごくありふれたことであり，また他のホワイトカラー専門職の民間企業もそれを好き勝手に押しつけていた。法律と政策は勤労女性に関する一般的な誤った概念を反映していた。女性は結婚前は家庭の外で仕事をするかもしれないが，いったん結婚したら家庭の領域に戻りたいと思うだろうと想定されていたのだ。大恐慌の最中に雇用を実際に求めた中産階級の既婚女性たちはしばしば敵意をもって迎えられた。

既婚女性が仕事をすることに反対する主張は，個人攻撃的なものであった。例えば，ウィスコンシン州では議員たちが 1935 年に，就業している夫をもつ既婚女性は，職に就くと「家庭生活の崩壊の印」となると言明する決議を可決した。その委員会ではさらに「州の公務員職に従事する多くの夫婦は重大な道徳的問題を提起する。産児制限という行為が奨励され，夫婦の雇用による収入から生じる利己主義は文明と健全な環境を崩壊させる恐れがあると，当委員会では思うからである」と付け加えた。

1932 年には連邦政府でさえ結婚バーに関与した。1932 年の経済法 213 項には，政府で働く各夫婦のうち一人を解雇することを政府に求める項目が含まれていた。女性の仕事が男性の仕事より必然的に低賃金であったため，大抵は女性が犠牲となった。

1933 年には，女性が失職を回避する目的で他の名前で通すことを防ぐため，連邦政府はさらに，連邦政府の職にある女性に夫の名前を用いるよう要求し始めた。結婚したことを同僚たちに知られたときに首にされることがないよう，連邦政府の職にない男性と内密に結婚することまでした女性もいた。女性の団体と連邦政府への勤務を禁止された個々の女性は激しくその規則に抗議したのだが，大恐慌の残りの期間は施行され続けることになるのだ。

皮肉なことに，大恐慌の間に直面した差別にもかかわらず，既婚女性たちはどうにか労働市場に参入することができた。歴史家のウィニフレッド=D. ワンダーシー=ボーリンが記すように，既婚女性労働者の数は 1920 年から 1940 年の間に増加した。「1930 年代の増加はその前の数十年間と比べると決して劇的なものとは言えない」と彼女は書いている。「重要なことは，景気の大停滞のとき，つまり仕事の供給不足に際し男性と張り合うことを回避するため労働市場から立ち去るよう女性たちが多大な公的圧力を受けていた時代にあってもなお，増加したということである」

●語句・構文

第 1 段落

□ *l.* 1 a miracle は何なのか？ 読み進める上でどんな奇跡のことを述べるのか意識するといいだろう。

□ *l.* 2 crash「（多くの価値を失うという意味で）大暴落する」

□ *l.* 2 As は接続詞で時を表し「～するときに」の意味と解するのがいいだろう。

□ *l.* 3 millions of ～ は①「何百万もの～」，②「非常に多くの～」の意味があるが，単位が常識上おかしいなと思ったら②のように漠然と多いことを表すと考えよう。ここもそう考えるといいだろう。

□ *l.* 4 face「～（問題や困難など）に直面する」

□ *l.* 4 a surprising group の直後にコロンがあるので Married women with jobs がその具体化。

□ *l.* 5 with は面倒な前置詞だ。

> **CHECK** with「～を持った」
> ◇ We need someone with new ideas.
> 「私たちには新しい考えを持った人が必要だ」
> ◇ You feel very comfortable in a room with a high ceiling.
> 「天井の高い部屋ではとても気分がいい」
> ☆ *A* with *B*「*B* を持った *A*」の *B* は *A* の所有物，属性，特徴となる。

ここの with も「仕事を持った」の意味で Married women を修飾している。

第2段落

□ *l.* 6 pin-money worker は「小遣い稼ぎで働いている人」の意味で，necessity worker「生活するために働いている人」と対照的な表現だ。

□ *l.* 6 compete with ～「～と競う」

□ *l.* 6 a menace to ～「～にとって脅威となる人」

□ *l.* 7 a selfish, shortsighted creature「利己的で，近視眼的な生物」は当然 The woman 'pin-money worker' のことを言っている。

□ *l.* 7 be ashamed of ～「～を恥ずかしいと思う」

□ *l.* 8 have *A doing* は「*A* に～させる，～してもらう」と訳せるが，have *A do* ほど使役の意味は強くない。「この社会のすべての女性に生活賃金を稼いでもらうまで」というのは，人に頼ることもできず自分の力だけで働いている女性までもが十分に稼ぐことができるようになるまで」といったニュアンスだ。彼女たちが稼げるようになったら，夫に生計を頼っている裕福な女性も働いていいのではと言っているのだ。

□ *l.* 9 living wage「生活賃金」は生活するのに必要な最低賃金のこと。

□ *l.* 9 be not willing to *do* は be unwilling to *do*「～したがらない」と同意。

□ *l.* 9 encourage *A* to *do*「*A* に～するよう励ます，奨励する」

□ *l.* 9 those が先行詞，who … necessities が関係代名詞節。encourage は to compete とつながることを押さえよう。those は「人々」ではなく the women と考えるほうがいい。

□ *l.* 9 under the necessity of ～「～の必要に迫られて」という表現があるが，under no economic necessities は「経済的な必要に迫られていない」の意味で，those who are under no economic necessities は *l.* 6 の The woman 'pin-money worker' の言い換えだ。

□ *l.*10 compete は against とつながり compete against ～ で「～と競う」の意味。

□ *l.*10 with ～ advantages の with は手段を表して「～で，～を使って」の意味。

第3段落

□ *l*.12 would は過去から見た未来を表す。第1・2段落の話から「2年以内」は過去から見た未来となる。「～することになった」くらいの訳がいいだろう。

□ *l*.12 go on to *do* は面倒な表現だ。

> **CHECK** go on *doing* と go on to *do*
>
> go on *doing*「(同じ行為をずっと) ～し続ける」
>
> ◇ He went on working until he was 91.
> 「彼は91歳になるまで働き続けた」
>
> go on to *do*「(他の何かをし終えた，言い終えた) 次に～する，その後に～する」
>
> ◇ She accepted the nomination and went on to win the election.
> 「彼女は指名を受け入れその後に選挙に勝った」

パーキンスは New York's Commissioner of Labor「ニューヨーク州労働局長」だったのが，その後に閣僚である Secretary of Labor「労働長官」になったのだ。

□ *l*.13 be known as ～「～として知られている」

□ *l*.13 the architect of ～「～の立案者」

□ *l*.14 the New Deal「ニューディール政策」は大恐慌を克服するための合衆国の一連の経済政策のこと。

□ *l*.14 attitude toward ～「～に対する見方，見解」

□ *l*.15 embrace「～を快く受け入れる」

□ *l*.15 seemingly の意味をしっかり押さえよう。

> **CHECK** seemingly の真の意味
>
> 「(真実ではないかもしれないが) 一見したところ，外見的には」
>
> ☆実はそうではない，のニュアンスで使うのが基本だ。
>
> ◇ The child is seemingly healthy, but the doctor is still concerned.
> 「その子供は一見したところ健康だが，医者はいまだに心配している」

ここも一見するとリベラルだが実は保守的な経済政策だと言っている。

□ *l*.15 relief「(貧しい人々に金や食料などを与える) 援助」

第4段落

□ *l*.18 see は「(年代，時代などが) ～を見る」のような無生物主語構文で使える語だ。

□ *l*.18 a spike「急上昇」

□ *l*.19 forbid *A* to *do*「*A* が～するのを禁止する」

第5段落

□ *l*.21 marriage work ban laws は女性がいったん結婚したら仕事をするのを禁止する法律のことだ。

□ *l*.21 prior to ～「(時間的に) ～の前に」

□ *l*.23 state government「州政府」

□ *l*.23 ここの As は接続詞で時を表し「～するときに」の意味。

□ *l*.23 around the country「その国中で」の the country は当然 the United States だ。

□ *l*.24 the nation's deepest economic crisis とは the Great Depression のことであろう。

□ *l.* 25 scapegoat for ～で「～のいけにえ，身代わり」という意味がある。ある英英辞書に Teachers have been made a convenient scapegoat for problems in our educational system.「教師たちが私たちの教育制度の問題のスケープゴートにされている」のような例があったが，実はここはそうつながっていない。問題文中の for は「～にとって」の意味だ。「非難すべき誰かを探している人にとって女性たちは格好のスケープゴートとなった」の意味となる。

第6段落

□ *l.* 26 by the time S′ V′「～するときまでに」の by the time は接続詞，一方 by「～までに」は前置詞だ。

□ *l.* 26 the debate over ～「～をめぐる議論」の～は working women と whether … married となる。

□ *l.* 27 once S′ V′「いったん～すると，～するとすぐに」

□ *l.* 27 rage「荒れる，猛威を振るう」

□ *l.* 28 argument about ～「～についての議論」

□ *l.* 28 center on ～「～を中心にする，～に重点を置く」

□ *l.* 28 the idea of ～の of は同格を表し「～という」と訳す。

□ *l.* 29 Originally coined … items は過去分詞で始まる分詞構文で，ここは Originally と by the 20th century の関係から譲歩と考えるといいだろう。もともとはこういう意味で作られたが，20 世紀までにはああいう意味で使われるようになったという意味関係だ。it は pin money のこと。

□ *l.* 29 originally は「独創的に」のような意味はなく，「もともと，元来」の意味。

□ *l.* 29 refer to ～「～に言及する，～のことを言う」

□ *l.* 29 small amounts of ～「少しの(量，金額の)～」の形があるが，the small amounts of money が先行詞なので the が入っている。

□ *l.* 29 spend *A* on *B*「*A* を *B* に使う」

□ *l.* 29 fancy「装飾的な，意匠を凝らした」

□ *l.* 30 shorthand for ～「～を表す簡潔な表現」

第7段落

□ *l.* 31 The revised idea of pin money は all women's work のこと。もともとの考えは the small amounts of money women spent on fancy items だ。

□ *l.* 31 serve as ～「～として役立つ」

□ *l.* 31 a justification for ～「～を正当化するもの」

□ *l.* 32 pay は第 4 文型で使える。women が O_1，lower wages than men が O_2 で「O_1 に O_2 を払う」の意味。

□ *l.* 33 be cast as C「C だとみなされる」の C には名詞以外に形容詞や前置詞句が入ることがある。inconsequential and foolish と yet「しかし」の後ろの in competition with … が C だ。

□ *l.* 33 inconsequential「重要でない」

□ *l.* 34 in competition with ～「～と競争して」

□ *l.* 34 the ability of *A* to *do*「*A* が〜する能力」

第 8 段落

□ *l.* 36 比較級＋than ever は重要表現だ。

> NOTE 比較級＋than before〔ever, ever before〕の真の意味
> 「以前より〜, かつてないほど〜」
> ◇ The job market is more competitive than ever.
> 「求人市場はかつてないほど競争が激しい」
> ☆意味上, 最上級となることがほとんど。また, as never before「かつてなかったほど」も覚えておこう。

□ *l.* 36 the Stock Market Crash of 1929 は第 1 段落第 2 文（Months before, …）の the stock market had crashed のこと。

□ *l.* 37 deliver〔give, make〕a speech「演説をする」

□ *l.* 37 hit「〜（ある数字）に達する」

□ *l.* 39 even はおもしろい語だ。

> NOTE 比較級を強調する副詞 still, even, yet
> still, even, yet「さらに, いっそう」
> ◇ He admits things are bad, but argues they were even worse under the previous government.
> 「彼は事態は悪いと認めているが, 前の政権の下ではいっそう悪かったと主張している」
> ㊫ 上の例文のように比較の対象も bad であることが前提となっている。

ここももともと議論の的になっていたのが, さらにそうなったと言っている。

第 9 段落

□ *l.* 40 businesses は「会社, 企業」の意味がある。

□ *l.* 40 ban *A* from *B*「*A* に *B* を禁止する」

□ *l.* 41 bar は「障害, 妨げるもの」の意味で, marriage bars は前文（In fact …）の banning married women from work のことを言っていると考えるといい。女性が結婚すると仕事を妨げられるということだ。「結婚バー」と訳すようだ。

□ *l.* 41 be designed to *do*「〜するよう設計されている, 〜するよう意図されている」

□ *l.* 41 reserve *A* for *B*「*A* を *B* のために取っておく」

□ *l.* 42 unmarried women without families to support の to support は不定詞の形容詞的用法。without families to support「支えるべき家族のいない」は unmarried women を修飾している。

□ *l.* 43 lowest paying「最も低賃金の」

□ *l.* 43 prestigious はここでは「最も重要な」の意味。a prestigious school は「名門学校」のこと。

□ *l.* 44 clerical「事務の」

□ *l.* 44 both of which の部分はしっかり押さえよう。NOTE〈, 不定代名詞［基数詞］＋of whom〔which〕の考え方〉を参照してほしい。ここは both が先行詞ではなく

clerical and teaching jobsが先行詞。both … 1930sが関係代名詞節となる。関係代名詞節の中はbothがS′，had come to be seenがV′だ。

□ *l*.45 come to *do*「(感情や考えなどを持ち始めるという意味で) ～するようになる」

□ *l*.45 be seen as ～「～だとみなされる」

□ *l*.45 be subject to ～「～（特に好ましくないもの）を受ける可能性がある，～の影響を受けやすい」

□ *l*.46 have access to ～「～を入手できる，利用できる」

□ *l*.46 available to white, middle-class womenはthe jobsを修飾している。

第10段落

□ *l*.48 discrimination lawsは「反差別法，差別禁止法」という訳となり，差別をなくすための法律だ。

□ *l*.49 As Way notesのasを押さえよう。noteは「～に言及する」の意味の他動詞なので，ここのasは **CHECK** 〈as you know「ご存知のように」〉で述べたのと同じasの用法だ。

□ *l*.49 marriage barsがS，wereがV，common … とimposed … をCと解するといいだろう。

□ *l*.50 insurance, publishing, and bankingの3つともindustriesを修飾している。

□ *l*.51 in other white-collar professionsのinは従事を表す。in business「商売をしていて」のinも同じ用法となる。otherはinsurance, publishing, and banking industries以外のホワイトカラーの仕事となる。

□ *l*.51 The laws and policiesはこれまで述べられてきた既婚女性を労働市場から締め出そうとする動きのことだと考えるといい。

□ *l*.52 misconceptions「誤解」とあるので，以下で具体的な説明があるだろうと読み進めるといい。

□ *l*.52 It was ～ that …. は面倒な構文だ。

NOTE It is ～ that …. の識別

(1) It is＋形容詞〔分詞〕＋that＋完全な文

◇ It is certain that the earth is round.
「地球が丸いのは確かだ」

☆ certainは形容詞なのでItは形式主語，that以下が真主語となる。

(2) It is＋副詞〔句，節〕＋that＋完全な文

◇ It was then that I saw her.
「私が彼女に会ったのはそのときだった」

☆ thenは副詞なのでIt is ～ that … は強調構文となる。

☆強調構文は「…するのは～だ，～こそ…する」などと訳す。

☆強調構文と言われるが，いくつかの選択肢の中からある選択肢を選ぶイメージを持つといい。

(3) It is＋抽象名詞＋that＋完全な文

◇ It is a pity that you can't come to our party.
「あなたが私たちのパーティーに来られないのは残念だ」

☆ a pityは抽象名詞でthat節は完全な文なのでItは形式主語，that以下が真主語と

なる。
(4) It is＋名詞＋that＋不完全な文
◇ It is John that is to blame.
「悪いのはジョンです」
☆ John が名詞で that 節は不完全な文なので，It is ～ that … は強調構文となる。
☆ It is と that の間が名詞の場合，It が前出の名詞を指して，形式主語・真主語構文でも，強調構文でもない場合が若干ある。

ここは assumed が過去分詞なので(1)の用法だ。ちなみに，2つの that 節が真主語となる。

□ *l*. 53 assumed には重要なニュアンスが含まれている。**POINT!**〈assume について〉を参照してほしい。この assumed のニュアンスから It was … wed. の内容が misconceptions だと判定できると思う。

□ *l*. 54 the home sphere は「家庭の範囲，領域」の意味。the domestic sphere という表現もこの the home sphere と同意表現である。女性がもともと担っていた家事などの分野のことを言う。

□ *l*. 54 once S′ V′ ～「いったん～すると，～するとすぐに」

□ *l*. 54 wed は「（主に新聞用語で）結婚する」の意味。

□ *l*. 55 be met with ～「～（賛同や批判など）を受ける，～で応対される」

第 11 段落

□ *l*. 57 The arguments against married women working were personal. の arguments against ～「～に反対の主張」は argue against ～「～に反対の主張をする」を名詞化した表現。working は動名詞で married women が動名詞の意味上の主語。「既婚女性が働くことに反対の主張」となる。personal は「個人に向けた，個人攻撃の」という意味で，既婚女性が働けば何でも反対なわけではなかったと言っているのだ。

□ *l*. 58 pass a resolution *doing*「～する議決案を可決する」

□ *l*. 58 state that S′ V′ ～「～だとはっきり述べる，主張する」

□ *l*. 59 with working husbands「働く夫を持った」は married women を修飾している。

□ *l*. 59 they は married women with working husbands のこと。

□ *l*. 59 the “calling card for disintegration of family life” は「家庭生活の崩壊の象徴」で，calling card は「特徴づけるもの」の意味。これは難しい。

□ *l*. 60 The committee 以下は次のような構造になっている。

The committee (S) added (V) 〈that (O) “The large number of husbands and wives (S′)

[working (現在分詞) for the state] raises (V′) a serious moral question (O′), (as (接) this committee (S″)

feels (V″) 〈that (O″) the practice of birth control (S‴) is encouraged (V‴), and the selfishness (S‴(先行詞))

[that (関代) arises (V⁗) from the income of employment of husband and wife] bids (V‴) fair to break down civilization ① and a healthy atmosphere ②."〉

□ *l*.60 a large number of ～「多数の～」の表現があるが，ここは working for the state が後置修飾しているので a が the になっている。
□ *l*.61 raise「～（問題など）を提起する，持ち出す」 例 His case raises the issue of free speech.「彼の訴訟は言論の自由の問題を提起している」
□ *l*.61 as S′ V′「～なので」
□ *l*.62 the practice of birth control「産児制限という行為」
□ *l*.62 selfishness「利己心，自分本位」
□ *l*.63 arise from ～「～から生じる，生まれる」
□ *l*.63 break down ～「～を壊す，破壊する」

第12段落

□ *l*.65 get involved in ～「～に関与する」
□ *l*.65 Section 213 of the Economy Act of 1932「1932年の経済法213項」はまさに次に説明されている。section「項」は article「条」の下位区分，act は国会が承認した法令のこと。
□ *l*.66 require *A* to *do*「*A* に～するよう要求する」
□ *l*.67 fire「～を首にする」 dismiss は「～を解雇する」のニュアンス。
□ *l*.67 one member とは夫か妻のどちらかということ。
□ *l*.68 inevitably「必然的に」は悪い意味で使われることが多い。
□ *l*.68 men's は men's jobs のこと。
□ *l*.68 they は women を受け，largely は「主に」の意味で they を修飾する。pay the price は「犠牲を払う」の意味。ここでの「犠牲を払う」は女性のほうが仕事を辞めるということ。

第13段落

□ *l*.69 in order to *do*「（目的を表して）～するために」（＝so as to *do*）
□ *l*.69 prevent *A* from *doing*「*A* が～するのを妨げる，*A* が～しないようにする」
□ *l*.69 go by the name of ～「～の名で通っている，～の名で呼ばれている」という難熟語から派生して，go by other names は「他の名前で通っている」の意味。
□ *l*.69 不定詞 to sidestep は「～するために」，sidestep は「～を避ける」の意味。難単語だ。
□ *l*.70 also began requiring women with federal jobs to use their husbands' names の also は began 以下を修飾。with federal jobs の with は「～を持った」の意味で women にかかっている。連邦政府に勤めている既婚女性が独身のときの名前などでいると，夫とともに連邦政府で働いているかわからないので，夫の姓を名乗るよう要求し始めたのだ。同じ名字だと夫婦と判断できるということだ。
□ *l*.71 go as far as *doing* は重要熟語だ。

CHECK go so〔as〕far as to *do*〔*doing*〕「～しさえする，～までもする」
◇ I wouldn't go so far as to say he's stingy, but he's certainly quite frugal.
「彼のことをケチとまでは言わないが，確かに彼はかなり倹約家だ」

☆極端なこと，驚いたことをすることを含意。

仕事を失わないがために連邦政府以外で働く男性を選んで結婚するというのは極端なことであろう。

□ *l*.72 so と that が離れていない so that は2つの意味がある。

CHECK 2つの so that

① so that S′ can *do*「S′が～できるように」(目的)

◇Let's get there early so that we can get good seats.

「よい席が取れるよう早くそこに行きましょう」

☆ that が省略されることもある。

☆ so that S′ will *do* や so that S′ may *do* になることもある。「S′が～するように，S′が～するために」となる。

②, so that S′ V′「その結果～」(結果)

◇There are no buses, so that we'll have to walk.

「バスがないので，私たちは歩かなければならないだろう」

☆ that が省略されることもある。

☆前にコンマがあるのが基本。

ここはコンマがなく，時制の一致で過去形になった would があるので目的のほうだ。

□ *l*.73 learn of ～ は「(聞いたり読んだりして) ～を知る」の意味。

□ *l*.74 were banned from は ban *A* from *B*「*A* に *B* を禁止する」の受動態。federal service は「連邦政府に勤務すること」。動詞の serve に「務める，勤務する」の意味がある。

□ *l*.74 the rule は marriage bars と考えるといいだろう。

□ *l*.75 for the rest of the Great Depression は *ll*.19-20 で「大恐慌の間に彼女たちの雇用に対する差別は法律にさえなった」と書かれていたが，それを受けて「大恐慌の残りの間に」の意味。

第14段落

□ *l*.76 ironically「皮肉にも」は，予想に反する状況が滑稽だったり奇妙であったりすることを言う。「コンピュータは私たちの時間節減のために作られたのだが，しばしば故障するのは皮肉だ」のような例を考えるといいだろう。既婚女性が差別にもかかわらず，労働市場に進出できたのは予想に反して奇妙であろう。

□ *l*.77 despite ～「～にもかかわらず」(＝in spite of ～)

□ *l*.77 As ～notes は **CHECK** 〈as you know「ご存知のように」〉を参照してほしい。

□ *l*.79 not nearly ～「まったく～ない」

□ *l*.80 those は **NOTE** 〈those の3つの用法〉を参考にしてほしい。比較の対象は同類なので，ここの those は the gains で元に戻せる。

□ *l*.80 they were made は make gains で「利益を得る，上昇する」の意味になるので，they は直前の文の The gains ということになる。ここの make gains は「上昇する」のほうの意味だ。

□ *l*.81 at a time of great economic stagnation はダッシュ (―) 以下で具体化されている。

□ *l.*82 avoid *doing*「～するのを避ける」
□ *l.*82 compete with *A* for *B*「*B* を求めて *A* と競う」
□ *l.*83 in short supply「不足していて」という重要な熟語がある。short supply の short は違和感のある形容詞かもしれない。

解説

（問1）

(ア) 1.「生活するために働かなくてはならない貧しい少女たち」
2.「魅力と教育で競う少女たち」
3.「利己的な少女たち」
4.「手がとても器用である少女たち」

正解は1。まずは *ll.* 9-10 の部分との対比を押さえよう。

those（=the women）who are under no economic necessities
the working girl who has only her two hands

［網掛け部］が対比になっている。「経済的に働く必要がない」⇔「2つの手しかない」なので「2つの手しかない」というのは働かざるを得ないということになる。しかも「2つの手」なので親に莫大な資産があるとかでなく，自分の2つの手しか稼ぐ手段がないという意味だと判断できる。正解選択肢の disadvantaged は「恵まれない，貧しい」の意味で，下線部との書き換えとしてピッタリであろう。

(エ) 1.「女性の集団はある地域で抗議し続けることになった」
2.「連邦政府の勤務は少しの間続くことになった」
3.「大恐慌はいくつかの地域で続くことになった」
4.「結婚バーは存在し続けることになった」

正解は4。下線部の it は直前の the rule を受けている。the rule は**語句・構文**で解説したように marriage bars のことだ。過去形の protested の時点で未来を表すので would が使われている。stay は stay C で「Cのままである」の意味。in place はまとめておこう。

CHECK in place の意味
①「適切な位置に，決まった場所に」（⇔ out of place「本来の場所からずれた，場違いの」）
◇ He looked into the mirror to make sure that his tie was in place.
「彼はネクタイがちゃんとしているかを確認するために鏡を見た」
②「（制度などが）実施されていて，存続していて」
◇ Mask mandate remains in place.
「マスク着用義務が依然として実施されている」

ここは②の意味で，結婚バーが大恐慌の残りの期間も依然として実施されることになったと言っているのだ。stay in place が正解選択肢の continue to exist で表されていることになる。

(オ) 1.「～で敵になった」

2.「～で彼女たちの地位を失った」

3.「～に参加することがいくらかはかどった」

4.「ほとんどが～で建設の仕事をした」

正解は3。 下線部の manage to *do*「どうにか～する，何とか～できる」は，一生懸命努力をした結果困難なことをどうにかやり遂げた感じだ。make inroads into ～ は「～に進出する」の意味で難熟語である。したがって，ここは下線部の後ろの despite 以下「彼女たちが大恐慌中に直面した差別にもかかわらず」がヒントとなる。下線部はまさに労働市場に進出できたといった感じの内容になりそうであろう。

managed to make inroads into

made some progress participating in

made some progress は「いくらか進歩した」が直訳だが，「いくらかはかどった」くらいの訳でもよく，managed to *do* に近い。make inroads into は participating in とかなり近い意味であろう。

（問2）

(a) **正解は against。** discriminate against ～ で「～を差別する」または discrimination against ～ で「～に対する差別」となる。ちなみに，1つ目の空欄の前後は構造がやや難しい。

… that discriminated against, even forbade, women to work …

discriminated against women「女性を差別した」と forbade women to work「女性が働くのを禁止した」となっているが，交差しているので見えにくくなっている。

(b) **正解は not only。** これは not only *A* but also *B*「*A* ばかりでなく *B* も」の重要表現がポイント。

（問3）

(イ) **正解は2。** was suspicious of married women と並ぶ。下線部の直前は関係代名詞の who なので，最初の語は動詞となる。あとは be suspicious of ～「～を疑っている」と並べ，of の目的語として married women「既婚女性」を置けば完成だ。

(ウ) **正解は2。** struggled to make ends meet と並ぶ。women という主語の後なので動詞から始まる。make は動詞の原形のようなので struggled が最初だ。struggle to *do*「～するよう奮闘する」は一生懸命頑張っているのだがなかなかうまくいかない様を表す表現だ。make (both) ends meet「収支を合わせる，収入内でやっていく」は重要熟語。昔の女性が特に大恐慌のときには収入内でやっていくのは大変だったであろう。

(キ)**正解は2**。under a great deal of public pressure と並ぶ。under pressure「重圧を受けて，圧力にさらされて」で覚えている受験生も多いだろうが，pressure は後ろによく不定詞がくる。under pressure to *do* で「～する重圧を受けて，～する圧力にさらされて」と覚えてもいい。pressure は不可算名詞だが，不可算名詞を修飾して「たくさんの～」の意味になるのが a great deal of ～ だ。

（問４）

(A)「次のどれが 1940 年までの女性の雇用の状態に関して真実か？」

1.「1940 年までには 20 以上の州が州政府の仕事に女性が就く機会を制限した」
2.「ほとんどの州が 1939 年に未婚の女性が働くのを禁じる法律を導入した」
3.「1940 年より前にはいったん女性が結婚すると，追加の仕事を探すよう要求された」
4.「女性は 1939 年まで政府で働くよう奨励された」

正解は1。第５段落第１文（"Nine states …）が該当箇所。「1940 年までに，26 の州が州政府の仕事に既婚女性が雇用されることを制限した」とある。26 の州とは 20 以上の州ということになるので１を正解としていいだろう。４の「政府で働くよう奨励された」は逆の内容になるので不可となる。２の「未婚の女性が働くのを禁じる」や３の「女性は結婚したら追加の仕事を探すよう要求された」といった内容は本文に記述がないのでいずれも不適切。

(B)「どんな意味で女性は『スケープゴート』であったのか？」

1.「人々は下がる生活水準に対して非難する人がほしいだけで，女性を不当に対象としたのだ」
2.「女性に対していかなる種類の仕事も担うのを制限するしかなかった」
3.「女性は経済危機に対して非難されるに値したが，批判を免れた」
4.「彼女たちはフランシス=パーキンスにスケープゴートだと断言された」

正解は1。第５段落最終文（As women …）が該当箇所。「国中の女性が国の最も深刻な経済危機の間に収入内でやりくりするのに苦闘していたときに，非難すべき誰かを探していた人々にとって彼女たちは安易なスケープゴートになったのだ」という内容だ。今の経済が悪いのは女性たちが原因なのだと男性たちが言っているのがここで言うスケープゴートとなる。根拠がないのに悪いことに対する元凶だとみなされてしまっているのだ。この意味をしっかり出している選択肢は１がピッタリだろう。

(C)「どのように "pin-money" という考えは修正されたか？」

1.「かつては平等にみなに与えられていたが，"pin-money" は最終的には夫が仕事を見つけると既婚女性には与えられなくなった」
2.「昔は，"pin-money" は労働者階級の女性の収入を意味していたが，その定義はのちに拡大しすべての女性の給料を含むようになった」

3．「“pin-money” はもともと女性が絶対必要なわけではない商品に使った収入のことを言っていたが，もっと一般的に女性の仕事のことを言うようになった」
4．「“pin-money” は伝統的に恥ずべきものだとみなされていたが，経済危機ゆえに社会的に受け入れられるようになった」

正解は3。第6段落最終文（Originally coined …）が該当箇所。正解選択肢と比べてみよう。

Originally coined to refer to the small amounts of money women spent on fancy items, it had become shorthand for all women's work by the 20th century.

3．“Pin-money” originally referred to the income that women spent on non-essential purchases, but it came to refer to female employment more generally.

fancy items「装飾品」を non-essential purchases「絶対に必要なわけではない購入品」とはおもしろい書き換えだ。women's work＝female employment の関係も成り立つので，shorthand がいまいちわからなくても正解だと類推することは可能であろう。employment は「雇用」の意味もあるが，「仕事」の意味もある。少し難しい話だが，選択肢1の it が後ろの “pin-money” を受ける規則は POINT! 〈文頭の副詞句や副詞節中の人称代名詞〉を参照してほしい。選択肢1も Although … equally が副詞節なので it は後ろにある “pin-money” を受けることができるのだ。

(D)「なぜ女性が仕事を持つという考えは1930年にいっそう議論の的になったのか？」
1．「女性の雇用に反対するストライキは証券取引所で起きた」
2．「フランシス=パーキンスは女性の労働を支持して政府に陳情書を提出した」
3．「男性たちは女性が劣った労働者だと信じ彼女たちと働くのを拒否した」
4．「仕事を望むすべての男女の4分の1もが仕事を見つけることができなかった」

正解は4。第8段落第2文（Shortly after …）が該当箇所。ここも正解選択肢と比べてみよう。

Shortly after Perkins delivered her speech in 1930, U.S. unemployment hit a rate of 25 percent nationally—and the question of whether married women should hold jobs became even more controversial.

(D) Why was the idea of women holding a job even more controversial in 1930?

4．As many as a quarter of all men and women who wanted a job had become unable to find one.

だいたい上のように対応している。女性が仕事を持つことがいっそう議論の的になったのは，失業者が多くなったからだと言っている。「25パーセント」を「仕事を望む男女の4分の1も」と言い換えたり，「失業」を「仕事を見つけられなかった」と言い換えたりしている。内容一致問題の見極めの大きな部分はこのような表現の書き換えとなる。ちなみに，as many as ～ は重要表現だ。

CHECK as many as＋数字「～も（の数）」と as few as＋数字「～（の数）しか」
◇ He made as many as seven mistakes.「彼は7箇所も間違いをした」
◇ As few as half the students passed the exam.
「半分の生徒しか試験に受からなかった」
☆前者は数が多いことを，後者は数が少ないことを驚きをもって強調する表現だ。
☆ as many as＋数字＝no less than＋数字，as few as＋数字＝no more than ＋数字のイコール関係も覚えておこう。no more than＋数字は only で書き換えも可だ。

a quarter of ～「～の4分の1」も重要表現なので覚えておこう。

(E)「1932年の経済法213項の影響は何だったか？」
1.「それは連邦政府の職員がどちらも仕事を持っているのならお互い結婚をするのを許可した」
2.「それは既婚男性より多くの既婚女性が仕事を失う原因となった」
3.「それは大恐慌の間に人々を助けた」
4.「それは最低限の生活水準を保障した」

正解は2。第12段落第2・3文（Section 213 …）が該当箇所。これも正解選択肢と比べてみよう。

Section 213 of the Economy Act of 1932 included a section that required the government to fire one member of each married couple working in government. Since women's jobs inevitably paid less than men's, they largely paid the price.

(E) What was the effect of Section 213 of the Economy Act of 1932?
2. It caused more married women to lose their jobs than married men.

本文の　　　の部分は理解できたであろうか？ 「1932年の経済法213項」は連邦政府で働く既婚夫婦の一方を首にするよう連邦政府に要請しているのだが，男性より女性のほうが給料が安いので，女性のほうが犠牲を払ったと言っている。最後の paid the price は「犠牲を払った」の意味で，夫婦のうちのどちらかが退職するしかないなら，給料が安いほうが辞めるのは当然の判断であろう。正解選択肢は既婚女性のほうが多く仕事を失ったと言っているが，本文と同じ内容であることは自明だ。

(F)「1933年に連邦政府が連邦政府に勤める女性労働者に夫の名前を使うよう要請したとき，その意図は何だったのか？」
1.「結婚前の名前で働いている女性労働者に対する偏見を減らすこと」
2.「警察が労働者たちの家庭環境について知ることをより容易にすること」

3.「確実に夫婦の一方しか連邦政府で働くことができないようにすること」
4.「伝統的な家族という考えを評価すること」

正解は3。第13段落第1文（In order …）が該当箇所。「1933年に連邦政府は，女性が仕事を失うのを避けようと他の名前で通すのを防ぐため，連邦政府の仕事をしている女性に夫の名前を使うよう要請し始めた」とある。第12段落（In 1932, …）を読むと，連邦政府で働いている夫婦の一方を首にする法律があることがわかる。夫婦が別姓であると2人が夫婦かどうかわからないということなのだろう。夫と同じ名前であると2人は夫婦ではないかと推察できるということだ。

(G)「次のどれがフランシス=パーキンスについて真実か？」
1.「フランシス=パーキンスは女性だったので昇進しなかった」
2.「フランシス=パーキンスはニューディールを計画した人々の一人だった」
3.「フランシス=パーキンスは未婚の女性労働者に共感を持っていなかった」
4.「フランシス=パーキンスの考えはルーズベルト政権において批判された」

正解は2。第3段落第2文（And though …）が該当箇所。「ニューディール政策の立案者として知られる」とある。1は「昇進しなかった」の部分が不可。第1段落第3文（As the …）と第3段第1文（Within two …）にフランシス=パーキンスはNew York's Commissioner of LaborからSecretary of Labor in President Franklin D. Roosevelt's cabinetになったとあり，ニューヨークという一地方都市の役職から，ルーズベルト大統領の政権にかかわる役職，つまり連邦政府の役職に就任したことはわかる。昇進したということだろう。3はたとえば第4段落第1文（Perkins wasn't …）に「パーキンスは職場の既婚女性に疑いの目を持った唯一の人ではなかった」とある。未婚の女性ではなく既婚の女性に共感を持てなかったのだ。4は第3段落全体（Within two …）にルーズベルト政権の話はあるが，フランシス=パーキンスが批判されていたといったくだりはどこにもない。

（問5） **正解は「既婚女性労働者数が増えたこと。」**（15字以内）

gainは他動詞で「（努力して）～を得る」の意味がまず思い浮かぶが，gain weight「体重が増える」（⇔lose weight「体重が減る」）の表現も入試でかなりよく狙われる。「～を増やす」の意味があるのだ。その名詞が下線部で「増加，上昇」の意味となる。となると同段落第2文（As historian …）のthe number of married women workers grew「既婚女性の労働者の数が増えた」の部分を受けていると考えられる。あとはこれを体言止めすればいいということになる。

解 答

（問１）㋐―１　㋓―４　㋔―３

（問２）ⓐ against　ⓑ not only

（問３）㋑―２　㋒―２　㋖―２

（問４）Ⓐ―１　Ⓑ―１　Ⓒ―３　Ⓓ―４　Ⓔ―２　Ⓕ―３　Ⓖ―２

（問５）既婚女性労働者数が増えたこと。（15字以内）

23

2022年度 経営学部〔Ⅱ〕

目標解答時間 30分

ポイント

下線部の意味を問う問題は前後関係を把握しないと結構解きにくい。空所補充問題も前後関係をしっかり理解して正解を出すようにに心がけよう。明治大学らしい問題だ。

次の英文を読んで設問に答えよ。

Mending is a state of mind

Clothes touch us all. We may not all be interested in fashion, but we can't avoid getting dressed, which means that every time we gaze into our wardrobes wondering what to wear, we could be making a choice that has a positive or a negative impact.

The global fashion industry is producing well over a hundred billion clothing items per year (and that's not counting shoes, bags and other accessories), made by a workforce that is often underpaid, in inefficient and unsustainable supply chains, to feed our (A)________ endless 'consumer demand'.

Judging by how many things are left unused and unloved, the less we know about the clothes we buy, the less we make an emotional connection and the easier it is to get rid of them — discarded items that we once desired but did not cherish.

The fashion supply chain is not a land far, far away; we all become a part of it the moment we decide to buy something. Our responsibility is not limited to making sure that the stuff we buy is ethically and sustainably made, but also that it is ethically and sustainably disposed of — and that means keeping clothes for as long as possible. Basically, we cannot keep buying and throwing, hoping that at some point soon it will all disappear.

The fact that mass production, mass consumption and fast disposal are damaging our planet and our culture is something that (B)________ people can doubt. And yet, it is so hard to change, as we go about our daily lives. We are

weighed down with things: things we don't need, things we might not even really want. Because many of the things we buy are permanent, we should consider carefully before we buy. The materials used to make our clothes were not designed to decompose or biodegrade or turn into something else once their first
25 function is over. Everything else in nature does, including us.

Antoine Delavoisier, considered to be the father of modern chemistry, said that in nature, nothing is created and nothing is destroyed, but everything is transformed. Our clothes keep on living for a long time after we throw them away, because there is no 'away'. In fact, except for the small percentage of fibres that
30 are recycled (one per cent, according to the Ellen MacArthur Foundation), everything you have ever owned is still here. Your clothes may be enriching someone else's life (because it is true that one person's trash can be another person's treasure) or poisoning a landfill.

Maintenance is a word we no longer associate with clothing at all but may be
35 part of the solution to the problem. Repairing an object of value may seem more (C)________ than fixing the hem of a cheap miniskirt, but right now it's the attitude that counts. We shouldn't be measuring a garment's value by its price tag, but by the purpose it has in our life. We should own it because we love it. And, because we love it, we should want to keep it forever, wear it to death.

40 To counteract disposable consumerism, the only way is to keep. Everything around us tells us to throw, so we should rise (D)________ the challenge and keep. Even if it costs me more to repair something than buying it new, I choose to keep.

The story of poorly made objects is well known. It started in the USA in the 1920s with General Motors. To encourage the buying of more cars, more often,
45 and to increase production and jobs, cars were designed to break sooner. This system is called 'planned obsolescence', and it has now spread to almost everything we buy. Things are not made to last. Once something breaks, it has to be replaced. As anyone with a faulty iPhone or leaking washing machine knows, you can't just call the person down the road to mend your broken object. Only
50 approved technicians are allowed.

This business model, which is directly responsible for our current cheap mass production and overconsumption, denies work to local communities. Repairing is no longer seen as a dignified, viable profession. As the skill to repair is devalued, the skill to repair is also being lost and we are no longer teaching such skills in schools. 55

The loss of skills and abilities that used to be an important part of our culture isn't just a sad cultural loss; it also has other (E)________. Many of the manual skills required to be a surgeon — precision, a steady hand, needlework, accurate cutting — are similar to those needed for making and repairing clothes. These skills will be lost if we continue to nurture future generations that are not able to 60 use their hands for much besides scrolling down the feed on their phones.

Adapted from *Loved Clothes Last: How the Joy of Rewearing and Repairing Your Clothes Can Be a Revolutionary Act*. (2021) by Orsola de Castro, Penguin Books

1 次の各問の答えを①～④の中から選び，その番号をマークせよ。

(A)の空欄に入れるべき最も適当なものは次のどれか。

① apparently
② emotionally
③ positively
④ sustainably

(B)の空欄に入れるべき最も適当なものは次のどれか。

① a few
② few
③ fewer
④ quite a few

(C)の空欄に入れるべき最も適当なものは次のどれか。

① unworthy
② worthless

③ worthwhile

④ worth

(D)の空欄に入れるべき最も適当なものは次のどれか。

① for

② to

③ up

④ with

(E)の空欄に入れるべき最も適当なものは次のどれか。

① circumstances

② consequences

③ factors

④ variations

2 本文の内容に照らし，次の各問の答えを①～④の中から選び，その番号をマークせよ。

(F) What does the writer mean by "Clothes touch us all."?

① We all have to wear clothes.

② We all care about how our clothes look.

③ We are all strongly attached to our clothes.

④ We can wear clothes on every part of our body.

(G) What does "not cherish" mean here?

① never wore

② never wanted

③ never loved

④ never discarded

(H) Why is Antoine Delavoisier mentioned?

① Because he is considered as beginning modern chemistry.

② Because he invented many of the fibres used in modern clothes.

③ Because he said that things are not made and destroyed but change form.

④ Because his ideas have helped to promote the recycling of fibres.

(I) What point is the writer making about people in the future when she mentions "scrolling down the feed on their phones"?

① They may prefer shopping online to going to the shops.

② They may not be able to use their hands to make or repair things.

③ They may do everything using their smartphones.

④ They may spend too much time on social media.

(J) What would the writer probably agree with?

① It is better to recycle clothes than to repair them.

② Repairing things is generally considered valuable.

③ Manual skills should be taught more at school.

④ Mass production of clothes provides work locally.

全訳

≪消費社会の中で消えゆく修繕の技術≫

修繕は想い

服は私たち全員に関わる。私たちのすべてが服装に関心を持っているわけではないかもしれないが，私たちは服を着ないわけにはいかないのだから，クローゼットをのぞき込んで何を着て行こうかと思案するたびに，好ましいかもしくは悪影響を与える選択をしているということになるであろう。

世界のファッション産業は年間でゆうに 1000 億点以上の衣料品（そこには靴やカバンおよび装飾品は含まれていない）を生産しており，それらは，非効率的で持続可能とは言えないサプライチェーンの中で，一見際限がないように見える「消費者需要」を満たすために，たいていは低賃金で雇われた労働力によって作られるのである。

使わないまま，愛用もしないままになっている物がいかに多いかを考えると，自分の買う服について知識が少ないほど，私たちは服への思い入れをますます持たなくなり，安易に処分しやすくなるのだ。そのように廃棄された服は，私たちがかつては強く欲しいと思ったのに愛着を形成することがなかったものである。

ファッション業界のサプライチェーンははるか，はるか遠い所にあるのではなく，何かを買おうと決めた瞬間に，私たちは皆その一部となる。私たちの責任は，自分の買う物が倫理的かつ持続可能に生産されているかのみならず，倫理的かつ持続可能に廃棄されているかまで確かめねばならないのであって，それはできるだけ長く服を使い続けるということである。基本的に，私たちは，ある時点でそれがすべて消えてなくなることを望みつつ買っては捨てるということを続けられないのだ。

大量生産，大量消費，そして，すぐに廃棄することが地球と文化を傷つけているという事実は，疑う人などほぼいないことである。だが，日常生活を行う間に，変わることは非常に難しい。私たちは，物に押しつぶされそうになっている。必要ない物や，本当は欲しいとすら思っていない物などで。私たちが買う物の多くは長持ちするのだから，買う前によく考えるべきである。服を作るのに使われる素材は，本来の機能を終えたら，自然分解したり，生物分解したり，別のものに変わったりするようにはなっていなかった。私たち自身を含めて，自然界の他のものはすべてそうなるというのに，である。

近代化学の父とされるアントワーヌ=ラヴォアジエは，自然においては，何も創り出されず，何も破壊されず，すべては変形するのだと言った。服は私たちが捨てた後も，長きにわたって存続する。「消え去る」ことはないからである。実際のところ，リサイクルされるわずかな割合の繊維（エレン・マッカーサー財団によれば1パーセント）を除いて，あなたがこれまで所有したことのあるものはすべて，まだここに残っているのである。あなたの服が他の人の生活を豊かにしているかもしれない（ある人のゴミが別の人の宝物になることがあるというのは確かであるから）し，埋め立て地を汚染しているかもしれないのだ。

メンテナンスという言葉はもう衣服を連想させることはなくなってしまっているが，問題解決の手段の一部になるかもしれない。高価なものを修理するのは，安っぽいミニスカートのすそを直すより価値があるように見えるが，いまここで大切なのはその考え方である。私たちは，値札ではなく，人生における意義によって服の価値を評価するべきである。それを好きだからという理由で，所有すべきである。そして，好きだから，ずっと持っていて死ぬまで着たいと思うべきである。

使い捨て消費主義に抗うには，持ち続けることしか道はない。私たちの周りにあるものすべてが捨てよと言っているのだから，私たちは困難に挑み，持ち続けなければならない。新しく買い直すより修理する方が高くつくとしても，私は持ち続けることを選ぶ。

粗末に製造された物の話はよく知られている。それは1920年代のアメリカにおいてゼネラルモーターズをもって始まった。車を買う台数や頻度を高めるために，そして生産と仕事を増やすために，車はすぐに故障するように設計された。この方式は「計画的陳腐化」と呼ばれ，いまや私たちの買う物のほとんどに広まっている。物は長持ちするようにできてはいないのだ。一度壊れたら取り替えなければならない。不具合のiPhoneや水漏れのする洗濯機を持っている人ならわかるように，壊れた物を修理するためにそこら辺の人にちょっと来てもらうというわけにはいかない。資格のある技術者にしかできないのである。

このビジネスモデルは，いま私たちが安物を大量生産しては過剰消費する直接の原因となっており，地元に雇用を与えない。修理は，もはや立派で採算の合う仕事とは目されていない。修理する技術は，その価値が下がるにつれて失われつつあり，学校でそういう技術を教えることはもうなくなっているのである。

かつて私たちの文化の大事な一部であった技術や能力がなくなることは，憂慮すべき文化の喪失であるだけでなく，さらなる影響をもたらすことにもなる。外科医

になるのに必要な手作業の技術，例えば，精密さ，しっかりとした手つき，縫合技術，正確に切ることなどであるが，その多くは服の製作や修繕に要する技術に似ている。私たちがスマートフォンで配信をスクロールすること以外にあまり手を使えないような将来の世代を育て続けるならば，これらの技術は失われてしまうであろう。

●語句・構文

第1段落

□ *l.* 1　may *do* ～, but S V …「～かもしれないが，しかし…」は譲歩→主張構文。

□ *l.* 1　We と all は同格関係。また，not all「みな～とは限らない」は部分否定。

□ *l.* 2　avoid *doing*「～するのを避ける」

□ *l.* 2　get dressed「服を着る」（＝dress *oneself*）

□ *l.* 2　, which の用法は重要だ。

> **NOTE**　前文の内容またはその一部を受ける which
>
> ◇ Her boyfriend said nothing about the matter, which annoyed her intensely.
> 「彼女のボーイフレンドはその件について何も言わなかったが，そのことが彼女を猛烈にいらいらさせた」
>
> ◇ The painting is on view here for half a year, after which it travels to another city.
> 「その絵は半年ここで展示され，その後に他の市に移動する」
>
> ☆この which は必ず直前にコンマをつけて使われ，第1例は Her boyfriend said nothing about the matter が先行詞，第2例は The painting is on view here for half a year が先行詞で，前者は主格，後者は after の目的格となっている。後者はやや難しい構造と言えそうだ。

問題文の先行詞は we can't avoid getting dressed となる。

□ *l.* 2　every time S′ V′「～するたびに，～する時はいつでも」

□ *l.* 2　gaze into ～「～をじっとのぞき込む」

□ *l.* 3　wondering ～ は分詞構文・付帯状況「～しながら」。

□ *l.* 3　wear は「～を着ている」ではなく「～を着て行く」の意味。

□ *l.* 3　could *do*「（ひょっとすると）～かもしれない」

第2段落

□ *l.* 5　well は結構面倒な多義語だ。

> **CHECK**　意外な意味のある well
>
> 副 ①「うまく，上手に，適切に」
> ◇ He didn't win, but at least he played well.
> 「彼は勝てなかったが，少なくともうまくプレーした」
>
> ②「十分に，（時，場所を示す語句を強調して）かなり，優に」
> ◇ He is well over seventy.「彼は優に70歳を超えている」
>
> ☆①は前を，②は後ろを修飾するのが基本。
>
> 形「元気な，健康な」
> ◇ Get well soon.「早くよくなってください」

名「井戸」
◇ oil and gas well「油田とガス田」
☆ well には間投詞もある。

ここは副詞の②の用法で「優に 1,000 億以上」となる。

□ *l.* 6 made by ～ は well over a hundred billion clothing items を修飾している。

□ *l.* 7 underpaid は「不当に低賃金の」のニュアンス。

□ *l.* 7 in ～ supply chains は少し離れた made を修飾。supply chain とは原材料の調達から生産，物流，販売までの供給網のことを言う。

□ *l.* 8 feed「～（欲求など）を満たす」

第3段落

□ *l.* 9 judging from〔by〕～「～から判断すると」

□ *l.* 9 are left unused and unloved は leave O C「OをCのままにしておく」の受動態。

□ *l.* 9 the＋比較級 ～，the＋比較級 … は NOTE 〈the＋比較級 ～，the＋比較級 … の注意点〉を参照。

NOTE 副詞節と主節を区切る印
◇ If it rains tomorrow, I will stay at home.
「明日雨ならば，私は家にいます」
◇ Before she came here she must have been living in France.
「彼女はここに来る前にフランスに住んでいたにちがいない」
☆ If ～ tomorrow と Before ～ here は副詞節で，その後ろが主節だが，その間にはコンマか何もないかのどちらかになる。
☆副詞節と主節を and や or などの等位接続詞で区切ることはできない。

ここは the＋比較級が3つあるが，コンマが1つ目と2つ目の間にあり，2つ目と3つ目の間には and があるので，1つ目のみが副詞節となる。

□ *l.*10 make a connection with ～「～とかかわりを持つ，心が通じる」の意味があるが，ここは make an emotional connection with them（＝the clothes we buy）「私たちが買う服と心が通じる」と考えるといい。

□ *l.*10 the easier がC，it がS，is がVとなり，it は形式主語，to get 以下が真主語。

□ *l.*11 get rid of ～「～（好ましくないもの）を取り除く」

□ *l.*11 ダッシュ（—）は具体化を表すので，them（＝the clothes we buy）を具体的に説明している。

第4段落

□ *l.*12 far, far away は a land を後ろから修飾。

□ *l.*12 it は The fashion supply chain。

□ *l.*13 the moment S′ V′「～するとすぐに」

□ *l.*14 make sure that S′ V′「確実に～するようにする」

□ *l.*14 that the stuff ～ と that it is ～ を but also でつないでいる。

□ *l.*14 it は the stuff we buy。

□ *l.*15 dispose of ～「～（ごみなど不要なもの）を処分する，処理する」

□ *l.*15 that は that it is ethically and sustainably disposed of の内容を受けている。

□ *l*.15 mean *doing*「～することを意味する」

□ *l*.15 for as long as possible は for long「長い間」と as ～ as possible「できる限り～」を合体させた形。

□ *l*.16 buying and throwing の *ing* は keep *doing*「～し続ける」の *ing* だが，hoping ～ は直前にコンマがあるのもヒントで，分詞構文・付帯状況「～しながら」となる。

□ *l*.16 at some point「ある時点で」は POINT!〈at this point「この時点で，今，この場所で」〉を参照。

第 5 段落

□ *l*.18 The fact が S，is が V，something が C。that は同格を表して our culture までが同格節。something が先行詞，that ～ doubt が関係代名詞節。

□ *l*.20 and yet「しかし」

□ *l*.20 as S′ V′「～する時に，～する間」

□ *l*.20 go about ～「～（生活など）をいつものように行う」はやや難しい熟語。

□ *l*.20 be weighed down with ～「～に苦しめられる」は難熟語。

□ *l*.21 コロン（：）は具体化のコロン。

□ *l*.22 permanent「永遠の」はここではわかりにくいかもしれないが，次の文（The materials …）が具体例だと考えよう。

□ *l*.23 The materials が S，were not designed が V，used to make our clothes は過去分詞の形容詞的用法で The materials を修飾している。

□ *l*.23 be designed to *do*「～するよう設計されている」

□ *l*.24 decompose は「自然分解する」，biodegrade は「生物分解する」の意味。

□ *l*.24 turn into ～「～に変わる，なる」（＝change into ～）

□ *l*.24 once S′ V′「いったん～すると」

□ *l*.24 their first function is over「それらの最初の機能が終わる」とは服を構成する素材としての役割が終わるということ。

□ *l*.25 does は decomposes or biodegrades or turns into something else のこと。

第 6 段落

□ *l*.26 considered は過去分詞で（be）considered to be C「C だと見なされている」。

□ *l*.27 nothing と but で not *A* but *B*「*A* ではなく *B*」の変形。

□ *l*.28 keep on *doing*「～し続ける」

□ *l*.29 there is no ‘away’ とは throw away ～「～（いらなくなったものなど）を捨てる」の away「離れて」が地球上のどこにもないと言っているのだ。

□ *l*.29 In fact は POINT!〈in fact〉を参照してほしい。②の用法だ。

□ *l*.29 except for ～「～を除いて」

□ *l*.29 the small percentage of fibres that are recycled はカッコ内の one per cent であるようだ。

□ *l*.31 is still here は *l*.29 の there is no ‘away’ に呼応していて，依然としてこの地球上にあると言っている。

□ *l.* 31 enriching ～ と poisoning ～ を or で結んでいる。

□ *l.* 32 One person's trash can be another person's treasure.「一人の人のごみは別の人の宝となりうる」は人の価値観は違うことを表すことわざ。ちなみに，can は「(理論上の可能性を表して) ～する可能性がある，～することがある」の意味。

□ *l.* 33 landfill「ごみ処理場」

第7段落

□ *l.* 34 Maintenance が S，is と may be が V となる。

□ *l.* 34 a word が先行詞，we ～ at all が関係代名詞節。no longer ～「もはや～ない」は at all と結びついて「もはやまったく～ない」の意味となる。associate *A* with *B* は「*A* を *B* と結びつける」の意味なので，服はかつては修繕するのが当たり前であったのが，今では服と修繕はまったく結びつかないと言っているのだ。

□ *l.* 34 no longer *A* but *B*「もはや *A* ではなく *B*」は not *A* but *B*「*A* ではなく *B*」の変形バージョン。

□ *l.* 35 the problem は服を修繕せず捨ててしまうことによる環境への問題と言えよう。

□ *l.* 35 of value = valuable「価値のある」

□ *l.* 35 may seem ～, but S V …「～のように思われるかもしれないが，…」は譲歩→主張構文だ。

□ *l.* 36 hem「へり，(衣服の) ヘム」は覚える必要のない語。

□ *l.* 36 right now は重要熟語だ。

POINT! right now

①「(現在の状態を表す文脈で) ちょうど今，今は」
◇ Right now, strawberries are in season.「今はイチゴが旬です」
②「(未来または過去を表す文脈で) すぐに」
◇ You'd better leave right now.「すぐに出発したほうがいい」

□ *l.* 36 it's ～ that … は強調構文。**NOTE**〈It is ～ that …. の識別〉を参照せよ。実情は強調というより選択だと考えよう。counts は「重要だ」の意味の動詞で，重要なものはこの世の中に限りなくあるわけだが，その中で the attitude「考え方」だと言っている。

□ *l.* 37 not *A* but *B*「*A* ではなく *B*」の not の位置が問題となることがある。

NOTE not *A* but *B*「*A* ではなく *B*」(＝*B* (,) (and) not *A*)

◇ Love consists not in gazing at each other but in looking outward together in the same direction.
「愛はお互い見つめ合うことにあるのではなく共に同じ方向を向くことにある」
☆ not *A* but *B* の *A* と *B* は原則文法的に対等でないといけないが，not のほうを普通の否定文のようにすることもよくある。Love doesn't consist in gazing at each other but in looking ～ とすることがあるのだ。

問題文も not の位置が本来の助動詞の位置にあるが，value の後ろに not by ～, but by ～ となればきれいな関係となる。

We should[n't] be measuring a garment's value by its price tag, [but] by the purpose it has in our life.

また，should の後ろの be *doing* は未来を表す用法がある。これから～するべきだ，のニュアンスだ。measure *A* by *B* で「*B* で *A* を測定する」となる。by は判断基準を表す。garment は clothing のこと。

□ *l*.37 *l*.37 から *l*.39 までに its や it が 7 回出てくるがすべて garment のことだ。

□ *l*.39 to death は重要熟語。

CHECK to death の 2 つの意味

①「死ぬまで」

◇ They froze to death.「彼らは凍死した」

☆ to the death と the がつくこともある。

②「（感情を表す表現を強調して）死ぬほど」

◇ We were all bored to death.「私たちはみな死ぬほど退屈であった」

ここは keep it forever と wear it to death の関係から forever と同意ではないかと考えると①の意味だ。

第 8 段落

□ *l*.40 counteract「～に逆らう，～を妨げる」

□ *l*.40 disposable consumerism「使い捨て消費主義」

□ *l*.41 the challenge「その難題」は disposable consumerism と考えるといいだろう。

□ *l*.42 even if S′ V′「たとえ～だとしても」

□ *l*.42 cost O_1 O_2 to *do*「O_1（人など）が～するのに O_2（金額）がかかる」

□ *l*.42 repair something と buying it new が比較対象。

第 9 段落

□ *l*.43 poorly made「粗悪な，品質の悪い」

□ *l*.43 It は The story of poorly made objects。

□ *l*.43 start with ～「～から始まる」

□ *l*.44 To encourage ～ と to increase … を and でつないでいる。

□ *l*.45 This system は前文の内容と考えるといいだろう。

□ *l*.46 planned obsolescence「計画的旧式化」はまさに前文（To encourage …）の内容のことを言う。

□ *l*.47 be made to *do* は **CHECK**〈be made to *do* の 2 つの意味〉を参照せよ。②の意味だ。

□ *l*.48 As は関係代名詞だ。**CHECK**〈as you know「ご存知のように」〉を参照してほしい。

□ *l*.48 with は「～を持った」の意味で，目的語は a faulty iPhone と leaking washing machine。

□ *l*.49 can't just *do*「容易に～できない」は難しい表現。

□ *l*.49 call *A* to *do*「*A* に～せよと呼ぶ」

□ *l*.49 down the road は「この先に」くらいの訳で，「この先にいる人」とはまったくの見知らぬ人という意味で使っている。

□ *l*.50 are allowed の後ろには to mend your broken object が省略されている。

第10段落

□ *l*.51 be responsible for ～「～に対して責任がある」

□ *l*.52 deny *A B*「*A*（人など）に *B*（必要とするもの）を与えない，拒否する」（＝deny *B* to *A*）

□ *l*.52 be seen as C「Cだと見なされる」

□ *l*.53 viable「うまくいく，実行可能な」

□ *l*.53 Asの意味を特定するにはdevalueの正確な意味がわからないといけない。「～の価値を減じる」の意味で，この意味がわかるとAsの意味を特定できる。

> **NOTE** 接続詞のas「（比例）～するにつれて」
> ◇ As she grew up, she became more and more beautiful.
> 「彼女は成長するにつれてますます美しくなった」
> ☆比較級や増減などの変化を表す動詞と一緒に使われることが多い。実際，「become〔get，grow〕＋比較級」の形で使うことが多い。

devalueとis being lostも変化を表す動詞と言えそうなので，ここのAsは「～するにつれて」の意味となる。

□ *l*.54 alsoについては**POINT!**〈also「～も（また）」の修飾先〉を参考にしてほしい。

As the skill to repair is devalued, the skill to repair is also being lost ～

下線部が共通の部分で　　が共通でない部分なので，alsoは　　を修飾することになる。「失われつつもあるのだ」となる。

第11段落

□ *l*.56 関係代名詞のthatの先行詞はskills and abilities。

□ *l*.56 used to *do*「（今はそうではないが）かつては～だった」

□ *l*.57 't just ～ also … はnot only ～ but also … の変形だ。

> **NOTE** not only ～ but also … の変形
> not only（merely，simply，solely，just）～ but also …（… too, … as well）
> ☆それぞれどの組み合わせでもいい。
> ☆情報上～より…のほうが重要。
> ☆省略という意味では，not only ～ but …，not only ～ also …，not only ～ …，～ but also … の変形もある。
> ☆節と節を結ぶ場合はnot only ～ but S also V … となり，butとalsoが離れる。また，not onlyが文頭に出ると倒置されることもしっかり頭に入れておこう！
> ☆～と…は文法的に対等で同類であることもしっかり押さえよう！

ちなみに，itはThe loss of ～ cultureだ。

□ *l*.57 Many以下を図解しよう。

Many (S) of the manual skills［required to be a surgeon］～ are (V) similar (C) to those［needed for making and repairing clothes］.

まずはthoseを特定しよう。**POINT!**〈比較やそれに類する表現の比較対象〉を参照。その規則からManyとthoseは同類ということになる。したがって，thoseはthe manual skills でもとに戻せる。また, ____ が同意語, ____ がどちらも「(目的を表して) ～するために」となっていることを確認しよう。

□ l.58 steady hand は「震えない手」という感じだ。

□ l.58 accurate cutting「正確な切断」は外科医がメスを入れることを言う。

□ l.60 nurture「～を育てる, 育成する」

□ l.61 for much の for は手前の use が手がかり。何かを使うためには目的が必要なので, この for も目的を表す。多くのことをするために自分の手を使う, といった意味になる。

□ l.61 besides「(原則疑・否で) ～を除いて」
例 He does not trust anyone besides himself.「彼は彼自身を除いて誰も信頼しない」

解 説

1

(A)①「一見」 ②「感情的に」 ③「肯定的に」 ④「持続可能で」

正解は①。apparently の正しい意味を把握しよう。

> **CHECK** apparently の意味
> ①「一見すると～らしい, ～のようだ, どうやら～」
> ②「明らかに」
> ☆②の意味で使うことはまれ。また, ①の意味では後ろに but などがあると意味がひっくり返ることがある。
> ◇ Their apparently happy marriage ended after only one year.
> 「彼らの一見すると幸せそうな結婚はほんの1年後に終わった」

「一見終わりのない」とは実際は終わりがあると言っているのだ。第3段落第1文 (Judging by …) に「どれほど多くのものが使われず愛されない状態にされているかから判断すると」とある。消費者はものを買っても使わず愛することができないという文脈から, consumer demand「消費者需要」には終わりがないように見えるが実はすぐに終わってしまうと言っているのだ。

(B)①「少しある」 ②「ほとんどない」
③「より少ない」 ④「かなり多くの」

正解は②。空所の前後は「大量生産, 大量消費そして迅速な処分が私たちの惑星や文化に損害をもたらしているという事実は, ほとんどの人が疑うことのできないことだ」と考えるのが自然なので, few「ほとんどない」が正解だ。

(C)①「価値のない」 ②「価値のない」
③「労力をかける価値がある」 ④「価値がある」

正解は③。空所前後の内容は「価値のあるものを修繕することは安いミニスカートのヘムを直すより(C) ____ のように思われるかもしれないが, しかしまさに今重要なのは考え方なのだ」となる。譲歩→主張構文から考えて，実際はミニスカートのヘムを直すことも地球の環境にとっては重要なのだが，単純に考えれば価値あるものを修繕するほうが重要だと言わないといけない。空所は③か④のどちらが正解かということだ。

CHECK 「価値がある」を表す形容詞
worth「(*doing*) ～する価値がある，～の価値がある」 ☆前置詞とも考えられる。
◇ This lecture is worth listening to.「この講義は聴く価値がある」
worthy「価値がある，(of ～) ～に値する，～の価値がある」
☆ worthy of ～ は悪い意味で使うことも可能。「軽蔑に値する行為」のような例だ。
◇ be worthy of notice「注目に値する」
worthwhile「労力をかける価値がある」 ☆単独で使う。
◇ Learning a foreign language is worthwhile.
「外国語を学ぶことはやる価値がある」

worth は後ろに動名詞か名詞が必要で，worthwhile は単独で使えるので，後者が正解ということになる。

(D)**正解は②。**

rise to ～ で「～（要求，危機など）にうまく対処する」の意味の難熟語がポイント。「その難題にうまく対処する」という感じだ。

(E)①「状況」 ②「結果」 ③「要因」 ④「変動」

正解は②。

The loss (S) of skills and abilities (先) that used to be an important part of our culture isn (V) 't just a sad cultural loss (C); it also has other (E)＿＿＿.

まずSとCの関係はイコールだが，ここは厳密に言うと因果関係になっている。つまり，文化の重要な一部であった技能や能力が失われれば，文化の損失となるという原因と結果の関係だ。次に not just ～ also … の～と…は同類という知識，あるいは other は前にある名詞と同類の名詞を修飾するという特徴を利用して正解を出してみよう。

POINT! other が修飾する名詞
other は前にある名詞と同類の名詞を修飾する。
◇ Saudi Arabia produces more oil than any other country.
「サウジアラビアは他のどの国よりも多くの石油を産出する」
☆ Saudi Arabia と country は同類ということになる。

ここではどういうことかと言うと，a sad cultural loss が結果なら not just ～ also … から考えても，other から考えても空所は a sad cultural loss 以外の結果ということになるのだ。

2

(F)「“Clothes touch us all.” によって筆者は何を意味しているか？」
① 「私たちはみな服を身につけていなければならない」
② 「私たちはみな私たちの服がどのように見えるかに関心がある」
③ 「私たちはみな私たちの服に強く愛着がある」
④ 「私たちは私たちの体のあらゆる部分に服を身につけていることができる」
正解は①。下線部の touch は「～に関係する」くらいの意味で，「服は私たちみなに関係している」が直訳。次の文（We may …）に「私たちはみなファッションに興味があるわけではないかもしれないが，服を身につけることを避けることはできない」とある。確かに服を身につけていないといけないという意味で，服は私たちみなに関係していると言える。

(G)「ここでの “not cherish” は何を意味しているか？」
① 「決して身につけていなかった」
② 「決してほしくなかった」
③ 「決して愛していなかった」
④ 「決して捨てていなかった」
正解は③。下線部の少し前にある items を discarded と that we once desired but did not cherish が前後から修飾している。絶対的な規則ではないが，このように前後から名詞を修飾する形は，前から修飾する形容詞（ここでは discarded という過去分詞）をもう少し説明するような形容詞句〔節〕が後ろから修飾することが多い。discarded をもう少し説明していると考えて下線部を類推するといい。当然，下線部の直前の but もヒントにしよう。「私たちがかつては望んでいたが____しなくなった」の but の前後関係を考えるのだ。cherish は「～を大切にする，愛する」の意味。

(H)「なぜアントワーヌ=ラヴォアジエが言及されているか？」
① 「彼は現代化学を始めたと見なされているから」
② 「彼は現代の服で使われている繊維の多くを発明したから」
③ 「彼はものは作られ破壊されるのではなく形を変えると言ったから」
④ 「彼の考えは繊維の再生利用を推進するのに役立ったから」
正解は③。第 6 段落第 1 文（Antoine Delavoisier …）が該当箇所。彼は「自然界では作られるものは何もなく，破壊されるものは何もなく，すべてのものは変形されるのだ」と述べており，これが彼に言及した理由と考えられる。

(I)「筆者が “scrolling down the feed on their phones” と言及したときに未来の人々について何を主張しているのか？」
① 「彼らは店に行くよりオンラインで買い物をするのが好きかもしれない」
② 「彼らはものを作ったり直したりするために自分たちの手を使うことができないかもしれない」

③「彼らはスマートフォンを使いながらすべてのことをするかもしれない」
④「彼らはソーシャルメディアにあまりにも多くの時間を費やすかもしれない」
正解は②。scroll down ～は「～を下方へスクロールする」の意味で，スマートフォンなどの画面をスクロールして見ることを言う。the feed はブログやオンラインコンテンツのこと。これは知らなくても仕方ない。on their phones の on は手段を表して「～で」の意味。下線部に加えて，are not able to use their hands for much besides scrolling down the feed on their phones 全体を考えると，彼らは「スマートフォンでコンテンツをスクロールすることを除いて多くのことをするのに自分の手を使うことができない」人たちなのだ。手を使うのはスマートフォンをスクロールすることぐらいで，手を使って服を直すことなどできない人ばかりになってしまうと，文化は失われてしまうと筆者は嘆いているのだ。②が一番近い内容となろう。

(J)「筆者はおそらく何に同意するだろうか？」
①「服は直すより再生利用したほうがいい」
②「ものを修繕することは一般的に価値があるとみなされる」
③「手作業の技能は学校でもっと教えられるべきだ」
④「服の大量生産は地域に仕事を供給する」
正解は③。正解選択肢は第10段落第3文（As the …）が該当箇所。「修繕する技能が価値を減じられるにつれて，修繕する技能は失われつつもあり私たちはもはや学校でそのような技能を教えていない」とある。修繕する技能はまさに手作業の技能であり，「もはや学校でそのような技能を教えていない」とは裏を返せば「学校でもっと教えられるべきだ」と主張していると言えるであろう。①は第6段落第3文（In fact …）に recycled の語はあるが，再生利用されている繊維が少ないと言っているだけで，服を直すほうがいいか再生利用するほうがいいかの比較はしていない。②はたとえば第10段落第2文（Repairing is …）が該当箇所。「修繕することはもはや威厳のある，実行可能な仕事とはみなされていない」とある。一般的には修繕することは価値があるとはみなされていないようだ。④は第10段落第1文（This business …）が該当箇所。「地域社会に仕事を与えない」とあるので，選択肢とは逆の内容となる。

解答

1．(A)−① (B)−② (C)−③ (D)−② (E)−②
2．(F)−① (G)−③ (H)−③ (I)−② (J)−③

24

2022年度　商学部〔Ⅱ〕

目標解答時間　8分

ポイント

分量はかなり少なめだが，難易度は明治大学として標準的だ。商学部としてはやや簡単だと思われる。設問も空所補充問題が3問のみだ。3問とも熟語を知っているかどうかがポイントとなる。

空欄（ 1 ）～（ 3 ）に入る最も適切なものをそれぞれ1つ選び，その番号をマークしなさい。

In the late 1980s, a few years after the introduction of the Macintosh computer (and many, many years before the iPhone), Steve Jobs, the co-founder of Apple, was scheduled to give a presentation at a fancy hotel in southern California. The manager of the hotel was by nature a very calm man. He was used to celebrities like Mr. Jobs (who, by this time, was already quite famous) staying at his hotel and using its facilities. However, he was also a huge fan, and this made him uncharacteristically nervous. He was very worried that Mr. Jobs' presentation would not go according to plan. 5

On the day of Mr. Jobs' presentation, the manager went to the hotel's conference room early in the morning because he wanted to personally double-check that (1). When he opened the conference room door he found a technician already there, half hidden under a table, connecting computers and projectors and other equipment together. 10

At first, the manager was relieved because someone was already there making preparations for the presentation. But then he realized that no one had come to him to ask for permission to check or connect the equipment, especially at such an early hour. He was the hotel manager, (2). He was the one in charge of everything that happens in the hotel. 15

"Excuse me!" he called out to the technician in annoyance.

"Yes?" the technician answered, popping his head out from under the table for the first time. It was at this moment when the hotel manager realized that 20 the technician was (3).

"Excuse me," the manager repeated slowly. His eyes were wide with shock, and he started to visibly sweat and shake. Not knowing what to say next, he said the first thing that popped into his head.

"I like computers," said the manager, almost in a whisper.

"I'm glad to hear that," came the reply as the man crawled back under the table, disappearing completely from view.

(1) 1 anything had its proper place
2 everyone was properly seated
3 everything was in order
4 something would go wrong if it could

(2) 1 after all
2 by all means
3 for all he knows
4 once and for all

(3) 1 anybody but the one and only Steve Jobs
2 more talented than the real Steve Jobs
3 none other than Steve Jobs himself
4 unable to find the presenter Steve Jobs

全訳

≪スティーブ=ジョブズとの思い出≫

1980 年代の末，マッキントッシュのコンピュータが登場して数年後（それはアイフォンが出るずっと前のことである），アップルの共同創設者であるスティーブ=ジョブズは，カリフォルニア南部の高級ホテルでプレゼンテーションをする予定であった。このホテルの支配人は，本来は非常に落ち着いた人であった。彼はジョブズ氏（すでにこの時でかなり有名であった）のような有名人が自分のホテルに滞在し，その施設を利用するのには慣れていた。しかし，彼はまた大いなるファンでもあり，このために彼は柄にもなく緊張していた。彼はジョブズ氏のプレゼンテーションが計画通りに行かないのではないかと大いに心配していた。

ジョブズ氏のプレゼンテーションの日，この支配人はすべてが適切になっているかどうか個人的に再度確認したかったので，朝早くにホテルの会議場に行った。彼が会議場のドアを開けたとき，ひとりの技術者がもうすでにそこにいて，体の半分が机の下に隠れ，コンピュータ，プロジェクタ，その他の機器を接続しているのに気がついた。

最初は，誰かがすでにプレゼンテーションの準備をしていたので支配人は安心した。しかし，特にこんな早い時間に，機器を調べたり，接続したりする許可を誰も求めに来なかったことに彼は気がついた。何と言っても，彼はこのホテルの支配人なのだ。彼はこのホテルで起こることすべてに責任がある人物であった。

「すみません！」 彼はいらだって技術者に叫んだ。

「はい？」 初めて机の下から顔を出して技術者は答えた。この技術者が他の誰でもないスティーブ=ジョブズ本人だとホテルの支配人が気づいたのはこのときだった。

「すみません」と支配人はゆっくりと繰り返した。彼は驚いて目を見開き，目に見えて汗をかき，震え始めた。次に何を言っていいのかわからず，彼は最初に頭に浮かんだことを口にした。

「私はコンピュータが好きなんです」とささやくような声で支配人は言った。

「それを聞いて嬉しく思います」という返事と同時にその男性は机の下へ戻り，完全に視界から消えていった。

●語句・構文

第 1 段落

□ *l.* 1 a few years after ～ の a few years は期間を表すのか時点を表すのか？

> **NOTE** 期間 *A*＋before〔after〕～
>
> ◇ He got up ten minutes before the sun rose.
> 「彼は太陽が昇る 10 分前に起きた」
>
> ◇ Three years after he bought the painting, Carswell discovered that it was a fake.
> 「カースウェルはその絵を買った 3 年後に偽物だと気づいた」
>
> ☆期間 *A*＋before〔after〕～は「～の *A* 前に〔後に〕」の訳となり，「10 分の間に」や「3 年間」の意味ではなく，「10 分前に」や「3 年後に」の意味で時点を表す。

「～の数年後に」の意味で時点を表すのだ。

□ *l.* 1 introduction「発売」

□ *l.* 3 be scheduled to *do*「～する予定である」

□ *l.* 3 give a presentation「プレゼンを行う」
□ *l.* 3 fancy「しゃれた」
□ *l.* 4 by nature は重要熟語だ。ついでに by birth という熟語も覚えておこう。

CHECK by nature と by birth
by nature「生まれつき，生まれながら」
◇ He is an optimist by nature.
「彼は生まれながらの楽観主義者だ」
by birth「生まれは」
◇ She is English by birth, but French by marriage.
「彼女は生まれはイギリス人だが，結婚してフランス人だ」
☆ by は「～に関しては」の意味で，上の例のような「生まれと結婚」や「生まれと教育」などの対比で使われることも多い。上智大学の問題で，車の生まれはヨーロッパだが採用されたのはアメリカであったという話が by birth と by adoption で対比されていたことがある。

□ *l.* 4 He was ～の構造を見てみよう。
He (S) was (V) used (C) to celebrities (S′) [like Mr. Jobs (先) (who, by this time, was (V′) already quite famous (C′))] staying (V′(1)) at his hotel (M′) and using (V′(2)) its facilities (O′).
be used to ～「～に慣れている」の後ろが直接 celebrities ではないと分析できるかは結構難しい。be used to *doing*「～することに慣れている」のように to の後ろは動名詞が可能であることを思い出そう。「有名人に慣れていた」ではなく，celebrities が動名詞の意味上の主語，staying と using は動名詞となっていることを見抜くのだ。「ジョブズ氏のような有名人が彼のホテルに滞在し設備を利用することに慣れていた」の意味となる。
□ *l.* 6 also は共通でない部分を修飾する。
He was used to celebrities like Mr. Jobs～.
However, he was also a huge fan (of Mr. Jobs)～.
［網掛け］の部分が共通でない部分なので，also は a huge fan を修飾している。
□ *l.* 7 this made him uncharacteristically nervous は make O C「O を C にする」となっている。また，this は単語ではなく前文の内容を受けやすいが，ここは he was also a huge fan の内容を受けている。
□ *l.* 7 uncharacteristically「特徴とは違い，珍しく」
□ *l.* 8 go〔run〕according to plan「計画通りに運ぶ」

第2段落

□ *l.* 11 he found 以下を分析してみる。
～he (S) found (V) a technician (O) already there, (half hidden (過去分詞) under a table) (M(分詞構文)), connecting (現在分詞) computers and projectors and other equipment together. (C(現在分詞の形容詞的用法))

half hidden under a table と connecting ～ がどちらも分詞構文であるという解釈は違和感がある。間にコンマしかないからである。前者は分詞構文・付帯状況「～しながら」でM，後者は find O C「OがCであるのがわかる」のCだと考えると一番しっくりくる感覚も重要であろう。

□ *l.* 12 connect ～ together「～をつなげる」

□ *l.* 13 equipment「装置，器具」は集合名詞と言われる名詞で，複数装置があっても単数のままである。

第3段落

□ *l.* 14 at first「最初は」は時間のずれはあるが，後ろに but などがあって前後は反対の内容になるのが基本だ。ここでは *l.* 15 の But then がその but だ。

□ *l.* 15 make preparations for ～「～の準備をする」

□ *l.* 15 But then「(前述のことはある程度認めるが) しかしながら」

□ *l.* 16 ask for ～「～を求める」

□ *l.* 16 permission to *do*「～する許可」

□ *l.* 17 at such an early hour は *l.* 10 の early in the morning のことだ。

□ *l.* 17 the one の one は「人」の意味。また，後ろの in charge 以下で限定されているので the がついている。

□ *l.* 18 in charge of ～「～を担当していて，～の責任者で」

第4段落

□ *l.* 19 call out「大声で言う」

□ *l.* 19 in annoyance「いらいらして」は called out を修飾。

第5段落

□ *l.* 20 popping 以下は分詞構文・付帯状況「～しながら」。

□ *l.* 20 pop his head out「ひょいっと顔を出す」は覚える必要のない表現。

□ *l.* 21 for the first time「初めて」

□ *l.* 21 It was ～ when … は強調構文で，～が時を示す表現の場合この形を使う人がいるが，It was ～ that … が一般的だ。

第6段落

□ *l.* 23 be wide with ～「(目などが) ～ (驚きなど) で十分に開いている」

□ *l.* 24 Not knowing what to say next は分詞構文・理由「～なので」。

□ *l.* 25 pop into his head「彼の頭に思い浮かぶ」

第7段落

□ *l.* 26 in a whisper「ささやいて」

第8段落

□ *l.* 27 came the reply は the reply がS，came がV。

□ *l.* 27 as S′ V′「～する時に，～するのと同時に」

□ *l.* 27 crawl under ～「～の下にもぐり込む」

□ *l.* 27 back「戻って」は前にテーブルの下にもぐり込んでいたので，もぐり込む位置に戻る感じを言う。

□ *l.* 28 disappearing 以下は分詞構文・付帯状況「～しながら」。
□ *l.* 28 disappear from view「視界から消える」

解説

(1) 1「何でも適切な場所を持っていた」
2「みなが適切に座っていた」
3「すべてがうまくいっていた」
4「何かがうまくいかない可能性があればうまくいかないだろう」
正解は3。あの有名なスティーブ=ジョブズ氏が当日行うプレゼンが円滑にいくよう，ホテルの支配人が再点検をする場面だ。3が最適であろう。in order「調子よく，正常で」は超重要熟語。反意表現は out of order「調子が悪くて，故障していて」となる。1は場所だけの問題ではないので不適切な選択肢と言えそうだ。

(2) **正解は1。**
まずは after all をしっかり理解しよう。

CHECK after all の真の意味
①（予想，期待などに反して，努力むなしく）結局
◇ I thought he was going to pass the exam, but he failed after all.
「私は彼が試験に受かると思ったのだが，結局彼は落ちてしまった」
☆前後は反対の内容を表すことが多い。また，後ろはマイナスの内容がほとんど。また，文末や文中で使うのが基本。
②「（前文の理由などを示して）何しろ，というのは～だからだ」
◇ Don't scold John so severely. After all he is only a child.
「ジョンをそんなに厳しくしかるな。何しろまだ子供なのだから」
☆接続詞の for に近い意味。受験生の盲点となっている意味である。また，文頭や文中で使うのが基本。

after all には②の意味がある。彼はホテルの機器の点検などをする許可を求めた人がいないことに気づいたわけで，それに対して「何しろ彼はホテルの支配人なのだ」と続く。彼がホテルの支配人なのだから，普通なら彼に許可を受けるはずだという流れとなる。after all は②の意味では圧倒的に文頭で使われるのだが，ここは文末で使われている。副詞の位置は一概にこうだとは言えない例だと言えよう。他の選択肢も見ておこう。

CHECK 会話文でよく使われる by all means
by all means「（丁寧に賛成したり許可を出したりして）どうぞ，いいですよ，（命令文で）ぜひ」
◇ "May I come in?" "By all means."「『入っていいですか？』『どうぞ』」
◇ By all means feel free to get a second opinion.
「ぜひセカンドオピニオンを受けてください」
☆2つ目の例文は，患者が他の医師の意見を聞いてもいいかとたずねたのに対して，医師がどうぞと言っている文脈だ。

for all I know「よくは知らないが，たぶん」という熟語はあり，これはかなり重要な熟語だが，for all he knows は he が主語の場合に使う表現で，for all we know など主語により変形バージョンがあるが，あまり目にしない表現だ。

CHECK once を使った 2 つの熟語

once (and) for all「これを最後に，きっぱりと」

◇ He decided to give up smoking once and for all.
「彼はこれを最後に喫煙をやめる決意をした」

☆ completely and finally あるいは for the last time「これを最後に」となっている英英辞書がある。

(just) this once「この場合に限って，普通は起こらないのだが」（＝for (this) once）

◇ I'll grant an exception just this once, but don't do it again.
「この場合に限って例外を認めますが，二度としないでください」

☆一度だけであることを強調する表現。

(3) 1「唯一のスティーブ=ジョブズ以外の誰でも」
2「実在のスティーブ=ジョブズより才能がある」
3「他ならぬスティーブ=ジョブズ彼自身」
4「発表者がスティーブ=ジョブズだとわからない」

正解は 3。ホテルの支配人はテーブルの下で技術者が機器の点検をしているのを見つけたわけだが，その技術者がテーブルの下から顔を出した際にスティーブ=ジョブズだと気づいて，その後慌てふためくのだ。none other than ～ (*oneself*)「（驚きを表して）他ならぬ～」を使った 3 がピッタリの選択肢であろう。1 の the one and only ～ は「たった一つの～，唯一無二の～」の意味だが，anybody は肯定文で使われると「誰でも」の意味になってしまう。4 は the presenter が O，Steve Jobs が C で，find O C「O が C だとわかる」の意味。

解答

(1)－3　(2)－1　(3)－3

25 2022年度 国際日本学部〔Ⅱ〕

目標解答時間 30分

ポイント

英文は明治大学の問題としてはやや難しいが，設問は多様な形式が出題されているので，受験生の総合力を測るにはうってつけの問題であろう。かなりの長文なので，読むのに時間をかけすぎると終わらないことも考慮して解いてみよう。

次の英文を読んで設問に答えなさい。

The cheery news from the publishing world is that sales of books — actual hardcover books — were way up during 2020. The cheerless news from the retail world is that sales in physical bookstores fell. I'll mourn if the stores die, (A) we'll lose the excitement of browsing and the unexpected encounter with a new and exciting volume. 5

But the steadiness of hardcover sales, even if buyers seem to be flocking to the familiar rather than searching for the new, is an important marker for the claim that all is not lost.

How important? Consider a just-released study by the linguist Naomi Baron, who created a controversy with her fine 2015 book "Words Onscreen: The Fate of Reading in a Digital World." There she argued that the move from print to digital was causing a variety of harms. Baron's most recent paper reviews the literature on how digital devices affect our cognitive function — and her conclusions are depressing. 10

[(ア)] She tells us, (B), of a 2018 experiment in which students visited a museum and looked at paintings. Some were asked simply to observe. Some were asked to take photographs. Some were asked to both take photographs and distribute them via Snapchat. The group that later remembered the paintings best comprised(C) those who simply observed and took no photos. "The very process of taking photos," Baron writes, "interferes with the cognitive act of viewing." 15 20

Indeed, much of the article is dedicated to noting the problems that occur when we offload(D) memories and thinking. It's long been understood that using GPS to navigate makes it harder to remember routes later on. But that's not all. Baron cites one recent study showing that GPS users have trouble even recalling which landmarks they passed along the way. Another indicated that without GPS, our brains see a burst of neural activity as we figure out how to navigate an unfamiliar cityscape, but when we use GPS, the hippocampus[1] essentially switches off.

[(イ)] All of which brings us to physical texts. Baron endorses(E) Nicholas Carr's shallowing hypothesis, which she describes as the notion that "when reading on a digital device, people make less mental effort than when reading print." The idea has been much debated, but increasingly seems to be true. The fear is that the loss of mental effort will lead to a loss in overall thoughtfulness. Baron reports: "In 2019, U.S. teenagers averaged 7 hours and 22 minutes daily of screen time — not including work for school assignments. Of this, 39% was spent using social media, compared with 2% for eReading."

Although it's a commonplace of the literature that reading on paper leads to greater comprehension than reading on the screen, many researchers have wondered whether those findings are simply the results of testing people who grew up with paper and later moved to digital. Based on this theory, as digital reading replaces paper, rates of comprehension should rise.

[(ウ)] As time passes, and young people gain more experience reading digitally, the advantage of reading a physical text actually grows larger. If this result holds, we'll be forced to conclude that the advantages of reading on paper as against reading digitally rest on something more than familiarity.

Baron's own research suggests that the gap is indeed growing. She suggests as a partial explanation the weight and feel of a book, the tactile[2] sensations that help memory. In addition, she writes, with a printed text, it's easier for the hippocampus to build a "cognitive map." Ask readers to recall something from a physical book, and there's a good chance that they will remember, for instance, (F) it was at the top or bottom of a page. But

with digital texts, particularly when scrolling through them, there is nothing to
55 map.

| (エ) | There's also a difference, Baron argues, between "reading" a book and "using" a book. Even if we want to find a page in a physical book, she points out, we must thumb our way through it, thus increasing the chance that we'll (G) something unexpected and, at the same time,
60 helping establish the context surrounding our search.

But the highly convenient search tools that accompany the digital encourage us to use books, rather than read them. Our search becomes, in terms Baron borrows from psychology, egocentric rather than allocentric. In other words, we find what we're looking for rather than what the world presents to us. And the
65 egocentric reader, the data tell us, is the less reflective and critical.

If we hope for a democratic future of serious thought and dialogue rather than mutual condemnation(H), we need reflective and critical citizens. For that, we need physical, touchable, serious books. That's reason enough to celebrate the fact that hardcover sales are thriving, and to hope for a future in which they(I)
70 never die.

(Adapted from "A book you remember, a Kindle you forget" by Stephen L. Carter, *The Japan Times* (Bloomberg), July 9, 2021)

(注)

1 hippocampus (脳の)海馬

2 tactile 触覚の

1 次の各問の答えを①～④の中から１つ選び，その番号を解答欄にマークしなさい。

(1) 空欄(A)に入る最も適切なものは次のどれか。

① but

② for

③ or

④ so

(2) 空欄(B)に入る最も適切なものは次のどれか。

① by the way

② for example

③ nevertheless

④ on the contrary

(3) 下線部(C) comprised の意味に最も近いものはどれか。

① concentrated

② connected

③ constituted

④ contradicted

(4) 下線部(D) offload の意味に最も近いものはどれか。

① come up with

② fill in

③ get rid of

④ take on

(5) 下線部(E) endorses の意味に最も近いものはどれか。

① doubts

② examines

③ opposes

④ supports

(6) 空欄(F)に入る最も適切なものはどれか。

① whether

② which

③ who

④ why

(7) 空欄(G)に入る最も適切なものはどれか。

① catch up

② hit upon

③ keep away

④ put off

(8) 下線部(H) <u>condemnation</u> の意味に最も近いものはどれか。

① blame

② cooperation

③ fear

④ understanding

(9) 下線部(I) <u>they</u> が指し示しているのはどれか。

① egocentric readers

② physical, touchable, serious books

③ reflective and critical citizens

④ serious thought and dialogue

2 次の文が入る最も適切な場所を本文中の空欄 [(ア)] ～ [(エ)] の中から1つ選び，その番号を解答欄にマークしなさい。

Recent work, however, suggests the contrary.

① (ア)

② (イ)

③ (ウ)

④ (エ)

3 本文中の内容について，次の質問に対する最も適切な答を①～④の中から１つ選び，その番号を解答欄にマークしなさい。

(1) Which of the following is NOT stated in the text?

① The sales of physical hardcover books increased during 2020.

② Naomi Baron wrote a book titled "Words Onscreen: The Fate of Reading in a Digital World" published in 2015.

③ According to Naomi Baron, the shift from print reading to digital reading does no harm.

④ Naomi Baron supports the notion that digital devices affect human cognitive function.

(2) Which of the following is stated in the text?

① In the 2018 experiment, the group who took photographs and distributed them via Snapchat remembered the paintings best.

② According to Naomi Baron, taking photos enhances the cognitive act of viewing.

③ GPS users are less likely to recall the landmarks they passed along the way than those not using GPS.

④ When we use GPS, our brains work actively as we figure out how to navigate an unfamiliar place.

(3) According to the text, which of the following is suggested by Naomi Baron?

① The gap between the advantage of reading on paper and that of reading digitally is shrinking.

② It's more difficult for the hippocampus to build a "cognitive map" with printed texts than with digital texts.

③ Digital books are more often "used" rather than "read."

④ Digital reading encourages us to become allocentric readers.

全訳

《デジタル書籍を利用することの弊害》

出版業界の明るいニュースは本 —— 実際のハードカバーの本 —— の売り上げが2020年にかなり増えたことだ。小売業界の明るくないニュースは紙の本を扱う本屋での売り上げが減ったことだ。本屋がなくなってしまったら私は嘆き悲しむ，というのは，ぶらぶらと本を眺める楽しみや，新しいわくわくする本との予期しない出会いが失われてしまうからだ。

しかし，ハードカバーの売り上げが安定していることは，たとえそれを買う人が新しいものを探すよりもむしろなじみのあるものに群がっているように見えるとしても，すべてが失われてしまったわけではないという主張を裏付ける重要な指標である。

どれほど重要なのだろうか？ 『スクリーン上の言葉：デジタル世界における読書の運命』という2015年に出された素晴らしい本によって論争を巻き起こした，言語学者のナオミ=バロンによる発表されたばかりの研究を考えてみよう。そこで彼女は，紙の本からデジタル書籍への移行は様々な害を及ぼしていると論じている。バロンのごく最近の論文では，デジタルデバイスがどのように私たちの認知機能に影響を及ぼすかについての文献について論評している —— そして，彼女の結論は気のめいるものである。

例えば彼女は，学生が美術館を訪れて絵画を見るという2018年の実験について語っている。ある者はただ眺めるよう指示された。ある者は写真を撮るよう指示された。またある者は写真を撮って，それをスナップチャットで配信するよう指示された。その後に絵を最もよく覚えていたグループは，ただ眺めるだけで写真を撮らなかった者から成っていた。「まさにこの写真を撮るという過程が眺めるという認知的行為の邪魔になる」と彼女は書いている。

実際，論文の多くは私たちが記憶や考えることをしなくなる際に起こる問題について述べることに割かれている。GPSを使ってどこかへ行くと後から道順を思い出すことがより難しくなることはかねてからわかっている。しかし，それだけではない。バロンは，GPS利用者が途中どんな目印を通ったかを思い出すのにさえ苦労することを示す，最近のある研究を引き合いに出している。また別の研究では，GPSがないと，なじみのない都市の風景の中をどうやって進めばよいかを考えて私たちの脳は神経が急激に活動するが，GPSを使うと海馬は基本的に活動を停止してしまう。

こうしたことはすべて私たちを紙の文書へと向かわせる。バロンはニコラス=カーの浅薄化仮説を支持しており，それを「デジタルデバイスで読書しているときには，紙の本で読書しているときより頭を使う努力をしない」という概念だと説明している。この考えについては多くの議論がなされているが，ますます正しいように思えてくる。恐ろしいのは，頭を使う努力をしなくなることが思慮深さそのものの欠如へとつながっていくだろうということだ。バロンはこのように報告している。「2019年，アメリカのティーンエイジャーがスクリーンを眺める時間は一日平均7時間22分でした —— 学校の課題のために使う分は含まれていません。このうち39%はソーシャルメディアを利用するのに使われ，それに比べて電子書籍での読書に利用されるのは2%でした」

文献では，紙の本で読むほうがスクリーン上で読むよりもより高い理解につながることは当たり前のことだが，多くの研究者は，そのような研究結果は単に紙の本で育ち，後にデジタルに移行した人々をテストした結果に過ぎないのだろうかと考えてきた。この説に基づくと，デジタル書籍による読書が紙の本に取って代わるにつれて，理解の度合いは上がるはずだ。

ところが，最近の研究ではそれと反対のことを示している。時が経って，若者がデジタル書籍で読書をする経験が増えるにつれて，実際には紙の本で読書をすることの利点は増えてくる。もしこの結果が正しいのなら，デジタルで本を読むことと対比した紙の本で読むことの利点は，何か慣れ以上のことに基づくのではないかと結論せざるを得ない。

バロン自身の研究では，この差は実際大きくなっていることを示している。説明の一部として彼女は，本の重みや感触，つまり記憶を助ける触覚的感覚を挙げている。さらに，紙の本のほうが，海馬が「認知的地図」を構築しやすいとも書いている。読者に何か紙の本で覚えていることを尋ねてみるがよい，すると例えば，それはあるページの一番上だったか，それとも一番下だったかを覚えている可能性が高いだろう。しかし，デジタル書籍で，特にスクロールしながら読む場合には位置決めとなるよりどころが何もない。

また，本を「読む」ことと本を「利用する」ことの間の差もある，とバロンは唱える。たとえ紙の本の中であるページを見つけたい場合でも，私たちは途中ページをめくらなければならないため，何か予期しないものに出会う可能性が高まり，同時に自分が探しているものの周辺の文脈をしっかり理解する助けとなる，と指摘する。

しかし，デジタルに伴うきわめて便利な検索ツールは私たちが本を読むよりもむしろ，利用することを促す。バロンが心理学から借用する用語を使って言えば，私たちの検索は他者中心的というより自己中心的になる。言い換えれば，その世界が私たちに提供するものというより，自分が探しているものを見つける。そして，データによれば，自己中心的な読者はより思慮深さと批判精神に欠けている。

もし私たちが互いを責め合うのでなく真剣な考えと対話のある民主的な未来を望むのなら，思慮深く批判精神のある市民が必要である。そのためには，紙でできていて，触れることができ，思考を要する本が必要である。それがハードカバーの売り上げが良くなっているという事実を祝福し，そのような本が消滅することの決してない未来を望むに足る理由なのである。

●語句・構文

第1段落

□ *l.* 1　cheery「陽気な，元気のいい」は *l.* 2 の cheerless「陰気な，喜ばしくない」が反意語だ。

□ *l.* 2　way up は way が副詞で「ずっと，はるかに」の意味で，up は「上昇して」の意味だ。

□ *l.* 3　physical「実在する」はネットの店に対する実店舗と言うときの「実」の意味で，*l.* 1 の actual が同意語だ。

□ *l.* 4　lose の目的語は the excitement of browsing と the unexpected encounter with a new and exciting volume となる。

□ *l.* 4　browse「(店で特定のものを買う予定はないが品物を) 見て回る」

第2段落

□ *l.* 6 steadiness「着実さ，堅実さ」

□ *l.* 6 even if S′ V′「たとえ〜だとしても」

□ *l.* 7 *A* rather than *B*「*B*ではなく*A*」の*A*は flocking to the familiar, *B*は searching for the new となり，the familiar と the new は the＋形容詞で「〜なもの」の意味。それぞれ「なじみのあるもの」と「新しいもの」が直訳だが，前者はハードカバーの本，後者は電子書籍をイメージするといいだろう。ちなみに，flock to 〜は「〜に群がる」，search for 〜は「〜を探す」の意味だ。

□ *l.* 7 marker for 〜「〜を表す指標」

□ *l.* 7 the claim that 〜の that は同格を表す接続詞の that「〜という」で claim は「主張」の意味だ。

□ *l.* 8 all 〜 not「すべて〜とは限らない」

第3段落

□ *l.* 9 Consider は具体例を導入する表現だ。

> **POINT!** 命令文で使われる take
>
> ◇People love British cars. Take the Mini. In Japan, it still sells more than all the other British cars put together.
> 「人々は英国車が大好きだ。ミニを例に挙げよう。日本では，いまだにすべての他の英国車を合計したものより売れている」
>
> ☆take 〜（for example）で「〜を例に挙げる」の意味になるが，Take 〜.「〜を例に挙げよう」や Let me take 〜.「〜を例に挙げさせてほしい」，Let's take 〜.「〜を例に挙げよう」のように命令文で使う特徴がある。
>
> ☆Consider 〜「〜を考えてみましょう」，Suppose 〜「〜だと仮定してみましょう」，Imagine 〜「〜だと想像してみましょう」も具体例を導入する命令文だ。

□ *l.*10 created a controversy with 〜は「〜で論争を引き起こした」くらいの意味で，controversy with 〜「〜との論争」のつながりがあるが，ここはそうではなく，with「(手段を表して) 〜で，〜を使って」の意味だ。

□ *l.*11 argue that S′ V′「〜だと主張する」

□ *l.*11 from *A* to *B*「*A*から*B*へ」

□ *l.*12 a variety of 〜「さまざまな〜」

□ *l.*12 paper「レポート，論文」

□ *l.*12 review「〜を検討する，批評する」は re「再び」view「見る」と分解できるが，「再検討する」のように「再」の意味が含まれないのが基本だ。

□ *l.*13 literature on 〜「〜に関する文献」の literature は「文学」の意味ではなく，ある特定の分野のいろいろな本という意味だ。

□ *l.*14 depressing「落胆させる，悲しませる」

第4段落

□ *l.*15 tell *A* of *B*「*A*（人など）に*B*について言う」

□ *l.*16 Some 〜. Some …. Some ー.「あるものは〜。あるものは…。あるものはー」は，問題文のように実験などの被験者のさまざまな状況を述べるときなどによく使われる。

□ *l.* 17 take a photograph〔photo, picture〕「写真を撮る」

□ *l.* 18 via「～を経由して，～を通って，～を介して」

□ *l.* 19 those who V′「～する人々」

□ *l.* 20 the very＋名詞「まさにその～，～そのもの」は～以外を排除する表現だ。

例 The very thought of food made me feel ill.

「食べ物のことを考えただけで私は気分が悪くなった」

□ *l.* 20 interfere with ～「～の邪魔をする，～を妨げる」

□ *l.* 21 of は同格を表し「～という」と訳す。「見るという認知行為」となる。

第5段落

□ *l.* 22 much of the article は「その論文の多く」の意味だが，論文がたくさんあるのではなく，1つのその論文の多くの箇所，という意味だ。

□ *l.* 22 be dedicated to ～は普通「～に身を捧げる，専念する」の意味だが，ここでは「～に割かれている」の意味。

□ *l.* 23 It's long been understood that は NOTE 〈It is ～ that ….の識別〉の(1)の用法だ。it が形式主語，that 以下が真主語となる。ちなみに，long は副詞で「長く，長い間」の意味。

□ *l.* 23 using GPS to navigate が S′，makes が V′，it が O′ で形式目的語，harder が C′，to remember 以下が真目的語。

□ *l.* 24 later on「のちに」は later だけでも同じ意味だ。

□ *l.* 24 that は単語ではなく前文の内容を受けやすい。事実ここも that using ～ later on の内容を受けている。また，that's not all「それがすべてではない」と言っているのだから，次に他の例が述べられているはずだと思って読み進めるといい。

□ *l.* 25 one recent study に対して *l.* 26 の Another (study) が2つ目の研究ということになる。

□ *l.* 25 have trouble *doing*「～するのに苦労する」

□ *l.* 26 along the way「途中で，これまでに」

□ *l.* 26 Another 以下の構造を把握しよう。

Another (S) indicated (V) 〈that (O) (without GPS), our brains (S′) see (V′) a burst of neural activity (O′) (as we (S″) figure out (V″) 〈how to (O″) navigate (V‴) an unfamiliar cityscape (O‴)〉), but (when we (S″) use (V″) GPS (O″)), the hippocampus (S′) essentially switches off (V′)〉.

that 節はピリオドまでとなっていて，but の前後にそれぞれ主節と従属節がある。

□ *l.* 27 a burst of ～「～の爆発，ほとばしり」

□ *l.* 27 neural activity「神経活動」

□ *l.* 27 as は面倒な語だ。接続詞の as は理由と時以外は結構見た瞬間に何か判別できるが，ここは判別できないので理由か時だ。2つの意味の判別方法は，as の節が後ろにある場合，コンマがあれば理由，コンマがなければ時になりやすいと考えよう。ここはコンマがないので時ではないかと考えるといい。

□ *l.* 27 figure out ～ は重要熟語。

CHECK figure out ～ の 2 つの意味

①「～（人の行動や wh 節の内容など）を理解する」

◇ He does these crazy things, and I just can't figure him out.

「彼はこういったばかげたことをするのだが，私には彼の行動がまったく理解できない」

②「～（問題，状況など）を解決する，考え出す」

◇ How did you figure out the solutions to the environmental problem?

「あなたは環境問題の解決策をどうやって考え出したのですか」

☆否定文や過去形で使うと①の意味になりやすい。

ここは②の意味だ。

□ *l.* 28 cityscape の ～ scape は「～の景色」の意味。landscape「景色，風景」が有名だが，この語は陸の景色のことで，海の景色は seascape だ。

□ *l.* 28 the hippocampus essentially switches off は our brains see a burst of neural activity の反対の内容と考えられるので，our brains don't see a burst of neural activity だと言ってもいいだろう。

□ *l.* 28 essentially「本質的に，基本的に」

第 6 段落

□ *l.* 30 All of which ～ は違和感があるだろうか？

NOTE ，不定代名詞［基数詞］＋of whom〔which〕の考え方

コンマの後ろが不定代名詞［基数詞］＋of whom〔which〕の形になっていたら，原則先行詞は不定代名詞［基数詞］ではなくその前の名詞となる。

◇ He has many friends from abroad, most of whom are American.

「彼には外国から来た多くの友達がいるが，そのほとんどはアメリカ人だ」

☆不定代名詞とは all，most，some，neither，none など特定のものを受けない代名詞で，基数詞とは one，two，three などを言う。

☆ many friends from abroad が先行詞で，most からすでに関係代名詞節となっている。most が S′，are が V′ だ。先行詞を関係代名詞に挿入すればもとの英語が見えるので，ここは most of many friends from abroad are American となる。

本文は不定代名詞の All から始まっているので，先行詞がなさそうだが，前文の内容や前のいくつかの文が先行詞となる。ここは *l.* 23 ～ *l.* 29 の GPS を使って移動するとその移動したルートやその際の目印を思い出せないという内容だ。こういったことのすべてが私たちに印刷された文書を想起させると言っている。

□ *l.* 31 shallowing hypothesis はニコラス=カーという著述家の独自の仮説のようで，簡単に言うと，最近のメディアを使うことにより浅い思考になってしまうということのようだ。

□ *l.* 31 describe O as C「O を C だと言う」

□ *l.* 32 that は同格を表す。

□ *l.* 32 less ～ than …「…ほど～ない」の比較対象は when reading on a digital device

と when reading print となる。

□ *l.* 32 mental「知的な，頭を使った」

□ *l.* 33 The idea は *l.* 31 の the notion that ～ のことだ。

□ *l.* 35 thoughtfulness「思慮深さ」

□ *l.* 35 average「平均が～となる」

□ *l.* 36 not including ～「～を含めずに」

□ *l.* 36 Of を説明しよう。

CHECK 部分を表す of

「(部分を表して) ～のうちの，～の中で」

◇ Two of the guests are vegetarians.
「招待客のうちの 2 人は菜食主義者である」

☆「数詞〔不定代名詞〕＋of＋限定詞＋複数名詞」の of だ。

◇ Of all the students, John is the most intelligent.
「すべての生徒の中で，ジョンが一番頭がいい」

☆第 2 例は通例文頭で使われ，後ろにある割合を示す表現や最上級と一緒に使われるのが基本。

of が文頭にあったらこの of だと考えるといい。this は数字を受けることも結構あるが，ここの this は 7 hours and 22 minutes daily of screen time のことで，後ろに 39％と割合を示す表現がある。

□ *l.* 37 was spent using は spend *A doing*「*A* を～して過ごす，費やす」が受動態になった形。

□ *l.* 37 compared with 2％ for eReading の compared with ～ は「～と比べると」の意味の重要熟語。for は「～に関して」の意味で，よくこのような対比を表す文脈で見かける意味だ。

第 7 段落

□ *l.* 38 Although 以下の構造分析をしてみよう。

(Although it's [S′ it / V′ 's] a commonplace [C′] of the literature 〈that 〈reading on paper〉 [S″] leads [V″] to great[er] comprehension [than] 〈reading on the screen〉〉), many researchers [S] have wondered [V] 〈whether [O] those findings [S′] are [V′] simply the results [C′] of testing people [(先)] [who grew up [V″(1)] with paper [and] (later) moved [V″(2)] to digital]〉.

it's ～ that は NOTE 〈It is ～ that ….の識別〉を参考にしてほしい。(3)の用法なので，it は形式主語，that 以下が真主語となる。a commonplace は名詞で「ありふれたこと」の意味の抽象名詞に近い意味だ。また，wonder whether S′ V′ は「～だろうかと思う」くらいの訳になるが，wonder 自体は ask *oneself*「自分自身にたずねる」の意味。人にたずねるのではなく自問する感じだ。those findings の findings はほぼ複数形で使われ「研究結果，研究成果」の訳が基本で，reading on paper leads to greater comprehension than reading on the screen を受けている。

□ *l.* 41 Based on this theory は Based の前に Being が省略されていて，分詞構文・条件「もし～するならば」と考えるのが妥当であろう。be based on ～ は「～に基づいている」，this theory は *ll.* 40-41 の those findings ～ moved to digital を受けている。

□ *l.* 41 as は接続詞「(比例) ～するにつれて」の意味。特に rise は増減などの変化を表す動詞なので，比例の as だとわかる。

□ *l.* 42 replace は設問でもよく狙われる重要単語だ。

CHECK replace の考え方

replace ㊀「～に取って代わる」

A replace *B* (＝*A* displace *B*)「*A* は *B* に取って代わる」は，どちらを捨てて，どちらを使うかを表す表現。*A* が新たに使うもの，*B* がその代わりに捨てるものとなる。また，受動態 (*B* be replaced by *A*) にすると新旧が逆になる。さらに，次の表現も押さえておこう！

replace *B* with〔by〕*A*「*B* を *A* と取り替える」⇒ *B* be replaced with〔by〕*A*

substitute *A* for *B*「*B* の代わりに *A* を用いる」⇒ *A* be substituted for *B*

すべて *A* が新たに使うもの，*B* がその代わりに捨てるものに統一してある。

◇ We replaced our oil heating with gas.
「私たちは灯油による暖房をガス暖房に取り替えた」

◇ PCs are being substituted for word processors.
「パソコンがワープロの代わりに使われつつある」

☆ *A* と *B* は同類となる。

paper から digital reading に変わることを言っている。

□ *l.* 42 should も意外と面倒だ。

NOTE should の基本用法

①「(義務，正しいこと，忠告などを表して) ～するべきだ」

◇ Children shouldn't be allowed to play on the street.
「子供たちは通りで遊ぶのを許されるべきではない」

☆「人」が主語が基本。

②「(推量，予想されることを表し) ～するはずだ，きっと～するだろう」

◇ Try phoning Robert. He should be home by now.
「ロバートに電話をかけてみて。もう家にいるはずだよ」

☆「もの」が主語であることが多く，状態動詞が基本。

☆好ましくない内容では使われない。

should はこれ以外にも意味はあるのだが，この2つが基本であろう。ここは予想されることを表して②の意味となる。確かに，*ll.* 40-41 の理論に基づけば，digital reading が paper に取って代わるにつれて，理解の割合は上昇するはずだ。

第8段落

□ *l.* 43 As は more や larger の比較級，grows のような増減など変化を表す動詞と一緒に使われているので，比例の as だ。

□ *l.* 44 experience は後ろから *doing* で修飾することができるので，reading digitally は experience を修飾している。

□ *l.* 45 this result は前文（As time …）の内容を受けている。

□ *l.* 45 be〔hold〕true of〔for〕～「～に当てはまる」の重要熟語があるが，hold だけでも「当てはまる」の意味がある。

□ *l.* 45 be forced to *do*「～せざるを得ない」（＝be compelled〔obliged〕to *do*）

□ *l.* 45 that 節は the advantages が S′，rest が V′。

□ *l.* 46 as against ～「～と比べて」（＝in comparison with ～）はやや難しい熟語。reading on paper と reading digitally を比較している。

□ *l.* 46 rest on ～ は覚えておくといい熟語だ。

CHECK rest on ～

①「～に頼る，～に基づく」
◇ His success rests on a number of factors.
「彼の成功はいくつかの要因に基づく」

②「（視線などが）～に向けられる」

☆「～に横たわる，～に置かれる」の具体的な意味もある。rest with ～ は「～（人）の責任だ，～次第だ」の意味。

ここは①の意味だ。

□ *l.* 46 rest on something more than familiarity「慣れ親しんでいること以上の何かに基づいている」とはどういうことなのだろうか？　第7段落第1文（Although it's …）で「その研究結果は紙とともに育ちその後デジタルに移行した人々を分析した結果にすぎないのかどうか」とデジタルネイティブでない人々しか分析していない偏った研究結果になってしまっているのかもしれないと言っている。それに対して，第8段落第2文（As time …）で若い人たちもデジタルの経験が増えるにつれて紙で読む利点がより大きくなると反論している。若い人たちは紙に慣れ親しんでいないのに紙で読む利点のほうが大きくなるからだ。

第9段落

□ *l.* 48 suggest に関しては **NOTE**〈2つの suggest that S′ V′〉を参考にしてほしい。ここは②の意味だ。

□ *l.* 48 the gap は *ll.* 45-46 の the advantages of reading on paper as against reading digitally あたりを受けていて，デジタルの利点と紙の利点のギャップと言ったところだ。

□ *l.* 49 suggests の目的語は the weight and feel of a book で，as a partial explanation は「部分的な説明として」の意味。partial は part の形容詞で「部分的な，（完全に対する）不完全な」の意味なので，完全な説明だと筆者は思っていないことがわかる。

□ *l.* 49 the weight and feel of a book の後ろのコンマは同格を表していて，the tactile sensations that help memory で言い換えている。

□ *l.* 50 in addition「さらに，加えて」

□ *l.* 50 with の意味を特定するのはなかなか難しい。

CHECK with「～に関して（は)」
◇ Is there something wrong with your smartphone?
「あなたのスマホに関してどこか調子が悪いのですか？」
◇ With these students it's pronunciation that's the problem.
「これらの生徒に関して問題なのは発音だ」
☆文頭にあると対比で使われるのが基本。ここは「これらの生徒」と「他の生徒」が対比されている。

with a printed text は *l.* 54 の with digital texts と対比されている。

□ *l.* 51 build a map で「地図を作る」(＝make a map) の意味があるが，cognitive map「認知地図」は筆者が独自に使っているのでダブルクォーテーションマーク（“ ”）ではさまれている。

□ *l.* 51 Ask ～ physical book, and … は，命令文, and S V「～しなさい，そうすれば…」の形となっている。

□ *l.* 52 there's a good chance that S′ V′「～する可能性が十分ある」の that「～という」は同格を表す接続詞。chance に関しては，**CHECK**〈意外と面倒な chance〉を参考にしてほしい。①や③は同格の that と一緒に使わないのだ。正確に分析をするというのはこのような知識を持って初めて可能となると思ってほしい。

□ *l.* 53 it は something を受けている。

□ *l.* 53 at the top of ～「～の一番上に」(⇔ at the bottom of ～「～の一番下に」)

□ *l.* 54 scroll through ～「～をスクロールする」

□ *l.* 54 them＝digital texts

□ *l.* 54 nothing は中身のない代名詞なので，to map は不定詞の形容詞的用法で前にある nothing を修飾している。map は「～の地図を描く」の意味で，紙の本なら，あれはあのページの一番下にあったなどと頭の中に地図を描くことが可能だが，デジタルはスクロールしてしまうのでそれができないと言っているのだ。

第 10 段落

□ *l.* 56 Baron argues は挿入されている。

NOTE「S＋that 節をとれる動詞」の挿入
「S＋that 節をとれる動詞」を挿入した場合，この挿入節を文頭に出して that をつけて元の形に戻すことができる。
◇ His wishes, I'm told, have come true sooner than he expected.
「彼の望みは彼が思ったより早く実現したと聞いています」
→I'm told that his wishes have come true sooner than he expected.
☆ tell は tell O that S′ V′ のようにOが間にあって初めて that 節をとることができるので，Oを主語にした受動態にすると上のように I'm told that S′ V′ のような形が可能となる。
◇ Mrs. Duff, it is rumored, will be obliged to sell her residence to pay the inheritance tax.
「ダフ夫人は相続税を払うために家を売らざるを得ないとうわさされている」
→It is rumored that Mrs. Duff will be obliged to sell her residence to pay the inheritance tax.

☆ it は形式主語であることを押さえよう。

本文は Baron argues that there's also a difference ～ で書き換えが可能だ。ちなみに，argue that S′ V′ は「～だと主張する」の意味。

□ *l.* 57 even if S′ V′「たとえ～だとしても」

□ *l.* 58 she points out も挿入部分だ。She points out that even if ～ で書き換えられる。point out ～ は「～を指摘する」の意味の重要熟語だ。

□ *l.* 58 thumb through ～ で「～（本など）を（サッと見るために）パラパラとめくる」の意味で，thumb our way は push *one's* way「押しのけて進む」などと同じ関係で，親指を使って進むイメージの表現だ。it は a physical book となる。

□ *l.* 58 thus「それゆえに」の後ろに分詞構文・連続動作「そして～する」が続くことがある。increasing ～ and, at the same time, helping … と分詞構文は 2 つある。

□ *l.* 59 the chance that ～「～する可能性」も that は同格を表す接続詞。

□ *l.* 60 establish は「～を明らかにする，突き止める」くらいの意味で，establish the context surrounding our search は，検索しているものだけでなく取り巻く文脈も理解できるといった内容だ。

第 11 段落

□ *l.* 61 highly は後ろに形容詞や副詞がある場合は「とても，非常に」の意味だ。

□ *l.* 61 search tool「検索ツール」

□ *l.* 61 accompany「～に伴う」は～が先〔原因〕，主語が後〔結果〕となる語だ。デジタルになると，本のどこかに書いてあったなと調べるのではなく，非常に便利な検索ツールを使うということだ。

□ *l.* 61 encourage *A* to *do*「*A* に～するよう励ます，促進する」

□ *l.* 62 *A* rather than *B*「*B* ではなく *A*」の *A* は use books，*B* は read them だ。

□ *l.* 62 in terms Baron borrows from psychology は terms が先行詞，Baron ～ psychology が関係代名詞節。terms は in plain terms「平易な言葉で」の例のように，in ～ terms で「～の言葉遣いで」といった意味で使われる。borrow *A* from *B*「*B* から *A* を借りる」の形があるので，「バロンが心理学から借りた言葉で」となる。egocentric「自己中心の」と allocentric「他者中心の」という語は心理学の語のようだ。

□ *l.* 63 In other words「言い換えれば」は Our search becomes ～ egocentric rather than allocentric. を we find what we're looking for rather than what the world presents to us で言い換えられると言っているのだ。

□ *l.* 64 present *A* to *B*「*A* を *B* に提示する，示す」

□ *l.* 65 the data tell us も挿入部分だ。The data tell us that the egocentric reader is ～ と言い換えられる。

□ *l.* 65 the less reflective and critical は「the＋形容詞＝人々」の形なので「より内省的でなく批判的でない人々」の意味。

第 12 段落

□ *l.* 66 hope は原則他動詞だが，名詞を目的語にする場合は hope for ～「～を望む」と自動詞になる。

□ *l.*66 *A* rather than *B*「*B* ではなく *A*」の *A* は serious thought and dialogue で *B* は mutual condemnation だ。

□ *l.*67 For that「そのためには」の that は前文（If we …）の内容。ちなみに，For が目的を表して「～のために」の意味になると考えるヒントは後ろの need だ。何かが必要とする際には，その目的が必要だと考えるのだ。

□ *l.*68 That's の That は前文（For that …）の内容と考えるのがいいだろう。

□ *l.*68 reason enough to *do* は「～するのに十分な理由」の意味。to celebrate ～ と to hope ～ を and で結んでいる。

□ *l.*68 the fact that ～「～という事実」

解説

1

(1)**正解は②**。すべての選択肢が等位接続詞として使えるので，文法の観点から正解を出すことはできない。空所の前で「店がなくなれば私は嘆き悲しむであろう」とある。後ろでは「私たちはぶらぶら見て回る楽しさや新しいおもしろい本に思いがけず出会う機会を失うであろう」とある。空所の後ろが前に対する理由となっているのがわかるので，「というのは～だからだ」と後ろで理由を導入する for が正解となる。

例 I cannot tell what she looks like, for I have never seen her.
「彼女の外見はわかりません，というのも彼女を一度も見たことがないのだから」

(2)①「ところで」 ②「たとえば」
③「それにもかかわらず」 ④「それとは逆に」

正解は②。第3段落最終文（Baron's most …）の the literature on how digital devices affect our cognitive function の具体例が第4段落第1文（She tells …）の a 2018 experiment から第5文（The group …）と考えられる。また，第3段落最終文の her conclusions are depressing の具体例が第4段落最終文（"The very …）と考えていいだろう。for example が最適だ。

(3)①「～を集中させた」 ②「～を接続した」
③「～を構成した」 ④「～を否定した」

正解は③。まずは comprise をしっかり押さえよう。

CHECK comprise の使い方

① *A* comprise *B*（構成要素）「*A* は *B* から成り立っている，構成されている」
◇ My house comprises four rooms.
「私の家は4つの部屋で構成されている」

② *B*（構成要素）comprise *A*「*B* は *A* を構成している，*B* は *A* を占めている」
◇ Nitrogen comprises 78% of the earth's atmosphere.
「窒素が地球の大気の78パーセントを構成している」

☆ comprise は *A* と *B* を逆にしても成り立つ不思議な動詞だ。わかりにくいかもしれないが，どちらも簡単に言えば *A*=*B* ということだ。

constitute に comprise の②の意味があるので，これが一番近い選択肢となる。

(4)①「～（考えなど）を思いつく」
②「～（書類など）に記入する」
③「～を取り除く」
④「～（仕事など）を引き受ける」

正解は③。 offload はさすがに難単語なので類推するしかない。第5段落第2文（It's long …）の箇所をヒントにしてみよう。

～ the problems that occur when we offload memories and thinking.
～ using GPS to navigate makes it harder to remember routes later on.

　　をすると下線部のような問題が生じるようだ。「私たちが記憶や思考を…する」と「移動するためにGPSを使う」を同じ内容にすればいいのだが，それでも正解を選ぶのは難しいかもしれない。ただ，同段落第4文（Baron cites …）以降を読むともう少し見えてくるかもしれない。移動するためにGPSを使ってしまうと，あとで通ったルートを思い出せないとか，目印を思い出せないとか，GPSなしだと神経活動が活発になるとか書かれている。移動するのにGPSを使うといろいろ問題が生じるようだ。では，移動するためにGPSを使うということはどういうことだろうか？　今までの記憶をたどったり考えたりせずに目的地に到着できてしまうということであろう。offload memories and thinking は「記憶や思考を取り除く」と考えるのが妥当であろう。

(5)①「～を疑う」　②「～を調べる」
③「～に反対する」　④「～を支持する」

正解は④。 バロン氏はニコラス=カーの仮説を第6段落第3文（The idea …）でますます真実のように思われると言及している。④が正解ではないかと考えられそうだ。endorse は「～を公に支持する」の意味の難単語だ。

(6)①「～かどうか」　②「どれが～か」
③「誰が～か」　④「なぜ～か」

正解は①。（　F　）～ a page は remember の目的語なので名詞節となる。すべての選択肢が名詞節を導くことは可能だ。ただ，which と who は疑問代名詞だと考えられ，空所の後ろは不完全文となる。whether は接続詞で後ろは完全文，why は疑問副詞で後ろはやはり完全文となる。it was at the top or bottom of a page が完全文か不完全文かわかりにくいかもしれないが，was は存在を表し「～にあった」の意味で，「それがページの一番上にあったか一番下にあったか」の訳となり完全文となっている。whether が正解で，or も大きなヒントだ。この whether は名詞節の「～かどうか」の意味だ。

NOTE whetherの2つの用法

①名詞節「～かどうか」

◇ It is doubtful whether the President knew the details of the plan.
「大統領がその計画の詳細を知っていたかどうか疑わしい」

㊫ whether *A* or not「*A* かどうか」, whether *A* or *B*「*A* か *B* か」の形が基本。

㊫ It が形式主語, whether からの名詞節が真主語になっている。

②副詞節「～であろうとなかろうと」

◇ You'll have to attend the ceremony whether you are free or busy.
「暇であろうが忙しかろうがあなたは式に出席しなければならないだろう」

㊫ whether *A* or not「*A* であろうとなかろうと」, whether *A* or *B*「*A* であろうと *B* であろうと」の形が基本。

(7)①「～を素早くつかむ」
②「ふと～が見つかる」
③「～を近づけない」
④「～を延期する」

正解は②。2つの視点から正解に迫ろう。まずは因果関係を表す thus「それゆえ」だ。

Even if we want to find a page in a physical book, ～ we must thumb our way through it, thus increasing the chance that we'll (G) something unexpected and, at the same time, helping establish the context surrounding our search.

thus の手前は少し理解しにくいが, 紙の本の何ページかを親指でめくるとその結果として「私たちは思いがけないものを(G)する可能性が増す」のである。もう一つは and, at the same time の前後だ。

POINT! at the same time の真の意味

①「同時に, それでも, しかし」

◇ He didn't want to spend any more money. At the same time, he wanted to go on the trip.
「彼はこれ以上お金を使いたくなかった。しかし, 彼はその旅行に行きたかったのだ」

☆評論文で使われる at the same time は時間的に「同時に」の意味で使われることはまれである。but に近い意味で使われ, 前後は反対の内容になることが多い。but at the same time となることも多い。

②「同時に, しかも」

◇ He is kind, and at the same time, very smart.
「彼は親切で, 同時にとても賢い」

☆ also などと一緒に使われ, 添加・追加の意味で使うこともある。

at the same time には添加, 追加の意味があるのだ。「私たちが探しているものの周辺の文脈を理解する手助けとなる」の内容が increasing ～ unexpected と添加,追加の関係となっている。デジタルだと検索したものしか見ないが，紙の本だと探しているものの周辺も見えるので，そこを読むことによって追加として周辺の文脈も理解できるようになると言っているのだ。正解選択肢の hit upon ～ は「～（考えなど）を思いつく」の意味が有名だが，「ふと～が見つかる」の意味があり，これが最適な選択肢となる。

(8)①「非難」　②「協力」　③「恐怖」　④「理解」

正解は①。当然 condemn「～を非難する」という動詞や condemnation「非難」自体を知っていれば何の問題もないし，受験生が知っていてもおかしくない単語でもある。ここは知識問題と考えていいだろう。

(9)①「自己中心的な読者たち」
②「紙の触れられる思考を要する」
③「内省的で批判的な市民」
④「真剣な思考と対話」

正解は②。and の前後を利用する手がある。

POINT! *A* and *B* について

◇The noise from traffic can be irritating, and the fumes from automobiles are dangerous.
「車の騒音は腹立たしいことがあり，自動車の排気ガスは危険だ」

◇But you do not look exactly like either of your parents, and you may look still less like your grandparents.
「しかしあなたは両親のどちらにも正確に似ているわけではなく，祖父母にはいっそう似ていないかもしれないのだ」

☆評論文で使われる and は順接の意味が多い。逆接の but とは違い，前後は同じような意味になることが多いということだ。特に節と節をつなげているときにその傾向は強い。

ここは to celebrate ～ と to hope ～ を and で結んでいるので，同じような内容ではないかと考えるのだ。「ハードカバーが売れているという事実を祝う」と「それらが決してなくならない未来を望む」を同じような内容にするには，they は hardcover sales か physical, touchable, serious books が候補となろう。結局どちらも紙の本ということだ。ただ，前者は選択肢にないので後者が正解ということになる。

2　**正解は③。**

第7段落最終文（Based on …）との関係を見てみよう。

Based on this theory, as digital reading replaces paper, rates of comprehension should rise.

Recent work, however, suggests the contrary. As time passes, and young people gain more experience reading digitally, the advantage of reading a physical text actually grows larger.

this theory は**語句・構文**で *ll.* 40-41 の those findings ~ moved to digital を受けていると述べたが，*l.* 38 に a commonplace of the literature「文献のありふれたもの」とある。この理論は従来の文献の理論ということになる。一方，Recent work は「最近の研究」のことでちょうど対比されているのではないかと類推できる。下線部が反対の内容になっていればよいことになる。実際，従来の理論では，紙で育った人々がデジタルに移行するにつれて紙で読む理解率が増すと言った内容で，一方最近の研究では紙の経験が希薄な若者がデジタルの経験を増すにつれて紙で読む利点がより大きくなると言っている。まさに反対の内容になっている。the contrary がピッタリだ。

3

(1)「次のどれが本文で述べられていないか」

①「紙のハードカバーの本の販売が 2020 年の間に増えた」

②「ナオミ=バロンは 2015 年に出版された『スクリーン上の言葉：デジタル世界における読書の運命』という題名の本を書いた」

③「ナオミ=バロンによると，印刷物を読むことからデジタルを読むことへの移行は害をもたらさない」

④「ナオミ=バロンはデジタル機器が人間の認知機能に影響をもたらすという考えを支持している」

正解は③。③は第 3 段落第 3 文（There she …）が該当箇所。「彼女は印刷物からデジタルへの移行はさまざまな害をもたらしていると主張した」とある。「害をもたらしている」と考えているのだ。①は第 1 段落第 1 文（The cheery …），②は第 3 段落第 2 文（Consider a …）がそれぞれ該当箇所で選択肢の内容が書かれている。④はまずは第 3 段落最終文（Baron's most …）が該当箇所。「バロンの最近の論文はデジタル機器が私たちの認知機能にどのように影響をもたらすかに関する文献を検討し，彼女の結論は落胆させるものである」とある。第 4 段落（She tells …）以降で具体的にデジタル機器が人間の認知機能に悪影響をもたらしていることを述べているので，この選択肢も本文に合っていると言える。

(2)「次のどれが本文で述べられているか」

①「2018 年の実験で，写真を撮りスナップチャットでそれを送信したグループは絵を一番よく覚えていた」

②「ナオミ=バロンによると，写真を撮ることは見るという認知行為を高める」

③「GPS を使う人は GPS を使わない人と比べて途中で通り過ぎた目印を覚えていない傾向がある」

④「私たちが GPS を使う際，なじみのない場所を移動する仕方を考え出すとき私たちの脳は活発に働く」

正解は③。③は第5段落第4文（Baron cites …）が該当箇所。「GPSを使う人は途中でどの目印を通り過ぎたかを思い出すことさえ苦労する」とある。GPSを使わない人との比較は明確に書かれていないが，文脈上比較されていることは明白なので，この選択肢が正解だ。①は第4段落第4・5文（Some were … no photos.）が該当箇所で，絵を一番よく覚えていたグループは単に観察しているだけで写真を撮らないグループと書かれている。②は第4段落最終文（"The very …）が該当箇所で，「写真を撮るというまさにその過程は見るという認知行為を阻害する」とあるので,「高める」は不可となる。④は第5段落第5文（Another indicated …）が該当箇所。「私たちがGPSを使う際」ではなく「GPSがないと」と述べられているので，この部分が間違いだ。

(3)「本文によると，次のどれがナオミ=バロンによって示唆されているか」

①「紙で読む利点とデジタルで読む利点の隔たりは縮小しつつある」

②「デジタルの文章より印刷された文章のほうが海馬が『認知地図』を作るのは難しい」

③「デジタルの本は『読まれる』のではなくより頻繁に『使われる』のである」

④「デジタルで読むことは私たちに他者中心の読者になるよう促す」

正解は③。③は第11段落第1文（But the …）が該当箇所。「デジタルに伴う非常に便利な検索ツールは本を読むのではなく本を使うよう私たちに促す」とある。前段落最終文（Even if …）では，紙の本でまさに「本を読む」行為を説明しているのに対して，第11段落第1文では，デジタルになると単に「本を使う」行為になってしまっていると言っている。①は第9段落第1文（Baron's own …）にthe gap is indeed growing「その隔たりは実際増している」とあるが，the gapは前段落最終文（If this …）のthe advantages of reading on paper as against reading digitally「デジタルで読むことに対する紙で読むことの利点」のことであるので，shrinkingの部分が間違っていることがわかる。②は第9段落第3文（In addition …）が該当箇所。「印刷された文章に関して，海馬が『認知地図』を作るのはより容易」とあるので，more difficultではなくeasierなのだ。④は第11段落第2文（Our search …）が該当箇所だが,「私たちの検索は～他者中心ではなく自己中心になる」とある。allocentricではなくegocentricが正しい。

解答

1．(1)―② (2)―② (3)―③ (4)―③ (5)―④ (6)―① (7)―② (8)―① (9)―②

2―③

3．(1)―③ (2)―③ (3)―③

26

2023年度 全学部統一入試〔II〕

目標解答時間 30分

ポイント

人種差別がテーマだが，あまり語られたことがない視点からの英文ではないだろうか。読解総合問題だが，下線部の意味を問う問題は半数以上が難単語を類推しないといけない。どう類推するか学んでほしい。内容真偽問題は該当箇所を表面的に読むだけでは正解が出ないかもしれない。なかなか骨のある問題だ。

次の文章を読んで、以下の各問に答えなさい。なお、*の付いた語句には文末に注があります。

When another police shooting of an unarmed black man occurred, my workplace called for an informal lunch gathering of people who wanted to connect and find support. Just before the gathering, a woman of color pulled me aside and told me that she wanted to attend but she was "in no mood for white women's tears today." I assured her that I would handle it. As the meeting started, I told my fellow white participants that if they felt moved to tears, they should please leave the room. I would go with them for support, but I asked that they not cry in the mixed group. After the discussion, I spent the next hour explaining to a very outraged white woman why she was asked not to cry in the presence of the people of color.

I understand that expressing our heartfelt emotions — especially as they relate to racial injustices — is an important progressive value. To repress our feelings seems counterintuitive* to being present, compassionate, and supportive. So why would my colleague of color make <u>such a request</u>(1)? In short, white women's tears have a powerful impact in this setting, effectively <u>reinscribing rather than ameliorating racism.</u>(2)

Many of us see emotions as naturally occurring. But emotions are political in two key ways. First, our emotions are shaped by our biases and beliefs, our cultural frameworks. For example, if I believe — consciously or unconsciously

— that it is normal and appropriate for men to express anger but not women, I will have very different emotional responses to men's and women's expressions of anger. I might see a man who expresses anger as competent and in charge and may feel respect for him, while I see a woman who expresses anger as childish and out of control and may feel contempt for her. If I believe that only bad people are racist, I will feel hurt, offended, and shamed when an unaware racist assumption of mine is pointed out. If I instead believe that having racist assumptions is (3) inevitable (but possible to change), I will feel gratitude when an unaware racist assumption is pointed out; now I am aware of and can change that assumption. In this way, emotions are not natural; they are the result of the frameworks we are using to make sense of social relations. And of course, social relations are political. Our emotions are also political because they are often (4) externalized; our emotions drive behaviors that impact other people.

White women's tears in cross-racial interactions are problematic for several reasons connected to how they impact others. For example, there is a long historical (5) backdrop of black men being tortured and murdered because of a white woman's distress, and we white women bring these histories with us. Our tears trigger the terrorism of this history, particularly for African Americans. A cogent* and devastating example is Emmett Till, a fourteen-year-old boy who reportedly flirted with* a white woman — Carolyn Bryant — in a grocery store in Mississippi in 1955. She reported this alleged flirtation to her husband, Roy Bryant, and a few days later, Roy and his half-brother, J. W. Milam, lynched* Till, abducting him from his great-uncle's home. They beat him to death, mutilated* his body, and sank him in the Tallahatchie River. An all-white jury acquitted the men, who later admitted to the murder. On her deathbed, in 2017, Carolyn Bryant recanted this story and admitted that she had lied. The murder of Emmett Till is just one example of the history that informs (6) an oft-repeated warning from my African American colleagues: "When a white woman cries, a black man gets hurt." Not knowing or being sensitive to this history is another example of white centrality, individualism, and lack of racial (7) humility.

Because of its seeming innocence, well-meaning white women crying in cross-racial interactions is one of the more pernicious* enactments of white fragility*. The reasons we cry in these interactions vary. Perhaps we were given feedback on our racism. Not understanding that unaware white racism is inevitable, we hear the feedback as (8)a moral judgment, and our feelings are hurt. A classic example occurred in a workshop I was co-leading. A black man who was struggling to express a point referred to himself as stupid. My co-facilitator*, a black woman, gently countered* that he was not stupid but that society would have him believe that he was. As she was explaining the power of (9)internalized racism, a white woman interrupted with, "What he was trying to say was . . ." When my co-facilitator pointed out that the white woman had (10)reinforced the racist idea that she could best speak for a black man, the woman erupted in tears. The training came to a complete halt as most of the room rushed to comfort her and angrily accuse the black facilitator of unfairness. Meanwhile, the black man she had spoken for was left alone to watch her receive comfort.

注：

counterintuitive：直感に反した

cogent：説得力のある

flirt with：気を引く、ナンパする

lynch：リンチによる制裁を加える

mutilate：切断する

pernicious：有害な

fragility：脆弱さ

co-facilitator：共同進行役

counter：反対する

出典：Robin DiAngelo, *White Fragility*, Allen Lane, an imprint of Penguin Books, 2019

＊＊＊＊＊＊＊＊＊＊＊＊＊＊＊＊＊＊＊＊＊＊＊＊＊＊＊＊＊＊＊＊＊＊＊

上記の本文の内容に基づき、以下の問１～問11の各問に対する答として最も適切なものをそれぞれ１つ選び、その記号を所定の解答欄にマークしなさい。

問１　下線部(1)の内容に最も近いものを以下の選択肢から１つ選びなさい。

A．The colleague does not want to be bullied by white participants during the gathering.

B．The colleague does not want to see white women crying during the meeting.

C．The colleague wants assistance when she cannot help crying during the gathering.

D．The colleague wants other participants to show their feelings in the meeting.

問２　下線部(2)の意味に最も近いものを以下の選択肢から１つ選びなさい。

A．changing but not approving racism

B．reinforcing racism instead of improving the situation

C．rethinking racism without repeating the situation

D．writing about racism, not talking about it

問３　下線部(3)の意味に最も近いものを以下の選択肢から１つ選びなさい。

A．unavoidable

B．unpleasant

C．unreasonable

D．unreliable

問４　下線部(4)の内容を表すのに最も近いものを以下の選択肢から１つ選びなさい。

A．established themselves in secret

B．exemplified in people's minds

C．exercised privately against their will

D．expressed in words or actions

問 5　下線部(5)の意味に最も近いものを以下の選択肢から1つ選びなさい。

A．backache

B．backdraft

C．background

D．backlash

問 6　下線部(6)の意味に最も近いものを以下の選択肢から1つ選びなさい。

A．a frequent warning

B．a random warning

C．an occasional warning

D．an optional warning

問 7　下線部(7)の内容を表すのに最も近いものを以下の選択肢から1つ選びなさい。

A．ethnocentrism

B．humbleness

C．security

D．superiority

問 8　下線部(8)の内容を表すのに最も近いものを以下の選択肢から1つ選びなさい。

A．a comment about confidence and self-esteem

B．a decision about what is right and what is wrong

C．an ability to make a decision about self-control

D．an opinion on how one could express anger

問 9　下線部(9)の内容を表すのに最も近いものを以下の選択肢から１つ選びなさい。

Ａ．made to be part of one's attitude or way of thinking

Ｂ．made to feel ignorant and uneducated

Ｃ．made to feel that they are self-centered

Ｄ．made to reduce one's embarrassment

問10　下線部(10)の意味に最も近いものを以下の選択肢から１つ選びなさい。

Ａ．established

Ｂ．refused

Ｃ．strengthened

Ｄ．suspected

問11　次の英文に続けるのに最も適切なものを、以下の選択肢から１つ選びなさい。

The author thinks that emotions are political in the sense that

Ａ．people are easily influenced by politicians' famous speeches and propaganda.

Ｂ．people around the world always get upset by politics.

Ｃ．people's emotions are based on their cultural and social backgrounds and experiences.

Ｄ．people's emotions are formed by their inner beliefs regardless of their upbringing.

本文の内容に基づき、以下の問12〜問17の各英問に対する答として最も適切なものをそれぞれ１つ選び、その記号を所定の解答欄にマークしなさい。

問12　At a casual lunch meeting at the author's workplace, what were the white participants supposed to do?

Ａ．They had to show their true and sincere sentiments.

B. They were asked to hold back their emotions.

C. They were expected to be gentle and kind to other people who attended.

D. They were requested not to accommodate the feelings of other attendees.

問13 Why are white women's tears in cross-racial interactions problematic historically?

A. White men cannot stand making white women cry, particularly in a diverse environment.

B. White men may get upset about their tears and try to get back at black people.

C. White women are too sensitive to accept the reality because they are too fragile.

D. White women get mad at black people around them and cause commotions.

問14 Which of the following is true?

A. Although young Emmett Till was innocent, he was convicted and died in jail.

B. Because of racial prejudice in the 1950s, Roy Bryant couldn't escape justice.

C. Carolyn Bryant's statement in 1955 was false, which she confessed before her death.

D. The jury found Roy Bryant and J. W. Milam guilty of kidnapping and murder.

問15 What was the probable reason why the white woman cried in a workshop that the author was co-leading?

A. She couldn't keep up with the fierce debate and became scared by black people.

B．She realized the discussion was proceeding in a different direction and became timid.

C．She thought she was misunderstood and felt that she was being accused of racism.

D．She was bullied by other attendees in the workshop and no one was helping her.

問16 Which of the following does NOT describe the situation of "racism"?

A．bias about race

B．bigotry about race

C．prejudice about race

D．tolerance about race

問17 How could the author's background be described?

A．a black man

B．a black woman

C．a white man

D．a white woman

全訳

≪白人女性の涙がもたらす人種差別≫

警察官による非武装の黒人男性へのさらなる銃撃事件が起きた時，私の職場は，つながりと支援を必要とする人々による非公式のランチミーティングを呼び掛けた。そのミーティングの直前になって，ある1人の黒人女性が私を脇に連れていき，参加したいのだけれど，「今日は白人女性の涙を見る気にはなれない」のだ，と私に告げた。私は彼女にうまく対処すると請け合った。会議が始まると，私は白人の同僚たちに向かって，もしも涙を流したい気分に駆られた際には，部屋を出ていくよう言った。私は支援のために同僚と協力するつもりだと言ったが，黒人が混在する集団にあっては泣かないようにお願いをしたのだった。会議の後，私は次の1時間を費やして，怒り心頭の白人女性に対し，なぜ彼女が黒人を前にして泣かないようにお願いされたのか，説明することになった。

私の理解では，心から感じた感情を表明すること ── その感情が人種的不公平に触れている際には特に ── は，社会的正義を前進させるような大切な価値である。感情を押し殺すことは，その場にいて，同情し，そして，支援的であるという状態に直感的に反するものであるかのように思われる。だったらなぜ，私の黒人の同僚は，そのような要求を行ったのだろうか？　一言で言えば，白人女性の涙というものは，このような状況において強い影響力があり，実質的には，人種差別を改善するよりはむしろ，それを再始動させてしまうのだ。

我々の多くは，感情が自然に湧き上がってくるものとみなしている。しかし，感情というものは，2つの重要な点において，政治的なものである。第一に，我々の感情というものは，偏見や信条，すなわち，我々の持つ文化的枠組みによって形成されるのだ。例えば，もしも私が ── 意識的であれ，無意識的であれ ── 男性が怒りを見せることは通常かつ適切なことであるが，女性はそうではない，と信じていたとすれば，私は，男性と女性の怒りの表明に対して，それぞれ大変に異なる感情的な反応をすることになってしまう。怒りを表明する男性のことを有能で責任のある人だとみなし，その人に対して尊敬の念を感じてしまうかもしれないが，その一方で，怒りを表明する女性を子供っぽく，抑えがきかない人だとみなして，その人に軽蔑の念を抱いてしまうかもしれない。もしも私が，悪人だけが人種差別主義者であると信じていたら，私が無意識に抱いている人種差別的考えが指摘されようものなら，傷つき，不快に感じ，恥を覚えるだろう。そうではなく，もしも，人種差別的考えを持ってしまうことは避けられない（しかし，それを変えることは可能である）と信じているなら，無意識に抱いている人種差別的考えが指摘されようとも，感謝の気持ちを持つことになるだろう。そして今やその考えに気付いていて，その考えを変えることが出来るのである。こういうわけで，感情というものは自然なものではない。感情とは，社会的関係を理解するために私たちが使っている枠組みの産物なのである。そして，もちろん，社会的関係というものは政治的なものである。我々の感情は，しばしば外在化されるという理由でも，政治的なものである。感情が，他の人間に影響を及ぼす行動を駆り立てるのだ。

異人種間交流において，白人女性の涙というものは，それら涙が他者に及ぼす影響の有様に関連するいくつかの理由で問題のあるものとなる。たとえば，白人女性の苦しみによって，黒人男性が拷問され，殺されるという長い歴史的背景が存在していて，我々白人女性がその歴史をもたらしている。我々白人女性の涙というものは，この歴史のテロリズムを引き起こしてしまうものであり，それはとりわけアフリカ系アメリカ人にとって当てはまる。説得力のある衝撃的な事例は，エメット=

ティルの事例であり，彼は，1955年ミシシッピ州のある食糧雑貨店において，白人女性であるキャロライン=ブライアントをナンパしたと報告された14歳の少年であった。彼女はこのナンパの疑惑を夫のロイ=ブライアントに報告し，そして，数日後に，ロイと彼の異母兄弟であるJ. W. ミラムは，ティルを大叔父の家から誘拐してリンチしたのである。彼ら2人は，ティルを死に至らしめるまで殴り続け，遺体を切断してタラハチー川に沈めたのであった。全員が白人であった陪審は彼ら2人を無罪放免としたのだが，後になって，彼ら2人は殺人を認めた。キャロライン=ブライアントは，2017年，死の床にて，この話を撤回し，自分が嘘をついていたと白状した。エメット=ティルの殺人は，私の同僚のアフリカ系アメリカ人からしばしば繰り返される警告を伝える歴史の一例に過ぎないが，その警告とは，「白人女性が泣けば，黒人男性は傷つけられる」というものだ。この歴史を知らないか，あるいは，この歴史に敏感でないということは，白人の中心主義，個人主義，そして，人種的謙遜の欠落を示すまた別の一例となる。

無害なものに思えるが故に，異人種間交流における，よかれと思ってなされる白人女性の嘆きが，白人の脆弱性を有害な方の形で示す一例となる。このような交流にて我々が泣く理由は様々である。おそらく，私たちは，自分たちの人種差別に関してのフィードバックを与えられてきた。無意識のうちの白人による人種差別が避けられないものであると理解していないと，我々はそのフィードバックを道徳的判断として聞いてしまい，心は傷つく。ある典型的な事例が，私が共同で運営していたセミナーで起きた。要点を説明するのに苦労しているある黒人男性が自身をバカだと言及した。私の共同進行役であった1人の黒人女性が，彼はバカではなく，社会が彼にそのように思わせようとしているのだ，と優しく反論した。彼女が内在化された人種差別主義の持つ力を説明していると，ある白人女性がこう言って遮った，「彼が言おうとしていることって…ですよ」と。共同進行役の女性が，その白人女性は自分が黒人男性を最もうまく代弁できるといった人種差別的考えを助長した，と指摘すると，その女性は泣き崩れた。部屋の大部分の参加者が彼女をなぐさめに走り，黒人の共同進行役に不公平だと責め立てる中で，セミナーが完全に機能停止してしまった。その間，白人女性が代弁した方の黒人男性はというと，ひとり置き去りにされて，彼女がなぐさめを受けるのをじっと見ていたのである。

●語句・構文

第1段落

□ *l.* 1　another police shooting「また警察による銃撃事件」
□ *l.* 2　call for ～「～を要求する，求める」
□ *l.* 2　gathering「集まり，集会」
□ *l.* 3　just before ～「～のちょっと前に」
□ *l.* 3　～ of color「非白人の～，黒人の～」
□ *l.* 3　pull ～ aside「～を脇に引き寄せる」
□ *l.* 4　be in no mood for ～「～の気分ではない」
□ *l.* 5　assure *A* that S′ V′「*A* に～だと確信させる，保証する」
□ *l.* 5　handle it の handle は「～（問題，状況など）に対処する」の意味で，it は前文の「ある黒人の女性が，参加はしたいけど今日は白人の女性が涙するのを見る気にはなれない」と言った部分だ。

□ *l.* 5　As S′ V′ は「～するときに」の意味。

□ *l.* 6　they は my fellow white participants。

□ *l.* 6　feel moved to tears「感動して泣きたくなる」

□ *l.* 7　I would go with them for support は前文（As the …）の that 節がここまで続いていると考えるといい。go with ～ は「～と一緒に行く」，for support は銃撃された黒人男性の「支援のために」が直訳。

□ *l.* 7　ask that S′（should）*do*「S′ に～するよう頼む」の ask は命令，要求，提案などを表す動詞の一つなので，that 節は原形が可能となる。they not cry は違和感があるかもしれないが，慣れるようにしよう。

□ *l.* 8　the mixed group は白人も非白人も含まれたグループということ。

□ *l.* 8　spend *A doing*「*A* を～して費やす」

□ *l.* 9　explaining の目的語は why 以下だ。

□ *l.* 9　outraged「憤慨した」

□ *l.* 9　in the presence of ～「～のいる前で」

第2段落

□ *l.*11　heartfelt「心からの」

□ *l.*11　especially as they relate to racial injustices は「特にそれら（＝our heartfelt emotions）が人種の不公正にかかわるときには」の内容で，as は時を表す接続詞。relate to ～「～に関係している」は重要熟語だ。

□ *l.*12　an important progressive value「重要な進歩的価値観」の progressive「進歩的な」は conservative「保守的な」が反意語なので，人種差別に対して保守的ではない視点で重要な価値観だと言っている。

□ *l.*12　To repress our feelings は前文（I understand …）の expressing our heartfelt emotions が反意表現。repress は「～を抑える」の意味。

□ *l.*14　would は「（過去における固執などを表し）どうしても～しようとした」の意味。

□ *l.*14　in short「要約すると，要するに」は前で述べた内容を短くまとめる際に使われるディスコースマーカーだ。

□ *l.*15　this setting「このような状況」とは白人も黒人もいる集まりということ。

□ *l.*15　effectively は **CHECK**〈effectively の意外な意味〉を参照してほしい。②の意味で，詳細は問2の解説で説明したい。

第3段落

□ *l.*17　see O as C「O を C と見なす」

□ *l.*18　in two key ways の way は2つの意味の可能性がある。

POINT!　in ～ way の2つの意味

①「～な方法で，～なやり方で」　☆動詞は動作動詞が基本。

◇ Animals communicate in various ways.

「動物はさまざまな方法でコミュニケーションをする」

②「～な意味で，～の点で」　☆動詞は状態動詞が基本。

◇ Ben is a perfectly normal child in every way.

「ベンはあらゆる意味で完全に普通の子供だ」
◇ In many ways it was a difficult and painful year.
「多くの点で困難で辛い1年であった」

ここは are が状態動詞なので②の意味だ。

□ *l*. 18 in two key ways の two は *l*. 18 の First と *l*. 31 の also が手がかりだ。

□ *l*. 19 if ~ not women が副詞節。

□ *l*. 19 or は意外と面倒な単語だ。

NOTE ,*A* or *B*,「*A* であろうと *B* であろうと」
◇ All men, rich or poor, have equal rights under the law.
「すべての人は，金持ちであろうと貧乏人であろうと，法の下では平等な権利を持つ」
☆ *A* or *B* はコンマまたはダッシュで挿入され，*A* と *B* は反意語となる。
☆ *A* または *B* であることは重要でないことを示唆する表現。

consciously と unconsciously は反意語でダッシュで挿入されている。意識的であろうと無意識的であろうとどちらでもいいと言っている。

□ *l*. 20 it は形式主語，for men が不定詞の意味上の主語，to express anger が真主語。not women は it is not normal and appropriate for women to express anger を省略した形。

□ *l*. 21 response to ~「~に対する反応，対応」

□ *l*. 22 I might 以下の構造分析をしてみよう。

I (S) might see (V) a man (O(先)) [who expresses anger] as competent (C①) and in charge (C②)
and may feel (V) **respect** (O) for him,
while
I (S) see (V) a woman (O(先)) [who expresses anger] as childish (C①) and out of control (C②) and
may feel (V) **contempt** (O) for her.

同じ怒りを表す場合でも男女によってこちらの感じ方が対照的であることを表している。while は「その一方で」と対比を表し，▒▒と太字がまさに反意表現となっていることを確認せよ。in charge は「責任のある立場で」，out of control は「抑制できなくて」の意味だ。

□ *l*. 25 racist「人種差別主義の」

□ *l*. 25 offended「気分を害した，腹を立てた」

□ *l*. 25 shamed「恥じ入った」

□ *l*. 26 assumption は少し深く理解したほうがいい語だ。

POINT! assume について
assume (that) S′ V′ は「(しっかりした根拠なしに勝手に) ~だと思い込む」のニュアンスで，「~だと想定する，~であることを当然と思う」と訳してもいい。根拠がない場合に使われることが多いので，that 節の内容を筆者は否定する可能性が高いことを覚えておこう！　また，後ろによくbutがあり，「〜だと思い込んでいるが，しかし…」とつながることも多い。名詞のassumptionは「思い込み，想定，考え，常識」などいろいろ訳せるが，こちらも間違った考えといったニュアンスとなることが多いと考えよう。

ここも人種差別的考えは本来は根拠のない考えと言える。

□ *l.* 26　of mineはa friend of mineのときのof mineと同じ。「私の」と訳しておけば十分だ。

□ *l.* 26　point out 〜「〜を指摘する」

□ *l.* 26　instead「その代わりに，そうではなくて」は前文（If I believe …）のIf I believe that 〜 とIf I instead believe that … の内容をつなげている。

□ *l.* 27　butはinevitableとpossible to changeを結んでいる。

□ *l.* 28　am aware ofとcan changeの共通の目的語がthat assumptionとなる。be aware of 〜 はここでは「〜を自覚している」くらいの意味で，that assumptionは人種差別的な考えのことだ。

□ *l.* 29　In this way「この意味で」は *l.* 18のFirstから *l.* 29のassumptionまでを受けている。私たちの感情が政治的である理由を述べた部分だ。

□ *l.* 30　make sense of 〜「〜を理解する」は重要熟語。

□ *l.* 31　alsoは *l.* 18のFirstに対する2つ目の理由を述べていることがわかるディスコースマーカー。because以下がその2つ目の理由ということになる。この理由の具体例が第4段落以降となる。ちなみに，alsoはbecause以下を修飾する。

□ *l.* 32　drive「〜を促す，促進する」

第4段落

□ *l.* 33　cross-culturalと言えば「異文化間の」の意味だが，cross-racialは「異人種間の」の意味となる。

□ *l.* 33　interactionsは「相互作用，相互関係」などと訳されることが多いかもしれないが，「触れ合い，交流」などと訳すこともある。ここはgatheringやmeetingの言い換えと言っていいだろう。

□ *l.* 34　reasonsの複数形は以降の展開を考える点で重要だ。

POINT!　**内容を表す名詞でしかも列挙されやすい名詞について**

評論文の冒頭部分，または各段落の冒頭部分に内容を表す名詞でしかも列挙されやすい名詞の（theがつかない）複数形があったら，そのあとは当分その名詞の具体的列挙が行われると思って読み進めるようにしよう！　一例を挙げておく。

reasons「理由」，ways「方法」，means「手段」，ends「目的」，suggestions「提案」，warnings「警告」，problems「問題」，questions「問題，疑問」，points「要点」，features「特徴」，similarities「類似」，differences「相違」，opinions「意見」，advantages「利点」，factors「要因」，misunderstandings「誤解」など。

☆ information「情報」，advice「忠告」，communication「伝達」など不可算名詞の場合は複数形でなくても以降で具体的列挙があるかもしれないと考えよう。

「理由」の具体例がいくつ出てくるか意識しながら読み進めよう。

□ *l.* 34　connected to 〜「〜と関係した，つながった」

□ *l*.34 they＝women's tears in cross-racial interactions

□ *l*.34 For example は前文（While women's …）の several reasons の具体例だ。

□ *l*.35 being tortured and murdered が動名詞，black men が動名詞の意味上の主語。「拷問され殺されている黒人男性たちの長い歴史の背景」ではなく「黒人男性たちが拷問され殺される長い歴史の背景」となる。

□ *l*.36 distress「悲しみ，嘆き」

□ *l*.36 we white women の we と white women は同格関係。We Japanese are a hardworking people.「私たち日本人は勤勉な国民だ」の We と Japanese も同格関係。後ろの名詞を取り除いても文が成り立つのが特徴だ。

□ *l*.36 bring ～ with *one* は「～をもたらす」の意味になることがある。these histories は複数形だが，白人女性が嘆く，つまり涙することにより黒人男性が拷問されたり殺されたりする歴史が複数あるのでこう言っているのだ。

□ *l*.37 trigger「～の引き金となる，～をもたらす」は結構重要な単語だ。

□ *l*.37 African Americans「アフリカ系アメリカ人」とは黒人のことだ。

□ *l*.39 reportedly「報じられているところでは」

□ *l*.40 report *A* to *B*「*A* を *B* に報告する，知らせる」

□ *l*.40 alleged「（証拠はないが）主張された」という語は，キャロライン=ブライアントはエメット=ティルにナンパされたと主張しているのだが，それが本当かどうか疑わしいと言っているのだ。

□ *l*.41 ～ later は「（現在以外の時点から見た）～後に」の意味で，ここはキャロライン=ブライアントがエメット=ティルにナンパされたと夫に報告した数日後ということになる。

□ *l*.42 abducting ～ は分詞構文・連続動作「そして～」。

□ *l*.42 abduct *A* from *B*「*A* を *B* から拉致する」

□ *l*.42 They が S に対して beat ～ mutilated … sank の 3 つが動詞だ。ちなみに，beat は過去形。

□ *l*.42 to death「死ぬまで」

□ *l*.43 acquit「～に無罪を宣告する」は難単語。

□ *l*.43 the men はキャロライン=ブライアントの夫であるロイ=ブライアントと義理の兄弟である J. W. ミラムだ。

□ *l*.44 admit to ～「～（特に犯罪）を（いやいや）認める」

□ *l*.44 on *one's* deathbed「死の床で，死の間際に」は覚えなくていい熟語。

□ *l*.45 recant「～を撤回する」も覚える必要のない語。

□ *l*.45 admit that S′ V′「（いやいや）～（認めたくない事実など）を認める」

□ *l*.46 just は only の意味になることが多いが，どのような場合にそうなるのであろうか？

POINT! just が only の意味になるとき

◇ Can you wait just a few minutes?「数分だけ待ってくれる？」

◇ Don't be too hard on him－he's just a child.
「彼にあまり厳しく当たるな ―― 彼はほんの子供なのだから」

◇ I saw her just before she died.「私は彼女が死ぬ少し前に彼女に会った」

☆ justの後ろが少ない，足りない，大したことないといった文脈の場合は「ちょうど」の意味ではなく，onlyの意味になる。
☆現象としてはjustのあとに不定冠詞のaがある場合が多い。

ここも後ろにaの意味のoneがある。エメット=ティルの殺人は歴史上一つの例にすぎないと言っているのだ。

□ *l.* 47 ここのコロン（:）はan oft-repeated warningの具体例が "When a white woman cries, a black man gets hurt." だと言っている。

□ *l.* 48 knowingとbeingは動名詞で，動名詞の否定はnot *doing*となる。また，ここのorは重要だ。

NOTE 否定語＋*A* or *B*に関して

否定語＋*A* or *B*は「*A*も*B*も〜ない」と両方を否定する表現だが，*A*と*B*は同じような方向性の語（句）となるのが基本。

◇ He had nothing to eat or drink all day.
「彼には一日中食べ物も飲み物もまったくなかった」

◇ I never had any help or advice from my parents.
「私は一度も両親から助けも助言も受けたことがなかった」

◇ There are people without homes, jobs or family.
「家も仕事も家庭もない人々がいる」

本文はknowingとbeing sensitive toの共通の目的語がthis historyで，orでどちらも否定されていることを確認せよ。be sensitive to〜「〜に敏感だ，〜を気にかけている」は重要表現。

□ *l.* 48 anotherはoneと相関関係を成すことがよくある。Preventive measures differ from one disease to another.「予防策は病気によって違う」のような例だ。前文（The murder …）にjust one exampleとあり，このone exampleとanother exampleが意味上つながっている。

The murder of Emmett Till is just one example of <u>the history that informs an oft-repeated warning 〜</u>.

Not knowing or being sensitive to this history is another example of <u>white centrality, individualism, and lack of racial humility</u>.

太字の部分の黒人の男性を殺害したことも，このような歴史を知らないし気にかけてもいないことも，下線部の一つの例，また別の例にすぎないのだ。では，下線部は何か？　簡単に言えば白人が黒人より優位な立場にいるということだと言っていいだろう。

□ *l.* 49 centrality「中心であること」はcentral「中心的な」の名詞だ。

第5段落

□ *l.* 50 Because 〜 innocenceは副詞句なので，itsは後ろのwell-meaning white women crying in cross-racial interactionsを受けている。ちなみに，cryingは動名詞，well-meaning white womenが動名詞の意味上の主語だ。

□ *l.* 50 seeming「うわべの，見せかけの」は実際はそうではないのニュアンスで使われるので，実際は innocence「無実」ではないと言っているのだ。

□ *l.* 51 one of the more pernicious enactments of white fragility は難しい。white fragility「白人の脆弱性」は白人たちが人種問題に直面するとストレスを受け耐えられなくなる状態を言うようだ。enactments は「上演，実演」くらいの意味で，「白人の脆弱性」が実際に行われた行為といったニュアンスだ。「白人の脆弱性」が原因で何らかの行為が行われるものの中には無害なものもあろうが，より有害なものの一つが白人の女性の嘆きということになると言っている。

□ *l.* 52 The reasons が先行詞，why が省略されていて，we ～ interactions が関係副詞節となる。

□ *l.* 52 vary「異なる，違う」は differ と同意。

□ *l.* 53 feedback on ～「～についての情報，意見」

□ *l.* 53 Not understanding ～ は分詞構文・理由「～なので」で，「私たちは，白人の無自覚の人種差別は避けられないということを理解していないので，そのような意見を道徳的判断として聞くのだ」となる。内容がわかりにくいかもしれないが，この内容の具体例はまさに *l.* 55 の A classic example 以下で説明されている。ちなみに，the feedback は前文（Perhaps we …）の feedback on our racism のこと。

□ *l.* 55 classic「具体的な，代表的な」

□ *l.* 55 workshop「セミナー，研修会」

□ *l.* 55 A black man ～ の文を分析しよう。

A black man [who was struggling to express a point] referred to himself as stupid.

（A black man = S（先），was struggling to express = V′，a point = O′，referred to = V，himself = O，stupid = C（形））

struggle to *do* は「～するよう奮闘する」くらいの訳で，一生懸命努力しているのだがうまくいかないことを表す表現。a point は「ある意見，主張」の意味。refer to ～ は重要表現。

CHECK refer to ～ と refer to O as C

refer to ～

①「～に言及する，～のことを言う」

◇ You know who I'm referring to.「私が誰のことを言っているかわかるよね」

☆ mention や speak about で書き換えられる。

②「～（本など）を参照する，調べる」

◇ refer to the dictionary for the word「辞書でその単語を調べる」

☆上の例は look up ～「～（単語など）を調べる」を使うと look up the word in the dictionary となる。

refer to O as C「O を C と呼ぶ」 ☆ call O C と同意表現だ。

◇ The American Indians referred to salt as "magic white sand."
「アメリカのインディアンは塩のことを『魔法の白い砂』と呼んだ」

refer to *oneself* as C「自分のことを C と呼ぶ」と *oneself* を使うことも多い。

□ *l.* 57 countered の目的語が 2 つの that 節。わかりにくいかもしれないが，2 つの that 節を not *A* but *B*「*A* ではなく *B*」でつないでいる。

□ *l.*58 would は will の時制の一致だが，この will は未来を表す用法ではない。

> **NOTE** will の用法
> 「(習慣，習性) ～するものだ」
> ◇ A good doctor will make you feel relaxed.
> 「よい医者はくつろがせてくれるものだ」
> ☆ I は主語にならない。また，未来を示す表現はない。

社会の習性を表しているのだ。

□ *l.*58 have は重要な使役動詞。

> **NOTE** 使役動詞の have
> (1) have O *do*「(金を払って，または命令する立場の者が) O に～させる，してもらう」(必然の依頼)
> ◇ I had my secretary print out my e-mail.
> 「私は秘書に私のメールをプリントアウトしてもらった」
> 参 have O *do*≒tell〔order〕O to *do* と考えるといい。
> (2) have O＋過去分詞
> ① 「(専門職の人などに金を払ったりして) O を～させる，してもらう」(必然の依頼)
> ◇ I'll go and have my hair cut right now.
> 「私は今すぐ髪を切ってもらいに行きます」
> 参「have O *do*」と「have O＋過去分詞」には同じ「依頼」の意味があるが，O と *do* には能動関係，O と過去分詞には受動関係があることをしっかり頭に入れておこう！
> ② 「O (自分の持ち物など) を～される」(被害の受身)
> ◇ I had my bag stolen at the station.
> 「私は駅でバッグを盗まれた」
> 参 事件や災害などで使われるのが基本。
> ③ 「O を～してしまう」(完了)
> ◇ She had her homework done before supper.
> 「彼女は夕食前に宿題を終えていた」
> 参 過去分詞は done か finished がほとんど。「～を終えてしまう」の意味。

社会が彼に命令するイメージだ。

□ *l.*58 was の後ろには stupid の省略。

□ *l.*58 As は進行形と一緒に使われると「時」を表す可能性が高い。ここもそうだ。

□ *l.*59 interrupt *A* with *B*「*A* を *B* でさえぎる，割り込む」の *A* がない形。当然 her（= a black woman）の省略だ。

□ *l.*60 point that S′ V′「～だと指摘する」

□ *l.*61 that は同格を表す。

□ *l.*61 speak for ～「～の代弁をする」

□ *l.*62 erupt in tears「わっと泣き出す」は強いて覚える必要のない表現。

□ *l.*62 The training「研修」は *l.*55 の a workshop「セミナー，研修会」のこと。

□ *l.*62 come to a halt「中断する」

□ *l.*62 as S′ V′「～するときに」

□ *l*.62 most of the room の the room とは「部屋にいた人々」の意味。the room で「部屋にいる人々」の意味で使うことが可能だ。
□ *l*.63 and は comfort her と angrily accuse ～ をつないでいる。
□ *l*.63 accuse *A* of *B*「*B* の理由で *A* を非難する」
□ *l*.64 meanwhile「その間，その一方で」
□ *l*.64 she は a white woman のこと。
□ *l*.64 the black man は *l*.55 の A black man のこと。
□ *l*.64 leave ～ alone「～を放っておく，一人にしておく」を受動態にしたのが was left alone だ。
□ *l*.64 to watch her receive comfort の不定詞は，その黒人男性の意志が働いていないので，副詞的用法・結果となる。結果として「彼女がなぐさめられるのをじっと見る」ことになったのだ。

NOTE 不定詞・副詞的用法・結果「そして～する」など

◇ My grandmother lived to be ninety.
「私の祖母は 90 歳まで生きた」
◇ He woke up one morning to find himself famous.
「彼はある朝目覚めると有名になっていた」
◇ He grew up to be a great painter.
「彼は成長して大画家になった」
◇ I tried hard only to fail.
「私は一生懸命頑張ったのだが，結局失敗した」
◇ She left Japan, never to return.
「彼女は日本を離れて二度と戻ってこなかった」
◇ Oxygen and hydrogen combine to form water.
「酸素と水素が結合して水となる」
☆「結果」は熟語的表現が多い。live to be＋年齢「～歳まで生きる」，wake up to *do*「目が覚めると～となる」，grow up to be ～「成長して～になる」，only to *do*「(不本意にも) 結局～になる」，never to *do*「二度と～しない」などが頻出のものである。to *do* は発見や経験を表し，しかも意志の働かない動詞であることも確認せよ。

解 説

問 1．A.「その同僚は集会の間白人の参加者たちにいじめられたくないと思っている」
B.「その同僚は集会の間白人女性が泣いているのを見たくないと思っている」
C.「その同僚は集会の間泣かないではいられないとき助けを望んでいる」
D.「その同僚は会合で他の参加者たちに自身の感情を示してほしいと思っている」
正解は B。文頭にある So をヒントにするのがいいだろう。前文 (To repress …) で「私たちの感情を抑えることはその場にいて，同情し，支援していることに直感的に反しているように思われる」と述べたのに対して，So「だから」

と因果関係でつながっている。「黒人の私の同僚はなぜどうしてもそのような要請をしようとしたのか？」の「そのような要請」とは感情を抑えることであろう。第1段落第2文（Just before …）に a woman of color pulled me aside and told me that she wanted to attend but she was "in no mood for white women's tears today."「ある黒人の女性が私を脇に引き寄せ，出席したいけれど『今日は白人の女性の涙を見たい気分ではない』と私に言った」の部分が，白人の女性に感情を抑えてほしいと間接的に要請した部分だと言えよう。

問2．A．「人種差別を変えるが賛成していない」

B．「その状況を改善するのではなく人種差別を強化している」

C．「その状況を繰り返すことなく人種差別を再考している」

D．「人種差別について語るのではなく人種差別について書いている」

正解はB。語句・構文で参照したように，ここでの effectively は「白人女性の涙は，白人が人種差別を非難しているように見えるが，実質的にはそうではない」の意味を暗に示している。effectively という語からこのような類推をすることは難しいだろうが，明治大学はこの類推を要求しているのかもしれない。また，**POINT!**〈*A* rather than *B*「*B*ではなく*A*」について〉にあるように，*A* rather than *B*「*B*ではなく*A*」の*A*と*B*は反対の内容になることがある。白人女性が涙することで人種差別を非難しているように見えて実質的には人種差別を助長しているという内容になるのはBとなりそうだ。reinscribe は「～を再び刻む」，ameliorate は「～を改善する」の意味。

問3．A．「避けられない」

B．「不快な」

C．「理にかなっていない」

D．「信頼できない」

正解はA。これは知識問題と考えていいだろう。inevitable「避けられない」は基本単語。

問4．A．「ひそかに確立された」

B．「人々の心で実証された」

C．「意志に反してひそかに実行された」

D．「言葉や行動で表された」

正解はD。externalize は「～（感情など内面にあるもの）を外在化する」の意味。下線部の直後の our emotions drive behaviors that impact other people「私たちの感情は他の人々に影響を与える行動をもたらす」もヒント。簡単に言えば，内面の感情が外面に出るということなので，Dが最適だ。

問5．A．「背中の痛み」

B．「（火災の）バックドラフト」

C.「背景」

D.「反抗」

正解はC。backdrop「背景」は知らなくても仕方ない語なので，類推するしかない。「白人女性の嘆きゆえに黒人男性たちが拷問され殺される長い歴史のbackdropがある」とあり，その具体例が以降で記されている。Dのbacklashも難単語なので勘で答えるしかないが，「背景」なら意味を成すと考えよう。

問6．A.「頻繁な警告」

B.「思いつきの警告」

C.「時折の警告」

D.「自由選択の警告」

正解はA。oft-repeated「しばしば繰り返される」のoftはoften「しばしば」の短縮形だ。ただ，oftを知らなくてもrepeated「繰り返される」はわかるので，Aが正解ではないかと類推できそうだ。

問7．A.「自民族中心主義」　　B.「謙遜」

C.「安心」　　D.「優越」

正解はB。humility「謙虚」はどちらかと言えば知っていてほしい単語だが，多少類推も可能だろう。下線部のところはwhite centralityとindividualism，lack of racial humilityの3つがandで並列されている。andで並列されているのだから，lack of racial humilityとwhite centrality「白人が中心であること」が矛盾しないようにするにはhumilityはどのような意味にすればいいか考えるのだ。humble「謙虚な，謙遜した」の名詞形のhumbleness「謙虚，謙遜」が正解。

問8．A.「自信や自尊心についての論評」

B.「何が正しく何が間違っているかについての判断」

C.「自制心についての決定をする能力」

D.「どうすれば怒りを表すことができるかについての意見」

正解はB。moralは「道徳的な」，judgmentは「判断」の意味で，moralに該当するのが正解選択肢のwhat is right and what is wrong，decisionは「決定」ではなく「判断」の意味もあるので，judgmentに該当するのがdecisionということになる。

問9．A.「自分の見方あるいは考え方の一部であるようにさせられる」

B.「無知で無教養だと感じるようにさせられる」

C.「彼らは自己中心的だと感じさせられる」

D.「自分の困惑を減じさせられる」

正解はA。下線部(4)のexternalizedの反意語で，「～を内在化する」の訳となる。人の思想などを自分のものにすることを言う。ここでは，ある黒人男性が自らを愚かだと称するのは一般的な人種差別の考えを自分の中に取り入れているからだと説明している場面だ。ちなみに，(be) made to *do* は「～させられる」の意味で，make *A do*「*A* に～させる」の使役動詞の受動態だ。

問 10. A.「～を確立した」 B.「～を拒否した」
C.「～を強化した」 D.「～を疑った」

正解はC。 reinforce「～を強化する」はやや難しい語だが，結構重要単語だと思われる。ただ，ここも若干類推が可能だ。「その白人女性が人種差別的考えを reinforced したと私の共同進行役が指摘すると，その女性はわっと泣いた」となるので，reinforced は少なくともBとDを落とせそうだ。

問 11.「筆者は感情は～という意味で政治的だと考えている」

A.「人々は政治家たちの有名なスピーチやプロパガンダに容易に影響を受ける」
B.「世界中の人々はいつも政治に憤慨する」
C.「人々の感情は自らの文化や社会の背景と経験に基づいている」
D.「人々の感情は育ちとは関係なく内なる信念によって形成される」

正解はC。 第3段落第2文（But emotions …）に emotions are political in two key ways「感情は2つの重要な点で政治的である」とある。その1つ目が同段落第3文（First, our …）の our emotions are shaped by our biases and beliefs, our cultural frameworks「私たちの感情は私たちの先入観や信念，つまり私たちの文化的枠組みによって形成される」である。ここに cultural がある。また，同段落第8文（In this …）で感情が政治的である2つ目の理由をまとめているが，ここに social がある。Cを正解としていいだろう。ちなみに，選択肢のCとDは反対の内容に近いと思われるが，このように反対の内容の選択肢があったら，どちらかの選択肢が正解の可能性が高いと覚えておこう。

問 12.「筆者の仕事場でのカジュアルなランチミーティングで，白人の参加者たちは何をしなければならなかったか？」

A.「彼らは真実で誠実な感情を示さなければならなかった」
B.「彼らは自分たちの感情を抑えるよう求められた」
C.「彼らは出席した他の人々にやさしく親切であることを期待されていた」
D.「彼らは他の出席者の感情に合わせないよう要請された」

正解はB。「カジュアルなランチミーティング」についての言及は第1段落第1文（When another …）にあり，同段落最終文（After the …）がもう一つの該当箇所となっている。「私はとても憤慨した白人女性になぜ彼女が黒人たちの面前で泣かないよう求められたかを説明するのに次の1時間を費やした」とある。「泣かない」の部分が「感情を抑える」と言い換えられているのを見抜くことが重要だ。

問 13.「なぜ異人種間の交流で白人女性たちの涙が歴史的に問題なのか？」

A.「白人男性は白人女性を特に多様な環境で泣かせることに耐えられない」
B.「白人男性は彼女たちの涙に取り乱して黒人に仕返しをするかもしれない」

C.「白人女性は弱すぎるので現実を受け入れるにはあまりにも傷つきやすい」
D.「白人女性は自分たちの周りの黒人に怒り騒ぎを引き起こす」
正解はB。リードの部分は第4段落第1・2文（White women's … with us.）が該当箇所。
White women's tears in cross-racial interactions are problematic for several reasons connected to how they impact others. For example, there is a long historical backdrop of **black men being tortured and murdered because of a white woman's distress** ～
問13 Why are white women's tears in cross-racial interactions problematic historically?
B. **White men may get upset about their tears and try to get back at black people.**
太字の部分が正解選択肢と該当箇所となる。該当箇所に white men はなく，正解選択肢の get back at ～「～に仕返しをする」は難熟語だが，だいたい同意となっているとわかるだろう。

問14.「次のどれが真実か？」
A.「若いエメット=ティルは無実だったが，彼は有罪判決を受け牢獄で死んだ」
B.「1950年代の人種差別の偏見のため，ロイ=ブライアントは法の網を免れることができなかった」
C.「キャロライン=ブライアントの1955年の発言は誤りであったが，彼女はそのことを死を前にして告白した」
D.「陪審員はロイ=ブライアントとJ. W. ミラムを誘拐と殺人で有罪判決を下した」
正解はC。Aは第4段落第4文（A cogent …）でエメット=ティルについての言及があり，同段落第6文（They beat …）で残忍な殺され方をしたことがわかる。「牢獄で死んだ」が間違いだ。Bは第4段落第5文（She reported …）にロイ=ブライアントについての言及があり，同段落第7文（An all-white …）で陪審員がロイ=ブライアントらを無罪にしたとあるので「法の網を免れることができなかった」が間違いとなる。acquitted「～に無罪判決をした」が難単語だが，直後に「のちにその殺人を認めた」とあるし，そもそもここは白人女性が涙すると黒人男性が拷問され殺害される例の中でも衝撃的な例なので，殺人者が法の網を免れてもおかしくないとある程度類推は可能ではないかと思われる。Cは第4段落第4，5文（A cogent …）で1955年にキャロライン=ブライアントがナンパされた事件について言及とそれを夫に告白したことがわかる。また，同段落第8文（On her …）で，「嘘をついていたことを認めた」とあるので，これが正解。Dはacquittedが「～に無罪判決をした」の意味なので，「有罪判決を下した」が間違いとなる。

問 15. 「筆者が共同責任者をしている研修会でその白人女性が泣いた可能性の高い理由は何だったか？」

A. 「彼女は激しい議論についていくことができず黒人たちを恐れるようになった」

B. 「彼女は議論が違った方向に進んでいると気づき臆病になった」

C. 「彼女は自分が誤解されていると考え人種差別で非難されていると感じだ」

D. 「彼女は研修会の他の出席者たちにいじめられ誰も彼女を助けていなかった」

正解はC。 第5段落第9文（When my …）が該当箇所。筆者の共同進行役である黒人女性が「その白人女性は自分が黒人男性の代弁を最もうまくできるという人種差別的考えを強化してしまった」と指摘した際に，その白人女性は泣いてしまったのだ。おそらくこの白人女性は自分が「黒人男性の代弁を最もうまくできる」などという意識はなかったであろうから，ここの部分が「誤解されている」と言っていいだろう。「人種差別的考えを強化してしまった」の部分が「人種差別で非難されている」の該当箇所であろう。Cが正解だ。

問 16. 「次のどれが『人種差別』の状況を説明していないか？」

A. 「人種についての先入観」

B. 「人種についての偏狭」

C. 「人種についての偏見」

D. 「人種についての寛容」

正解はD。 ここは racism の辞書的意味を考えるだけでも十分であろう。本文中には racist という語も出てくるが，この語は名詞では「人種差別主義者」，形容詞では「人種差別の」の意味。一方 racism は「人種差別」の意味なので，Dは逆の意味となってしまう。Bの bigotry「偏狭」は難単語。ちなみに，sexism は「男女差別」，ageism は「年齢による差別」のことを言う。

問 17. 「筆者の背景はどう説明されることができるであろうか？」

A. 「黒人男性」　B. 「黒人女性」

C. 「白人男性」　D. 「白人女性」

正解はD。 第4段落第2文（For example …）が該当箇所。we white women とある。we と white women は同格関係なので，「私」を含む「私たち」は白人女性ということになる。

解答

問1. B　問2. B　問3. A　問4. D　問5. C　問6. A　問7. B
問8. B　問9. A　問10. C　問11. C　問12. B　問13. B　問14. C
問15. C　問16. D　問17. D

第 3 章
会話文

この章の進め方

過去 10 年間で，会話文問題の出題されなかった学部（法・理工学部）もあるが，そのような学部を受ける人も，会話文問題の解き方を学んでおいてほしい。以下に進め方を簡単に示しておく。

① **「目標解答時間」**を参考に問題文を読み，問題を解いてみよう。
② 明治大学で出題される会話文問題の量とレベルを知ろう。
③ 会話文問題には，大きく分けて，会話独特の表現が狙われる問題と，会話独特の表現はあまり狙われず，前後関係から答えを出していく問題がある。自分の受ける学部がどちらに当てはまるかを確認しよう。
④ **語句・構文**や**解説**を読み，読解問題とは少し違う，会話文独特の表現や読み方，解き方を学ぼう。

27

2015年度 国際日本学部〔Ⅳ〕

目標解答時間 10分

ポイント

会話文形式になっているが，正解を導くには熟語がポイントになる。しっかり内容を押さえたうえで熟語を思い出そう。明治大学レベルとして標準的なものがほとんどだ。

以下の空欄に入る最も適切なものを①～④の中から１つ選び，その番号を解答欄にマークしなさい。

(1) Peter: I think I left a little memo here. Do you know where it is?
Mary: Oh, I think I threw it away. It was lying there for a long time.
Peter: What? But I told you I needed it!
Mary: Did you? I don't remember that, but anyway, I threw it away a few
5 days ago. Sorry about that, but I can't do anything about it now!
It's gone (　　　).

① for bad
② for good
③ for never
④ for worse

(2) Jane: Cristina, can you e-mail me the information about the concert you are going to play in?
Cristina: Actually, I attached it to a message I sent you yesterday, but
(　　　) to open it because I found some mistakes in it. I'll send
5 you a revised version today.

① don't bother
② don't forget
③ don't hesitate
④ don't stop

(3) Nadia: You know what Richard has done to me?

Caroline: No. What did he do?

Nadia: He's a cheater. He copied whole sections from the term paper I was writing. Can you believe it?

Caroline: What! That's intellectual theft. You must report him. You can't let him ( ) with it! 5

① come along

② get away

③ get carried away

④ put up

(4) Juliet: Did you know that the neighborhood rehabilitation project we've been working on has been cancelled? I'm so disappointed. It's such a waste, isn't it? We invested so much time, money, and effort in it.

David: Yes, I heard. Well, the time and money won't come back, but ( ) the effort, I'm sure it won't be entirely lost. It will 5 eventually help the community in some way.

① in addition to

② instead of

③ respecting

④ with respect to

(5) Juana: How was your weekend, Anita? You went on that little trip with your family, didn't you?

Anita: Well, yes and no, and it was rather messy and miserable to tell you the truth.

Juana: How come? 5

Anita: You see, as the weather wasn't perfect, I proposed to cancel it, but my husband insisted so much that I agreed to go. But half way, suddenly it started to rain like cats and dogs, and we ( )

turning back without reaching anywhere. It was as if we wasted the
10 whole day just to get wet and to argue.

① came up

② ended up

③ failed on

④ gave up

(6) Yusuke: I can't bear this traffic jam! We've been stuck for over an hour! I'm wasting my life here!

Taro: Terrible, isn't it? I think it's because of the repairs that are ( ) at the next junction. Until the roadwork is done,
5 everyone will just have to bear with it.

Yusuke: You're a real saint, aren't you? Don't you ever get annoyed?

① under the circumstances

② under the table

③ undercover

④ underway

(7) Jackie: The problem with Angie is that she doesn't keep her appointments.

Sharon: She doesn't? I thought she was a great businesswoman.

Jackie: Maybe, but she's different in private. Like the other weekend, Linda, Angie, and I agreed to get together to visit a museum and
5 have dinner. Linda and I got there on time and stood in front of the ticket office for 45 minutes but Angie never ( ), so we went in without her.

① turned in

② turned out

③ turned right

④ turned up

(8) Fred: Congratulations, Jack! How's your baby? How does it feel to be a father?

Jack: Well, I'm really happy, but you know, it's still a bit unreal for me. Just a few months ago, it was just me and my wife at home, but suddenly, there's another person there and I have to adapt to him. 5
So I'm still trying to ( ) with this new reality.

① come home

② come to terms

③ get confused

④ keep in touch

(9) Antonio: Maria, what time will you leave work today?

Maria: I think I'll be off by 5:30.

Antonio: Great. Then can you do me a favor and ( ) the dry cleaning on your way back from work? By the time I get back, the place will be closed. 5

Maria: Okay, I'll do it.

① pick out

② pick up

③ set out

④ set up

(10) Diana: Do you remember the Spanish restaurant we went to about a month ago?

Rachel: Yes, of course. The place we had dinner with Carlos.

Diana: That's right. Do you know the telephone number of that place?

Rachel: Sure, just ( ) a second. I'll find it. 5

① back up

② hang up

③ hold on

④ wait on

解 説

⑴ Peter：「ここに小さなメモを置き忘れたと思うけど。どこにあるか知っている？」
Mary：「あら，捨てたと思うわ。長い間そこに置いてあったから」
Peter：「何？　でも必要だと言ったよね！」
Mary：「そう？　覚えていないわ。でも，とにかく数日前に捨てたわよ。ごめんなさいね。でも，もうどうしようもないわ！　永久になくなってしまったのよ」

□ *l.* 2　throw away ～「～を捨てる」

正解は②。空所直前の be gone は「行ってしまった，なくなってしまった，使いつくした」のような完了の意味になるのが基本。ここは「なくなってしまった」の意味で，for good「永久に」がピッタリだ。

⑵ Jane　　：「クリスティーナ，あなたが演奏する予定のコンサートについて情報を私にメールしてくれる？」
Christina：「実は，昨日あなたに送ったメールに添付したんだけれど，いくつか間違いがあるからわざわざ開けないで。今日訂正版を送るわ」

□ *l.* 2　in は play in the concert「コンサートで演奏する」の in。
□ *l.* 3　attach *A* to *B*「*A* を *B*（メールなど）に添付する」
□ *l.* 3　it＝the information about the concert I am going to play in
□ *l.* 3　message「（携帯などの）メール」
□ *l.* 5　a revised version「訂正版」

正解は①。bother to *do* は「わざわざ～する，～する努力をする」の意味で，否定文で使うことが多い。forget to *do* は「（これから）～するのを忘れない」の意味で，これも否定文でしかも命令文で使われることが多く，Don't forget to *do.*「忘れずに～しなさい」となる。hesitate to *do* は「～するのをためらう」の意味で，これも否定文でしかも命令文で使われることが多い。Don't hesitate to *do.* で「躊躇せず～しなさい」となる。stop to *do* は「～するために立ち止まる，手を止めて～する」の意味。「～するのをやめる」は stop *doing* だ。stop to think は「手を休めて考える，じっくり考える」の意味だ。前後の内容から①が正解。

⑶ Nadia　：「リチャードが私にしたこと知っている？」
Caroline：「いえ。何をしたの？」
Nadia　：「彼は詐欺師よ。私が書いていた学期末レポートの全部を書き写したのよ。信じられる？」
Caroline：「何ですって！　それは知的窃盗よ。彼のことを言いつけるべきよ。彼がそんなことをしても見つからないですむのを許しちゃだめよ！」

□ *l.* 3　whole sections は「全体の部分」が直訳。

□ *l.* 3　term は「学期」，paper は「レポート，論文」の意味がある。
□ *l.* 5　report は「～（人）のことを言いつける」の意味がある。

以下は with を伴っての訳。

①「～に伴って起こる」　②「～（悪事など）をしても見つからないですむ」
③「～に夢中になる」　④「～をがまんする」

正解は②。you can't *do* は「あなたは～してはいけない」の意味で，let *A do* は「*A* が～するのを許す」と訳せる。it は Caroline の発言中の That のことで，彼女の言葉を借りれば「知的窃盗」のことだ。これはなかなか難しい熟語がポイントになるので不正解でも仕方ない。覚えておくべき熟語は put up with ～「～をがまんする」くらいとなる。

⑷ Juliet：「私たちが取り組んできた近隣の復旧計画が中止されたって知っていた？　非常にがっかりよ。本当に無駄になってしまったわよね。私たちは非常に多くの時間とお金，努力を費やしたのに」
David：「うん，聞いたよ。うーん，時間とお金は戻ってこないけど，努力に関しては，完全に失われることはないと確信しているよ。最終的にはある意味地域の助けになるだろうね」

□ *l.* 1　rehabilitation は「（病気などからの）リハビリ」の意味もあるのだが，「（壊れた建物などの）復旧」の意味もある。
□ *l.* 2　work on ～「～に取り組む」
□ *l.* 3　invest *A* in *B*「*A*（お金や時間など）を *B* に投資する」
□ *l.* 5　not ～ entirely「完全に～なわけではない」
□ *l.* 5　It＝the effort
□ *l.* 6　in some way「ある意味では」

①「～に加えて」　②「～の代わりに」
③「～に関して」　④「～に関しては」

正解は④。the time and money と the effort が対比されているのはわかるだろう。「～に関しては」の意味の with respect to ～ が正解。「～に関しては」と「は」を付けた訳になっているが，この表現は新たな話題を導入したり，今まで述べた話題に戻る際に使うことが可能だ。その意味で文頭で使えるという特徴がある。ここは Juliet がすでに effort について述べているので，「その努力に関しては」と話題を戻しているのだ。respecting にも「～に関して」の意味があるが，これは with respect to ～ のような働きがない。むしろ about に近く，文頭で使われることはまずない。単に「～に関して」の意味だ。なかなか難しい問題であった。

⑸ Juana：「週末はどうだったの，アニータ？　家族と一緒に例の小旅行に行ったのよね？」
Anita：「うーん，どちらとも言えないわ。実を言うとかなりごたごたがあってみ

じめなものだったの」

Juana：「どうして？」

Anita：「ほら，天気は完璧でなかったので，中止を提案したのだけれど，夫がどうしてもと言うので行くことに同意したの。でも，途中で突然土砂降りになって，結局どこにも行かずに引き返すことになったの。濡れて口論するためだけに丸一日を無駄にしたようだったわ」

□ *l.* 1　that はお互いわかっている「あの，例の」の意味。

□ *l.* 1　この little は「小さな」の意味。

□ *l.* 3　to tell (you) the truth「実を言うと」は本音を認める表現で，意外と悪い意味で使われることが多い。

□ *l.* 5　How come？は Why？と同じで「なぜ？　どうして？」の意味。

□ *l.* 6　propose to *do*「～すると提案する」

□ *l.* 7　so ～ that 構文になっている。

□ *l.* 7　agree to *do*「～するのに同意する」

□ *l.* 7　half way「途中で」

□ *l.* 8　rain like cats and dogs は「土砂降りになる」だが，fight like cats and dogs なら「犬猿の仲である，猛烈に口論する」の意味。

□ *l.* 9　turn back「引き返す」

□ *l.* 9　it is as if S′ V′「～のようだ」は as if の後ろに仮定法を使わないことが多く，事実を述べるのが基本。ここも実際無駄になったのだ。

□ *l.*10　just to *do*「～するためだけに」は to *do*「～するために」に only の意味の just がついた形。

正解は②。end up *doing* の真の意味を理解しよう。

NOTE　end up の熟語

① end up (by) *doing*「最後には～することになる」

◇ If I give up halfway, I might end up hating myself.
「途中であきらめれば，最後には自分を嫌いになるかもしれない」

② end (up) in ～「最後には～にいることになる，～に終わる」

◇ He ended up in the hospital.「彼は結局入院するはめになった」

◇ One in three marriages end in divorce.
「3件に1件の婚姻が離婚に終わる」

③ end (up) with ～「～で終わる」

◇ Many women often end up with shorter careers.
「多くの女性はより短期の経歴で終わることが多い」

㊜ end up は悪い意味で使うことが多い。

ここも悪い意味で使われていることを確認せよ。

(6) Yusuke：「この渋滞は耐えられないよ！　1時間以上動いていないよ！　ここで人生を無駄にしているよ！」

Taro　：「ひどいよね。これは次のジャンクションで進行中の修繕が理由だと思うよ。道路工事が終わるまでみんながまんするしかないだろうね」
Yusuke：「君は本当に聖人だね。腹を立てたことはないの？」

□ *l.* 1　bear「～に耐える」
□ *l.* 1　traffic jam「交通渋滞」
□ *l.* 1　stuck「立ち往生した，動けない」
□ *l.* 5　just have to *do*「～するしかない」は have to *do*「～しなければならない」に only の意味の just が入った形。
□ *l.* 5　bear with ～「～をがまんする」は難熟語。
□ *l.* 5　it＝this traffic jam

①「このような状況では」　②「袖の下を使って」
③「(調査などで) 正体を隠して」　④「進行中で」

正解は④。①はここでは意味を成さない。underway「進行中で」がピッタリだ。under way と離すことも可能だ。

(7) Jackie　：「アンジーについての問題は会う約束を守らないということよ」
Sharon：「そうなの？　彼女は素晴らしい女性実業家だと思っていたけど」
Jackie　：「おそらく，でもプライベートでは違うのよ。たとえばこの前の週末には，リンダとアンジーと私が集まって美術館を訪れてディナーを食べることにしたの。リンダと私は時間通りに着いて 45 分間チケット売り場の前に立っていたのだけれど，アンジーは決して現れなかったの。だから私たちは彼女なしで入ったのよ」

□ *l.* 1　problem with ～「～に関する問題」
□ *l.* 1　keep *one's* promise「約束を守る」という表現があるが，keep *one's* appointment も「会う約束を守る」の意味。
□ *l.* 2　She doesn't？は後ろに keep her appointments が省略されていて，「そうなの？」と訳すとニュアンスが出る。あくまで英語は否定文なので doesn't だが，日本語の訳には否定は出てこないことに注意せよ。
□ *l.* 3　in private は「内密で，内緒で」の意味の熟語だが，ここは be different in private で「プライベートでは違う」くらいのニュアンス。be different in ～「～の点で違う」の in と解するのがいいだろう。
□ *l.* 3　文頭で使う Like には「たとえば～」の意味がある。
□ *l.* 4　get together「集まる」
□ *l.* 5　on time「時間通りに」
□ *l.* 7　go in「中に入る」

①「わき道に入った」　②「集まった」
③「右に曲がった」　④「現れた」

正解は④。「私たちは彼女なしで入った」とあるので，アンジーは来なかったのだ。

NOTE turn up の熟語
turn up「現れる，来る」（＝show up，appear）
◇ I invited her to dinner, but she didn't turn up.
「私は彼女をディナーに招待したが，彼女は現れなかった」
☆「当然来るべき人が現れる」のニュアンスがあり，結局現れなかったり，遅れて来たりする文脈で使うことが多い。

ここの turn up も否定文で使われている。言葉にはいろいろなニュアンスや使い方があるものだ。

(8) Fred：「おめでとう，ジャック！　赤ちゃんの調子はどう？　父親になるってどういう感じなんだい？」
Jack：「うーん，本当にうれしいけど，君もわかるだろう，いまだに少し実感がわかないんだ。ほんの数か月前は家に僕と妻しかいなかったんだけど，突然他の人間が現れてその人間に適応しなければならないんだ。だから，いまだにこの新しい現実を受け入れようと努力しているんだ」

□ *l.* 1 it は形式主語，to be a father が真主語。
□ *l.* 3 a bit「少し」
□ *l.* 4 Just と just は only の意味。
□ *l.* 5 adapt to ～「～に適合する」

①「家に帰る」　②「受け入れる」
③「混乱する」　④「連絡を取り続ける」

正解は②。Jack は今の状況を unreal「非現実的」で，have to adapt to ～「～に適応しなければならない」と言っている。下の熟語がポイントだ。

CHECK come to terms with ～の熟語
「～と折り合いがつく，～（悲しい状況など）を受け入れる」
◇ The company has come to terms with the union.
「会社は組合と折り合いがついた」

空所の後ろの with もヒントとするように！

(9) Antonio：「マリア，今日は何時に仕事が終わるの？」
Maria：「5：30 にはオフになると思うわ」
Antonio：「結構。それじゃ仕事場から帰る途中にドライクリーニングを受け取ってくれるかな？　僕が戻る時までには店は閉まっているから」
Maria：「わかった，そうするわ」

□ *l.* 1 leave work「仕事を辞める，仕事を終える」
□ *l.* 4 on *one's* way back from ～「～から戻る途中で」
□ *l.* 4 by the time S′ V′「～する時までに」

正解は②。pick up ～に「～（預けていたもの）を受け取る」の意味がある。入試としては難しい意味だ。Can〔Would〕you do me a favor？は「お願いがあるのですが」の意味で重要表現だが，Can〔Would〕you do me a favor and *do*？「～してくれますか？」もよく見かける表現だ。

⑽ Diana ：「1か月ほど前に行ったスペイン料理のレストランを覚えている？」
Rachel：「うん，もちろん。カルロスとディナーを食べたところだよね」
Diana ：「その通り。あの店の電話番号知っている？」
Rachel：「もちろん，ちょっと待って。見つけるよ」

□ *l.* 1 about＋数字「およそ，約」
□ *l.* 3 place はある特定の目的で使われる場所ということで，いろいろな訳になることがある。ここは「店」の訳がいい。

正解は③。「ちょっと待って」を表す表現として Wait〔Just〕a minute〔moment, second〕. のようなものがあるが，特に電話で「お待ちください」を意味する表現が重要だ。

CHECK 「お待ちください」を表す表現
Hold on, please.「(電話を) 切らないでください，(特に電話で) お待ちください」
(＝Hold the line, please. Hang on, please. (Could you) hold, please.(?))
⇔ hang up「電話を切る」

hold on は電話以外でも使えることに注意せよ。ここも電話番号がわかるかたずねられている場面だが，電話での応対場面とは限らない。

解答
⑴―② ⑵―① ⑶―② ⑷―④ ⑸―② ⑹―④ ⑺―④ ⑻―② ⑼―② ⑽―③

28

2015年度　経営学部〔Ⅳ〕

目標解答時間　15分

ポイント

やや難しい会話独特の表現が狙われている。また，自然な会話としてよく助動詞の過去形が使われるが，私たちにはなかなか理解しがたい。この辺を意識して解いてみてほしい。

次の(A)〜(E)の空欄に入れるものとして，①〜⑧の中から適切な文を選んで，その番号をマークせよ。ただし，同じ文を２度以上使ってはならない。

Situation: Ayano meets George in a coffee shop in Tokyo.

Ayano: Hi, George!　Fancy meeting you here!

George: Oh, hi, Ayano.　What a nice surprise and good timing too!

Ayano: Oh?　Why is that?

George: Well, I came here to do some Japanese study but I've been here an
5 hour and was about to finish up.

Ayano: Hitting the books again!　Boy, you do love to study!　Can I sit here?

George: (A)__________ I do my best with the study, but I am not sure I am making much progress.

Ayano: Oh, come on!　At the rate you are going your *kanji* reading will
10 overtake mine.　I am so awful at *kanji*!

George: (B)__________

Ayano: Oh, that's because I used to live in the UK.　I was there for about two years of elementary school just when I should have been practicing my *kanji*.　That's my excuse, anyway.

15 George: I see, that certainly explains your beautiful British accent.　But at elementary school, how did you manage to communicate?　Could you speak English already?

Ayano: Not a word.　But I was lucky because I had a friend, a Japanese girl who acted as my translator.

George: How convenient! 20

Ayano: Actually, yeah, funny you should say that because an interesting thing was that she was a kind of neighbour.

George: She lived nearby? What was her name?

Ayano: Her name was Chikako. And Chikako lived right across the street from me. In fact, the window of my bedroom was directly opposite hers. 25

George: (C)________

Ayano: Yeah, it was kind of fun too because the street we lived on was really narrow and we could sort of see each other's rooms. I used to go to the window and shout to her: "Hey! Can you come out to play today?" and she would say: "Yeah! Can I come over to your place?" and I would say "Yeah!" 30

George: Really? Could you? Could she hear you across the street?

Ayano: Oh, yeah. I mean, it was a really, really narrow street. Cars could only go one way and there was almost no pavement at all. 35

George: (D)________ Then she'd go "Be right with you."

Ayano: Exactly! Then in a couple of minutes there would be a ring at the doorbell and she'd come and play or we'd go out to the park or something.

George: That is so cool! So you must have been really close friends. 40

Ayano: Yeah, we were but in the end she had to come back to Japan. We are still good friends but of course not best friends like we were then.

George: Where does she live now?

Ayano: At some point, she fell in love with South America and now she lives in Mendoza in Argentina. I heard it takes about 24 hours to get there from Tokyo. 45

George: That is a long way, so I guess Chikako is not *chikaku* any more.

Ayano: Ha-ha. Is that supposed to be a Japanese joke?

George: Yes! Glad you liked it! But anyway, you should visit her. I heard Argentina is an awsome country! 50

Ayano: Well, I'd like to but I don't speak a word of Spanish.

George: Perfect! (E)________ You would have her as your translator!

① Yeah, that is convenient.

② I suppose you are right.

③ Yeah? So you'd go "Yeah!"

④ It would be like old times, then.

⑤ Really? It must have been very tall.

⑥ Oh, sure. Be my guest!

⑦ Oh? How did you improve it?

⑧ Really? How come?

全訳

状況：アヤノ（A）は東京のある喫茶店でジョージ（G）に会う。

A：こんにちは，ジョージ！ あなたにここで会うとは！

G：ああ，こんにちは，アヤノ。ビックリだし，いいタイミングでもあるな！

A：え？ それはなぜ？

G：うーん，日本語の勉強をするためにここに来たんだけど，1時間ここにいてもうやめようとしていたところなんだ。

A：熱心ね！ まあ，本当に勉強が好きなのね！ ここに座っていい？

G：うん，もちろん。どうぞ！ 勉強は最善を尽くしているんだけど，大いに進歩しているか確信が持てないんだ。

A：何を言ってるの！ この調子なら，あなたが漢字を読む能力は私を追い越しそうよ。私，漢字が大の苦手なの！

G：本当？ どうして？

A：それは私がイギリスに住んでいたからよ。ちょうど漢字を練習していなくちゃいけないときに，小学校の2年間くらいイギリスにいたの。いずれにせよ，それは言い訳だけどね。

G：なるほど，それで君のすばらしいイギリス英語の発音の説明がつくね。でも，小学校ではどうやってコミュニケーションをとったの？ すでに英語を話すことができたの？

A：一言も。でも，友達がいてくれてラッキーだったの。その子は日本人の女の子で私の通訳みたいに振る舞ってくれたわ。

G：それは便利だ！

A：実際，ええ，あなたがそう言うなんて奇遇ね。だっておもしろいことに彼女はいわば隣人だったのよ。

G：彼女は近くに住んでいたの？ 何ていう名前だったの？

A：チカコよ。そしてチカコは私の家から見て通りのちょうど向かいに住んでいたの。実際，私の寝室の窓は彼女の寝室の窓の真向かいだったの。

G：へぇー，それは便利だね。

A：ええ，少し楽しくもあったわ。何しろ私たちが住んでいた通りは本当に狭くて，お互いの部屋がちょっと見えちゃうんだもの。窓のところに行って彼女に叫んだものよ。「ねえ！　今日外で遊ばない？」　すると彼女は「ええ！　あなたの家に行ってもいい？」と言い，私は「いいわよ！」と答えたものよ。
G：本当？　そんなことができたの？　彼女は通りを挟んで君の声が聞こえたの？
A：ええ。つまり，本当に，本当に狭い通りだったの。車は一方通行だったし，ほとんど歩道もなかったわ。
G：本当に？　それで君は「いいわよ！」と言って，それから彼女は「今行くわね」と言ったんだね。
A：その通りよ！　それから，数分後に玄関のチャイムが鳴って，彼女が来て遊んだり，一緒に公園とかに行ったりしたのよ。
G：それってすてきだね！　それじゃ君たちは本当に親友だったにちがいないね。
A：ええ，そうだったわ。でも，結局彼女は日本に帰らなくちゃいけなくなったの。私たちはいまだに親友だけど，もちろんそのころのように大親友ではないわ。
G：彼女は今どこに住んでいるの？
A：あるときに彼女は南米に恋をして，今アルゼンチンのメンドーサに住んでいるの。東京からそこまで行くのにおよそ24時間かかると聞いたわ。
G：それは遠いね，だからどうやらチカコはもう近くではないんだね。
A：アハハ。それって日本的な冗談のつもり？
G：その通り！　気に入ってくれてうれしいよ！　でも，とにかく君は彼女を訪ねるべきだよ。アルゼンチンはすばらしい国だと聞いたよ！
A：うーん，行きたいんだけど，スペイン語は一言も話せないのよ。
G：完璧だね！　それなら昔みたいだよ。彼女が君の通訳となるだろうからさ！

●語句・構文

□ *l.* 1　Fancy *doing*!（驚きやショックなどを表して）「～するなんて！」
□ *l.* 5　be about to *do*「まさに～しようとしている，すぐにも～するところだ」
□ *l.* 6　hit the books (again)「熱心に勉強する」は難表現。
□ *l.* 6　Boy（驚きなどを表し）「おや，まあ」
□ *l.* 7　do *one's* best with ～「～に関して最善を尽くす」
□ *l.* 8　make progress「進歩する」
□ *l.* 9　come on!（相手の発言に対する軽い抗議を表し）「何を言っているの！」
□ *l.* 9　at the rate you are going「その調子なら」
□ *l.*10　mine = my *kanji* reading
□ *l.*10　be good at ～「～が得意だ」の反意表現は be poor〔bad〕at ～「～が不得意だ」となるが，be awful at ～ でさらに強意の意味だと考えよう。
□ *l.*12　used to *do*「～したものだ，かつては～だった」
□ *l.*13　should have *done*（非難や後悔などを表して）「～するべきだったのに」
□ *l.*14　That's の That は前文の I was ～ my *kanji*. の内容。
□ *l.*16　manage to *do*「どうにか～する，何とか～できる」
□ *l.*18　Not a word. は I could not speak a word of English. のこと。a word は否定文で

使うと「一言も〜ない」と強い否定を表すのが基本。

□ *l*.18 a friend と a Japanese girl who acted as my translator は同格関係。

□ *l*.19 act as 〜「〜の役を務める，〜の働きをする」

□ *l*.21 ここは（it is）funny（that）you should say that で元に戻せる。it は形式主語で that 以下が真主語だ。funny という感情や判断を表す形容詞を使っているので，that 節の中は should が入ることがある。この should は「〜するべきだ」の意味ではなく，訳す必要はない。

□ *l*.21 that は How convenient！を受けている。

□ *l*.22 a kind of 〜 は「ある種の〜，一種の〜」と訳すことがあるが，これは正確にそういうわけではないと言っている。ここでは，隣人である前に友達なので，私たちが日常に使う「隣人」とは正確な意味では違うと言っているのだ。

□ *l*.24 across the street from 〜 は「〜の向かいに」の意味で，強調を表す right「まさに，ちょうど」があるので，「〜の真向かいに」くらいの意味となる。

□ *l*.25 in fact はできれば真の意味を押さえておくといいだろう。

POINT! in fact

①（前で述べたことを否定して）「（しかし）実際は」

◇ He said everything was going well, but in fact he was in financial difficulties.
「彼はすべてうまくいっていると言ったが，しかし実際は経済的に困っていた」

☆ but とよく一緒に使われ逆接を表す。

②（前で述べたことを補足説明，要約して）「実際，つまり」

◇ He's a good student ; in fact he's at the top of the class.
「彼はいい生徒だ，実際クラスのトップだ」

☆前で述べたことを強調しているとも言えるし，ほぼイコールを表すとも言える。

ここは②の意味で，真向かいであることを補足的に説明していると言える。

□ *l*.26 hers＝the window of her bedroom と考えるのが自然だろう。

□ *l*.28 kind of 〜「少し〜，若干〜」（＝sort of 〜）

□ *l*.31 over「向こう側へ」

□ *l*.31 place はいろいろな意味で使える。ここは house の意味。

□ *l*.32 would は「〜したものだ」の意味。

□ *l*.33 Could you？の後ろはその後ろの Could she 〜？の内容から hear her across the street の省略と考えるといい。通り越しにお互いの声が聞こえたか聞いているのだ。

□ *l*.34 I mean（補足説明をして）「つまり」

□ *l*.35 no 〜 at all「まったく〜がない」

□ *l*.36 she'd の would も「〜したものだ」の意味。

□ *l*.36 この go は「言う」の意味。

□ *l*.37 a couple of 〜「① 2 つの〜，② 2，3 の〜，いくつかの〜」

□ *l*.37 would や 'd も「〜したものだ」の意味の would。

□ *l*.38 〜 or something「〜か何か」

□ *l*.40 cool「カッコいい，すてきな」

□ *l*.40 must have *done*「〜したにちがいない」

□ *l.* 41　were の後ろに really close friends が省略されている。
□ *l.* 41　in the end（いろいろやったあとで）「結局，最終的に」
□ *l.* 42　like S′ V′ の like は接続詞で「～するように」の意味。like we were then の were の後ろには best friends が省略され，「そのときに私たちが大親友であったようには今は大親友ではない」の意味になる。
□ *l.* 44　At some point は「あるときに」の意味。

> **POINT!**　at this point「この時点で，今，この場所で」
> ◇ At this point we do not plan to hire anyone.
> 「現時点では採用の計画はありません」
> ☆前置詞が at の場合の point は「時」か「場所」の意味になる。ただ，「時」の意味が圧倒的に多い。on this point は「この点で」の意味。

「some＋可算名詞の単数形」は「いくつかの～」の意味ではなく「ある～」の意味であることも押さえておこう。
□ *l.* 44　fall in love with ～「～に恋をする」
□ *l.* 45　it takes *A* to *do*「～するのに *A*（時間）がかかる」
□ *l.* 47　a long way「長い距離」
□ *l.* 47　***chikaku*** がイタリック体になっているのは「チカコ」と「近く」を掛けている。
□ *l.* 47　not ～ any more「もはや～ない」（＝no more ～）
□ *l.* 48　be supposed to *do* は（予定，義務，命令などを表して）「～することになっている」くらいの意味だが，「～するつもりだ」の訳を載せている辞書もある。「それって日本語のジョークのつもりだよね？」という感じの内容だ。
□ *l.* 51　to の後ろに visit her の省略。

解 説

(A)**正解は⑥**。「ここに座っていい？」とたずねられたのに対して，「うん，もちろん。どうぞ」が自然な流れだ。問題は Be my guest. を知っているか，またはどうにか類推できるかだ。Be my guest. は（相手が頼んだことなどに許可を与えて）「どうぞ，遠慮しないで」の意味だ。

(B)**正解は⑧**。日本人であるアヤノが意外にも漢字が苦手だと聞いて，ジョージが「本当？　どうして？」とたずねるのが適切だ。How come？は重要会話表現で，Why？と同じような意味になる。ちなみに，How come の後ろは疑問の意味でありながら倒置しない。Why are you so late？「なぜそんなに遅れたの？」は倒置するが，How come you are so late？は倒置しない。

(C)**正解は①**。ジョージは前にも How convenient！と言っているが，ここもアヤノの家の彼女の寝室の窓が通訳を務めてくれている友達の寝室の窓の真向かいにあると聞いて，that is convenient と答えるのが自然な流れだ。直後にアヤノが Yeah, it was kind of fun too と too を使っているのもヒント。便利だし，少し楽しくもあるのだ。確かに，お互いの寝室の窓越しに会話ができるのは便利でもあり楽しくもあるだろう。

(D)**正解は③**。Yeah？「本当に？」は直前のアヤノの話に対してで，一方 So you'd go "Yeah!" はその二つ前のアヤノの発言とつながっている。つまり，Can I come over to your place? and I would say "Yeah!" に対して So you'd go "Yeah!" Then she'd go "Be right with you." とつながるのだ。友達が「あなたの家に行ってもいい？」とたずねるのに対して，I would say "Yeah!"「私は『いいわよ』と答えたものよ」となり，これが you'd go "Yeah!" で言い換えられている。ここの go は say に近い意味だ。そうなると「それから彼女は『今行くわね』と言ったものだったんだね」とつながる。I'll be right with you.「すぐに参ります」という会話表現があるが，会話ではよく主語などは省略されるわけで，Be right with you. で同じ意味となる。

(E)**正解は④**。直訳すると「それじゃそれは昔通りになるだろう」となる。would は断定を避けるための過去形で，「おそらく～することになるだろう」くらいのニュアンス。未来のことを表すこともできる過去形だ。空所の後ろの would もヒントで，これも同じ would だ。昔は英語の通訳をしてもらったのだが，今度はスペイン語の通訳をしてもらえるだろうと言っているのだ。

解答

(A)―⑥　(B)―⑧　(C)―①　(D)―③　(E)―④

29

2017年度 国際日本学部〔Ⅳ〕

目標解答時間 8分

ポイント

形式は会話文だが，問われている知識は熟語だ。やや難しいものもあるが，しっかり勉強していれば，7割程度は得点できそうだ。

以下の空欄に入る最も適切なものを①～④の中から1つ選び，その番号を解答欄にマークしなさい。

(1) A: I really want to try the new Italian restaurant that's just opened.

B: Me too! Why don't we ( ) next weekend?

A: Great idea!

① check it in

② check it on

③ check it out

④ check it through

(2) A: Terry seems really worried these days. Is he all right?

B: He has got a lot ( ) at the moment. He's stressed at work, and I think he's having some problems at home.

A: That's too bad.

① by his mind

② in his mind

③ on his mind

④ to his mind

(3) A: How are things going between you and your new boss?

B: Much better, thanks. We're ( ) fine now.

A: I'm glad to hear that.

① bringing along

② getting along

③ putting along

④ taking along

(4) A: I haven't seen Rebecca for such a long time. How is she?

B: She's very well, but she's really busy. (　　) her regular job, she's also doing volunteer work on weekends.

① Apart from

② Instead of

③ Next to

④ Rather than

(5) A: We've (　　) milk. Can you buy some more on the way home?

B: Sure. Send me a text message later to remind me.

A: Okay!

① been out of

② got out of

③ left out of

④ run out of

(6) A: How did your presentation go?

B: (　　), it was fine. I was a bit nervous at the beginning, but I got more confident. Some of the questions were difficult, but I think I answered them all right.

A: Sounds like it went well.

① At the whole

② By the whole

③ In the whole

④ On the whole

(7) A: It's such a beautiful morning.

B: Yes, it is! We should go for a picnic.

A: Great idea! It's a perfect day for ( ) in the park.

① hanging by

② hanging on

③ hanging out

④ hanging over

(8) A: How was your trip?

B: I didn't go. I had to ( ) because I couldn't get a visa in time.

A: I'm sorry to hear that.

① call it off

② cut it off

③ take it off

④ turn it off

(9) A: Did you enjoy studying abroad?

B: ( ), I found it really difficult at first. But after a few weeks, I loved it!

A: Great! Let's go for coffee. I want to hear all about it.

① To be fair

② To be honest

③ To be right

④ To be true

(10) A: We need to hurry, or we'll miss the train.

B: Give me a minute. I'm just looking for my wallet.

A: Come on! We need to leave ( ), or we'll miss it.

① right away

② right soon

③ right through

④ right to

解説

(1)A：「オープンしたばかりの新しいイタリア料理のレストランを本当に試してみたいんだ」

B：「私もよ！　今度の週末に行ってみましょう」

A：「それはいい考えだね！」

正解は③。check it out の形でよく命令文で使われ「それを試してみましょう，そこへ行ってみましょう」の意味があるが，これは知らなくても仕方ない。

(2)A：「テリーは最近本当に心配しているようだ。彼はだいじょうぶだろうか？」

B：「彼は今心配なことがたくさんあるんだよ。仕事場ではストレスを感じ，家ではいくつか問題を抱えているのだと思うよ」

A：「それはお気の毒に」

正解は③。on *one's* mind はやや難しい熟語だが，意外と入試では狙われると思ってほしい。CHECK〈in mind と on *one's* mind の違い〉を参照しよう。Aの発言の worried をヒントにして正解を導くことになる。ちなみに，these days は重要熟語。

CHECK　in those days と these days の違い

in those days「当時，あのころ」(＝then)

◇ Not much was known about the dangers of smoking in those days.
「当時は喫煙の危険性はあまりわかっていなかった」

☆現在との対比で使うことが多い。今はある程度わかっていると言いたいのかもしれない。

these days「最近，このごろ」(＝now)

◇ I don't do much exercise these days.「最近はあまり運動していない」

☆過去との対比で使うことが多い。昔は結構運動していたのだ。

☆ recently「最近」は現在完了形や過去形で使うのが基本だが，these days は現在形で使うのが基本。文法問題でよく狙われる。

at the moment も重要熟語だ。

CHECK　at the moment の意味

①「(あとで変わることを表し) 現在」(＝now, at this moment)

◇ I'm sorry, but he's not in at the moment.
「申し訳ありませんが，彼は今外に出ています」

②「その時」(＝then，at that moment)

☆①は現在形，②は過去形で使われる。①の意味で使うほうが圧倒的に多い。

ここは現在形で使われているので「現在」の意味。That's too bad.「それはお気の毒に」は重要会話表現だ。覚えておこう。

(3)A：「あなたと新しい上司の間で調子はどうなの？」
B：「はるかによくなったよ，ありがとう。今はうまくいっているよ」
A：「そう聞いてうれしいよ」

正解は②。「はるかによくなったよ」に続く内容なので，get along (fine)「(複数の人たちが) うまくやっていく，友好関係を築く」の進行形が正解。How are things going?「調子はどうですか？」は重要会話表現。

(4)A：「とても長い間レベッカに会っていないよ。彼女は元気？」
B：「とても元気だけど，本当に忙しいんだ。いつもの仕事に加えて，週末にはボランティア活動もしているんだ」

正解は①。apart from ～ をまとめておこう。

CHECK apart from ～ の意味
①「～から離れて」(＝separately from ～)
◇ I decided to live apart from my parents.
「私は両親と離れて暮らすことに決めた」
②「～は別にして」(＝except for ～)
◇ Nobody knows her well, apart from her parents.
「彼女の両親は別にして，彼女をよく知る人は誰もいない」
③「～に加えて」(＝in addition to ～)
◇ Apart from Japanese, the pamphlet is printed in a total of 4 languages, including English, Chinese, and Korean.
「日本語に加えて，そのパンフレットは英語，中国語，韓国語を含めた合計4つの言語で印刷されている」
☆②と③は～を排除するかしないかの区別となる。②はどこかに全体や部分を表す表現があるのが基本。また，③は文頭，②は文末で使われることが多い。③は also があることも多い。
☆ aside from ～ もほぼ同意表現。

②と③の区別がかなり面倒な熟語だが，ここは文頭にあることと also があるので「～に加えて」の意味となる。instead of ～ は「～の代わりに」，next to ～ は「～の隣に」の意味がある。*A* rather than *B* は「*B* ではなく *A*」の意味だと考えよう。

(5)A：「牛乳を使い果たしてしまったよ。家に帰る途中でもう少し買って来てくれる？」
B：「もちろん。忘れないようあとでメールして」
A：「わかった！」

正解は④。run out of ～ で「～を使い果たす，～がなくなる」の意味の動作を表す。一方，be out of ～ は「～を使い果たしている，～がなくなっている」の意味の状態を表す。問題文は We've と have があるのがポイントで，run out of のほうを正解とする。ここの run は過去分詞で，全体は現在完了形になっている。be out of のほうを使うのなら，We're out of milk. と単なる現在形で十分だ。ちなみに，run short of ～ は「～が不足する」，be short of ～ は「～が不足している」の意味。

(6)A：「プレゼンはどうだった？」

B：「概してうまくいったよ。最初は少し緊張したんだけど，より自信を持てたよ。質問の中には難しいものもあったけど，うまく答えられたと思うよ」

A：「うまくいったようだね」

正解は④。on the whole と as a whole の違いを覚えよう。

CHECK on the whole と as a whole

on the whole「概して，全体として」

◇ Japanese cities are clean on the whole.
「概して日本の都市はきれいだ」

as a whole「全体としての～，～全体」

◇ The plan will benefit the community as a whole.
「その計画は地域社会全体の利益になるだろう」

☆ on the whole は副詞的に，as a whole は前の名詞（集団や組織など）を修飾するのが原則。

on the whole が正解で，他の選択肢のような表現はない。

(7)A：「とてもいい朝だね」

B：「そうだね！　ピクニックに行くのがいいよね」

A：「いい考えだね！　公園でのんびりするには理想の日だね」

正解は③。hang out は「のんびりする，ぶらぶらする」の意味のやや難しい熟語だ。

(8)A：「旅行はどうだった？」

B：「行かなかったんだ。ビザの取得が間に合わなかったので中止しなければならなかったんだ」

A：「それは残念だね」

正解は①。call off ～ で「～を中止する」の意味。cancel が同意語だ。また，it をはさむことも重要な文法規則だ。

NOTE「他動詞＋副詞」と人称代名詞の位置

「他動詞＋副詞」からなる熟語表現は，目的語が名詞の場合は「他動詞＋副詞＋名詞」でも「他動詞＋名詞＋副詞」でもいいが，人称代名詞の場合は「他動詞＋人称代名詞＋副詞」の順序のみ可能である。

◇ He took off his hat.「彼は帽子を脱いだ」（＝He took his hat off.）

◇ He took it off.「彼はそれを脱いだ」（× He took off it.）

㊜ この文法事項自体は難しいものではないが，実は，ある熟語表現が「他動詞＋副詞」

であるかどうかを判断するのが存外難しいことがある。前置詞か副詞かを判断するのは結構大変なので，動詞が自動詞か他動詞かで見極めるのが無難であろう。

ここも call が他動詞で off が副詞となっている。

(9) A：「海外留学を楽しんだの？」
B：「正直に言うと，最初は本当に大変だと思ったんだ。でも，数週間後，大好きになったよ！」
A：「すばらしい！　コーヒーを飲みに行こう。いろいろ聞かせて」

正解は②。to be honest「正直に言うと」は NOTE〈to be honest「正直に言うと」の真の意味〉で詳しく述べている。基本的に悪い内容で使われる熟語である。問題文も最初は本当に大変だったようだ。最初は悪かったということ。ちなみに，at first は「最初は」の意味。「最初に」の意味ではないことに注意せよ。後ろに but などがあって前後は反対の内容になるのが原則だ。

(10) A：「私たちは急ぐ必要がある，さもないと電車に遅れるよ」
B：「少し時間をちょうだい。財布を探しているだけなの」
A：「何だよ！　すぐに行かないといけないよ，さもないと乗り遅れるよ」

正解は①。right away「すぐに」がポイント。ちなみに，「命令文＋,or S′ V′」は NOTE〈命令文＋(,) and S′ V′ または命令文＋(,) or S′ V′〉を参照してほしい。問題文は命令文ではなく We need to となっていて，「命令文＋(,) or S′ V′」の変形だ。また，or の後ろがマイナスの内容となっていることも確認せよ。

解答

(1)—③　(2)—③　(3)—②　(4)—①　(5)—④　(6)—④　(7)—③　(8)—①　(9)—②　(10)—①

30

2017年度 商学部〔Ⅱ〕

目標解答時間 4分

ポイント

会話文問題だが会話独特の表現は狙われていない。熟語を知っているかで決まる問題が1つだけあるが，他は会話の流れを押さえることが重要だ。

空欄に入る最も適切なものをそれぞれ1つ選び，その番号をマークしなさい。

(1) Man: I don't understand what this means: "fair trade coffee."

Woman: Hmm. I think it means that people who live in poor countries should get proper market value for the coffee beans they grow.

Man: That's a great idea! But who determines what is the appropriate market value?

Woman: Good question. To be honest, if the price were determined by the taste of the coffee, then this cup should be (　　).

Man: You're right. It's horrible.

1 expensive　　2 smaller

3 double　　4 free

(2) Woman: I am really interested in changing my mobile phone. What kind are you using?

Man: Me? Well, it's a really small company. I don't think you have even heard of it.

Woman: And are you satisfied with your phone? It looks really cool! I have never seen a phone shaped like a triangle.

Man: Well, let me tell you something: (　　). Not only is it slow, but the keys often get stuck, and it's really difficult to put in your pocket.

Woman: Hmm. It does look rather painful . . .

1 appearances aren't everything　　2 I love it
3 it's so popular　　4 you should get one, too

(3) Atsuko: Mr. Biggs, may I ask you something?
Mr. Biggs: Of course, Atsuko.
Atsuko: Last week, you told us what our grades were for our semester presentations. As you know, Sayuri was absent from class last week. She emailed me this morning before class and told me that she would be absent again today. She really wants to know what her grade is. Would it be possible for you to tell me her grade, so that I can tell her?
Mr. Biggs: I'm sorry, Atsuko, but I (　　　). Telling you something like that would clearly be against school policy.

1 am not at liberty to give you that information
2 cannot resist helping you find what you seek
3 do not want to make you wait and see
4 look forward to her next absence

(4) Angie: Hi, Rose. Do you have any plans for the winter break?
Rose: Yes, I do. My husband and I will be throwing a party at our house on New Year's Eve. All of Stan's work colleagues will be coming over.
Angie: Great! I hope everyone enjoys the party.
Rose: I hope so, too. It's going to be a big party. Stan works with thirty people!
Angie: Thirty? That sounds like a lot. I hope that (　　　). The last time Roger and I threw a big party at our house, two windows were accidentally broken, and it was so noisy that the neighbors complained twice!

1 everyone hands it to you

2 the time is close at hand

3 things don't get out of hand

4 you will have your hands full

(5) Dale: Hi, Jack. How are you?

Jack: Hi, Dale. I'm feeling a bit down.

Dale: Why?

Jack: There is a rock concert tomorrow, but my parents won't let me go to it.

Dale: No wonder you are upset.

Jack: It's all because of my older sister. Three years ago they let her go to a rock concert with her friend. She came back home at four in the morning. My parents were angry because she had promised to be back by midnight. They are afraid that I will do the same thing.

Dale: That doesn't seem fair.

Jack: I know. My older sister does something wrong and I suffer for it. (   ).

1 I can't stand being the youngest person in the family

2 My parents should buy rock concert tickets for her

3 Parents could teach their children how to tell time better

4 Teenagers must never be allowed to go to rock concerts alone

解説

⑴男性：「これがどんな意味なのかわからないよ。『フェアトレードコーヒー』だって」
女性：「うーん，それは貧しい国に住む人々が自らが栽培するコーヒー豆の適切な市場価値を得るべきだということを意味すると思うわ」
男性：「それはすばらしい考えだ！　でも誰が適切な市場価値を決めるのだろう？」
女性：「いい質問ね。正直に言うと，もし値段がコーヒーの味で決まるのなら，このコーヒーは無料であるべきよ」
男性：「確かに。ひどい味だよね」

1「値段が高い」　　2「より小さい」
3「2倍の」　　4「無料の」

正解は4。まずは to be honest の熟語をしっかり押さえよう。

> **NOTE** to be honest「正直に言うと」の真の意味
> ◇ To be honest, I don't like him very much.
> 「実を言うと，彼のことあまり好きではないの」
> ㊜ to be honest (with you) は「(失望させるかもしれないが) 正直に言うと」(＝honestly speaking) の意味で，悪い意味で使うのが基本。

to be honest と言った後の発言なので，失望させるようなことを言っていると考えられる。発展途上国の農家を助けるためのフェアトレードなわけだが，味を考えると値段は無料であるべきだと言っているのだ。

⑵女性：「携帯電話を変えることに本当に興味があるの。どんな種類のを使っているの？」
男性：「ぼく？　ええと，本当に小さな会社のやつだよ。聞いたことさえないと思うよ」
女性：「今の携帯に満足しているの？　本当に格好いいわね！　三角形のような形の携帯は一度も見たことないわ」
男性：「うーん，言わせてもらうと，見た目がすべてではないよ。遅いだけでなく，キーボタンが動かなくなることが多いんだ。それにポケットに入れるのが本当に難しいんだよ」
女性：「ふーん，本当にひどそうね…」

1「見た目がすべてなわけではない」　　2「ぼくはそれが大好きだ」
3「それはとても人気がある」　　4「君もこれを手に入れるべきだよ」

正解は1。空所の前で女性が見た目の格好のよさについて述べたのに対して，空所の直後で男性が自分の携帯電話の欠点を述べているので，1を正解とするのが妥当だ。not everything は「すべてなわけではない」の意味の部分否定になっていることを確認せよ。

(3)アツコ　：「ビッグス先生，おたずねしてもよろしいですか？」
ビッグス氏：「もちろんだよ，アツコ」
アツコ　：「先週，セメスターの口頭発表に対する私たちの成績がどうだったのか教えてくださいました。ご存知の通り，サユリは先週授業を欠席しました。今朝授業前に彼女からメールが来て今日も再び欠席すると言っています。彼女は自分の成績がどうなのか本当に知りたがっているのです。彼女に伝えるため，彼女の成績を教えていただくのは可能でしょうか？」
ビッグス氏：「申し訳ないけど，アツコ，君にそのような情報を教える自由はないんだ。そのようなことを教えるのは明らかに学校の方針に反するんだよ」

1「君にそのような情報を教える自由はない」
2「君が求めているものを君が見つけるのを助けないではいられない」
3「君に様子を見るようにさせたくはない」
4「彼女の次の欠席を楽しみにしている」

正解は1。空所の直後で「そのようなことを教えるのは明らかに学校の方針に反する」と言っているのだから，「君にそのような情報を教える自由はない」が自然な流れだ。ちなみに，be at liberty to *do* は「～する自由がある，権利がある」の意味だ。

(4)アンジー：「こんにちは，ローズ。冬休みの予定はあるの？」
ローズ　：「ええ，あるわよ。夫と私は大みそかに私たちの家でパーティーを開く予定なの。スタンの同僚がみなやってくる予定よ」
アンジー：「すばらしい！　みんなパーティーを楽しめるといいね」
ローズ　：「私もそう願っているわ。大きなパーティーになるはずよ。スタンは30人の同僚と一緒に働いているのだから！」
アンジー：「30人？　ずいぶん多いようね。手に負えなくならなければいいんだけど。前回ロジャーと私が私たちの家で大きなパーティーを開いたとき，窓が2枚思いもよらず割れて，音がとてもうるさくて隣人が2度も文句を言ってきたわ！」

1「みんなそれを君に手渡す」　　2「そのときが近づいている」
3「手に負えなくなる」　　4「あなたは手一杯になるだろう」

正解は3。out of hand を簡単にまとめよう。

CHECK　out of handの2つの意味
①「手に負えない」（⇔in hand「制御して」）
◇The riot got out of hand.「暴動は手がつけられなくなった」
②「即座に」

◇I refused his offer out of hand.
「私は即座に彼の申し出を拒絶した」
☆①は形容詞句，②は副詞句で，①は get out of hand「手に負えなくなる」の形で使うことが多い。

空所の直後で，自分たちが行った前回のパーティーで窓が割れたり騒々しかったりで近所に迷惑をかけたと言っているので，今回の相手のパーティーは「手に負えなくならなければいいんだけど」と希望を述べる場面だと考えるのが最適だ。ちなみに，(close〔near〕) at hand は「(時間，距離において) すぐそこに」の意味の重要熟語。have *one's* hands full は「(忙しくて) 手一杯である」の意味だ。

(5)デール　:「こんにちは，ジャック。調子どう？」
ジャック:「こんにちは，デール。ちょっと落ち込んでいるんだ」
デール　:「どうして？」
ジャック:「明日ロックコンサートがあるんだけど，両親がどうしても行かせてくれないんだ」
デール　:「どうりでいらいらしているのね」
ジャック:「すべて姉貴のせいなんだよ。3年前彼女は友達とロックコンサートに行くのを許してもらったんだ。朝の4時に家に戻ってきたんだよ。彼女は夜の12時までには戻ると約束していたのでぼくの両親は怒ったんだ。ぼくも同じことをすると恐れているんだ」
デール　:「それは公平そうじゃないわね」
ジャック:「わかっている。姉貴が悪いことをしてぼくはそれで苦しんでいるんだ。ぼくは家族で一番年下なのががまんできないんだ」

1「ぼくは家族で一番年下なのががまんできないんだ」
2「ぼくの両親は彼女のためにロックコンサートのチケットを買うべきだ」
3「親は子供たちに時計の見方をもっと上手に教えることができるのに」
4「ティーンエイジャーは一人でロックコンサートに行くのを決して許されるべきではない」

正解は1。姉のせいで自分はとばっちりを食っているわけで，空所の直前では「姉貴が悪いことをしてぼくはそれで苦しんでいるんだ」とある。少なくとも姉のほうが年上なので，弟である自分より先にコンサートに行ったりするわけだが，姉のせいで弟である自分も同じことをするのではと思われるのが嫌だと言っているのだ。少しわかりにくい選択肢だが，1を正解と考えていいだろう。

解答
(1)―4　(2)―1　(3)―1　(4)―3　(5)―1

31 2017年度 経営学部〔Ⅳ〕

目標解答時間 12分

ポイント

経営学部では〔Ⅲ〕の文法・語彙問題で会話文形式の出題があり，会話表現が狙われることもある。〔Ⅳ〕は会話表現ではなく，文の流れをつかむことが重要だ。

次の(A)～(E)の空欄に入れるものとして，①～⑧の中から適切な文を選び，その番号をマークせよ。ただし，同じ文を2度以上使ってはならない。

Hana meets Boris, an exchange student from the UK, at Haneda Airport.

Boris: Hello. I am Boris Brown. Are you the person meeting me from Meiji University?

Hana: Oh, hi Boris. That's right. You saw my sign then. Welcome to Japan! I am so pleased to meet you. My name is Hana.

5 Boris: Thank you, Hana. I am really glad to be here and it's really nice to meet you too.

Hana: (A)________

Boris: Yeah, not too bad. It was pretty long but I watched a couple of films and managed a quick nap before the plane landed. Am I the only one you're

10 meeting today?

Hana: The only one, yes. To be honest, most of the students don't arrive until April as we are still on spring break.

Boris: Well, I noticed that the orientations don't start up until April. But I wanted to get here as soon as possible so I took the flight right after my

15 last class on Friday. This way, I can get time to settle in and maybe do a little sightseeing.

Hana: (B)________ That way you can get a short spring break in Japan.

Boris: Really? I kind of felt like I would lose the spring holiday as classes start up so soon. Normally, we wouldn't start back until late April.

Hana: Well, don't worry too much because we have a saying that goes, "University is the spring break of life." 20

Boris: Ha, ha. (C)＿＿＿＿

Hana: Yeah. We do still have to do some work, but compared to cramming to get into university and the long hours we will probably have to work once we get a job, it is easy. How are things in the university in the UK? 25

Boris: I think saying university is a holiday would give the wrong impression because students do work hard and take it seriously, perhaps more so than high school. After all, most of us have to pay for it ourselves using student loans. That said, I think it is an important time to try out different things and really find out what interests you. 30

Hana: (D)＿＿＿＿

Boris: Exactly!

Hana: So what is it that interests you about Japan? Is it the "cool Japan" thing?

Boris: In a way, I suppose. Actually, I am not so interested in animation or Japanese food, but I find Japanese philosophy interesting. 35

Hana: Japanese philosophy? What do you mean by that?

Boris: Well, I used to do *judo* at school and I started reading about various martial arts. I particularly became interested in Zen because, although I don't really understand it, it seems like a way to happiness that has been lost in the West. 40

Hana: I see. So you came to Japan to learn how to be happy and discover the spring break of life?

Boris: (E)＿＿＿＿ But one of my professors back in the UK once told me success without enjoyment is the worst kind of failure. So it may not be such a bad thing. 45

Hana: I see. Well, philosophy aside, we'd better succeed in getting on this train or we'll have a long wait for the next one!

① So you mean all the students can take it easy?

② Is that really so?

③ You are putting words into my mouth.

④ Did you have a good flight?

⑤ You're welcome.

⑥ And in your case that includes coming to Japan?

⑦ Great idea!

⑧ Can you explain that again?

全訳

ハナはイギリスからの交換留学生のボリスを羽田空港で出迎える。

ボリス：こんにちは。ボリス=ブラウンです。明治大学から私を迎えに来てくれた方ですか？

ハナ　：ああ，こんにちは，ボリスさん。その通りです。それじゃ私の目印がわかったのですね。日本へようこそ！　会えて本当にうれしいです。私はハナです。

ボリス：ありがとう，ハナさん。ここに来れて本当にうれしいです。僕もあなたに会えて本当にうれしいです。

ハナ　：空の旅はよかったですか？

ボリス：ええ，悪くなかったです。かなり長かったですが，2，3本の映画を観て，着陸する前に一眠りすることができましたよ。今日あなたが出迎えるのは僕だけですか？

ハナ　：はい，その通りです。正直に言うと，まだ春休みなので，ほとんどの学生は4月まで来ないのです。

ボリス：えー，オリエンテーションは4月まで始まらないことに気づいていました。でも，できる限り早くここに来たかったのです。だから，金曜日の最後の授業のあとすぐ飛行機に乗ったのです。こうすれば，落ち着いておそらく少し観光をする時間を得られます。

ハナ　：すばらしい考えですね！　そうすれば日本で短い春休みを取ることができます。

ボリス：本当に？　授業がとても早く始まるので春休みは取れないだろうとちょっと感じていました。普通僕たちは4月下旬まで始まらないですから。

ハナ　：うーん，あまり心配しないで。「大学は人生の春休み」と俗に言われてますから。

ボリス：ハ，ハ。それじゃ，学生はみんなのんびりすることができるということですか？

ハナ　：はい。それでも少し勉強しなくてはいけませんが，大学に入るための詰込みや，いったん就職したらたぶん働かなくてはいけない長い時間と比べると，楽ですよ。イギリスの大学はどういう状況ですか？

ボリス：大学は休日だと言うのは間違った印象を与えるだろうと思います。なぜなら学生は熱心に勉強するし真剣に考えているから。おそらく高校よりも。なにしろ，僕たちのほとんどは学生ローンを使い自分で学費を払わないといけないのです。そうは言っても，大学は違ったことにトライし何に興味があるのかを本当に知る重要なときだと思います。
ハナ　：そしてあなたの場合では日本に来ることがそれに含まれているのですね。
ボリス：その通り！
ハナ　：それでは日本についてあなたが興味を持っているのは何なのですか？「クールジャパン」みたいなものですか？
ボリス：ある意味そう思います。実は，僕はアニメにも日本食にもあまり興味がなく，日本の哲学がおもしろいと思っているんです。
ハナ　：日本の哲学ですって？　どういう意味？
ボリス：えー，僕はかつて学校で柔道をしていて，いろいろな武道について読み始めたんです。特に禅に興味を持つようになったんです。というのも，あまり理解できていないんですけど，禅は西洋で失われた幸福への道のように思われるからなんです。
ハナ　：わかりました。だからあなたは幸せになる方法を学び，人生の春休みを発見するために日本に来たのですね？
ボリス：それはあなたの言い方ですよね。でも私の母国のイギリスの教授の一人がかつて，楽しみのない成功は最悪の種類の失敗だと言ったんです。だから，それはそれほど悪いものではないのかもしれませんね。
ハナ　：わかります。えー，哲学はさておき，この電車に乗れたほうがいいですね。さもないと次の電車まで長い間待たないといけません！

●語句・構文

□*l.* 4　be pleased to *do*「～してうれしい」

□*l.* 5　be glad to *do*「～してうれしい」

□*l.* 5　It's nice to meet you.「お会いできてうれしいです，初めまして」

□*l.* 8　Not too〔so〕bad.「悪くはないよ，悪くはなかったよ」は予想ほど悪くなかったことを述べる表現。

□*l.* 8　pretty「かなり」は形容詞の意味が「かわいい」なので，いい意味で使われるかと思いきや，悪い意味の語を強調することも多い。

□*l.* 8　a couple of ～ は重要熟語だ。

NOTE　a couple of ～ の意味
①「2つの～」
②「2，3の～，少しの～」
◇ I'll be back in a couple of minutes.
「数分後に戻って来ます」
☆最大4くらいまでのようだ。文脈から①の意味だと断定できないことが多いので，②の意味で解するのが妥当なことが多い。

ここも①の意味だと断定できないので，②の意味だと考えるのが妥当だ。

□*l.* 9　manage「どうにか～ができる」

□*l.* 9　ここの現在進行形は近い未来の予定を表す。

□*l.*11　to be honest「正直に言って」

□*l.*12　on spring break「春休み中で」

□ *l.* 13 start up に「(活動やイベントなどが) 始まる」の意味がある。

□ *l.* 14 as soon as possible「できるだけ早く」

□ *l.* 14 take the 8 p. m. flight「午後8時の飛行機に乗る」のような使い方をする。

□ *l.* 14 right after ～「～のすぐあとに」の right は副詞でここでは「すぐに」の意味。right before ～「～の直前に，～の目の前で」の使い方もある。

□ *l.* 15 settle in「落ち着く」

□ *l.* 18 kind of ～ を押さえよう。

CHECK a kind of ～ と kind of ～

◇ a kind of sweet Japanese liquor called "kanroshu"
「『甘露酒』と呼ばれる一種の甘い日本酒」

◇ I think she kind of likes me.
「彼女はちょっと私のことが好きだと思う」

㊜ a kind of ～「一種の～，～みたいなもの」は「種類」という意味が色濃く出ている。ニュアンスは完全に正確な描写ではないことを言う。一方，kind of ～「いくぶん～，少し～」はよく会話で使い，あいまいにぼかしたり，語調を和らげたりしたいときの表現。

□ *l.* 19 would は「～だろう」くらいの訳で過去のことを言っているのではなく，断定を避ける表現だ。

□ *l.* 19 start back「(元の場所に) 戻って来る」

□ *l.* 20 goes は結構重要な意味だ。

NOTE 「～ということだ」の意味の go と run

◇ The story goes that he was murdered.
「彼は殺害されたということだ」

◇ The rumor runs that our teacher will leave school.
「私たちの先生は学校を辞めるということだ」

☆どちらの that も主語と同格になっている。「～という話がある」「～といううわさがある」くらいが直訳だ。The story goes that S′ V′ や The argument goes that S′ V′ のように，主語は「話，主張，うわさ」などが基本。

ここも a saying「ことわざ」が主語となっている。

□ *l.* 21 University is the spring break of life.「大学は人生の春休みだ」というのは，大学が人生の中では春休みのようにのんびりできるという意味で，日本の大学はあまり勉強しなくてもいいという皮肉を込めていると言えるだろう。ハナ自身が使った a short spring break「短い春休み」を意識した表現だ。

□ *l.* 23 do still have to の do は動詞を強調する助動詞。「譲歩→主張」構文の譲歩を表すことができるので，do ～, but …「確かに～だが，しかし…」とつながっていることを押さえよ。

□ *l.* 23 do some work は「いくらか勉強する」の意味。

□ *l.* 23 compared 以下は少し構造が面倒だ。図解しよう。

… (compared to <u>cramming to get into university</u> [and] <u>the long hours</u>
名① (先行詞)

[(when) we will probably have to work (once we get a job)]), it is easy.
関副　名②　(=university)

compared … a job が副詞句で，it is easy が主節だ。compared with〔to〕～「～と比べると」は対比を表す重要熟語。to の後ろに 2 つの目的語があるのがわかったであろうか？　cram は「(知識などを) 詰め込む」の意味。the long hours が先行詞で，関係副詞の when が省略されている。これもなかなか見抜きにくい構造だ。once S′ V′ ～の once は接続詞で「いったん～すると」の意味。大学に入るための受験と就職したあとの仕事は大変だが，大学自体は楽だと言っている。対比となっているのをしっかり押さえよう。

□ *l*.25　How are things?「調子はどうですか？」

□ *l*.27　I think の後ろに that が省略されている。saying の後ろを簡単に図解してみよう。

… 〈saying 〈(that) university is a holiday〉〉 would give
S′　V′

the wrong impression (because …).
O′

S′V′O′ の部分は「大学が休日であると言うことは間違った印象を与えるであろう」の訳となる。

□ *l*.28　take ～ seriously「～を深刻に受け止める，真剣に考える」は重要熟語。it は動詞の work を受けると考えるといいので，「勉強」くらいの意味だと言える。

□ *l*.28　more so の so は形容詞を受けるのが基本だが，そうでないこともある。Becoming an artist takes talent and effort, even more so when the field is photography.「芸術家になるには才能や努力が必要だが，その分野が写真技術の場合は一層そうである」のような例を考えるといい。so は内容的には takes talent and effort を受けていると考えられる。本文も do work hard and take it seriously を受けていると言えよう。

□ *l*.29　after all は前後の内容を理解する重要な熟語だ。**CHECK** 〈after all の真の意味〉を参照。
ここは文頭で使われているので②「何しろ，というのは～だからだ」の意味だ。

□ *l*.29　it = university

□ *l*.29　using student loans は分詞構文・付帯状況「～しながら」。

□ *l*.30　that said「そうは言っても，それにもかかわらず」(= having said that)

□ *l*.30　try out ～「～を試してみる」

□ *l*.34　疑問詞を強調する強調構文を学ぼう。

NOTE　**疑問詞を強調する強調構文**

疑問詞を強調する強調構文の語順は「疑問詞 + is it that ～?」になる。たとえば，When did this meeting take place?「この会議はいつ行われましたか？」の When を強調する強調構文は When was it that this meeting took place?「この会議が行われたのはいつでしたか？」となる。

ただし，間接疑問文の場合は「疑問詞 + it is that ～」になることに注意せよ。Do you know when it was that this meeting took place?「この会議が行われたのはいつだったか知っていますか？」のような例だ。

問題文は what を強調する強調構文となっている。「日本についてあなたに興味を与えているのは何ですか？」となる。

□ *l*. 34 cool Japan「クールジャパン」は外国人がカッコイイと思う日本の文化などを推進する戦略のことを言う。アニメや日本食はその中心と言えるだろう。

□ *l*. 35 in a way「ある意味では」

□ *l*. 36 find Japanese philosophy interesting は find O C「OをCだと思う」になっている。

□ *l*. 37 What do you mean (by that)?「どういう意味？」

□ *l*. 38 used to *do*「～したものだ，かつては～だった」

□ *l*. 39 martial art は「武道」のことで，手や足を使って相手と戦うスポーツのことを言う。

□ *l*. 39 because … the West が副詞節で，その中に although … understand it の副詞節と it seems … the West の主節が入り込んでいる。

□ *l*. 40 not really ～「あまり～ない」

□ *l*. 40 2つの it は Zen「禅」のこと。

□ *l*. 40 関係代名詞の that の先行詞は a way to happiness。

□ *l*. 42 learn how to be happy と discover the spring break of life を and で結んでいる。

□ *l*. 44 back＋場所を示す表現「故郷の～では」

□ *l*. 44 tell *A* that S′ V′ ～「*A* に～だと言う」の形になっているので，me の後ろに that が省略されている。

□ *l*. 45 it は内容から the spring break of life と言えそうだ。

□ *l*. 47 ～ aside「～は別にして，～はさておき」

□ *l*. 47 get on ～「～(電車やバスなど) に乗る」

□ *l*. 47 we'd better の 'd は had better *do*「～したほうがよい」の had。また，その後の or は見えたであろうか？ we'd better ～ or …「私たちは～したほうがよい，さもないと…」となっている。or の後ろはちゃんとマイナスの内容になっていることを確認せよ。NOTE〈命令文＋(,) and S′ V′ または命令文＋(,) or S′ V′〉を参照してほしい。

□ *l*. 47 succeed in *doing* は「～することに成功する」が直訳だが，ここでは「どうにか～する」くらいの訳がいいだろう。

□ *l*. 48 one＝train

解説

(A)「よい飛行機の旅でしたか？」

正解は④直前に初対面の挨拶をして，ハナが何かをたずね，それに対してボリスが「悪くはなかったです」と答え，飛行機の中でどう過ごしたか述べている。Did you have a good flight？と乗っていた飛行機の乗り心地についてたずねるのは自然な流れだ。

(B)「すばらしい考えですね！」

正解は⑦ボリスが「こうすれば，落ち着く時間を得て，たぶん少し観光ができるでしょう」と述べたのに対して，ハナが「それはすばらしい考えですね！　そうすれば日本で短い春休みを取ることができますよ」と返答することで自然な流れになるだろう。

(C)「それじゃすべての学生が気楽にやることができると言っているのですか？」

正解は①ハナがUniversity is the spring break of life.「大学は人生の春休みだ」と少しわかりにくい比喩表現を使ったので，日本の大学のことがいまいちわかっていないボリスが①のようにたずねるのも理にかなっているだろう。take it easy「気楽にやる」は「くつろいでたいしたことはしない」といったニュアンスの重要熟語だ。

(D)「そしてあなたの場合あなたが日本に来たことはその一部なのですね？」

正解は⑥ボリスが大学生活のことを「違ったことを試してみて興味のあることを本当に発見する重要なときだと思います」と述べたのに対するハナの返答部分だ。最後から２番目のハナの発言（I see.…）も正解の手がかりになりそうだ。ボリスが日本に来た目的をたずねている場面だ。

(E)「それはあなたの言い方ですよね」

正解は③ put words into *one's* mouth は「～が言いもしないことを言う，～が言うことを違ったふうに解釈する」の意味の難熟語だ。ハナが「それじゃあなたは幸せになる仕方を学び，人生の春休みを発見するために日本に来たのですね」と言った内容をある意味否定しているのだ。ただ，空所の直後で逆接のButを使い，楽しむのも悪いことではないので，ハナが言ったこともまんざら間違いでもないと言っている。

解答

(A)―④　(B)―⑦　(C)―①　(D)―⑥　(E)―③

32

2020年度 国際日本学部〔Ⅳ〕

目標解答時間 7分

ポイント

会話文タイプの問題で，狙われているのはすべて熟語だ。標準レベルからやや難しい熟語がポイント。まさに明治大学らしい問題と言えそうだ。

以下の空欄に入る最も適切なものを①〜④の中から1つ選び，その番号を解答欄にマークしなさい。

(1) A: Hi Sarah. You look so tired. Is everything OK?

B: Well, our team has been working (　　) lately to meet the deadline of the project.

① around the clock
② at the clock
③ on the clock
④ through the clock

(2) A: You're going to study abroad in the States this summer, aren't you?

B: Exactly, so I have to (　　) my English before going there.

① brush up at
② brush up in
③ brush up on
④ brush up with

(3) A: Ken hasn't yet (　　) for class this week. Do you know what happened to him?

B: Well, I heard that he's got the flu so he can't go out.

① shown at
② shown in
③ shown on

④ shown up

(4) A: Good afternoon. How may I help you?

B: I'd like to open a bank account.

A: OK, please ( ) this form.

① fill on

② fill out

③ fill up

④ fill with

(5) A: Have you prepared for your next presentation?

B: Yes. I hope it'll ( ) as expected.

① work at

② work in

③ work out

④ work through

(6) A: You passed the entrance examination for the university! Congratulations!

B: Thank you so much, but now I have to ( ) my parents' expectations.

A: That's right. I'm sure you can do it.

① live up at

② live up on

③ live up through

④ live up to

(7) A: Could you ( ) what Professor Long said about the assignment today?

B: Not really. Maybe we need to visit her office to ask about it.

① make in

② make on

③ make out

④ make through

(8) A: Kate, where shall I hang the new picture we bought yesterday?

B: Well, I haven't decided yet, so put it in the closet (   ).

① for the time being

② for the time coming

③ for the time following

④ for the time going

(9) A: Hi, Phil! How's your business going?

B: Well, I'm barely (   ).

① getting by

② going by

③ letting by

④ making by

(10) A: Maria, don't forget to (   ) your next report on time.

B: Certainly, Mr. Oyama. I'll definitely meet the deadline.

① hand at

② hand in

③ hand on

④ hand up

解 説

(1)A：「やあ，サラ。とても疲れているようだね。すべてうまくいっている？」
B：「そうねえ，私たちのチームはプロジェクトの締め切りに間に合わせるために最近四六時中働いているの」
正解は①。around the clock は熟語帳には載っていないかもしれないが，意外とよく使われる。

CHECK around the clock の意味
「24 時間続けて，一日中，昼も夜も」
◇ Our stores are now open around the clock.
「私どもの店は 24 時間営業でございます」
☆動詞は work が圧倒的に多い。

(2)A：「君は今年の夏にアメリカへ留学する予定なんだよね？」
B：「その通り，だからそこへ行く前に英語をみがき直さなければならないんだ」
正解は③。brush up (on) ～ で「～（過去に学んだ知識や技術など）をみがき直す」の意味のかなり重要な熟語がポイント。

(3)A：「ケンは今週まだ授業に来ていないんだ。彼に何があったか知っている？」
B：「あのう，彼はインフルエンザにかかって外に出られないと聞いたよ」
正解は④。show up は重要熟語。

CHECK show up の意味
「現れる，来る」（＝turn up，appear）
◇ I invited her to dinner, but she didn't show up.
「私は彼女をディナーに招待したが，彼女は現れなかった」
☆「当然来るべき人が現れる」のニュアンスがあり，結局現れなかったり，遅れて来たりする文脈で使うことが多い。

問題文も「現れなかった」と否定文で使われている。「～に現れる」と言いたければ，show up at〔for〕～ となる。問題文は空所の後ろの for もヒントになっている。get the flu は「インフルエンザにかかる」の意味。

(4)A：「こんにちは。お手伝いいたしましょうか？」
B：「銀行口座を開きたいのですが」
A：「承りました，この用紙に必要事項をご記入ください」
正解は②。fill out は重要熟語だ。

CHECK fill in〔out〕～ の意味
「～（書類など）に必要事項を記入する」
◇ Fill in this form, please.
「この用紙に必要事項を記入してください」
☆ fill in ～ は「～（必要事項）を記入する」のように，目的語が書類などではなく必要事項のこともある。

in と out は反対の意味のように思われるが，この熟語に関しては同意表現になる。

(5)A：「次のプレゼンの準備はできた？」

B：「うん。予想通りうまくいくと期待しているよ」

正解は③。work out も重要熟語だ。

> **CHECK** work out (〜) の意味
> ①「〜（方法など）を考え出す，苦労して解く，理解する」
> ◇We must work out how to bring back customers to the store.
> 「客を店に呼び戻す方法を考え出さなければならない」
> ②「うまくいく，〜（well，badly などの副詞）という結果となる」
> ◇Don't worry. Things will work out.
> 「心配するな。うまくいくさ」
> ③「運動する」
> ◇He's working out in the gym.「彼はジムで運動をしている」

ここの work out は「期待している」とあるので「うまくいく」の意味だ。

(6)A：「大学の入学試験に受かったんだね！ おめでとう！」

B：「ありがとうございます，でも今度は両親の期待にこたえないといけません」

A：「その通り。君ならきっとできるよ」

正解は④。live up to も重要熟語だ。

> **CHECK** live up to 〜 の意味
> ①「〜（基準など）に従って行動する」
> ◇I found it hard to live up to my ideals.
> 「私は自分の理想に従って行動するのは難しいと思った」
> ②「〜（期待など）にこたえる，添う」
> ◇The movie didn't really live up to our expectations.
> 「その映画はあまり私たちの期待にこたえてくれなかった」
> ☆基本的にどちらの意味もプラスの内容となる。

後ろが expectations なので②の意味となる。

(7)A：「今日ロング教授が課題について言ったことを理解できた？」

B：「あまりわからなかったよ。質問するために教授の研究室に行く必要がありそうだね」

正解は③。make out 〜 は「(かろうじて) 〜を理解する」の意味なので，否定文や疑問文で使われることが多い。問題文も疑問文だ。not really 〜 は「完全に〜なわけではない，あまり〜ない」の意味で使える。いわば部分否定で使えるということだ。ここも，「完全に理解できたわけではない」と言っている。

(8)A：「ケイト，昨日私たちが買った新しい絵をどこに掛けようか？」

B：「うーん，まだ決めていないの，だからさしあたりクローゼットの中に入れておいて」

正解は①。for the time being は「(現在はそうだが未来は変わることが前提の意味で）さしあたり，当分の間」の意味。今はクローゼットの中に入れておくが，これからのことはどうなるかわからないと言っているのだ。

(9)A：「やあ，フィル！　仕事の調子はどう？」

B：「うーん，どうにかやっているよ」

正解は①。get by はやや難しい表現だ。

> **CHECK**　get by (on ～)
> 「(～で）何とかやっている」
> ◇ How can you get by on four hours of sleep a night?
> 「一晩に 4 時間の睡眠でどうやってやっていけるの？」
> ☆必要なことができるだけの金や知識などがあることを言う表現。

ちなみに，How are things going?「調子はどう？」という重要な会話表現があるが，things が your business となった表現が問題文だ。

(10)A：「マリア，次のレポートを期日通りに忘れずに提出しなさい」

B：「かしこまりました，オヤマ先生。必ず締め切りに間に合わせます」

正解は②。hand in ～ は非常に重要な熟語だ。

> **CHECK**　turn〔give，hand，send〕in ～の熟語
> 「～を提出する」(＝submit ～)
> ◇ Application must be turned in by Friday.
> 「申込書は金曜日までに提出しなければならない」
> ☆ send は郵送，give〔hand〕は手渡し，turn はどちらでも使える。また，in は「届いて」の意味の副詞なので，人称代名詞を目的語にする場合は turn it in のようにはさむ。

Bが「必ず締め切りに間に合わせます」と言っているのだから，「～を提出する」の意味の hand in が正解だ。Don't forget to *do*「忘れずに～しなさい」，on time「時間〔予定，期日〕通りに」は重要表現。meet the deadline「締め切りに間に合わせる」は余裕があれば覚えておくといい。

解答

(1)―①　(2)―③　(3)―④　(4)―②　(5)―③　(6)―④　(7)―③　(8)―①　(9)―①　(10)―②

33　2020年度　情報コミュニケーション学部〔Ⅲ〕

目標解答時間　14分

ポイント

欠文補充タイプの問題だが，空所が8つなのに対して選択肢は5つしかない。何も入らない空所があるということになる。何も入らない空所があるということは，入らないという判断をしないといけないわけで，その分難しくなると考えよう。

つぎの会話文を読み，1～5の文が入るそれぞれ最も適切な箇所を(A)～(H)から選び，会話文を完成させなさい。

1 I often find it difficult to say something intelligent when I'm discussing a more complex topic.

2 Everyone is saying what a great time they had, and that they thought the food was so good.

3 I can see how that could be upsetting, especially for the chef.

4 I'd rather we all just talk and enjoy the party and each other's company.

5 In my mind, there's just no comparison.

Yuko: Hey, I saw some pictures online of your dinner party. Looks like you had a great night. The food you cooked looked so delicious.

Graham: Thanks.

Yuko: Are you okay? Did I say something wrong?

5 Graham: No, but I was a little upset that most of the people I invited uploaded so many photos. I find it a little strange, and an invasion of my privacy. (A)

Yuko: Really? I think it's quite common these days.

Graham: Yes, I know that many people like to share their lives online, but it kind of irritates me when people take so many photos during a party. (B)

10 Last night, after I brought out the food, we had to wait several minutes before eating while some guests took their photos.

Yuko: Oh dear, so I guess the food was getting cold. (C)

Graham: Right. I mean, I don't really understand social media well since I barely use it, but it does bother me that people spend so much time taking photos of unimportant things such as the food they are eating. I mean, I can understand it if they go to a fancy restaurant, but I don't think that the dishes I prepared last night were anything special. 15

Yuko: (D) You should remember that uploading a photo on social media is a way to thank someone for having them over.

Graham: What? To thank someone? 20

Yuko: Yes, here are the photos I saw, and look at the comments. (E)

Graham: I see. Well, now I'm actually feeling a little better about it.

Yuko: Great! That reminds me, I've been meaning to ask why you don't often use social media. I never see you comment on any of our group's photos or chats. 25

Graham: (F) Basically, I have never really liked online communication. It feels unnatural to chat to a group of people at the same time.

Yuko: That's true. Talking online is very different from face-to-face conversations.

Graham: (G) When I talk face-to-face with someone, it's very easy for me to understand how they feel about what they say. When I read text messages, it's not so easy. 30

Yuko: I can see your point. But while sometimes I find it hard to express my feelings in a written message, I think that face-to-face communication also has its problems. 35

Graham: How so?

Yuko: Well, if we're not discussing something very serious, then I think there's no problem. However, when I have to respond really quickly, it's tough. (H)

Graham: So what you're saying is that you need more time to think? 40

Yuko: Right. Mind you, most online conversations are not so serious, so that might be why I don't have so much trouble with them!

全訳

ユウコ　：ねえ，インターネットであなたの夕食パーティーの写真を何枚か見たわよ。とても楽しい夜を過ごしたようね。あなたが作った料理はとてもおいしそうだったわ。
グラハム：ありがとう。
ユウコ　：大丈夫？　何か悪いことを言ったかしら？
グラハム：ううん，ただ，招待客の大半がすごく多くの写真をアップロードしているのに少し動揺して。それは少し奇妙なことだし，プライバシーの侵害だと思うよ。
ユウコ　：そう？　最近ではかなりありふれたことだと思うけど。
グラハム：うん，多くの人が自分の生活をインターネットで共有するのを好むのは知っているけど，人々がパーティーですごく多くの写真を撮るのにはちょっとイライラするよ。僕はただみんなに話をしたり，パーティーやお互い一緒にいることを楽しんだりしてほしいんだ。昨晩，僕が食べ物を出してから何人かの客が写真を撮る間，数分食べるのを待たなければならなくてね。
ユウコ　：まあ，それではたぶん食べ物が冷めてしまったわよね。特に料理を作った人にとってそれがどれほど腹立たしいことだったかわかるわ。
グラハム：そうなんだよ。というのも，僕はソーシャルメディアをほとんど使わないからあまりよくわからないけど，人々が自分の食べている物のように取るに足りないものの写真を撮るのに非常に多くの時間をかけるのは本当に困るんだ。つまり，高級レストランに行ったのであればわかるけど，僕が昨晩用意した料理には特別なものは何もなかったと思うよ。
ユウコ　：ソーシャルメディアに写真をアップロードすることは，招いてくれたことに対して相手に感謝する一つの手段だということは覚えておいてね。
グラハム：えっ？　誰かに感謝するため？
ユウコ　：ええ，ここに私が見た写真があるから，コメントを見て。みんなとても楽しい時間を過ごしたとか，料理がとてもおいしいと思ったとか言っているわ。
グラハム：なるほど。実際少し気分がよくなってきたよ。
ユウコ　：よかった！　それで思い出したけど，なぜあなたがあまりソーシャルメディアを利用しないのかを尋ねようとずっと思っていたの。私たちのグループの写真やチャットにあなたがコメントするのをまったく見かけないから。
グラハム：基本的に，僕はオンラインのやり取りが本当に好きだと思ったことがないんだ。グループで同時におしゃべりをするのは不自然に感じて。
ユウコ　：そうね。インターネットでおしゃべりをすることは対面のコミュニケーションととても違うわよね。
グラハム：僕が思うに，比べものにならないよ。誰かと対面で話すときは，相手が話すことについて相手がどう感じているのかをとても簡単に理解できる。テキストメッセージを読むときは，それほど簡単じゃない。
ユウコ　：言っていることはわかるわ。でも文字によるメッセージで自分の感情を表現しにくいときはあるけど，対面のコミュニケーションでも問題があると思うの。
グラハム：それはどうして？

ユウコ：ええと，あまり深刻なことを話していなければ問題はないと思うわ。ただ，本当にすぐに返答しなければならないときには難しくなるの。より複雑な話題について話し合っているときに，気の利いたことを言うのが難しいと感じるときがよくあるのよ。
グラハム：つまり君が言っているのは，考える時間がもっと必要だということ？
ユウコ：その通りよ。でも…，ほとんどのオンラインの会話はそれほど深刻な内容じゃないし，私がそれほど苦労しない理由はそれかもしれないわ！

●語句・構文

□ *l.* 1　online は副詞で「オンラインで，インターネットで」の意味。
□ *l.* 1　It looks like S′ V′「～するようだ」は特に会話では It を省略することが多い。
□ *l.* 2　have a good〔great〕time で「楽しむ，楽しい時を過ごす」の意味があるが，have a great night は「楽しい夜を過ごす」の意味。
□ *l.* 5　be upset that S′ V′「～であることに腹を立てている，～に動揺している」
□ *l.* 6　find it a little strange, and an invasion of my privacy は find O C「O を C だと思う」で，strange と an invasion of my privacy の 2 つが C だ。
□ *l.* 6　it は most of the people I invited uploaded so many photos の内容を受けている。
□ *l.* 7　it's の it は *l.* 6 の it と同じ。
□ *l.* 7　these days「最近，この頃」
□ *l.* 8　it は後ろの when 以下の内容を受けている。when 以下は「～するときに」の意味の副詞節だが，it で受けることが可能だ。POINT!〈if 節や when 節，because 節を受ける it〉を参考にしてほしい。少し難しい規則だが，意外とよく出てくるので覚えておくといい。
□ *l.* 8　a kind of ～ と kind of ～ の違いは，CHECK〈a kind of ～ と kind of ～〉を参照してほしい。
□ *l.* 9　take a photo「写真を撮る」
□ *l.*10　bring out ～「～を運び出す」
□ *l.*12　I guess (that) S′ V′「(確信は持てないが) ～だと思う」
□ *l.*13　I mean「(補足説明して) つまり」
□ *l.*13　not really ～「完全に～なわけではない，あまり～ない」
□ *l.*14　barely は「かろうじて」と書いてある単語帳が多いが，「ほとんど～ない」と否定的な意味が基本と考えるといい。実は「かろうじて」も「ほとんど～ない」も接近した意味で，be barely able to walk を「かろうじて歩ける」の意味で解する英英辞書も，「ほとんど歩けない」と解する英英辞書もある。肯定的に見るか否定的に見るかの問題であり，どちらも歩くのが困難であることには変わりはない。問題文は前後の内容から「ほとんど～ない」と解釈するのがいいだろう。
□ *l.*14　but it の it は形式主語で that 節以下が真主語。
□ *l.*14　does は動詞を強調する助動詞の do〔does, did〕。「実際，本当に，ぜひ」などと訳すのが基本。

□ *l.* 14　spend *A doing*「*A* を〜して過ごす，費やす」

□ *l.* 15　*A* such as *B*「*B* のような *A*」の *B* は *A* の具体例で，unimportant things が *A*，the food they are eating が *B* となる。

□ *l.* 16　it は前文（I mean, I don't …）の that people spend … they are eating を受けている。

□ *l.* 16　fancy「（レストランやホテルなどが）高級な，流行の」

□ *l.* 17　that 節内は the dishes が先行詞，I prepared last night が関係代名詞節，the dishes I prepared last night が S′，were が V′，anything special が C′ だ。

□ *l.* 17　dishes は「皿」ではなく「料理」の意味。

□ *l.* 18　uploading は動名詞で，uploading … media が名詞句で S′，is が V′，a way … over. が C′。

□ *l.* 19　thank *A* for *B*「*B*（してくれたこと）に対して *A*（人など）に感謝する」

□ *l.* 19　have 〜 over「〜（人など）を家に招く」

□ *l.* 19　them は特定の誰かではなくお招きの感謝のしるしとしてソーシャルメディアに写真を投稿する人々一般のこと。

□ *l.* 22　feel better about 〜「〜について気分がよりよくなる」

□ *l.* 22　it は気分を害していた内容となりそうだ。直前が feeling a little better about だからだ。したがって「パーティーでの招待客のふるまい」くらいの意味だと考えるといい。

□ *l.* 23　That reminds me.「（前から言おうとしていたことを思い出して）それで思い出した」

□ *l.* 23　mean to *do*「〜するつもりだ」

□ *l.* 23　not often 〜「めったに〜ない」

□ *l.* 24　comment on 〜「〜について注釈をする，コメントをする」

□ *l.* 24　any については意外と面倒だ。

> **NOTE**　代名詞の any
> ①「（肯定文）何でも，誰でも，どれでも」
> 　◇ You may choose any of these pictures.
> 　　「これらの絵のどれでも選んでよい」
> 　☆ anything of 〜 はまれ，anyone of 〜 は不可なので，上の例では any を使うのが基本だ。
> ②「（否定文）少しも，何も，誰も，どれも（〜ない）」
> 　◇ I don't lend my books to any of the students.
> 　　「私は学生の誰にも本を貸さない」
> ③「（疑問文，条件節）いくらか，何か，誰か，どれか」
> 　◇ Did you see any of the girls?
> 　　「女の子たちの誰かに会いましたか？」
> ☆「もの」にも「人」にも使われることをしっかり意識しよう。

問題文は never があるので否定文。any of の any は「どれも〜ない」の意味だ。

□ *l.* 27　chat to〔with〕〜「〜とおしゃべりをする」

□ *l.* 27　at the same time「同時に」
□ *l.* 28　face-to-face「面と向かっての，対面の」は形容詞で名詞を修飾し，face to face は副詞的に働き「面と向かって」の意味が普通。したがって，続く Graham の発言にある face-to -face with ～「～と面と向かって」は珍しい。
□ *l.* 31　2つの they は someone を指す。someone は単数扱いなので昔は he や he or she などで表していたが，今は男女の区別をしない they で受けることが普通になっている。ちなみに，最近は男性であっても he で受けず They is young.「彼は若い」のような使い方をする若者も増えてきているようだ。
□ *l.* 31　text message は通例携帯電話やスマホで送られた簡易なメールのこと。パソコンなどで送られたメールは e(-)mail と言う。
□ *l.* 33　see *one's* point「～の言いたいことがわかる，同意する」
□ *l.* 33　while S′ V′ ～「～だけれども」
□ *l.* 33　find it hard to *do*「～することを難しいと思う」
□ *l.* 35　also は主語の face-to-face communication を修飾している。
□ *l.* 36　How so?「どうしてそうなの？」
□ *l.* 37　if …, then … とつながっている。then はしいて訳す必要はなく，then の手前が if 節で，then の直後からが主節であることを表している。
□ *l.* 37　not ～ very …「あまり～ない」
□ *l.* 39　tough「困難な，難しい」
□ *l.* 41　mind you「(相手に注意を喚起して) いいかい，よく聞いてよ」
□ *l.* 41　so that の部分は結果や目的を表す so that ではない。後ろが might になっているからだ。ここは so が接続詞で「だから」の意味。that is why という表現があり，そこに might「(ひょっとすると) ～かもしれない」が入り込んだ形だ。that is why については簡単にまとめておこう。

CHECK　That's why＋S′ V′. と That's because＋S′ V′.

That's why＋S′ V′.「そういうわけで～」
◇ It was raining heavily outside. That's why I decided to watch TV in my room.
「外は激しく雨が降っていた。そういうわけで私は自分の部屋でテレビを見ることに決めた」
☆ That が原因，why 以下が結果。
That's because＋S′ V′.「それは～だからだ」
◇ I took a taxi. That's because it was snowing.
「私はタクシーを利用した。それは雪が降っていたからだ」
☆ That が結果，because 以下が原因。

問題文の that は most online conversations are not so serious で，これが原因，why 以下がその結果となる。
□ *l.* 42　have trouble with ～「～で苦労する」
□ *l.* 42　them は most online conversations。

解説

(A)何も入らない。空所の前でグラハムが「それは奇妙だし僕のプライバシーの侵害だと思うんだ」と言ったのに対して，ユウコが「本当に？ 最近はまったく普通だと思うけど」と答えており，「奇妙」⇔「普通」の逆接関係が成り立つので，空所には何も入らない。

(B)**正解は4**。「僕はみんなが単に語り合ってパーティーとお互い一緒にいることを楽しんでほしいんだ」が入る。would rather S′ V′（過去形）「S′に～してほしい」は重要表現。この表現はV′が過去形になることが多いのだが，ここは原形になっている。アメリカ英語の口語では動詞の原形を使うこともある。また，just は only の意味で「ただ」と訳した。enjoy は他動詞で the party と each other's company を目的語にとっている。enjoy each other's company「お互い一緒にいることを楽しむ」はよく見かける表現。company は重要多義語なのでまとめておこう。ここは④の意味だ。

> **CHECK** 重要多義語の company
> 名 ①「会社」
> ◇ work for an oil company「石油会社に勤めている」
> ②「(一緒に過ごす) 仲間」
> ◇ keep good company「よい仲間と付き合っている」
> ③「来客」
> ◇ I'm sorry for the mess. I wasn't expecting company.
> 「散らかしていてごめんなさい。来客があるとは思っていなかったので」
> ④「同席，一緒にいること，同伴〔同席〕者」
> ◇ I enjoyed her company.「私は彼女と一緒にいて楽しかった」
> ☆②～④は不可算名詞である。

そこで本文の前後関係だが，空所の前でグラハムは「人がパーティーの間にすごく多くの写真を撮るのは僕は少しイライラするよ」と言っている。この発言に対する願望の部分が空所と言える。写真を撮ることに夢中になるのではなく，単に語り合ってパーティーそのものを楽しんだほうがいいのにと言っているのだ。ちなみに，仮定と現実を連続して述べることはよくある。「去年しっかり勉強していたら今頃は大学生なのになあ。でも，去年は遊びばっかりしていたので今は浪人生だよ」のような例を考えるといい。私たちは仮定と現実を裏表ということで連続して述べることが結構あるのだ。

(C)**正解は3**。「そのようなことが特にシェフにとってどれほど腹立たしいことになるかもしれないか私にはわかるわ」が入る。空所を含めたユウコの発言の前に，グラハムが，食べ物を持ってくると食べる前に何人かの客が写真を撮るので何分か待たなければならなかったという話を出している。当然，食べ物を作った人にとっては温かいうちに食べてほしいわけで，ユウコの「それじゃ食べ物が冷めていってしまったのでしょうね」に対する発言としてピッタリであろう。

(D)何も入らない。空所の前でグラハムはソーシャルメディアのために食べ物を写真に撮る行為に勤しむ人のことを否定的に述べている。それに反論する形でユウコは「ソーシャルメディアで写真をアップロードすることは，自分たちを家に招いてくれたことに対して誰かに感謝する一つの方法であることを忘れてはダメよ」とソーシャルメディアで写真を撮ることを正当化しているので，連続してつながると考えるといいだろう。

(E)**正解は2**。「みんななんと楽しい時を過ごしたかとか，食べ物がとてもおいしいと思ったとか言っているわよ」が入る。選択肢の Everyone は *l*.11 の some guests のことと考えられる。what a great time they had は have a great time「楽しむ，楽しい時を過ごす」の感嘆文。they は Everyone を受けている。

NOTE　不定代名詞の単数・複数扱い

everybody〔everyone〕，anybody〔anyone〕，somebody〔someone〕は原則単数扱いだが，人称代名詞は複数形で受けることが多い。昔は he などで受けていたが，男女差別の観点から they などで受けるようになった。

◇ Everyone was in their place.
「みんなはそれぞれの席にいた」

◇ Anyone can enter the venue as long as they have invitations tickets.
「誰でも招待券があれば会場に入ることができる」

☆第1例で，Everyone は was で受けていることからわかるように単数扱いであるが，人称代名詞は their となっている。第2例の Anyone の場合も同じ考えだ。

正解選択肢では food に the がついているが，これは *l*.17 の the dishes I prepared last night のことだろう。空所の前でユウコが「ここに私が見た写真があるわ，そしてコメントを見て」とある。当然空所はコメントであろう。グラハムはソーシャルメディアのために食べ物の写真を撮ることに対して否定的で，その具体例として出した出来事に対して，ユウコはおそらくインスタグラムなどに載った写真を見せて，あなたの料理はほめられているわよと言っている。ソーシャルメディアのよさを示したいユウコの指摘の部分なのだ。

(F)何も入らない。空所の前でユウコが「私はあなたが私たちのグループの写真やチャットにコメントをするのを一度も見たことないわ」と発言したのに対して，グラハムが「基本的に，僕はオンラインコミュニケーションを実際に好きになったことが一度もないんだ」と続くのは自然だ。空所に何も入らないと考えるのが妥当であろう。

(G)**正解は5**。「僕の意見では，比較はまったくできないほど違うものだよ」が入る。to〔in〕*one's* mind「～の意見では」は重要表現。There's no comparison. はよく見かける表現とは言えないが，2つの意味があるので簡単にまとめておく。

CHECK There's no comparison. の２つの意味

①「比較のしようがない，比較ができない（ほど似ている）」

◇There's no comparison between the sun and the moon, for they both shine when it's their time.
「太陽と月は比較のしようがない，というのはどちらも時間となれば輝くからだ」

②「比較ができない（ほど違う）」

◇There's just no comparison between canned tomatoes and raw ones.
「缶詰のトマトと生のトマトはまったく違うものだ」

難しい知識だが，１つの表現が全く正反対の意味になるのはおもしろい。空所の前でユウコは「オンラインで話をするのは面と向かって会話するのとはとても違うわね」と言っているが，これに同調するようにオンラインと対話の違いを強調しているのが空所の部分だ。さらに，その後ろで具体的に違いを述べている。②の意味であることを確認してみよう。

(H)**正解は１**。「もっと複雑なトピックについて話し合っているときに聡明なことを言うのは難しいことが多いわ」が入る。空所の前の発言と正解選択肢の関係を考えてみよう。

… if we're not discussing something very serious, then I think there's no problem.

(H) I often find it difficult to say something intelligent when I'm discussing a more complex topic.

ここはユウコが対面のコミュニケーションの問題点を述べている部分。空所の発言と正解選択肢はちょうど反対の内容になっている。対面は即答しなければいけないので，簡単な深刻でない問題について話し合っている場合には問題ないが，さらに複雑な問題だと聡明なことを言うのは困難だと言っている。このユウコの意見に対してグラハムが「それじゃ君が言っていることは考える時間がもっと必要だと言っているの？」とたずねるのは論理的に自然な流れとなるであろう。

解答

1－(H)　2－(E)　3－(C)　4－(B)　5－(G)

34

2020年度　商学部〔Ⅱ〕

目標解答時間　7分

ポイント

会話文問題だが，文章の最後のほうに空所が2つだけの設問しかない。入試問題として珍しいのではないか。会話独特の表現は狙われておらず，空所の前後の内容から正解を導く問題だ。

空欄(　1　)〜(　2　)に入る最も適切なものをそれぞれ1つ選び，その番号をマークしなさい。

Eric: Hey, Larry. I heard you had some trouble with a client last week.

Larry: It was awful. We received an order from a customer. The delivery men arrived at the man's house on time, and they moved in the sofa he had purchased to his complete satisfaction.

Eric: That doesn't sound bad at all. 5

Larry: When the man opened the door to let the delivery men leave, his dog ran under his legs and out the open door. The dog just ran away, and he blamed our company for that.

Eric: He blamed our company?

Larry: Yes. The delivery men helped the man look for his dog, but no one could 10 find it. After the delivery men finally left, the man called our company. He wanted us to apologize for his dog running away!

Eric: It was an accident. Besides, he was the one who opened the door.

Larry: I know, but there is even more to the story. He demanded that we send over a manager to apologize in person for his dog running away. Well, I 15 went over immediately.

Eric: I don't see what the problem is.

Larry: It's my last name. It's "Lostapett." It sounds just like "lost a pet," right? When I knocked on the door and introduced myself as Mr. Lostapett, the man became even angrier. He demanded that I apologize for having such 20 a disrespectful last name!

Eric: Wow! You know, it's not right (1).

Larry: I agree, but it all turned out fine in the end. While the man was yelling at me the dog showed up! It walked right back into the house through the open door (2). The man was extremely embarrassed and told me he was very sorry for being so angry.

25

(1)
1 for the dog to find his owner's new sofa so unappealing
2 if apologies are used to comfort you in times of trouble
3 to blame people for something that is out of their control
4 when people believe things that can never be proven

(2)
1 as if nothing had happened
2 before it went outside again
3 to check that the sofa was still there
4 without the benefit of its owner's permission

全訳

エリック：やあ，ラリー。先週，君がお客さんといざこざを起こしたって聞いたけど。

ラリー　：ひどいもんだったよ。我が社はあるお客さんから注文を受けたんだ。配達員たちはその家に時間通りに着いたし，購入したソファを運び入れてお客さんも完全に満足していたんだ。

エリック：何も問題はなさそうじゃないか。

ラリー　：配達員たちが出られるようにお客さんがドアを開けたとき，その家の犬がお客さんの足の間を走り抜けて，開いたドアから出てしまったんだ。犬が逃げただけのことなのだけれど，お客さんはそれを我が社のせいだって言うんだ。

エリック：うちの会社が悪いって言ったのかい？

ラリー　：そうだよ。配達員たちはお客さんが犬を探すのを手伝ったけど，誰も見つけられなかった。最終的に配達員たちが帰ってしまった後で，お客さんは会社に電話をしてきた。犬が逃げたことを我が社に謝ってほしいって言うんだよ！

エリック：それは偶発的な事故だよ。しかも，ドアを開けたのはお客さん自身じゃないか。

ラリー　：そうだよ，でもその話には続きがあるんだ。お客さんは責任者を寄こして，犬が逃げたことに対して直々に謝るよう要求してきた。だから，ただちに僕が行ったんだ。

エリック：何が問題なのかわからないな。

ラリー　：僕の苗字なんだよ。僕の苗字は「ロスタペット」だ。ちょうど「ロスト・ア・ペット（ペットを失った）」のように聞こえるだろ？　ドアをノックしてロスタペットですと名乗ったら，そのお客さんはよけいに怒り出したんだよ。そんな失敬な苗字を持ってることを謝れって言うんだ！

エリック：うわー！　でも，自分ではどうにもできないことに対して人を責めるのは，よくないよな。

ラリー　：僕もそう思うけど，結局，最後にはうまく行ったんだ。お客さんが僕にどなっている最中に，犬が戻ってきたんだよ！　まるで何事もなかったかのように，開いたドアからちょうど家に帰ってきたんだ。お客さんはすごく恐縮してしまって，ひどく怒って本当に済まなかったと僕に言ったよ。

●語句・構文

□ *l.* 1　have trouble with ～「～といざこざになる，もめる」

□ *l.* 2　order に an がつくと「注文」の意味になることが多い。ここも「注文」の意味。

□ *l.* 2　delivery man「配達員」

□ *l.* 3　on time「時間〔予定，期日〕通りに」 cf. in time「間に合って」

□ *l.* 3　move in ～「～を中へ入れる」

□ *l.* 3　the sofa が先行詞，he had purchased が関係代名詞節。

□ *l.* 4　to his complete satisfaction は重要表現だ。

CHECK　**to *one's*＋感情を表す名詞**

to *one's* surprise〔joy, satisfaction, disappointment, relief, horror〕「（文修飾で）～が驚いた〔喜んだ，満足した，失望した，ホッとした，恐ろしい〕ことには」

◇ Much to our surprise, there were no casualties in the crash.
「私たちが大いに驚いたことに，その事故で死者は出なかった」

☆ much to *one's* surprise＝to *one's* great surprise「～が大いに驚いたことには」の「大いに」を表す much と great の位置に注意せよ。

☆ to *one's* satisfaction には「（動詞修飾で）～が満足するように」の意味もある。

問題文は to his complete satisfaction の前にコンマがないこともヒントで，「彼が完璧に満足するようにソファを運び入れた」のような動詞修飾となる。

□ *l.* 5　not ～ at all「まったく～ない」

□ *l.* 5　sound C「Cのように聞こえる，Cのように思われる」

□ *l.* 6　let ～ leave「～に帰らせてあげる」

□ *l.* 7　out the open door は out of the open door とも言える。「開いたドアから外へ」の意味だ。

□ *l.* 8　blame *A* for *B* は「*B* のことで *A* を非難する」。that は顧客の犬が逃げて行ってしまったこと。

□ *l.*12　apologize to *A* for *B*「*B* のことで *A*（人）に謝る」の to *A* がない形。

□ *l.* 12 his dog running away の running away は動名詞，his dog は動名詞の意味上の主語だ。

□ *l.* 13 accident には2つの意味がある。

CHECK accident について

accident は①「事故」，②「偶然，偶然の出来事」の意味があるが，②の意味では by accident「偶然に」の熟語と It is no accident that ～「～であることは偶然ではない」や be (just) an accident「偶然のことだ（偶然にすぎない）」の使い方が多い。ちなみに，①と②の「偶然の出来事」は可算名詞，②の「偶然」は不可算名詞だ。

◇ To be honest, my second pregnancy was just an accident.
「実を言うと，私の2度目の妊娠は偶然だった」

◇ It is no accident that men fill the top jobs.
「男性が幹部職を占めているのは偶然ではない」

☆第1例は「偶然の出来事」，第2例は「偶然」の意味だ。

ここは前後の内容以外に was an accident となっているのもヒント。「偶然の出来事だった」の意味だ。

□ *l.* 13 the one who … の one は受ける名詞がない代名詞の one だが，その場合は person の代わりなので，ここでは person だと思うといいだろう。

□ *l.* 14 even は比較級を強調して「さらに，いっそう」の意味。

□ *l.* 14 demand that S′ (should) *do*「S′ に～するよう要求する」には重要な文法事項が含まれている。命令や要求，提案，必要などを表す動詞などの直後の that 節中の動詞は原形か should *do* となる規則がある。ここの send は動詞の原形だ。

□ *l.* 14 send *A* to *do* は「～させるために *A* を行かせる」の意味。over は副詞で「家へ」のニュアンスで使われることがある。

□ *l.* 15 ここも apologize for ～「～のことで謝る」となっている。

□ *l.* 15 in person は重要熟語だ。

CHECK 重要熟語の in person

in person「（人にしてもらうのではなく）自ら，自分で，（電話などではなく）直接」

◇ The notice says he must appear in court and pay the fine in person.
「通知では彼が自ら裁判所に出頭して罰金を払うべしとなっている」

send の語法から to apologize の意味上の主語は a manager なので，a manager 自ら謝るという関係となっている。manager はある部門や組織全体の長なのでいろいろな訳が可能。ここは「責任者」くらいの訳か。

□ *l.* 16 went over の over も「家へ」の意味。文句を言っている顧客の家へ責任者自ら出向いたのだ。

□ *l.* 18 It's my last name. の It は直前で Eric が言った the problem を受けている。「問題は僕の名字なんだ」となる。これだけでは何だかわからないので，このあとに説明があると思って読み進めていこう！

□ *l.* 18 sound like ～「～のように聞こえる」

□ *l.* 19 knock on〔at〕～「～をノックする」

□ *l.* 19 introduce *oneself*「自己紹介する」

□ *l*.20 even は *l*.14 の even と同じ用法。
□ *l*.21 disrespectful「失礼な，無礼な」
□ *l*.23 it all「それはすべて」は Larry の会話全体を受けている。
□ *l*.23 turn out well〔fine〕は「よい結果となる，うまくいく」の意味で，turn out badly「悪い結果となる，うまくいかない」が反意表現。
□ *l*.23 in the end「(いろいろやったあとで）結局，最終的に」
□ *l*.23 yell at ～「～にわめく，大声を上げる」
□ *l*.24 show up「現れる，来る」は重要熟語。turn up とも言う。appear が同意語だ。
□ *l*.24 back は副詞で「戻って」の意味。right は結構面倒な多義語だ。

CHECK 多義語の right
形 ①「正しい」☆道徳的に，事実として，判断として，などいろいろな意味の正しさ。
②「(限定）右の」
副 ①「正しく」
②「右に」
③「(後ろの時間や場所を示す表現を強調して）まさしく，ちょうど，すぐに」
◇ It was right here that the accident happened.
「事故が起きたのはちょうどここでした」
名 ①「(to *do*, to ～を伴って）(～する，～の）権利」
◇ a right to education「教育を受ける権利」
②「正しいこと，善」
◇ right and wrong「善悪」
③「(主に the〔*one's*〕right で）右（側)」
◇ He sat on her right.「彼は彼女の右に座った」

ここは副詞の③の用法で，ちょうど戻ってきて家の中に入った状況を言っている。
□ *l*.25 embarrassed「恥ずかしく思って，ばつが悪くて」
□ *l*.26 be sorry for ～ は基本的に 2 つの意味がある。ここは①の意味。

NOTE be sorry for ～の 2 つの意味
①「～（もの，したこと）を申し訳なく思う，後悔している」
◇ I'm sorry for making such a fuss.「そんなに大騒ぎして申し訳ない」
②「～（人）を気の毒に思う」
◇ I've got no sympathy for him, but I feel sorry for his wife.
「彼には同情しないが，彼の奥さんは気の毒に思う」

解説

(1) 1.「その犬が主人の新しいソファを非常に魅力がないと思うこと」
2.「困ったときにあなたを慰めるために謝罪が使われるならば」
3.「自分では制御できないことに対して人を非難すること」
4.「人が決して証明されることができないことを信じるとき」
正解は 3。空所の前でラリーが「彼は私にこのような失礼な名字を持っていることに対して謝るよう要求したのだ」と発言したのに対しての返答。ロスタペットという名字は代々与えられたものなので本人にはどうしようもない。それに対して謝るよう要求するのは理不尽だと言うのが自然ということになる。ちなみに，空所の前の it は形式主語で，正解選択肢の to blame 以下は真主語ということになる。

CHECK 「非難する，責める」の表現
accuse *A* of *B*
＝blame〔condemn〕*A* for *B*
＝charge *A* with *B*
「*B*のかどで *A*を非難する，責める」
㊫ accuse と charge は法的に「告発する」の意味もある。

out of *one's* control「〜には制御できなくて」は重要熟語。

(2) 1．「まるで何事もなかったかのように」
2．「再びそれが外に出る前に」
3．「ソファが依然としてそこにあることを確かめるために」
4．「飼い主の許しを得ずに」

正解は1。空所を含む文は「その犬が開いているドアからちょうど歩いて戻って来て家に入ってきた」という内容になる。その直後に客の男は恐縮して怒ったことを詫びているので，飼い犬が平然と無事に帰ってきた感じが出る表現が最適ということになる。as if は重要表現なので簡単にまとめておこう。

NOTE as if について
(1)後ろに節を伴う場合
◇ He referred to the matter as if it were nothing important.
「彼はその件はまったく重要でないかのような言及の仕方をした」
☆ as if は as if S′ V′（動詞は仮定法過去形〔仮定法過去完了形〕)「まるで〜であるかのように〔〜であったかのように〕」となるのが基本だが，事実の場合は仮定法にならない場合もある。
(2)後ろに節を伴わない場合
◇ He shook his head as if to say ‘No.’
「彼は『いいえ』と言わんばかりに首を横に振った」
◇ I mentioned her name, and she appeared as if by magic.
「私が彼女の名前に言及すると，まるで魔法のように彼女が現れた」
☆ as if の後ろには to 不定詞や前置詞句を伴うこともある。

4の without the benefit of 〜 はこれだけで「〜の許しを得ずに」の意味がある。

解答
(1)−3 (2)−1

35 2021年度 全学部統一入試〔Ⅲ〕

目標解答時間 15分

ポイント

政治経済学部の会話文問題にもよくみられるが，この大問も時制を中心とした文法問題と言える。会話の流れというより文法的な視点を意識して解いてみよう。

以下の会話は，映画『恋人までの距離（原題 *Before Sunrise*）』から抜粋したものです。アメリカから来たジェシーという若い男性と，フランス人の女子大学生セリーヌが，ヨーロッパの電車の中で出会います。セリーヌはパリの自宅に帰る途中で，ジェシーは翌朝アメリカに帰るところです。このシーンは，ふたりがちょうど話しはじめたところです。以下の問1～15に入る語として，最も適切なものをそれぞれA～Dから選び，その記号を所定の解答欄にマークしなさい。

In the movie Before Sunrise, *a young man from the U.S., Jesse, and a French university student, Celine, meet on a train in Europe. Celine is on her way home to Paris, and Jesse is leaving for the U.S. the next morning. In this scene, they have just started talking to each other.*

CELINE: There are so ___(1)___ weird people on the train, huh? 5

JESSE: I was thinking about going to the lounge car sometime soon. You wanna go?

CELINE: Sounds good.

JESSE: Oh, I'm Jesse. It's James, actually, but my whole life everyone ___(2)___ me Jesse. 10

CELINE: Celine.

(*Later in the lounge car.*)

JESSE: So how do you speak such good English?

CELINE: I went to school ___(3)___ one summer in Los Angeles and I've ___(4)___ some time in London. How do you speak such good English? 15

JESSE: I'm American.

CELINE: I know. It's a joke. I knew you were American, and, of course, you don't speak any ______(5) language.

20 JESSE: Yeah, yeah, I'm the dumb, vulgar American who has no culture. But I ______(6). I want you to know I ______(7) four years of French.

CELINE: In college?

JESSE: Nah, I ______(8) graduated from college.

CELINE: Are you ______(9)?

25 JESSE: I have a stupid job like everyone else.

CELINE: Is it boring? You're not happy?

JESSE: No, it's a decent job. I don't ______(10) that much. I don't do that much.

CELINE: So what is the job?

30 JESSE: I write for a newspaper, the *Fort Worth Star-Telegram*, and pretty much get to do what I want there, so it's okay.

CELINE: So you write?

JESSE: Kinda. (*The train slows down.*)

CELINE: This is Vienna. You're ______(11) here, right?

35 JESSE: Too bad. I wish I would have met you earlier. I really liked talking to you.

CELINE: It was really nice talking to you, too.

JESSE: I've hardly ______(12) to anyone in weeks. (*Jesse thinks for a moment.*) I have a crazy idea. If I don't ask you this, it'll be one of

40 those things that will haunt me forever.

CELINE: What?

JESSE: I want to keep ______(13) you. I mean, I have no idea what your situation is, but I feel some kind of...connection.

CELINE: Yeah, me too.

45 JESSE: So how about this. I want you to get off here in Vienna with me. We can check out the town.

CELINE: What would ______(14)?

JESSE: I don't know. All I know is I'm flying back to the U.S. tomorrow morning and I can't really afford a hotel, so we'll probably just wander around all night. If I turn out to be a jerk, you can leave any time and get back on the next train, right? 50

CELINE: All right, you've convinced me. Let me get my bag.

(*Jesse and Celine arrive in Vienna.*)

CELINE: You know what this makes me think of?

JESSE: What? 55

CELINE: All those people you briefly intersect with, maybe make eye contact with, and then pass by.

JESSE: Yes, we could (15) ________ that. Now it's like...

CELINE: No matter what happens, we have met.

(*He takes her hand.*) 60

JESSE: We certainly have.

(*They walk out of the train station and into the city.*)

From Before Sunrise & Before Sunset : Two Screenplays by Richard Linklater, Vintage Books

問1 A. many B. more C. mostly D. much

問2 A. has called B. has known C. has named D. has said

問3 A. for B. in C. of D. on

問4 A. been B. left C. spent D. studied

問5 A. another B. either C. neither D. other

問6 A. have try B. tried C. tries D. trying

問7 A. brought B. got C. spent D. took

問8 A．ever B．had ever C．have ever D．never

問9 A．a job B．job C．working D．workplace

問10 A．get paid B．get pay C．paid D．pay

問11 A．getting off B．moving off C．picking off D．putting off

問12 A．didn't talk B．talk C．talked D．talking

問13 A．getting to B．knowing with
C．talking with D．wondering about

問14 A．we do B．we'll do
C．we're doing D．we've done

問15 A．had do B．had done C．have does D．have done

全訳

『恋人までの距離』という映画において，アメリカから来たジェシーという若い男性と，フランス人の女子大学生セリーヌが，ヨーロッパの電車の中で出会う。セリーヌはパリの自宅に帰る途中で，ジェシーは翌朝アメリカに帰るところだ。このシーンは，2人がちょうど話しはじめたところである。

セリーヌ：この電車の中，変わった人だらけね？
ジェシー：そろそろ特別車に向かおうかなって考えていたんだけど。一緒にどうかな？
セリーヌ：いいかも。
ジェシー：ああ，僕の名前はジェシー。本名はジェイムズっていうんだけど，みんなからはずっとジェシーと呼ばれているよ。
セリーヌ：私はセリーヌ。
（しばらくして，特別車にて）
ジェシー：どうしたら，英語がそんなにうまく話せるの？
セリーヌ：ひと夏のあいだ，ロサンゼルスの学校に行っていて，ロンドンで少し過ごしたこともあるの。あなたこそ，どうしたらそんなに上手に英語が話せるの？
ジェシー：僕はアメリカ人だから。

セリーヌ：知ってる。冗談よ。あなたがアメリカ人ってことは知っていたし，もちろん，英語以外の言葉を話さないってこともね。
ジェシー：そうだね。僕は教養なんかない，ばかで粗野なアメリカ人だよ。でも，やってみたよ。君には，僕がフランス語を 4 年間勉強したってことを知ってほしいな。
セリーヌ：大学でってこと？
ジェシー：いや，大学は卒業してないさ。
セリーヌ：社会人なの？
ジェシー：普通の人が就くようなくだらない仕事に就いてるよ。
セリーヌ：つまらないの？　幸せじゃないの？
ジェシー：幸せじゃないね，仕事は普通だよ。たいした給料でもない。たいした仕事でもない。
セリーヌ：で，仕事って何なの？
ジェシー：『フォートワース・スター・テレグラム』って新聞社でライターをしているんだけど，そこでやりたいことは十分できているからそれでいいのさ。
セリーヌ：じゃあ，物書きってわけ？
ジェシー：そんなところ。（電車の速度が落ちる）
セリーヌ：ウィーンね。ここで降りるんじゃなかった？
ジェシー：とっても残念だよ。叶うなら，もっと早く君に会いたかったな。君と話すのはとっても楽しかったよ。
セリーヌ：私も，お話しできてよかったわ。
ジェシー：数週間，誰ともほとんど話していなかった。（ジェシーはちょっと考え込む）おかしなことを思いついた。君にこれを言わないと，これからずっと自分にまとわりつくことの一つになるだろうね。
セリーヌ：どんな考え？
ジェシー：君と話し続けたい。えっと，君が今どんな状況にあるのかはわからないんだけど，どこか…つながりを感じるんだ。
セリーヌ：ええ，私もよ。
ジェシー：こうならどうかな。君にはここウィーンで僕と一緒に降りてもらいたい。街を探索できるよ。
セリーヌ：それでどうするの？
ジェシー：わからない。はっきりしてるのは，僕は明日の朝アメリカに向けて飛行機で帰るし，ホテルに泊まる余裕はないということ，だから多分，一晩ぶらぶらすることになると思う。もし，僕がつまらない奴だってわかったら，君はいつでも僕と一緒にいるのをやめて，戻って次の電車に乗れる，そうだろう？
セリーヌ：いいわ，納得した。バッグを取らせて。
（ジェシーとセリーヌはウィーンに着く）
セリーヌ：こうすることで，私が考えていることが何だかわかる？
ジェシー：何だい？
セリーヌ：すべての束の間交わった人たち，そう，視線を交わしてそのまますれ違って。
ジェシー：そうだね。僕たちだって，そうなっていたかもしれない。これってまるで…。
セリーヌ：何があったとしても，私たちはこうして巡り合ったわ。
（彼は彼女の手を取る）
ジェシー：本当にそうだね。
（彼らは電車の駅から出て，町へと歩いていく）

●語句・構文

□ *l.* 2 on *one's* way home to ～「家へ帰る途中で～へ向かっていて」
□ *l.* 3 is leaving は個人の確定した未来の予定を表す現在進行形だ。
□ *l.* 5 weird「奇妙な，変な」
□ *l.* 5 huh? はここでは同意を求める表現。
□ *l.* 6 lounge car の car は「車両」の意味。バーのような作りになっている車両のことだ。
□ *l.* 6 sometime「（未来または過去の）いつか，ある時」
□ *l.* 7 wanna は want to を意味する口語的表現。
□ *l.* 9 my whole life「私の人生の間ずっと」は形は名詞だが副詞的に働いている。また，生まれてから現在までを示しているので現在完了形で使うことができる表現だ。
□ *l.*20 dumb「馬鹿な」
□ *l.*20 vulgar「失礼な，礼儀正しくない」
□ *l.*20 the dumb, vulgar と who has no culture は同じような内容なので，culture は「文化」ではなく「教養」がいい。
□ *l.*23 nah は no の意味。
□ *l.*23 graduate from ～「～を卒業する」
□ *l.*26 You're not happy?「あなたは楽しくないのですか」に対して No と答えている。否定の疑問に対する Yes と No は面倒だが，No と答える限り否定の内容になり，I'm not happy. と言っていることになる。「楽しくない」と答えているのだ。
□ *l.*27 it's a decent job の decent は「まずますの，そこそこの」で悪い意味の語ではないが，ここは「人並みの仕事だよ」くらいの訳で，投げやりな態度を示している。
□ *l.*27 2つの that は副詞で「それほど，そんなに」の意味。
□ *l.*27 I don't do that much. は「僕はそれほどたいしたことはしていない」が直訳で，たいした仕事ではないと言っている。
□ *l.*30 a newspaper の後ろのコンマは同格用法で，the *Fort Worth Star-Telegram* という新聞のようだ。
□ *l.*30 pretty much は「ほとんど（完全に）」の意味。
□ *l.*31 get to *do* には意外な意味がある。まとめよう。

CHECK get to *do* の意味

①「（徐々に）～するようになる」
◇ How did you get to know so many people?
「どうやってそんなに多くの人と知り合いになったの？」
☆「徐々に～し始める」のニュアンスで，動詞は know，like，feel など状態動詞が多い。

②「～する機会を得る，～する許可を得る」
◇ I got to meet a lot of people at a seminar.
「私はセミナーで多くの人に会う機会を得ました」
☆ have the opportunity to *do*「～する機会を持つ」の意味で，こちらの動詞は動作動詞が基本だ。

ここは do が動作動詞なので②の意味となる。新聞社にいるといろいろな機会に恵まれると言っているのだ。

□ *l.* 33 kinda は kind of の短縮形で「少し，若干」の意味。a kind of ～「ある種の～」とは意味が違うので注意せよ。

□ *l.* 35 Too bad は「残念な」の意味。

□ *l.* 35 I wish I would have met you earlier. は口語的な用法で，I wish I had met you earlier. と言うのが学校文法だ。下の②の用法だ。

CHECK I wish について
① I wish S′ V′（仮定法過去）「～すればなあ，～ならばよいのだが」
◇ I wish I were a bird.
「私が鳥ならばなあ」
☆現在の事実に反する願望を表す。
② I wish S′ V′（仮定法過去完了）「～したならばなあ，～していればよかったのだが」
◇ I wish I had married another man.
「ほかの男と結婚していればよかったのに」
☆過去の事実に反する願望を表す。
③ I wish S′ would *do*「～すればいいのだが」
◇ I wish my husband would stop smoking.
「夫がタバコをやめてくれればいいのですが」
☆未来における期待感の薄い願望を表す。現状への不満の気持ちが含まれることが多い。
④ I wish S′ could *do*「～できればなあ」
◇ I wish I could speak English fluently.
「英語を流ちょうに話せればなあ」
☆現在，未来における不可能なことに対する願望を表す。

□ *l.* 37 It was really nice talking to you, too. は重要会話表現だ。

CHECK 重要会話表現⑦
It's nice to meet you.
「（初めて会ったときに）はじめまして，お会いできてうれしいです」
（＝Nice to meet you.）
It was nice meeting you.
「（初めて会ったあとの帰り際に）お会いできてうれしかったです」
（＝It's been nice meeting you.＝Nice meeting you.）
㊜ It's nice to see you again.「また会えてうれしいです」（＝Nice to see you again.）は 2 度目以降の時に使う表現。

ここは別れる間際に「私もお話しできてうれしかったです」と言っていることになる。

□ *l*.38 for a moment「少しの間」
□ *l*.39 this は「以下のこと，次に述べること」の意味で，後ろの内容を示すことが可能。ここはセリーヌに僕と一緒に電車を降りようと提案することを指している。
□ *l*.39 it は If 節の内容を受けている。
□ *l*.40 haunt「(悪い記憶などが) ～にとりつく，～をさいなむ」
□ *l*.42 I mean は結構重要表現だ。

CHECK I mean の 2 つの意味

①「(補足説明や具体例を出して) つまり」
◇ My old man－I mean husband－is out now.
「うちのおやじ－つまり夫のことだけど－は今留守だよ」
②「(前で述べたことをすぐに訂正をして) いや」
◇ She's American－Canadian, I mean.
「彼女はアメリカ人－いやカナダ人だ」

ここは①の意味。
□ *l*.42 have no idea は don't know を強調した表現。
□ *l*.43 some kind of ～「ある種の～」
□ *l*.45 how about ～ は「(提案を表して) ～はどうですか」
□ *l*.45 この this も後ろの内容を示している。
□ *l*.45 get off「(電車などを) 降りる」(⇔ get on「(電車などに) 乗る」)
□ *l*.48 All I know is (that) I'm flying …. は All が先行詞，I know が関係代名詞節。All が S，is が V，that 節が C となる。「私がわかっているすべては～ということだ」が直訳だが，all が先行詞の場合，only の訳をしてみるとニュアンスが伝わる。「僕にわかっているのは～だけなんだ」のような感じだ。
□ *l*.49 not really ～「実際は～ない」
□ *l*.49 afford「～(時間や金)を持つ余裕がない」は can't afford ～ のように can を伴い否定文で使われることが多い。訳すときに「持つ」ではいまいちの場合は臨機応変に訳してみよう。ここでは「ホテルに泊まる余裕がない」となりそうだ。
□ *l*.49 just は only の意味。
□ *l*.49 wander around「あちこちぶらぶらする」
□ *l*.50 turn out (to be) C「C だとわかる，判明する」は重要熟語だ。
□ *l*.50 jerk「嫌な奴」
□ *l*.50 any time「いつでも」
□ *l*.52 get「～を取ってくる」
□ *l*.54 this はウィーンで別れるはずだった 2 人が一緒に降りて翌日まで一緒に過ごすかもしれないことだ。
□ *l*.56 All those people が先行詞で you … by. が関係代名詞節。文にはなっていない。
□ *l*.56 you はジェシーのことではなく一般的な人のことを言っている。また，you が S′，intersect と make と pass が V′ となっている。with，by の目的語が欠けている。
□ *l*.56 intersect with ～「～と交わる」
□ *l*.57 pass by ～「～のそばを通り過ぎる」

□ *l*.58 it's like ～「まるで～のような」
□ *l*.59 no matter what V′「何が～しようとも」
□ *l*.60 take her hand「彼女の手を取る」
□ *l*.61 have の後ろに met が省略されている。

解 説

問1 **正解はA。** people「人々」は可算名詞で複数扱い。many の後ろは可算名詞の複数形なのでピッタリ。また，直前の so ともつながる。so many＋可算名詞の複数形で「非常に多くの～」の意味だ。much は so much＋不可算名詞の単数形で「非常に多くの～」の意味。so は比較級を修飾できないので more は不可。程度を表さない mostly「たいてい，ほとんど」を so で修飾することはできないと考えよう。

問2 **正解はA。** 下線部の直後の me Jesse は O C と考えることができる。したがって call O C「O を C と呼ぶ」か name O C「O を C と名づける」のどちらかとなる。name の基本は親が子供に名前をつけることである。下線部の前で彼の本名は James だと言っている。ただ，みんなは彼のことを Jesse と本名ではなくニックネームで呼んでいると言っていることになり，called が正解。ちなみに，現在完了になっているのは my whole life という表現があるからだ。「私の全体の人生」がまったくの直訳だが，期間を示すことができる表現で，完了形の継続と相性がよさそうな表現だ。

問3 **正解はA。** for は不特定の期間を表して「～の間」の意味。in にも「～の間」の意味があるが，限られた場合にしか使えない。

> **NOTE** 「～の間」の意味の in
> ◇ I haven't enjoyed myself so much in years.
> 「長年の間こんなに楽しかったことはない」
> ◇ I'm going to go to Karaoke with my friends for the first time in two years.
> 「私は２年ぶりに友人たちとカラオケに行く予定だ」
> ☆否定文や first を伴う文では「～の間」の意味の in を使うことが可能。特に第２例の for the first time in ～「～の間で初めて→～ぶりに」は for は不可で in を使う。

空所を含む文は否定文ではなく，first も使っていないので in は不可となる。

問4 **正解はC。** 直後が some time「少しの時間」なので spent しかないであろう。spend は時間や金が目的語となる。

問5 **正解はD。** other と another は面倒な区別がある。まとめよう。

> **CHECK** 形容詞の other と another
> ① another＋単数名詞「（通例１つのものに対して）もう１つの，別の～」
> ◇ Will you have another cup of coffee?
> 「もう一杯コーヒーをいかがですか？」

☆ ③と違い，3杯目，4杯目があるかもしれないことを含意している。
② other＋複数名詞「（3つ以上の中の）他の（いくつかの）～」（①の複数形）
◇ Do you have any other questions?「他に質問はありますか？」
☆ other が単独で単数名詞を修飾することはない。ただし，some・any・no などを伴う場合は可能である。
◇ He is taller than any other boy in his class.
「彼はクラスのどの少年より背が高い」
③ the〔*one's*〕other＋単数名詞「（2つの中の）もう一方の～」
◇ Open the other eye.「もう一方の目を開けなさい」
④ the other〔*one's*〕＋複数名詞「（3つ以上の中の）他の（残りすべての）～」（③の複数形）
◇ Jane is here, but the other girls are still in the garden.
「ジェーンはここにいるが，他の女の子たちはみないまだに庭にいる」
⑤ another＋数字＋複数名詞「もう～，さらに～」
◇ another three years「もう3年」（＝three more years）
☆ a few more books「もう2，3冊の本」は another few books で書き換えられる。another は「an＋another」なので，a few の a が消えることに注意せよ。

CHECK ②☆にもあるように「other＋単数名詞」はないのだが，「any other＋単数名詞」は可能。「他のどの言語も話さない」となる。another は an と other の合成語なので any an とならないから不可だと考えるといいだろう。

問6　**正解はB**。問42の選択肢はすべて過去形だ。ここも過去形が最適。Aの have try は tried と過去分詞にするなら現在完了形の経験で「努力したことがある」の意味で解釈できる。Dの trying は動詞でないので不可。Cの tries は当然現在形だが，主語がIなのに三単現のsがついているので不適切。tried の過去形が正解。

問7　**正解はD**。take には「～（ある特定の科目）を受ける，受講する」の意味がある。「～（試験）を受ける」の意味もあるが，似たような意味なのでどちらも覚えておこう。前者は I'm taking French next year.「私は来年フランス語を受講する予定だ」，後者は He took a driving test four times before he passed.「彼は合格する前に4回運転免許試験を受けた」のような例で理解しておこう。下線部の直後に four years of という表現があるので惑わされるが，two to three years of military service「2年から3年の兵役」のような例を考えると，中心となるのはあくまで military service ということだとわかる。下線部も take French とつながると考えるのが重要だ。

問8　**正解はD**。下線部の前にある Nah を知っていれば問題ないが，そうでない場合は文法から選択肢を絞ろう。ever「今までに，かつて」は通例肯定文では使えない。This is the most beautiful sight I've ever seen.「これは私が今までに見た中で一番美しい光景だ」のような例は例外だ。したがって ever を使っているA～Cは不可となり never「一度も～ない」が正解となる。

問 9　**正解はC**。a job や job，workplace を入れてしまうと「あなたは仕事ですか」や「あなたは仕事場ですか」の意味となってしまい意味を成さない。「あなた」は人間で，「仕事」や「仕事場」は人間でないからだ。また，job と workplace に冠詞がないのも不可の理由になる。working を入れることにより現在進行形で使われている。

問 10　**正解はA**。自分の仕事のことを言っているので，給料の話をするのは自然だ。don't get paid much で「給料があまりよくない」の意味になる。D の pay では自分が払うことになり意味を成さない。get pay のような表現はなし。don't の後ろに過去形か過去分詞の paid は文法的に不可。

問 11　**正解はA**。下線部の前で「電車が速度を落とす」というト書きがあり，セリーヌが This is Vienna.「ここはウィーンね」と言っている。電車がウィーン駅に到着する直前のようだ。「ここであなたは降りるのよね，でしょ？」と続くのが自然であろう。もう少し先でジェシーが I want you to get off here in Vienna with me.「僕と一緒にここウィーン駅で降りてほしいんだ」と言っている箇所もヒント。現在進行形は個人の確定した未来の予定を表している。「乗る」「降りる」に関してはおもしろい 2 つの説があるので説明しておこう。

NOTE　**「乗る」と「降りる」**

① get on ～と get off ～

◇ get on the train〔the bus，the plane，the ship〕
「電車〔バス，飛行機，船〕に乗る」

⇔ get off the train〔the bus，the plane，the ship〕
「電車〔バス，飛行機，船〕を降りる」

☆乗ったあとも自分が動き回ることができる比較的大きな乗り物で使う。中に入ることができない「自転車」なども get on〔get off〕a bicycle〔bike〕「自転車に乗る〔自転車を降りる〕」となる。

② get in〔into〕～と get out of ～

◇ get in the car〔the taxi，the truck〕
「車〔タクシー，トラック〕に乗る」

⇔ get out of the car〔the taxi，the truck〕
「車〔タクシー，トラック〕を降りる」

☆乗ったあと動きづらい比較的小さな乗り物で使うが，トラックの運転席は小さいのでトラックはこちらを使う。

☆ boat の場合，乗ったあと動くことができる大きな船なら①タイプ，乗ったあと動くことができない小さなボートなら②タイプとなる。

☆行き先が確定している場合は①，そうでない場合は②という説もある。

電車の場合は get on と get off を使うことになる。受験生の皆さんは大きさと行き先のどちらが説として正しいと思われるか？　私は前者だが，授業でたずねると結構行き先のほうが正しいと考える受験生も多い。

問 12　**正解はC**。I've は I have の短縮形なので下線部には過去分詞しか入らない。

したがってtalkedが正解。talk to～は①「～に話しかける」，②「～と話す」の2つの意味がある。ここは②の意味だ。全体の訳は「僕は数週間の間ほとんど誰とも話をしていないんだ」となり，in weeksのinは問38で説明したinだ。否定文の場合inは「～の間」の意味で使えるのであった。

問13　**正解はC**。自分だけウィーンで降りてしまったらセリーヌと話すことができなくなってしまうジェシーは，「君と話し続けたいんだ」と言うのが自然であろう。keep *doing*は「～し続ける」，talk with～は「～と話す」の意味だ。

問14　**正解はA**。What wouldの後ろには主語と動詞の原形が続くと考えるのは当然であろう。we do以外は文法的に入らない。wouldは仮定法過去だ。「もし私がウィーン駅で降りて町を見て回るとしたら」というif節が省略されていると考えよう。

問15　**正解はD**。could have *done*は仮定法過去完了形の帰結節でよく使われる形だが，似た用法として以下のような例がある。Why did you climb the mountain alone on such a snowy day?　You could have had an accident.「なぜそんな雪の日に一人で山に登ったの？　事故に遭っていたかもしれないよ」のような例だ。実際は事故には遭っていないのだが，「～したかもしれないよ」くらいの訳なので，「～できたのに」の意味の仮定法過去完了とは少し違う。ここもcould have doneがそれで，done thatは先行詞をもとの位置に戻してbriefly intersect with, maybe make eye contact with, and then pass by all those peopleの内容を受けていると考える。日常でたまたま交わり，アイコンタクトをし，すれ違う人はたくさんいるわけだが，この2人もそうなっていたかもしれないのに，実際は今話をしていて，これからウィーンの街を探策しようとしている。

解答

問1．A　問2．A　問3．A　問4．C　問5．D　問6．B　問7．D
問8．D　問9．C　問10．A　問11．A　問12．C　問13．C　問14．A
問15．D

36

2022年度　経営学部〔Ⅳ〕

目標解答時間　5分

ポイント

形式上は会話文問題だが，空所では熟語表現の知識が問われている。経営学部の会話文問題は，会話独特の表現が狙われたり，選択肢の英文は簡単で前後の流れで入れさせたりと年度によって傾向が違うようだ。

次の(A)～(E)の空欄に入れるものとして，①～⑧の中から最も適当な文を選んで，その番号をマークせよ。ただし，同じ文を２度以上使ってはならない。

Jin and Hana are both students in the advanced English program. They were in an online class together last year. Now they are meeting on campus for the first time. Hana sees Jin walking.

Hana: Jin, right? It's Hana. Great to meet you!

Jin: Hana, wow! I'm really happy to meet you (A)________. 5

Hana: Very! I'm so glad you could finally (B)________ to Japan!

Jin: Yeah, it was so weird last year. Going to a university in Japan but living at home with my family in Korea and, you know, I would (C)________ most days with my Korean friends.

Hana: Yeah, that must have been strange. 10

Jin: This feels much more like university!

Hana: So, are you ready for class?

Jin: I think so. But, I kind of let things (D)________ a little, so, the last few days have been really busy. How about you?

Hana: I think I'm a bit like you. A(n) (E)________ person! But, I think I've got everything in order. Hey, do you have time now for a coffee? There's a cafeteria on the first floor of the library building, and I'd love to have a chance to talk more with you. 15

Jin: Sure. Let's go!

＊＊＊＊＊＊＊＊＊＊＊＊＊＊＊＊＊＊＊＊＊＊＊＊＊＊＊＊＊＊＊＊＊＊

① face to face

② make time

③ last minute

④ in the bag

⑤ hang out

⑥ pile up

⑦ up to date

⑧ make it

全訳

ジンとハナは２人とも上級英語コースの学生である。彼らは昨年オンラインクラスで一緒だった。今彼らはキャンパスで初めて対面しようとしているところである。ハナはジンが歩いているのを見る。

ハナ：ジンだよね？　ハナよ。会えてうれしい！
ジン：わあ，ハナだ！　直接会えるなんて本当にうれしいよ。
ハナ：本当にね！　やっとあなたが日本に来ることができて感激なの！
ジン：そうだね，去年は奇妙な年だったな。日本の大学に通っているのに韓国の実家に家族と住んでいて，何しろ，ほぼ毎日韓国の友達と遊んでいたからね。
ハナ：そうね，きっと変な感じだったでしょうね。
ジン：ここのほうがよっぽど大学らしく感じられるよ！
ハナ：それで，授業の準備はできているの？
ジン：できていると思うよ。でも，することが少したまっている感じで，ここ数日はとても忙しいんだ。君のほうはどうだい？
ハナ：私もあなたと似たようなものだと思うわ。ギリギリまでしない人だからね！　でも全部ちゃんとできたと思っているわ。ねえ，今からコーヒー飲む時間ある？　図書館の１階にカフェがあるから，あなたともっと話したいわ。
ジン：もちろんだよ。じゃあ，行こうか！

●語句・構文

□ *l.* 1　both は Jin and Hana と同格関係。

> **NOTE**　同格用法で使える不定代名詞
> 不定代名詞の中で all, both, each は同格用法で使うことができる。
> ◇ The cities were all destroyed.「都市はすべて破壊された」
> ◇ These flowers are both beautiful.「これらの花は両方とも美しい」
> ◇ The girls each have their own room.
> 「女の子たちはそれぞれ自分の部屋を持っている」
> ㊜ 主語と同格用法の all，both，each の位置は否定の not と同じ位置になる。
> ◇ I have a lot of emails stored on my computer, but he wants me to delete them all.
> 「私はパソコンに多くのメールを保存しているが，彼は私にそれらすべてを削除してほしいと思っている」
> ☆ them all は同格関係で all of them も文法的に可能だが，all them は不可。

both は students を修飾しているのではなく「ジンとハナはどちらも学生である」の内容となる。

□ *l.* 2　are meeting の現在進行形は個人の確定的な未来の予定を表す。
□ *l.* 2　「キャンパスで」は on campus と言う。
□ *l.* 2　for the first time「初めて」
□ *l.* 3　see *A doing*「*A* が～しているのが見える」
□ *l.* 4　Great to meet you!「あなたに会えてうれしいわ」の meet は初めて会うときに使える単語だ。
□ *l.* 7　it は形式主語で，次の文の Going ～ but living … in Korea が動名詞で真主語と考えるといいだろう。

□ *l.* 7 weird「奇妙な」
□ *l.* 8 would *do*「(過去に不定期的に) ～したものだ」
□ *l.*10 that は前文の内容を受けやすいとは何度も述べた。この that も Going ～ my Korean friends. を受けている。
□ *l.*10 must have *done*「～したにちがいない」
□ *l.*10 strange は weird が同意語。
□ *l.*11 This feels much more like university!「ここははるかに大学のように感じるよ！」は韓国からオンラインで日本の大学の授業を受けていたジンにとっては，今いる大学のキャンパスは大学のように感じられると言っているのだ。
□ *l.*12 be ready for ～「～の準備ができている」
□ *l.*13 kind of ～ は a kind of ～ とは違う。**CHECK**〈a kind of ～ と kind of ～〉を参照。
□ *l.*13 the last few ～「最後のいくつかの～」
□ *l.*14 How about ～？は2つ意味がある。

CHECK How about ～？の2つの意味

① How about *doing*?「(提案などをして) ～するのはどうですか？」(＝What about *doing*? / Why don't you *do*～? / Why not *do*～? / What do〔would〕you say to *doing*?)

◇ How about going to see a movie?
「映画を見に行くのはどうですか？」

☆ Why don't we *do* ～？は主語が we なので，Let's *do* ～. に近い意味となる。ちなみに，Why don't I *do* ～？は「(私が) ～しましょうか？」の意味。

☆ How about a cup of coffee?「コーヒーをいかがですか？」のように後ろが名詞のこともある。

② How about ～？「(相手の情報，意見などをたずねて) ～はどうですか？」(＝What about ～?)

◇ I'm feeling hungry. How about you?
「私はお腹が減っています。あなたはどうですか？」

問題文は②の例だ。

□ *l.*15 a bit ～「少し～」
□ *l.*16 get ～ in order「～を整える，整理する」
□ *l.*16 have time for ～「～の時間がある」
□ *l.*17 would love to *do*「～したいと思う」
□ *l.*18 have a chance to *do*「～する機会がある」

解説

(A)**正解は①**。今までオンラインでしか会ったことがなかった2人が初めて会った時の発言。face to face (with ～) で「(～ (人など) と) 面と向かって，(～ (問題など) に) 直面して」の意味だ。

例 We should discuss this problem face to face, not on the phone.
「私たちは電話ではなく，面と向かってこの問題について議論したほうがいい」

ちなみに，ハイフンのつくface-to-faceは原則形容詞的に使われ「対面の，面と向かっての」の意味。face-to-face class「対面授業」

(B)**正解は⑧。**make itは重要熟語だ。

CHECK 重要熟語のmake it
①「(in 〜)（〜に）成功する，うまくいく」
◇make it in business「事業で成功する」
②「(to 〜)（〜に）間に合う，何とかたどり着く，行く」
◇make it to 100「100歳まで生きる」
◇You will make it if you hurry.「急げば間に合いますよ」
③「何とか都合をつける」
◇I was invited but I couldn't make it.
「招待されたが都合をつけることができなかった」
☆succeed in 〜「〜に成功する」，get to 〜「〜に着く」から，①はin，②はtoが後ろにつくことがある。また，③は曜日など日程調整の話で使われることが多い。

韓国人のジンがやっと日本に来ることができたことをハナが喜んでいる場面だ。make itは後ろにtoがあると②の意味になる。ここもそうだ。

(C)**正解は⑤。**hang outは「(長時間）遊ぶ，ぶらぶら過ごす，付き合う」という感じの熟語だ。all day「一日中」やthis morning「今朝」，most of the time「ほとんどの時間」のように，一見名詞だが副詞的に働く表現がある。本文のmost days「ほとんど毎日」もそうだ。hang out with 〜「〜と遊ぶ」とつながっている。日本の大学に行っているのに，ほとんど毎日韓国の友達と遊んでいたというのは奇妙だと言っている。

(D)**正解は⑥。**pile upには「(借金や仕事などが）増える」の意味がある。下線部前後はlet *A do*「*A*が〜するのを許す」の形が見えるので，「私はちょっとすべきことが少し増えるのを許してしまうんだ」くらいの意味で，宿題その他やるべきことを放っておく傾向があると言っている。

例 Work piled up while he was on vacation.
「彼は休暇中に仕事が増えていた」

(E)**正解は③。**ハナもジンと少し似ていると言っているので，ハナもやるべきことを後回しにしてしまう性格のようだ。I'm a morning person.「私は朝方の人間だ」のような言い方があるが，a last minute personで「ギリギリになるまでやらない人間」の意味。at the last minute「土壇場になって，ギリギリになって」の熟語を思い出せれば勘で選べるかもしれない。

例 The lead actor dropped out at the last minute.
「その主演の俳優は土壇場になって降板した」

解答
(A)—① (B)—⑧ (C)—⑤ (D)—⑥ (E)—③